Die Rätsel der Deutschen Geschichte

G/Geschichte (Hg.)

Die Rätsel der Deutschen Geschichte

THEISS

Im Pulverdampf – Rätsel auf den Schlachtfeldern

Liebe, Lust und Leidenschaft

Gezinkte Karten – die Schattenwelt der Intrige

In den Korridoren der Macht – die Welt der Politik

Todesfall mit Fragezeichen

Von Erfindern, Dichtern und Betrügern

Wer war es? Das Rätsel um Persönlichkeiten

Anhang

Zum Herausgeber:
Franz Metzger, studierte Geschichte, Kunstgeschichte und Anglistik/Amerikanistik in Erlangen und London, Dr. phil. 1977, 1979 bis 2009 Chefredakteur der Zeitschrift G/GESCHICHTE, seit 2009 Herausgeber, daneben Verfasser von Sachbüchern und Radiobeiträgen zu vielen Themen der Geschichte.

Vorwort

Schildern, »wie es eigentlich gewesen ist« – der Auftrag an die Geschichtsschreibung klingt in der berühmten Formulierung des großen Historikers Leopold von Ranke ebenso einfach wie eindeutig. Und liest man Geschichtsbücher – vor allem solche aus Rankes eigenem 19. Jahrhundert – dann vermitteln die Verfasser auch meist den Eindruck, dass sie ganz genau wissen, wie es damals eigentlich war, was wirklich geschah, was die handelnden Personen tatsächlich antrieb.

Schlägt man aber ein zweites Geschichtsbuch zum selben Thema auf – oder ein drittes und viertes –, dann ist es schnell vorbei mit der vermeintlichen Eindeutigkeit. Anstelle des »wie es gewesen ist« tritt das »so könnte es gewesen sein«. Doch muss nicht auch hinter diese sehr viel vorsichtigere Formulierung ihrerseits ein Fragezeichen gesetzt werden?

Tatsächlich bewegt sich die Geschichtsforschung in einem vernebelten Schlachtfeld voller Fallen und Minen. Vermeintlich objektive Quellen treffen dort auf die Vielschichtigkeit von Persönlichkeiten und Ereignissen, die wiederum den Blickwinkeln und Deu-

Bei Konya führte Kaiser Friedrich Barbarossa das Heer der Kreuzfahrer noch zum Sieg über die Seldschuken (Fresko des 19. Jh. im Reichsaal der Kaiserpfalz Goslar). Wenige Wochen später war er tot, ertrunken im Fluss Saleph. Tatsächlich nur ein tragischer Unfall?

tungen der Historiker unterworfen sind – das Ergebnis: Rätsel und Geheimnisse, wie wir sie in diesem Buch für die Geschichte der Deutschen aufzuklären versuchen.

Das Rätselraten und Rätsellösen beginnt schon mit der ersten großen Persönlichkeit dieser Geschichte, mit dem Frankenkaiser Karl dem Großen. Seine Vielschichtigkeit lässt ihn in verschiedenen Kapiteln unseres Buches auftauchen, und verschieden sind auch die Blickwinkel, mit denen wir das Rätsel Karl zu ergründen suchen. Da ist der Förderer von Kunst und Kultur, der eine verblüffende Offenheit gegenüber der orientalisch-islamischen Zivilisation zeigte. Nur, welche politischen Überlegungen standen hinter dieser Offenheit? Dem gegenüber steht der Krieger Karl, der mit seinen Gegnern kurzen Prozess machte, der Widerstand, auch auf der spirituellen Ebene, brutal unterdrückte. Doch wie weit halten manche Horrorgeschichten einer kritischen Überprüfung stand? Selbst Karls Kaiserkrönung im Jahre 800, jenes allgegenwärtige Schlüsselereignis der mittelalterlichen Geschichte, stellt bei genauer Betrachtung viele offene Fragen über Hintergründe und Motivation der Beteiligten.

Rätselhaftigkeit ist dabei keine Frage des Alters, keine Frage spärlicher und lückenhafter Quellen. Der geheimnisvolle Findling Kaspar Hauser wurde von den namhaften Experten seiner Zeit untersucht, befragt und beobachtet, ihre Notizen und Erkenntnisse füllen ebenso Bände wie die unzähliger Deutungsversuche späterer Interpreten. Eine schlüssige, über alle Zweifel erhabene Deutung des Phänomens Hauser können sie alle nicht vorlegen. Und als vor wenigen Jahren die erhaltenen Asservate aus Hausers Leben und Sterben mit den Methoden der modernen Kriminaltechnik untersucht wurden, da war die erwartungsvolle Aufregung groß. Doch groß war auch die nachfolgende Enttäuschung, dass die »wahre Herkunft« des Findlings weiterhin offen blieb. Mindestens ebenso lang sind die Bücherregale mit den Werken über Ablauf und Hintergründe des Reichstagsbrandes im Februar 1933. Die Vertreter einer Allein-Täterschaft verschanzen sich ebenso hinter den passenden Beweisen wie die Anhänger des von den Nazis inszenierten Brandanschlags hinter den ihren.

Die merkwürdigen Umstände des Todes des Bayernkönigs Ludwig II. im Starnberger See (Gedenkblatt aus dem Jahr 1886) lieferten von Anfang an Stoff für Spekulationen über Verschwörung und Mord.

So bleibt all jenen, die das Thema studieren, nur die eigene Entscheidung, wessen Argumenten sie folgen wollen.

Fortschritte in der Wissenschaft und neue Betrachtungsweisen können dabei durchaus zur Aufklärung alter Geheimnisse beitragen. So war die Überraschung nicht gering, als eine forensische Untersuchung der Gebeine König Heinrichs, des Sohnes Kaiser Friedrichs II., nicht etwa Spuren eines Mordes erbrachte, sondern eindeutig die Lepra als Todesursache des Stauferssprosses entlarvte. Einmal einen Mörder zu finden, das erhoffen auch die zahlreichen Fans des Bayernkönigs Ludwig II., doch leider verweigert die Familie der Wittelsbacher hartnäckig die geforderten Untersuchungen. Das ist ohnehin das Problem mit unseren Rätseln und Geheimnissen: Allzu oft finden wir interessierte Kreise und Kräfte, die kein Interesse an der Aufklärung der Wahrheit haben – unter den Zeitgenossen, aber auch unter den Nachgeborenen.

Es gibt viele und höchst unterschiedliche Umstände, die dazu beitragen können, dass ein historisches Ereignis vom Schleier eines

Geheimnisses verhüllt wird. Die wichtigsten liefern die Einteilung der Kapitel dieses Buches: Da wäre zum einen der Krieg. In seinen Wirren gehört die Wahrheit sprichwörtlich zu den ersten Opfern, und in einem Umfeld, in dem die Sieger immer eine andere Geschichte schreiben als die Unterlegenen, ist es schwer, die Wahrheit festzustellen. Dann die Liebe! So ehrlich die Liebenden zueinander sein sollten, so empfehlenswert kann es für sie sein, die Umwelt in Zweifel zu lassen, ja, geradewegs zu täuschen. Von Hause aus Geheimniskrämer sind die Politiker, und endgültig in trübe Gewässer begeben wir uns, wenn wir die Machenschaften der Intriganten und Strippenzieher im Nachhinein aufzuklären suchen.

Die Grenzlinie zwischen Geschichtsforschung und Kriminalistik überschreiten wir im Kapitel über rätselhafte Todesfälle, wobei auch eindeutig identifizierte Täter noch manche Frage über ihre wahre Motivation offen gelassen haben. Keineswegs gefeit gegen Rätselhaftigkeit sind auch die vermeintlich geradlinigen Gebiete von Technik- und Kulturgeschichte, und ganz zum Schluss stellen wir noch die tiefschürfendste aller Fragen an Persönlichkeiten der Geschichte: Wer bist du wirklich, jenseits des Bildes, das du selbst entwarfst und das andere von dir gemalt haben?

In diesem Buch werden Sie vielem begegnen, das Ihnen einen neuen Blick auf die deutsche Geschichte eröffnet: Kindsmörderinnen und Straßenräubern, die in die Literatur eingingen, Abenteurern, die das Goldland Eldorado suchten oder den Kolonialgegner Bismarck ausmanövrierten, erfolgreichen Taschenspielern und falschen Kaisern, tragischen Erfindern und glücklichen Feldherrn, zweifelhaften Helden und überzeugten Demokraten. Sie werden Fälschern über die Schulter blicken, die ihren Auftraggebern sagenhaft Vorrechte und fantasievolle Titel verschafften – oder angesehene Historiker und Redakteure bis auf die Knochen blamieren.

Sie werden einst stolze Mätressen, leibhaftige Könige und angebliche Goldmacher im Kerker schmachten sehen und gestürzte Bürgermeister ebenso auf dem letzten Weg zur Richtstätte begleiten wie angebliche

Das Rätsel um das Findelkind Kaspar Hauser begann mit seinem Erscheinen 1828 (zeitgenössische Zeitschriftenillustration) und dauert über sein gewaltsames Ende hinweg bis heute an.

Hexen oder einen jungen Offizier, dessen einziges Vergehen darin lag, der Freund des Kronprinzen zu sein. Sie werden Gespenstern begegnen – solchen aus Spukgeschichten, aber auch den Geistern Verschwundener oder zum Verschwinden Gebrachter. Und dann gibt es natürlich auch noch die geheimnisvollen Schätze, die irgendwann einmal verscharrt – oder gezielt »in Sicherheit gebracht« – wurden. Und was brachte einen Günther Schabowski dazu, die 27 Jahre lang verbissen verteidigte Berliner Mauer mit einem beiläufigen Nebensatz einzustürzen? War es wirklich nur ein unkonzentrierter Versprecher?

Es sind all diese kleinen und großen Facetten voller Fragezeichen, welche die Beschäftigung mit der Vergangenheit so farbig und spannend machen. Die Suche nach den Antworten, nach den Tatsachen dahinter stellt eine abenteuerliche Erkundungsfahrt durch die deutsche Geschichte dar, zu der wir Ihnen diesen »Reiseführer« zur Seite stellen, ein Geschichtsbuch, das sicher die Anerkennung auch eines Leopold von Ranke finden würde, auch wenn wir noch immer nicht in allen Fällen wissen, »wie es wirklich geschehen ist«.

Die Redaktion

Abbildung linke Seite: Tränenreicher Abschied in der Festung Küstrin: Kronprinz Friedrich musste 1730 die Hinrichtung seines Freundes Katte auf Befehl seines Vaters ansehen (Stich von 1840). Was veranlasste diese königliche Brutalität?

DEUTSCHE GESCHICHTE

800 900 1000 1100 1200 1300 14

Reich

Ottonen-Kaiser *(919–1024)*

Friedrich I. Barbarossa *(1152–1190)*

Friedrich II. *(1212–1250)*

Reichs-grund-gesetz Golden Bulle (1356)

Karolinger Könige im Frankenreich *(751)*

Kaiserdynastie der Salier *(1024–1122)*

Heinrich I. *(919–936)*

Kaiserdynastie der Staufer *(1139–1254)*

Kaiserkrönung *(800)* Karls d. Gr. *(768–814)*

Interregnum *(1254–1273)*

Kaiserkrönung Ottos I. *(962)*

Rudolf I. von Habsburg *(1273–1291)*

Territorien/Länder

Welfen Herzöge von Bayern *(1070–1180)*

Habsburger Herzöge von Österreich *(seit 1282)*

Sachsenkriege *(772–804)*

Konradiner Herzöge von Franken *(906–945)*

Herzöge von Sachsen *(seit 1137/42)*

Beginn der Blüte zeit der Hanse

Bayern Teil des Frankenreichs *(774)*

Ungarn-Einfälle in Süd- und Mitteldeutschland *(906–945)*

Heinrich der Löwe Hzg. v. Bayern und Sachsen *(1142–1180)*

Wittelsbacher Herzöge von Bayern *(seit 1180)*

Kultur und Technik

Judenverfolgung während des 1. Kreuzzugs *(1097/98)*

Die Pest (Schwarz Tod) in Deutsch-land *(1348*

Fulda zum Reichs-kloster erhoben *(774)*

Blütezeit der ottonischen Buchkunst

Heilige Drei Könige kommen nach Köln *(1162)*

Bau des Bamberger Doms *(ab 1004)*

Kulturaustausch zwischen Kalifen- und Karolingerreich

Kaiserdom von Speyer *(1061)*

Blütezeit der höfischen Dichtung, Nibelungenlied *(um 1200)*

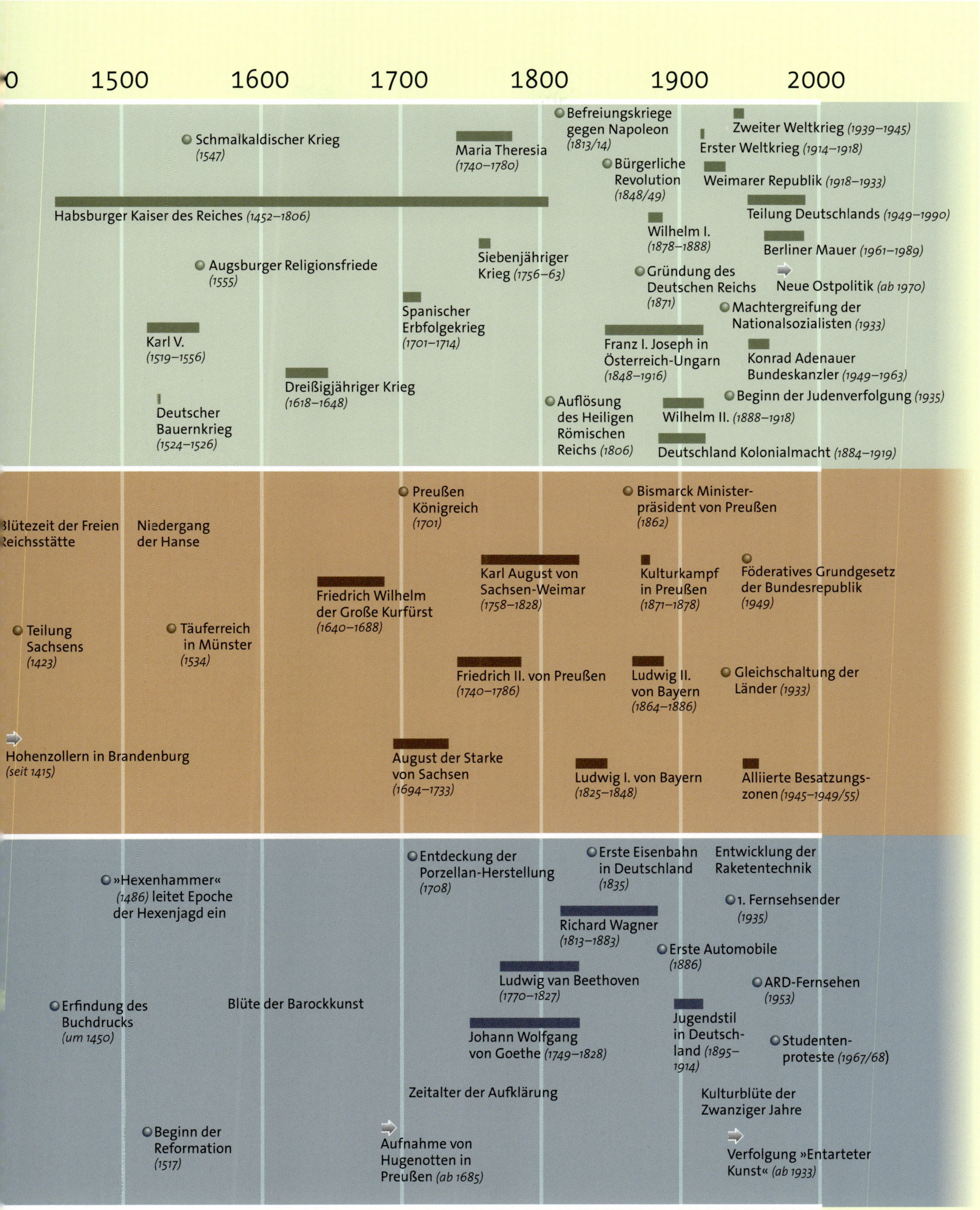

0
1500
1600
1700
1800
1900
2000
Schmalkaldischer Krieg (1547)
Maria Theresia (1740–1780)
Befreiungskriege gegen Napoleon (1813/14)
Zweiter Weltkrieg (1939–1945)
Erster Weltkrieg (1914–1918)
Bürgerliche Revolution (1848/49)
Weimarer Republik (1918–1933)
Habsburger Kaiser des Reiches (1452–1806)
Teilung Deutschlands (1949–1990)
Wilhelm I. (1878–1888)
Berliner Mauer (1961–1989)
Augsburger Religionsfriede (1555)
Siebenjähriger Krieg (1756–63)
Gründung des Deutschen Reichs (1871)
Neue Ostpolitik (ab 1970)
Spanischer Erbfolgekrieg (1701–1714)
Machtergreifung der Nationalsozialisten (1933)
Karl V. (1519–1556)
Franz I. Joseph in Österreich-Ungarn (1848–1916)
Konrad Adenauer Bundeskanzler (1949–1963)
Dreißigjähriger Krieg (1618–1648)
Beginn der Judenverfolgung (1935)
Deutscher Bauernkrieg (1524–1526)
Auflösung des Heiligen Römischen Reichs (1806)
Wilhelm II. (1888–1918)
Deutschland Kolonialmacht (1884–1919)
Preußen Königreich (1701)
Bismarck Ministerpräsident von Preußen (1862)
lütezeit der Freien eichsstätte
Niedergang der Hanse
Karl August von Sachsen-Weimar (1758–1828)
Kulturkampf in Preußen (1871–1878)
Föderatives Grundgesetz der Bundesrepublik (1949)
Friedrich Wilhelm der Große Kurfürst (1640–1688)
Teilung Sachsens (1423)
Täuferreich in Münster (1534)
Friedrich II. von Preußen (1740–1786)
Ludwig II. von Bayern (1864–1886)
Gleichschaltung der Länder (1933)
Hohenzollern in Brandenburg (seit 1415)
August der Starke von Sachsen (1694–1733)
Ludwig I. von Bayern (1825–1848)
Alliierte Besatzungszonen (1945–1949/55)
Entdeckung der Porzellan-Herstellung (1708)
Erste Eisenbahn in Deutschland (1835)
Entwicklung der Raketentechnik
»Hexenhammer« (1486) leitet Epoche der Hexenjagd ein
1. Fernsehsender (1935)
Richard Wagner (1813–1883)
Erste Automobile (1886)
Ludwig van Beethoven (1770–1827)
ARD-Fernsehen (1953)
Erfindung des Buchdrucks (um 1450)
Blüte der Barockkunst
Jugendstil in Deutschland (1895–1914)
Johann Wolfgang von Goethe (1749–1828)
Studentenproteste (1967/68)
Zeitalter der Aufklärung
Kulturblüte der Zwanziger Jahre
Beginn der Reformation (1517)
Aufnahme von Hugenotten in Preußen (ab 1685)
Verfolgung »Entarteter Kunst« (ab 1933)

Bauern gegen Ritter – dieser ungleiche Kampf konnte auch ein unerwartetes Ende finden, wie es die Dithmarscher Bauern im Jahr 1500 gegen den König von Dänemark bewiesen.

Im Pulverdampf – Rätsel auf den Schlachtfeldern

Zwischen Kanonendonner und Waffengeklirr, mitten im Kampfgetümmel, ist es nicht einfach, die Übersicht zu bewahren. Aber auch wenn sich der Pulverdampf verzogen hat, tun sich Beobachter schwer, die Wahrheit um eine Schlacht, um einen Krieg zu erkennen. Sieger schreiben ihre Geschichte ohnehin anders als die Besiegten, und so bietet gerade das Kapitel Krieg viele Rätsel und Fragezeichen der Geschichte, die es zu klären gilt.

Karl der Große – schlechter als sein Ruf?

Aus der Zeit der Sachsenkriege, die der Franken-Herrscher Karl der Große gegen seine heidnische Nachbarschaft führte, ist ein blutrünstiges Ereignis überliefert, das bis heute erschauern lässt: An einem einzigen Tag im Jahr 782 soll der siegreiche Kriegsherr 4500 sächsische Rädelsführer in Verden an der Aller hingerichtet haben. Doch was ist Wahres dran an dieser Geschichte?

Nichts hat den Ruf des großen Karl so nachhaltig verdunkelt wie jenes »Blutgericht von Verden«, das ihm den Namen des »Sachsenschlächters« eintrug. Aber hat das Massaker überhaupt stattgefunden? Und wie viele Tote waren tatsächlich zu beklagen?

Das Drama an der Aller hat die Gemüter nicht nur der Gelehrten zu allen Zeit nachhaltig beschäftigt: Der Philosoph und Naturwissenschaftler Leibniz nannte 1716 die Tat »ein Verbrechen und eine ewige Schmach Karls«; der Dichter Klopstock bezeichnete den Frankenkönig missbilligend als einen Mann »der uns mordend zu Christen machte«; für den Philosophen Herder war er der »Mann, der Deutschland würgte.« Eingefleischte Patrioten wie der niedersächsische Heimatdichter Hermann Löns, der sich in seiner Novelle »Die rote Beeke« zu einem regelrechten Karl-Hass verstieg, sahen in dem Frankenherrscher nur noch den rohen Schlächter der eigenen Vorfahren.

Die Sachsen unterwerfen sich dem nach langem Kampf siegreichen Franken-Herrscher Karl in einer französischen Darstellung des 19. Jh.

Das Zusammenspiel von fränkischer Kriegsmacht und christlicher Mission provozierte den Widerstandsgeist der Sachsen (»Widukinds Unterwerfung«, Gemälde von Ary Scheffer).

Die Nationalsozialisten führten das Negativurteil auf die Spitze, indem sie die gefallenen Sachsen als heroische Freiheitskämpfer für »Volk und Rasse« gegen die Unterdrückung des »welschen Karl« feierten, der mehr als Franzose, denn als »arischer« Germane angesehen wurde. Den Sachsenführer Widukind stilisierten sie zu einem Vorkämpfer der germanischen Rasse hoch, der sich gegen die »fremde Unterdrückung« durch Karl und die Kirche gewehrt haben soll. Zur Sonnwendfeier 1934 marschierten 60 000 Angehörige der SA, der Hitlerjugend und der Wehrmacht in Verden auf, um der hingerichteten Sachsen zu gedenken und ihnen einen Ehrenhain aus 4500 Findlingen zu widmen.

Der Dreißigjährige Krieg des frühen Mittelalters

Doch diese ideologischen Überzeichnungen sind durch die Quellen nicht belegt. Sicher war der Sachsenkrieg einer der längsten und erbittertsten Auseinandersetzungen, die Karl während seiner fast 46-jährigen Herrschaft auszutragen hatte. Da die heidnischen Sachsen keine zentrale politische Organisation kannten und in viele Teilstämme zersplittert waren – die fränkischen Geschichtsschreiber nennen die Großgruppen Westfalen, Ostfalen und Engern –, gestaltete sich die Eroberung des weiten Raums zwischen Rhein und Elbe besonders schwierig. Immer wieder unterwarfen sich einzelne Stämme den Franken, andere blieben rebellisch, sodass sich aus fränkischer Sicht eine Reihe von »Vertragsbrüchen« und »Treulosigkeiten« von Seiten der Sachsen aneinander reihten, was diese naturgemäß ganz anders sahen.

Im Jahr 782 war Karl wieder einmal guter Hoffnung, die Sachsen einigermaßen befriedet zu haben. Seit seinem ersten Feldzug von 772, auf dem er die Irminsul, ein sächsisches Heiligtum, zerstört hatte, hatten sich ihm auf Grund seiner militärischen Überlegenheit die Führer der Ostfalen und Engern bereits unterworfen. 776 konnte er mitten im Feindesland die Pfalz Paderborn gründen und dort im Jahr darauf eine Reichsversammlung abhalten, auf der viele sächsische Häuptlinge die Taufe empfingen. In den folgenden Jahren versuchte er, das Land zu missionieren und verwaltungsmäßig dem Frankenreich anzugleichen. Als 782 die slawischen Sorben plündernd nach Thüringen und Sachsen einfielen, konnte es Karl gar wagen, ein fränkisch-sächsisches Heeresaufgebot an die bedrohte Grenze zu beordern.

Umso größer war die Enttäuschung, als der westfälische Adlige Widukind just in diesem heiklen Moment eine neue Aufstandsbewegung anzettelte, die Missionsstationen niederbrennen ließ und die Priester vertrieb. Die

Der Sachsenfürst Widukind ruft seine Stammesleute zum Kampf gegen die Franken auf (Schulwandbild der NS-Zeit).

fränkischen Heerführer, die gegen die Sorben zogen, machten sofort kehrt, um den Aufstand niederzuschlagen. Am Süntel, einem kleinen Gebirgszug nördlich von Hameln, kam es zu einer Schlacht, in der die Franken aber wegen der Uneinigkeit ihrer Führer eine herbe Niederlage erlitten. Hochrangige Amtsträger wie der Kämmerer Adalgis, der Marschall Geilo, vier weitere Grafen und 20 andere »edle Männer« starben mit vielen Soldaten. Sofort zog Karl mit seinem Gefolge an die Aller, um Strafgericht über die sächsischen Stammesführer zu halten.

»Der Krieg begann also und wurde ununterbrochen dreiunddreißig Jahre lang mit großer Erbitterung auf beiden Seiten geführt: aber die Sachsen erlitten im Laufe dieser Zeit viel größere Verluste als die Franken.«

(Einhard, Das Leben Karls des Großen, über den Sachsenkrieg)

Ein Strafgericht mit Fragezeichen

»Als Herr König Karl das hörte, eilte er mit den Franken, die er in aller Eile zusammenraffen konnte, dorthin und gelangte an einen Ort, wo die Aller in die Weser fließt. Dann unterwarfen sich die wiederum versammelten Sachsen unter die Gewalt des genannten Herrn Königs und lieferten die Übeltäter aus, die jenen Aufstand vor allem ausgelöst hatten, 4500, um sie hinrichten zu lassen«, beschreiben die offiziösen »Fränkischen Reichsannalen« den Vorgang. Offenbar hielt Karl an der Aller eine Untersuchung ab, um die Träger des Aufstands zu ermitteln und abzustrafen. Da der Haupträdelsführer Widukind zu den Dänen geflohen war, lieferten die sächsischen Großen dessen Mitstreiter aus, um sie von Karl aburteilen zu lassen. Doch wie viele waren es?

Die etwas zusammenhangslose Ausdrucksweise in den Annalen könnte einen Hinweis darauf geben, dass die Zahl nicht zum ursprünglichen Text gehörte. In einem Zweig der handschriftlichen Überlieferung der Reichsannalen fehlt sie gänzlich. Auch ist der Sinn des lateinischen Satzes nicht ganz eindeutig: Lieferten die sächsischen Adeligen die Rebellen wirklich zur Hinrichtung aus oder gestanden sie dem König nur das Urteil über sie zu? Die überarbeitete Form der Reichsannalen, die so genannten Einhards-Annalen, überliefern zwar die gleiche Zahl, relativieren sie aber leicht: »An die 4500 wurden übergeben und oberhalb der Aller an der Stelle, die Verden heißt, auf Befehl des Königs an einem Tag enthauptet«.

Ein Abschreibfehler als Mordbefehl?

Als in den 1930er-Jahren die Debatte um den »Sachsenschlächter« Karl ihren Höhepunkt erreichte, wartete der Historiker Karl Bauer mit einer ganz anderen Theorie auf: Er glaubte, dass dem Schreiber bei den Worten »decollati sunt«, »sie wurden enthauptet«, ein Schreibfehler unterlief, und es eigentlich »delocati sunt« heißen müsste, »sie wurden umgesiedelt«. Dann wäre das ganze Blutbad überhaupt ausgeblieben, Karl der Große gar kein Massenmörder, sondern lediglich ein »Schreibtischtäter«. Aber diese Deutung blieb reine Spekulation. Ob und wann sich ein Kopist verschrieben hat, lässt sich im Nachhinein nicht beweisen.

Doch es gibt gute Gründe, die Zahl von 4500 Enthaupteten anzuzweifeln. Mittelalterliche Größenangaben sind bekanntlich nicht sonderlich genau und meist gehörig übertrieben. Eine Anzahl von 4500 Männern hätte nach damaligen Verhältnissen fast einer kompletten Armee entsprochen, die sich wohl kaum freiwillig ergeben hätte. Im dünn besiedelten Sachsen erscheint eine solche Menschenmenge ohnehin unwahrscheinlich, vor allem wenn man bedenkt, dass es auch noch nach 782 zu Aufständen und Rebellionen kam, die Kraft der Stämme also nicht grundsätzlich gebrochen war. Für die Hinrichtung von 4500 Menschen hätte es auch auf Seiten der Franken einer großen Armee bedurft, um die Exekutionen vorzunehmen und die Gefangenen zu bewachen. Doch nach dem Zeugnis der Reichsannalen eilte Karl nur mit schnell zusammengezogenen Truppen ins Sachsenland, die nicht allzu umfangreich ausgefallen sein dürften. Zu denken gibt auch, dass aufgeklärte Geister wie der Gelehrte Alkuin, der in seinen Schreiben die Sachsenmission Karls des Großen durchaus kritisch betrachtete, zu diesem Vorfall schweigen. Auch die spätere sächsische Geschichtsschreibung weiß nichts von dem blutigen Ereignis. So steht nach wie vor ein dickes Fragezeichen hinter dem »Blutbad von Verden«.

Die Wahrheit wird wohl irgendwo in der Mitte liegen: Unbestritten gab es eine Strafaktion an der Aller, bei der die Anführer des Aufstands die Todesstrafe traf. Karl wird wohl ein Exempel statuiert haben, um die Rebellen unter Kontrolle zu bringen. Auf Hochverrat stand der Tod, das war nichts Ungewöhnliches. Wie viele Menschen dabei tatsächlich ums Leben kamen, einige Dutzend oder einige Hundert, bleibt ungeklärt; die Zahl von 4500 Personen scheint jedenfalls zu hoch gegriffen. Die Chroniken der »Annales Petaviani« haben diesbezüglich eine salomonische Aussage getroffen: »Es erschlugen die Franken eine Menge Sachsen, und viele besiegte Sachsen führten sie in die Francia.« Vielleicht sollte man es dabei belassen.

Umgesiedelt aus dem Sachsenland?

Mehrfach wird in den fränkischen Quellen von Umsiedlungen der sächsischen Bevölkerung gesprochen. Einhard berichtet als Bilanz der Sachsenkriege von zehntausenden Sachsen, die Karl in Gallien und der Francia, also jenseits des Rheins, angesiedelt haben soll. Zeitgenössische Quellen berichten, dass die Bischöfe von Basel, Konstanz und Augsburg sowie der Abt von Reichenau deportierte Sachsen überwiesen bekamen. Inwieweit es sich aber um große Deportationen handelte, ist ungewiss. Im archäologischen Fundmaterial lassen sich keine Anzeichen einer Entvölkerung der eroberten sächsischen Gebiete nachweisen.

Die Legende hat den Stadtteil Sachsenhausen in Frankfurt a. M. mit der Ansiedlung von besiegten Sachsen nach dem Blutgericht von Verden in Verbindung gebracht. Wissenschaftlich belegen lässt sich dies jedoch nicht. Der Name Sachsenhausen ist 1193 erstmals urkundlich belegt und geht wahrscheinlich auf das Wort »Sassenhusen« zurück, das einen Ort bezeichnet, an dem »Beisassen« wohnten, Menschen also, die einen minderen Rechtsstatus besaßen als Vollbürger. Auch für andere deutsche Orte mit dem Namen Sachsen oder Sachsenhausen lassen sich keine eindeutigen Verbindungen zu den Sachsenkriegen Karls des Großen herstellen.

Die Taufe des Sachsenführers Widukind 785 in der Pfalz von Attigny bedeutete nur eine Atempause im langen Widerstandskampf.

Die Dithmarscher – Bauernkraft schlägt Königsmacht

Im Februar 1500 zog ein dänisches Ritterheer gegen die Dithmarscher Bauern zu Felde. Es sollte ein Spaziergang für die schwerbewaffneten Truppen werden, ging es doch gegen »keulenschwingende tumbe Bauerntölpel«. Aber der Heerzug geriet zu einem militärischen Fiasko – wie konnte das geschehen?

Der Dänen-König Johann I. (1481–1513) war stets bemüht, seinen Herrschaftsbereich zu erweitern, auch in Richtung Dithmarschen, dem Land zwischen Eider- und Elbemündung. Dort hatten die durch die Kultivierung des Marschbodens wohlhabend gewordenen Bauerngeschlechter eine weitgehende Selbstständigkeit errungen, eine»Bauernrepublik« mit eigener politischer Vertretung und eigenem Landrecht.

Nachdem die Dithmarscher Regenten eine Aufforderung Johanns und seines Bruders Friedrich, Herzog von Holstein, sich zu unterwerfen, abgewiesen hatten, ließen die beiden Fürsten die Waffen sprechen. »Der König zog, sich selbst und all seinem Volke zu großem unverminderlichen Schaden und Unglück, aus Meldorf mit seiner ganzen Macht und Heereskraft, auch mit großem Prahlen und mächtigem Schall der Trompeten, Trommeln und Büchsen, die Dithmarscher damit in Schrecken zu jagen, den Weg nach Hemmingstedt.« So beginnt die Chronik des Johann Adolphi Köster.

Auf dem schweren Marschboden konnten die Ritter des Königs ihre Überlegenheit nicht ausspielen (Historienbild des 19. Jh.).

König Johanns Streitmacht bestand aus 12 000 bis 15 000 Soldaten, darunter 2000 Reiter. Dazu kam die »Schwarze Garde« unter dem Kommando ihres Feldhauptmanns, genannt Junker Slentz. Diese knapp 4000 Mann waren die gefürchtetste Söldnertruppe ihrer Zeit – »ein verwegen volck, mehr zum raub als zum ritterlichen fechten geneiget«.

Bauernhaufen gegen ein Ritterheer

Da konnten die Dithmarscher mit knapp 7 000 Mann nicht mithalten. So verlegte sich die Bauerntruppe auf eine Guerillataktik: Sie teilte ihre Kräfte in kleinere Einheiten auf, die wichtige Punkte besetzten. Dort platzierten sie mehrere schwere und 100 leichte Geschütze. Und dann war da noch die »Geheimwaffe«: Springstöcke, mit denen die Bauern alle Wassergräben überwinden konnten.

Am 16. Februar 1500 brach die dänische Armee von Neumünster auf, ein Heerwurm von sechs Kilometern Länge. Die äußeren Bedingungen waren ungünstig: Tauwetter hatte eingesetzt, Schneeregen weichte Wege, Wiesen und Äcker auf. Schwerfällig rückte die dänische Armada voran.

Flugs bauten die Dithmarscher südlich von Hemmingstedt eine 100 m lange Verschanzung mit einem Graben quer zur Landstraße auf, 9 m breit und fast 2 m tief. Als die Vorhut der Garde auf den Erdwall traf, geriet sie sofort unter Feuer. Doch Regen und Sturm brachten die Gewehrlunten auch der Dithmarscher immer wieder zum Erlöschen, und ihre Artillerie blieb im aufgeweichten Boden stecken. Voller Mut und Verzweiflung stürzte sich die 350 Mann starke Schanzenbesatzung zweimal gegen die Schwarze Garde, die vor den verbissenen Angriffen zurückweichen musste.

Gleichzeitig öffneten die Dithmarscher die Deiche. Das Wasser floss in die Gräben, überflutete die letzten trockenen Stellen. Auf 2 500 Mann verstärkt, traten die Bauern zum dritten Angriff gegen die Garde an. Kompanie um Kompanie wurde zerschlagen; die Zahl der Toten stieg. Dann durchbohrte ein Bauer aus Neuenkirchen mit seiner Hellebarde Junker Slentzes Kehle, und die so beflügelten Bauern überrannten die kampfschwache Landwehr des Königs.

Freiheit an der Küste

Die Wechselwirkung von Geografie und Geschichte ist vielfältig. Ein charakteristisches Beispiel dafür ist die schleswig-holsteinische Westküste. Die Landschaft der Marschen, Halligen und Inseln brachte einen besonderen Menschenschlag hervor: Friesen und Dithmarscher ringen seit Jahrhunderten mit dem Meer um die Erhaltung und Nutzbarmachung der Küstenlandschaft (u.: Darstellung einer Sturmflut). Kein Wunder, dass gerade diese beiden Völkerschaften immer wieder einen hervorstechenden Freiheitswillen an den Tag legten und durchzusetzen verstanden.

Die Blüte des dänischen Adels verblutet im Marschland

Jetzt standen sie vor der Reitermacht. Die war auf der aufgeweichten Straße von fliehenden Fußtruppen eingekeilt und von überfluteten Gräben eingeschlossen. Der Schlachtruf ertönte: »Schont den Mann, erschlagt die Pferde!«. Die Dithmarscher wollten nicht etwa die Ritterschaft schonen, sondern durch die stürzenden Pferde Chaos schaffen. Von allen Seiten umringt, wurden die Reiter mit Spießen und Hellebarden vom Pferd gestürzt, von Armbrüsten, Hakenbüchsen und Wurfbeilen tödlich getroffen. So wurde in kurzer Zeit ein Großteil des dänischen und holsteinischen Adels im Mannesstamm ausgelöscht.

Sechs weitere Jahrzehnte bewahrten die Dithmarscher ihre Freiheit. Daran erinnert eine Gedenkstätte, die zum 400. Jahrestag auf der »Dusenddüwelswarf« (Tausend-Teufel-Hügel) errichtet wurde. Der zentrale Gedenkstein gemahnt an die entscheidende Situation: Wahr di Garr – De Bur de kumt (»Weh' dir, Garde, der Bauer kommt«).

Zur Verklärung des Widerstands gehört die »Jungfrau von Hemmingstedt«, die an der Seite der Männer kämpfte (Gemälde 1939).

Mord auf dem Feld von Lützen?

Es war ein düsterer Novembertag des Jahres 1632, als der Schwedenkönig Gustav Adolf II. auf dem Schlachtfeld von Lützen den Sieg der protestantischen Truppen über die katholischen kaiserlichen Truppen erringen wollte und dabei zu Tode kam. Die Trauer nicht nur der Schweden um den großen König aus dem Hause Wasa war grenzenlos, und schon bald machten Verschwörungstheorien die Runde – war es Mord gewesen?

Der kampferprobte Gustav Adolf galt als Lichtgestalt des Protestantismus und war auf dem besten Wege, seinen Siegeszug durch Deutschland fortzusetzen. Er war ein gefürchteter Gegner, auf dem Schlachtfeld ebenso wie auf dem Parkett der Diplomatie, sodass seine Feinde durchaus ein Interesse am Tod des Königs haben konnten. Die genauen Umstände seines Todes sind jedenfalls bis heute nicht vollständig geklärt und geben immer wieder Anlass zu Spekulationen.

Mit der Bergung der Leiche ihres Königs wurde die schlimme Nachricht für die Schweden traurige Gewissheit (Historiengemälde 1848).

Tod im Nebel von Lützen

Längst wäre es Zeit gewesen, das Winterquartier zu beziehen, doch der »Leu aus Mitternacht«, der Löwe aus dem Norden, wie man den Schwedenkönig feierte, war entschlossen, noch einmal in das Feld zu ziehen. Er wollte vor dem Wintereinbruch des Jahres 1632 eine Entscheidungsschlacht herbeiführen und seinen Gegenspieler Wallenstein endgültig in die Knie zwingen. Keinen Fußbreit würde er zurückweichen, an der schwedischen Front sollte der Gegner zerschellen.

Doch am Tag der Schlacht, dem 16. November 1632, lag dichter Nebel auf dem flachen Gelände südwestlich von Leipzig, sodass ein Aufbruch erst in den späteren Morgenstunden möglich war. Nebelschwaden verhüllten auch weiterhin große Teile des Schlachtfelds, und Gustav Adolf war ohnehin stark kurzsichtig. Dazu kamen noch die Rauchschwaden des brennenden Dorfes

Nach einem langen Trauerzug wurde die Leiche Gustav Adolfs im Hafen von Wolgast zur letzten Heimreise eingeschifft.

Lützen und der beißende Pulverdampf aus den Geschützen.

Das schwedische Heer war gut aufgestellt, jedoch geriet ein Flügel durch den heftigen Ansturm der Truppen Wallensteins in Bedrängnis. So stellte sich Gustav Adolf an die Spitze eines Kavallerieregiments, um seinen in die Enge getriebenen Soldaten zu Hilfe zu eilen. Dabei geriet der König wohl zu nahe an die gegnerische Kampflinie. Seinen Soldaten weit vorausssprengend und prächtig gekleidet, zog er prompt das Feuer der Musketiere auf sich. Eine feindliche Kugel zerschmetterte ihm den linken Arm; wegen der stark blutenden Wunde konnte er sich nicht mehr allein im Sattel halten. Von seinem Begleiter, dem Herzog Franz Albrecht von Lauenburg, ließ Gustav Adolf sich aus dem Schlachtgetümmel führen, um ärztliche Hilfe zu suchen. Dabei wurde er durch eine weitere Kugel im Rücken getroffen. Seine Begleiter versuchten noch die Angreifer zurückzudrängen, verloren aber dabei den schwer verletzten König aus den Augen, der den feindlichen Truppen nun schutzlos ausgeliefert war. Es dauert nicht lange, dann beendete nach mehreren Hieben ein weiterer Schuss, aus nächster Nähe abgefeuert, das Leben des Königs. Diesen Ablauf der Dinge berichtete jedenfalls sein Page, der als Augenzeuge das Geschehen hautnah miterlebt hat. Auch der auf der Seite der kaiserlichen Truppen kämpfende italienische Reiteroberst Octavio Piccolomini will den König noch lebend am Boden liegend gesehen haben.

Der blutüberströmte Leichnam blieb zunächst auf dem Schlachtfeld zurück. Sogleich machten sich Plünderer darüber her, dabei wurde der König bis auf das Hemd und die Strümpfe ausgeraubt.

Vom Feldlager in die Legende

Die schwedischen Soldaten ahnten nichts Gutes, als sie »Streiff«, das Pferd ihres Anführers, zwischen den Fronten herrenlos umherirren sahen, und bald wurde der Tod des nordischen Löwen zur Gewissheit. Die Trauer der schwedischen Soldaten um ihren beliebten Feldherrn war unermesslich, und unter der Leitung des Herzogs Bernhard von Sachsen-Weimar sammelten sie sich zu neuen Angriffen und kämpften in einem regelrechter Rachesturm mit der Wut der Verzweiflung weiter. Wallensteins Truppen setzten sich ebenso erbittert zur Wehr; nach mehreren

»Ein Glück, dass er dahin ist. Das Deutsche Reich konnte nicht zwei solcher Häupter gebrauchen.«

(Wallenstein nach der Schlacht von Lützen über Gustav Adolf)

Verbündete oder doch Gegenspieler? Schwedens König Gustav Adolf II. (li.) und Frankreichs Kardinal-Minister Richelieu (re.).

Stunden ergebnislosen Kampfes bis zur Erschöpfung ordnete Wallenstein resigniert den Rückzug an. Die Schweden hatten das Schlachtfeld behauptet, doch sie hatten ihren König verloren.

Der Tod auf dem Schlachtfeld mit 37 Jahren umgab den Schwedenkönig sogleich mit dem Nimbus des strahlenden Helden. Nach einem triumphalen Trauerzug durch Deutschland gelangte der Leichnam nach Schweden und wurde in der Riddarholmkirche in Stockholm feierlich beigesetzt.

Die Aussagen der Forensik

»Krieg ist Krieg, und Soldaten sind keine Klosterfrauen.«

(Gustav Adolf II.)

Für das Schwedische Heer blieb es unfassbar, dass ihr König in der Schlacht sein Leben lassen musste, galt er doch als so gut wie unbesiegbar. So war bald von einer Verschwörung, ja sogar von einem kühl geplanten Königsmord die Rede, und der Kreis der Verdächtigen ist groß.

Es gehört zu den besonderen Herausforderungen moderner Kriminaltechnologie, mittels archäologischer Methoden und Techniken herauszufinden, was sich auf dem Schlachtfeld im heutigen Sachsen-Anhalt tatsächlich ereignet hatte. Auf jeden Fall lieferten sich die Soldaten des schwedisch-sächsischen Heers mit den kaiserlichen Truppen heftigste Gefechte, wie zahlreiche Bodenfunde belegen. Es zeigte sich auch, dass Kanonen nur sehr spärlich eingesetzt wurden; die Sichtverhältnisse waren zu schlecht. Dass der König von Pistolenkugeln getroffen wurde, belegen nachgewiesene Schwarzpulverspuren am Elchlederkoller des Königs. Dies gelangte als Beutestück erst nach Wien und wurde später an den schwedischen Staat zurückgegeben. Fest steht auch, dass König Gustav durch einen Schuss aus nächster Nähe fiel, und es sich bei der Tatwaffe um eine einfache Reiterpistole handelt. Diese neuen Erkenntnisse unterstützen die Aussagen des Pagen und Piccolominis, dass der König in einem Nahkampf-Gemenge fiel.

Die lange Liste der Verdächtigen

Die schwedische Kriegspropaganda ließ aber das Gerücht von einem Mordkomplott immer wieder aufleben. Als mögliche Auftraggeber wurden verschiedene Personen gehandelt: Kaiser Ferdinand II., Albrecht von

Wallenstein, die Jesuiten, ja auch der französische Kardinal Richelieu wurde und wird bis heute als Drahtzieher hinter den Kulissen vermutet. Es geriet sogar der Mann in Verdacht, der dem Schwedenkönig in seinen letzten Stunden Beistand geleistet hatte, Franz Albrecht von Sachsen-Lauenburg. Der Herzog hatte während des Krieges öfter die Seiten gewechselt, diente erst dem Kaiser, dann dem Schweden, danach wieder dem Kaiser und war auch in die Affäre um die Ermordung Wallensteins verwickelt. Aus dem Kerker konnte er sich nur durch den Übertritt zum katholischen Glauben befreien. Doch für einen Verrat oder gar heimtückischen Mord seinerseits gibt es keine Anhaltspunkte.

Auch Kardinal Richelieu meldete sich zum »Fall Gustav Adolf« zu Wort: Der kaiserliche Oberstleutnant von Falkenberg soll es gewesen sein, der den letzten, tödlichen Schuss abgegeben hat. Doch Richelieu hatte womöglich selbst die Hand im Spiel und war ins Kreuzfeuer der Kritik geraten, da der katholische Kardinal den Protestanten Gustav Adolf bei seinen Kriegszügen gegen Habsburg unterstützt hatte. Dann musste er aber befürchten, der Schwede könnte zu mächtig werden und durch seinen Siegeszug die Interessensphäre Frankreichs verletzen. Mit seinem Verdacht wollte der Kardinal wohl von Vorwürfen gegen seine eigene Person ablenken. Falkenberg selbst konnte nicht befragt werden, zählte er doch zu den zahlreichen Todesopfern auf dem Schlachtfeld bei Lützen.

Ein kurzer Triumph für Wallenstein

Natürlich gehörte auch Wallenstein als großer militärischer Gegenspieler zum Kreis der Verdächtigen. Er reagierte zwar auf die Nachricht über den Tod des Schwedenkönigs mit Erleichterung, doch so recht freuen konnte er sich trotzdem nicht. Nach den Stunden weiteren Gefechts hatte er wegen der Erschöpfung seiner Soldaten aufgegeben und musste sich in der Folge den Vorwurf gefallen lassen, einen Sieg verschenkt zu haben. Jedenfalls konnte der »Friedländer« aus dem Tod des Gegners keinen langdauernden Nutzen ziehen. Im Gegenteil, Wallenstein war derjenige, der nun entbehrlich geworden war und bald darauf beim Kaiser in Ungnade fiel. Nur 15 Monate nach dem Tod des schwedischen Königs starb der Herzog von Friedland durch einen Mordanschlag.

Unbestritten bleibt, dass der jähe Tod auf dem Schlachtfeld Gustav Adolf zum Märtyrer stilisierte und um seine Person ein regelrechter Kult entstand. So bleibt sein Tod trotz moderner archäologischer Erkenntnisse weiterhin geheimnisumwittert.

Böhmen, Schweden, Kaiserliche – die Parteien des Dreißigjährigen Kriegs

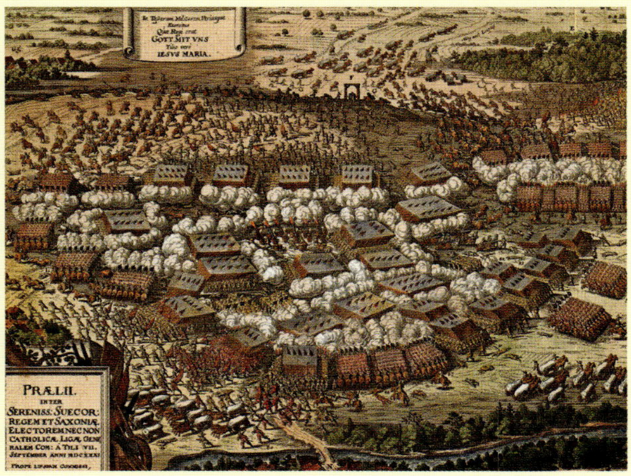

Auslöser des Großen Krieges war der Griff des reformierten Kurfürsten von der Pfalz nach der böhmischen Königskrone, welche die katholischen Habsburger für sich reklamierten. Beide Parteien sammelten Verbündete im jeweiligen konfessionellen Lager; doch wichtiger als religiöse Frontziehungen wurde die Frage, wer im Reich bestimmen sollte: der Kaiser oder die Fürsten.

Die katholische Partei war zunächst deutlich überlegen, nicht zuletzt dank der Truppen des böhmischen Kriegsunternehmers Wallenstein. Als Wallenstein siegreich bis zur Ostsee vorgedrungen war, entschloss sich Schweden zum Eingreifen, aus Solidarität mit den Glaubensgenossen, aber auch um seine Machtsphäre zu verteidigen. Finanziert wurde Gustav Adolfs Angriff (re.: sein Sieg bei Breitenfeld 1631) mit vom katholischen Königreich Frankreich. Dessen Lenker Kardinal Richelieu wollte mit allen Mitteln den Sieg der Habsburger verhindern. Auch nach Gustav Adolfs Tod sorgten französisches und spanisches Eingreifen dafür, dass sich der Krieg noch 16 weitere blutige Jahre dahinschleppte und große Teile Deutschlands verwüstete.

30 Jahre Krieg – Elend, Not und vergessene Schätze

Der Dreißigjährige Krieg ist unter uns – im ganz wörtlichen Sinne: Immer wieder tauchen aus dem Boden beim Pflügen oder bei Bauarbeiten zwischen 1618 und 1648 vergrabene Schätze auf, die irgendjemand damals zu verbergen suchte. Handelt es sich aber um legitimes Hab und Gut oder um Raubbeute, an der womöglich Blut klebt? Das verraten uns die Münzen und Wertsachen nicht.

So haben erst im November 2011 Archäologen aus einem Acker beim mecklenburgischen Weltzin 140 Silbermünzen geborgen, die in diese Epoche zurückreichen. Ein Jahr zuvor war im sächsischen Borna (Landkreis Leipzig) ein beachtlicher Münzschatz entdeckt worden, der wohl zwischen 1620 und 1630 vergraben worden war – also mitten im Dreißigjährigen Krieg. Damals war das Land rund um Leipzig wiederholt Schauplatz von blutigen Schlachten und damit auch von Plündereien und Raubzügen der aufmarschierenden Söldnerheere.

Die Art, wie der unbekannte Besitzer seinen Schatz versteckt hat, ist allerdings außergewöhnlich: Er steckte sein Geld nicht wie damals üblich in einen Krug, sondern er packte es in einen Beutel, den er sorgfältig mit einem dicken Klumpen Lehm schützte. Wollte er damit Finder in die Irre führen?

Soldaten plündern und verwüsten ein Dorf – im 30-jährigen Krieg grimmiger Alltag in vielen Gebieten (Zeichnung des 19. Jh.)

Die Angst vor Dieben und Fälschern

Jedenfalls blieben dadurch im Gegensatz zu vielen anderen Funden die Münzen sehr gut erhalten. Sie verraten uns, dass der ursprüngliche Besitzer ein sehr reicher Mann gewesen sein muss, vielleicht ein Kaufmann oder ein Ackerbürger. Nach alten Urkunden ist an der Stelle des Fundortes ein Wohnhaus registriert, das damals ein Stadtrichter bewohnt haben soll, der im Ort sogar einige Jahre als Bürgermeister tätig war. Es ist also nicht ausgeschlossen, dass es jener Schultheiß war, der die Münzen an dieser Stelle vergraben hat. Immerhin handelt es sich bei dem neu entdeckten Fund um mindestens 30 Silbertaler, die der Menge von etwa einem halben Kilogramm Silber entsprechen. Dies war für die damalige Zeit ein überaus stattliches Vermögen.

Vielleicht wollte der wohlhabende Bürger sein Geld nicht nur vor Dieben, sondern auch vor dem eigenen Landesherrn, respektive der Inflation schützen. Zwischen 1620 und 1623 herrschte die sogenannte »Kipper- und Wipperzeit«, d.h. der Wert der Münzen mit Edelmetallprägung verschlechterte sich erheblich. Da riesige Summen an Geld für die Kriegskassen benötigt wurden, kauften der Kaiser und die Fürsten Edelmetalle – in erster Linie Silber– zwangsweise in großen Mengen zu niedrigen Preisen auf. Aus diesem Silber ließen sie dann massenhaft minderwertige Münzen mit einem hohen Kupferanteil prägen, die aber mit demselben Nominalwert belegt waren. Mit diesen offiziellen Fälschungen wurde der Sold an die Truppen ausbezahlt; die Folge war eine Inflation.

Doch gab es noch ganz andere Gründe, warum viele Leute ihr Vermögen in Sicherheit bringen wollten. Der »Teutsche Krieg« war nicht mehr nur auf die Schlachtfelder begrenzt. Auch das Leben der Zivilbevölkerung war ständigen Bedrohungen ausgesetzt. So versuchten auch Bewohner aus einfacheren Verhältnissen, soweit es überhaupt möglich war, ihr Hab und Gut zu retten. Immer wieder mussten sie erleben, wie die Soldateska brandschatzend und mordend über ihre Städte und Dörfer herzog und alles mitnahm, was nicht niet- und nagelfest war.

Mit den Verwüstungen gingen auch Mord, Verstümmelungen und Vergewaltigung der Landbewohner einher, wie es der Zeitgenosse Hans Ulrich Franck dokumentierte.

Die Not mit der Soldateska

Kreuz und quer bewegten sich die Truppen der Protestanten und die kaiserlich-katholischen Heere durch das römisch-deutsche Reich und schlugen mit ihrem umfangreichen Tross vor allem im Winter Quartiere in Privathäusern auf. Dabei gingen die unwillkommenen »Gäste« keineswegs zimperlich vor; sie raubten nicht nur Bettzeug und Geschirr, sondern plünderten sämtliche Nahrungsvorräte und hinterließen schreckliche Verwüstungen. Manch einer konnte froh sein, wenn er mit dem Leben davon kam und nicht ein Opfer von Folterungen und Misshandlungen wurde. Dabei waren aber oft auch die Soldaten von Hunger, Not und Verzweiflung angetrieben, sich zu holen, was man ihnen vorenthielt, denn immer häufiger war die Beute, die sie raubten, ihr einziger Sold. Marschall Gallas schilderte dem Kaiser den kläglichen Zustand seiner Truppen: »Sie haben kein Kleid am Leib, kein Schuh an den Füssen, die Retier haben kein Pferd noch Sattel, noch Stiefel. Die Soldaten essen nur noch Brot aus Eicheln, gemahlener Baumrinde oder Spreu.«

Der Krieg über drei Jahrzehnte hinweg war ein täglicher Kampf ums Überleben. Kam es zu Überfällen, blieb den ausgeraubten Bauern und Bürgern oft nicht einmal

Auch mächtige, reiche Städte boten keine Sicherheit: Im Mai 1631 ging Magdeburg in Flammen auf.

trocken Brot. Die Konsequenzen schildert die Altdorfer Ortschronik: »Der ungeheure Hunger zwang die Menschen zu verschiedenen und zwar unmenschlichen, ja sogar abscheulichen ›Nahrungsmitteln‹. So verzehrten sie Katzen, Mäuse, Ratten, und ähnliche Dinge dieser Art sahen sie damals für eine Delikatesse an Speisen an. Sie gruben die Wurzeln von Pflanzen aus und mähten das Gras, das sie nach Art des Viehs aßen, sodass man im Munde mancher Verstorbener noch das Gras sehen konnte. Weiterhin, sie ekelten sich auch nicht vor dem Fleisch verreckter Tiere, das stinkt, sondern verzehrten es mit Heißhunger ...«

Im Winter kam noch die klirrende Kälte hinzu – Europa ging damals durch die so genannte »kleine Eiszeit«, die durch kalte, verregnete Sommer und bitter-harte Winter gekennzeichnet war. Da wurden Zäune demontiert, Tür- und Fensterrahmen und Dachsparren herausgerissen und zu Brennholz hergenommen. Kein Wunder, dass die Bevölkerung die Plünderer hasste und fürchtete, die in Horden einfielen und alles dem Erdboden gleich machten, was im Wege stand. Manche Ortschaften wurden einfach ausradiert, ganze Städte regelrecht ausgehungert oder gleich in Schutt und Asche gelegt. Bei der Eroberung und nachfolgenden Zerstörung Magdeburgs sollen etwa 20000 Menschen ums Leben gekommen sein.

Der Krieg muss den Krieg ernähren

Nach dem Motto »Krieg nährt den Krieg« wurde die Bevölkerung regelrecht ausgepresst. Einerseits waren die Städte und Fürstentümer mit hohen Kontributionen (Kriegssteuern) belastet, damit der Sold für die durchziehenden Heere bezahlt werden konnte. Andererseits mussten die Einwohner für die Unterkunft der Soldaten auch dann noch aufkommen, wenn sie selbst nicht wussten, wovon sie sich selbst ernähren sollten.

Je länger der Krieg dauerte, umso mehr kam es zu einer Verrohung der Sitten. Plünderungen waren an der Tagesordnung, Vergewaltigungen, Folterungen und Misshandlungen bildeten keine Ausnahme, wie ein Augenzeuge berichtet: »Manns- und Weibspersonen werden über die Massen unerhörter Weiss gepeinigt, aufgehenkt, geknebelt, Tränk eingegossen, unter die Weibspersonen fueren (Feuer) gemacht.«

Viele verließen ihre Häuser, um nicht Gewalttaten zum Opfer zu fallen. Sie vermehrten das stetig wachsende Heer der Bettler und Heimatlosen, führten ein rastloses, unstetes Leben in Not und Elend und griffen ihrerseits zur Gewalt, um das nackte Leben zu retten.

Die Gräueltaten des Dreißigjährigen Krieges beschreibt Grimmelshausen eindrucksvoll in seinem Roman »Der Abentheuerliche Simplicissimus Teutsch«. Er lässt seine Romanfigur Simplicissimus, der als Kind die Plünderung seines elterlichen Bauernhofs selbst miterlebt hat, von einer besonders üblen Foltermethode aus dem Dreißigjährigen Krieges berichten: »Den Knecht legten sie (die Soldaten) gebunden auf die Erd, stecketen ihm ein Sperrholz ins Maul und schütteten ihm einen Melkkübel voll garstig Mistlachenwasser in den Leib: das nenneten sie einen Schwedischen Trunk.« Sollte der Betroffene diese Tortur überstehen, so war er für den Rest seines Lebens gezeichnet und traumatisiert.

Krieg, Hunger, Seuchen, Tod

Viele Menschen starben an Kälte, Hunger und Entkräftung, außerdem breiteten sich Krankheiten und Seuchen aus. Sie machten auch vor den Soldaten nicht Halt, vor allem auf Feldzügen oder während langer Belagerungen. Aber auch die übrige Bevölkerung wurde durch Krankheiten wie Ruhr, Typhus, Pocken oder Pest dahingerafft. Viele waren auch von Geschwüren geplagt. Die Pest wütete in den Städten und entvölkerte ganze Landstriche. Der Krieg schien kein Ende zu nehmen. Je länger das Kriegsgeschehen währte, desto größer wurde die Sehnsucht nach Frieden für die, die in den Wirren des Krieges noch am Leben waren. Viele suchten Trost im Glauben, um diese schweren Zeiten zu überstehen

Der Besitzer des vergrabenen Münzgeldes hatte offensichtlich keine Gelegenheit mehr, seinen wertvollen Schatz in Borna zu bergen. Er teilt damit das Schicksal vieler seiner Zeitgenossen. Sehr wahrscheinlich hat auch er das Kriegsgeschehen nicht überlebt, doch ist darüber nichts bekannt. Zumindest sein Münzschatz ist der Nachwelt erhalten geblieben; er wird nun dokumentiert und in Chemnitz ausgestellt.

Ein weiterer bedeutender Schatzfund aus diesen grimmigen Jahrzehnten, der neben Münzen auch vergoldete und silberne Haushaltsgeräte und Schmuckstücke umfasste, wurde 1995 im Keller eines historischen Hauses in der vorpommerschen Hansestadt Anklam gemacht. Aber auch unweit der niederbayerischen Kreisstadt Pfarrkirchen fand ein Bauer in seinem Acker einen Münzhort, den der ursprüngliche Besitzer nicht mehr bergen konnte – die Spuren des Großen Kriegs sind überall zu finden, wo er einst gewütet hatte.

Maurus Friesenegger: Tagebuch aus dem 30-jährigen Krieg

anno 1633: »Den 30. Dezember war Musterung des welsch-spanischen Regiments, und da war ein Spektakel zu sehen. Mehrere, nur halb volle Kompanien, schwarze und gelbe Gesichter, ausgemergelte Körper, halb bedeckte, oder mit Lumpen umhängte, oder in geraubte Weibskleider einmaskierte Figuren, eben so wie Hunger, und Not aussieht. Beinebens waren aber die Offiziere ansehnliche und prächtig gekleidete Leute. Indessen erkrankten, und starben auch viele Soldaten vor Hunger und Kälte, so daß ihr Feldpriester in einem Tage 30 Kranke zur Beichte hören musste. Und das machte uns alle den Tod, das Ende aller Übel, fürchten oder hoffen.«

anno 1646: »Seither die Kaiserlichen in Baiern einrücket, und hauptsächlich den Distrikt zwischen der Isar, und dem Lech besetzet haben, so wünschte jedermann die noch besseren Schweden. Wer sich nicht schon vorhin weit hinweg geflüchtet hat, der musste sich jetzt in Wäldern, und finsteren Abwegen verbergen. Weder in den Häusern, noch auf den Wegen entging jemand ihrer Barbarei, und ihrem Mutwillen. Sie raubten, plünderten, und marterten ohne zu denken, daß sie Menschen sind, und mit Menschen umgehen. Ohne Unterschied des Alters, und des Geschlechtes banden sie die Menschen, entblößeten sie ganz, und schändeten die einen zu Tode, und die anderen jagten sie bei sehr kalter Herbstzeit ganz nackend von sich. Solche Bestien machet der anhaltende Krieg aus den Menschen!«

Die wundersame Rettung Preußens

Eigentlich waren Friedrich der Große und mit ihm ganz Preußen 1762 vernichtend geschlagen. »Alles ist verloren«, schrieb Friedrich an seinen Minister Finckenstein nach der Schlacht bei Kunersdorf. Doch zuerst zauderten Russen und Österreicher, und dann kam auch noch ein »Wunder« zu Hilfe. Konnte Friedrich den Kopf gerade noch aus der Schlinge ziehen?

Mit persönlichem Einsatz motivierte Friedrich seine Truppen, etwa bei Zorndorf (Gemälde von Carl Röchling, 1904).

1756 war der Krieg ausgebrochen, der als der Siebenjährige in die Geschichtsbücher einging. Drei Jahre lang eilte Friedrich der Große von Sieg zu Sieg, doch egal, welche Schlachten seine vorzüglich gedrillten Truppen auch gewannen, egal, wie viele Angriffe an wie vielen Fronten auch immer sie zurückschlugen, egal, aus wie vielen Umzingelungen sie sich befreiten, immer wuchsen der feindlichen Hydra neue Heere nach.

Friedrich hatte das große Ringen mit einem erfolgreichen Überfall auf Sachsen und dem Einmarsch in Böhmen eröffnet. Doch bei Prag wurde er gestoppt, während gleich-

Der Stratege Friedrich II. war gleichermaßen Taktiker wie Hasardeur, den wiederholt sein Glück retten musste (Gemälde von Arthur Kampf, 1904).

zeitig im Westen sein einziger Verbündeter, der Herzog von Cumberland mit dem britischen Heer, angesichts einer französischen Übermacht den Rückzug antrat. So hatten die Franzosen, die sich mit den Kontingenten des Reichsheeres zusammentaten, freie Bahn Richtung Berlin – 60 000 Mann mit Lust auf Morden, Plündern, Brandschatzen, denen Friedrich lediglich 15 000 reguläre Soldaten entgegenstellen konnte. Gleichzeitig fielen in Ostpreußen die Russen ein und in Pommern die Schweden. Die österreichischen Generäle ließen bereits die Sektkorken knallen, vermeinten sie doch, den Endsieg gegen den preußischen Erzfeind besiegelt zu haben.

Das Debakel von Kunersdorf

Doch Friedrichs hart gedrillte Truppen jagten die Haufen des französisch-kaiserlichen Söldnerheeres bei Rossbach in Sachsen auseinander und triumphierten dann auch in Schlesien gegen die zahlenmäßig weit überlegenen Österreicher. Der bereits kaltgestellte Sekt auf Seiten der Allianz musste also warten. Den nächsten Angriff unternahmen starke russische Verbände, welche die Stadt Küstrin zerstörten und von Friedrichs Heer dann bei Zorndorf nur unter großen Verlusten abgewehrt werden konnten. Bei Hochkirch überfielen die Österreicher kurz danach das schlafende Preußenheer in seinem Feldlager und richteten ein furchtbares Massaker an.

So standen die Dinge bereits denkbar ungünstig, als Friedrich im Hochsommer 1759 bei Kunersdorf in der Nähe von Frankfurt an der Oder vom vereinigten Heer der Russen und Österreicher gestellt und zur Schlacht gezwungen wurde. Den 71 000 feindlichen Soldaten standen gerade einmal 49 000 auf Seiten der Preußen gegenüber. Trotzdem warf Friedrich sie nach dem Motto »Angriff ist die beste Verteidigung« in eine Entscheidungsschlacht, bei der er eine vernichtende Niederlage erlitt. Die preußische Armee

Der Siebenjährige Krieg

Zwischen 1756 und 1763 stand Preußen an allen Fronten im Krieg, nämlich gegen Frankreich, Österreich, Russland, Sachsen, das Heilige Römische Reich und Schweden. Aus verschiedenen Gründen hatten sich zunächst Frankreich und Österreich gegen England verbündet, dann auch noch mit Russland, sodass Preußen sich plötzlich von allen europäischen Kontinentalmächten umzingelt sah.

Österreich nutzte die Situation zu einem Krieg gegen Preußen, bei dem es vor allem die in den zwei vorangegangenen »Schlesischen Kriegen« erlittenen Gebietsverluste wieder wettzumachen hoffte. Da gleichzeitig auch zwischen Frankreich und England der Krieg um die Kolonien in Nordamerika und Indien ausbrach, erzwang die damalige Logik der Bündnisverpflichtungen auch das Einschreiten Frankreichs, Sachsens, Schwedens und Russlands gegen Preußen. Sieben Jahre lang hielt Preußen an allen Fronten und in zahlreichen siegreichen Schlachten den Angriffen dieser Allianz stand und erreichte 1763 einen Friedensschluss, bei dem es alle Besitzstände verteidigte und sich somit als neue Großmacht auf dem Kontinent etablierte.

Zarin Elisabeth war eine erbitterte Gegnerin Friedrichs; ihr Tod 1762 trug wesentlich zur Kriegswende bei.

»Gibt es denn keine verdammte Kugel für mich?«

(Friedrich d. Große in der Schlacht bei Kunersdorf)

verlor 18 000 Mann, viele tausend weitere zerstreuten sich voller Panik in wilder Flucht. König Friedrich selbst kam nur mit viel Glück mit dem Leben davon. Eine Kugel prallte an seiner Tabakdose ab, zweimal wurden ihm nacheinander die Pferde unter dem Leib weggeschossen, sodass er mehrfach während der Schlacht das Reittier wechseln musste. Rittmeister von Prittwitz konnte gerade noch Friedrichs drohende Gefangennahme verhindern. Als er sich vom Schlachtfeld zurückzog, waren Friedrich lediglich 3 000 Getreue verblieben.

Der Streit der Sieger rettet Friedrich

Friedrich erkannte seine Lage klar. Verzweifelt schrieb er an seinen Minister Finckenstein: »Alles ist verloren. Adieu für immer!« Den Armeen der Russen und Österreicher stand der Weg nach Berlin offen. Hätten die Sieger sich geeinigt und ungeachtet ihrer eigenen hohen Verluste die strategische Gunst der Stunde genutzt, dann hätten sie Friedrichs dezimierte Truppen verfolgen und den König gefangen nehmen können. Stattdessen stritten die Befehlshaber, der russische Feldmarschall Pjotr Semjonowitsch und Österreichs Freiherr Ernst Gideon von Laudon, über die richtige Strategie und ergriffen prompt die falsche: Sie zogen vereint ab Richtung Sachsen.

Friedrich benötigte vier Tage, bis er dieses unverhoffte Glück begriff. Zuvor war er so deprimiert und verzweifelt, dass er das Oberkommando über seine Armee an General Finck übergab und seinen Bruder Heinrich zum Generalissimus bestimmen wollte. Doch als er die Untätigkeit seiner Feinde realisierte und gleichzeitig sich nach und nach fast 20 000 Mann seiner versprengten Truppen wieder einfanden, schöpfte er frischen Mut, übernahm wieder das Kommando und schrieb an seinen Bruder: »Ich verkünde Ihnen das Mirakel des Hauses Brandenburg«.

Die Russen erobern Berlin

Dieses »Mirakel« des Hauses Brandenburg blieb nicht das einzige Wunder zugunsten Preußens im Siebenjährigen Krieg. Und Wunder hatte Friedrich auch dringend nötig. Denn im weiteren Kriegsverlauf spitzte sich die Lage erneut gegen Preußen zu. Um sein dezimiertes Heer wieder aufzufüllen, hatte Friedrich bereits auf die Zwangsrekrutierung von Dreizehn- und Vierzehnjährigen zurückgegriffen. Mit den frischen Kräften schlug er im Herbst 1760 zwar den österreichischen General Laudon bei Liegnitz, doch gleichzeitig nahmen in seinem Rücken die Russen Berlin ein, zerstörten das Schloss Charlottenburg und plünderten die Stadt, ohne auf Gegenwehr zu stoßen. Insgesamt war die Lage Preußens wieder einmal katastrophal. Inzwischen drohte auch das Geld auszugehen, denn Englands König Georg II. war gestorben, und seitdem waren keine britischen Zahlungen mehr in die preußische Kriegskasse geflossen. In seiner Verzweiflung suchte Friedrich sogar Unterstützung bei den Türken und den Tataren, die aber wenig Interesse an seinen Kriegen und seiner Notlage zeigten. So galt das strategische Bemühen der preußischen Armee während des ganzen Jahres 1761 lediglich dem Halten der Fronten.

Das Glück Preußens bestand immer noch vorwiegend darin, dass sich die Alliierten zu keinem gemeinsamen Schlag durchringen konnten. Nur unter Anspannung aller Kräfte überstand Friedrich ein weiteres Kriegsjahr. Aber Ostpreußen, Sachsen und Schlesien waren in der Hand des Gegners, ebenso der preußische Teil Pommerns.

DIE ARMEE – FRIEDRICHS WAFFE

In den meisten Bereichen der Militärtechnik war Preußen seinen Feinden haushoch überlegen. Drill und Rekrutierung waren in Preußen in bisher nicht bekanntem Maße professionalisiert. So waren die preußischen Grenadiere auf höchste Disziplin getrimmt und traten in der Feldschlacht gegen feindliche Fußtruppen mit einer neuartigen dreigliedrigen Formation an, die allerdings hohen Mut jedes Einzelnen erforderte. Die vorderste Reihe feuerte kniend, die beiden hinteren Reihen stehend über die Köpfe ihrer Vorderleute hinweg. Die im 18. Jh. gebräuchlichen Steinschlossflinten mussten dabei schlafwandlerisch sicher beherrscht werden: Reinigen des Laufs, Pulver einfüllen, Bleikugel einstoßen, Anlegen, Zielen, Feuern! Am besten alle Mann gleichzeitig, das erzielte beim Feind die größte Wirkung. Preußische Eliteregimenter schafften locker drei Salven in der Minute.

In der Artillerie sicherten industrielle Kanonengießereien und die komplett eigenständige Organisation dieser Waffengattung Preußen einen weiteren Vorteil. Artilleristen kamen in eine zentrale Ausbildung nach Berlin und arbeiteten dann eingespielt mit Infanterie und Kavallerie zusammen.

Der neue Zar Peter III. war ein großer Bewunderer des Preußenkönigs und zu einem Friedensschluss bereit.

Ein glücklicher Todesfall im Zarenreich

In dieser hoffnungslosen Situation, die Niederlage vor Augen, geschah ein weiteres Wunder: Die russische Zarin Elisabeth starb im Alter von 63 Jahren. Nach einem Schlaganfall 1756 hatte sie sich mehr und mehr zurückgezogen, sodass ihr frühzeitiges Ableben vielleicht doch nicht ganz so wundersam war, wie es in der rückwirkenden Verklärung erscheint. Friedrich war deshalb zunächst auch skeptisch, was die Folgen des Thronwechsels betraf. Er schrieb seinem Minister Finckenstein: »Ein großes Ereignis, das vielleicht auf geringe Wirkung hinauskommen wird.« Doch Elisabeths Tod brachte ihren Neffen, den jungen Zaren Peter III. auf den Thron, und dieser war ein glühender Verehrer Friedrichs. Er schloss sofort Frieden und bot Preußen sogar russische Waffenhilfe an. Friedrich notierte: »Der erste Lichtstrahl, der sich zeigt!«.

Da Russlands Aussteigen auch Schweden zur Aufgabe des Kampfes bewog, hatte Friedrich auf einen Schlag zwei Gegner weniger. Er nutzte sofort die neue Lage und verdrängte die Österreicher mit zwei Siegen bei Burkersdorf und Freiberg aus Schlesien und Sachsen. Am 15. Februar 1763 trafen sich die Kriegsparteien schließlich in Hubertusburg und beendeten im »Frieden zu Hubertusburg« den Siebenjährigen Krieg. Dass er Preußen als Sieger sah, als neue Großmacht am europäischen Firmament, das war das eigentliche Wunder von Brandenburg.

Die Schwarze Legion – Nadelstiche gegen Napoleon

Der Friede von Tilsit im Juli 1807 beendete den vierten Krieg der Fürstenkoalition gegen den Franzosenkaiser Napoleon. Im Abkommen fiel das Herzogtum Braunschweig-Wolfenbüttel an das von Napoleons Bruder Jérôme geführte »Königreich Westphalen«. Damit war Herzog Friedrich Wilhelm von Braunschweig-Wolfenbüttel-Oels heimatlos – war seine Rache ein Grund für Napoleons Untergang?

Der Friede von Tilsit war nicht von Dauer, die Spannungen zwischen Österreich und Frankreich nahmen wieder zu, und so reiste der Braunschweiger Herzog im Januar 1809 nach Wien, um mit dem österreichischen Kaiserhaus ein Abkommen zu schließen. Darin verpflichtete er sich, auf eigene Kosten ein 2000 Mann starkes Freikorps, bestehend aus Infanterie und Kavallerie, aufzustellen. Als Ausdruck seiner Gefühle kleidete er seine Truppe in tiefes Schwarz, was ihm den Beinamen »Der schwarze Herzog« und seiner Truppe den Titel »Die Schwarze Schar« oder »Schwarze Legion« einbrachte.

Im Juni 1809 fiel die »Schwarze Schar« mit den Österreichern erfolgreich in Sachsen ein. Doch nach der Niederlage der Österreicher bei Wagram und dem folgenden Frieden von Schönbrunn war der Krieg schon wieder zu Ende. Der Waffenstillstand traf den Herzog hart. Da er allerdings als Verbündeter Österreichs und nicht als dessen Untergebener aufgetreten war, fühlt er sich an den Frieden nicht gebunden.

Den tödlich getroffenen Herzog Friedrich Wilhelm tragen seine schwarz uniformierten Männer vom Schlachtfeld bei Quatre-Bras (zeitgenössisches Gemälde).

Seine ganze Regierungszeit von 1806 bis 1815 kämpfte Friedrich Wilhelm von Braunschweig-Lüneburg um sein Herzogtum.

Der moralische Sieg von Ölper

Mit dem Schlachtruf »Sieg oder Tod!« brach die Schwarze Legion am 24. Juli 1809 von Zwickau auf, Richtung Norden. Am 27. Juli wurde Halberstadt erstürmt. Und weiter ging es durch das Königreich Westphalen, wobei die Schwarze Legion gewaltige Verwüstungen anrichtete. Am 1. August erreichte Herzog Friedrich Wilhelm das Dorf Ölper vor den Toren Braunschweigs. Hier stellte sich ein etwa 5 000 Mann starkes Heer unter dem französischen General Jean-Jacques Reubell der Schwarzen Schar entgegen. Er hatte den strikten Befehl, sie zu vernichten.

Nach Vorgeplänkeln eröffnete der weit überlegene Gegner das Gefecht. Die angreifende westphälische Kavallerie konnte zurückgeschlagen werden, doch dem nachrückenden Infanterieregiment musste Friedrich Wilhelm Ölper überlassen. Der Schwarze Herzog wich nach Süden aus, wo er die feindliche Infanterie zurückwerfen konnte. Nun ging die Schwarze Legion ihrerseits zum Angriff vor, an der Spitze der Herzog. Dabei wurde sein Pferd getroffen und stürzte, während Friedrich Wilhelm unverletzt blieb. Der Angriff aber war ins Stocken geraten. Als auch eine zweite Reiterattacke scheiterte, zog sich die Schwarze Schar zurück. Zwar plante der Schwarze Herzog noch einen Angriff zur Rückeroberung Ölpers, doch General Reubell hatte das Dorf geräumt. Damit war die Schlacht vorbei, die keinen militärischen, wohl aber einen moralischen Sieger sah: Herzog Friedrich Wilhelm.

Der Schlachtentod des Helden-Herzogs

Trotz der Übermacht des Feindes kämpfte sich die Schwarze Legion bis zur Wesermündung, und 1 600 Mann begaben sich auf englischen Schiffen zur Isle of Wight. »The Black Brunswickers« kämpften nun auf britischer Seite, zuletzt nahmen sie 1815 am »Hundert-Tage-Feldzug« gegen Napoleon teil. An diesem beteiligte sich auch Herzog Friedrich Wilhelm, der seit Dezember 1813 wieder in Braunschweig regierte. Am 16. Juni 1815 fiel er bei Quatre-Bras, zwei Tage vor der Schlacht von Waterloo, die Napoleons Großmachtträume besiegelte.

Friedrich Wilhelm war kein großer Feldherr und nicht der größte Stolperstein auf Napoleons Weg. Doch ein tapferer Soldat war er allemal, und die Schlacht von Ölper, wo er dem überlegenen Feind die Stirn geboten hatte, gab dem Widerstand gegen die Besatzung Auftrieb. Des Herzogs Taten veranlassten einen 17-jährigen Braunschweiger Primaner eine »Elegie auf den Tod des Herzogs« zu dichten. Der Name des Poeten war August Heinrich Hoffmann, der ein Vierteljahrhundert später als Hoffmann von Fallersleben das »Lied der Deutschen« verfasste.

»Das Haus Braunschweig hat aufgehört zu bestehen!«

(Napoleon nach dem Frieden von Tilsit)

Die Befreiungskriege gegen Napoleon

Während der napoleonischen Besatzung entstanden die irregulären Truppeneinheiten der »Freikorps« bzw. »Freischaren«, die in einem Kleinkrieg die französische Streitmacht zwar nicht entscheidend schlagen, ihr jedoch schmerzhafte Nadelstiche versetzen konnten. Die erste Erhebung begann 1809; im großen Befreiungskrieg 1813/15 suchten die Freischaren – darunter das berühmte »Lützowsche Freikorps« – den Volkskampf zu organisieren. Nach dem Ende des Befreiungskriegs wurden die Freikorps aufgelöst bzw. in die stehenden Heere eingegliedert.

Völkermord in Kaisers Namen? Der Herero-Krieg

Als sich im Jahr 1904 in der Kolonie Deutsch-Südwestafrika das einheimische Hirtenvolk der Herero erhob und weiße Farmer und Beamte umgebracht wurden, schlug die Kolonialmacht mit einer Brutalität zurück, die schließlich im Reich selbst Empörung auslöste. Wer war für den versuchten und auch noch angekündigten Völkermord verantwortlich? Die Politiker? Die Militärs? Oder gar der Kaiser selbst?

Mit Überfällen auf deutsche Farmen und Stützpunkte begann der große Aufstand in Südwestafrika (Zeitungsillustration).

Anfang 1904 wurde die deutsche Öffentlichkeit von beunruhigenden Nachrichten aus der Kolonie Südwestafrika aufgeschreckt: Unter der Führung ihres »Kapitäns« (Häuptlings) Samuel Maherero hatten sich 8000 Krieger des Hirtenstammes der Herero gegen die Kolonialisten erhoben. Sie überfielen Farmen und Telegrafenstationen, belagerten sogar kleinere Siedlungen. Die erste Opferbilanz: rund 120 getötete Deutsche, fast ausschließlich Männer. Die Frauen und Kinder der Siedler hatten die Herero zu den angrenzenden Missionsstationen geschickt.

Ein stolzes Hirtenvolk steht vor dem Nichts

Nicht völlig überrascht von dem Gewaltausbruch war der Gouverneur der Kolonie, Theodor Leutwein. Er wusste, in welch schlimme Lage das einst stolze Hirtenvolk geraten war, seit 1897 die Rinderpest von Südafrika übergegriffen hatte. Zu Tausenden war das Vieh verreckt. Die Seuche traf zwar auch die deutschen Farmer, doch für die Herero und die anderen eingeborenen Stämme stellten die Herden Stolz, sozialen Rang und das einzige Kapital dar. Die alten Stammestraditionen brachen zusammen, die Kapitäne und Ältesten verloren an Ansehen, und verschärft wurde die Lage durch skrupellose Wanderhändler. Die verkauften von ihren Ochsenwagen aus den einheimischen dürftigen Plunder und ließen sich von den Stämmen Schuldverschreibungen ausstellen, terminiert auf den nächsten Markttag. Doch als die Viehherden starben, hatten die Herero nichts, was sie verkaufen konnten. Die Händler forderten dennoch ihre Schuldscheine ein, und die deutsche Verwaltung unterstützte sie noch durch eine Verschärfung der Regeln bezüglich der Schuldeintreibung – dahinter stand die langfristige Strategie, die einheimischen Stämme zur Aufgabe ihres Nomadenlebens zu zwingen, damit den deutschen Farmern genügend billige Arbeitskräfte zur Verfügung standen.

Jetzt also war das schwelende Pulverfass explodiert, und Leutwein raffte an Truppen zusammen, was er bekommen konnte. Die Kontrolle über das riesige, dünnbesiedelte Land war allerdings nur mühselig zu gewinnen; die deutschen Soldaten gewannen zwar Schritt für Schritt die Oberhand, mussten aber auch Rückschläge hinnehmen. Die Nachricht davon löste eine weitere heftige Explosion aus, diesmal des allerhöchsten kaiserlichen Zorns in Berlin. Wilhelm II. tobte, dass seine, »die besten Soldaten der Welt« sich vor einem »Haufen Neger« zurückziehen mussten. Das Ansehen des Reiches stand auf dem Spiel!

Unter dem Gewicht dieses Arguments hatte der Reichstag im Eilverfahren 2,8 Millionen Mark für den Einsatz einer Eingreiftruppe von rund 10000 Mann bewilligt, auch mit den Stimmen der ansonsten so kolonialkritischen Sozialdemokratie. Zum Kommandanten ernannte der Kaiser General Lothar von Trotha.

Maji-Maji – der vergessene Völkermord

Von der Öffentlichkeit kaum zur Kenntnis genommen, spielte sich im Jahr nach der Herero-Tragödie in Deutsch-Ostafrika ein noch viel schlimmeres Massaker ab. Die Hintergründe des dortigen Maji-Maji-Aufstands von 1905 waren ähnlich: die Zerstörung bestehender Strukturen durch die Kolonialverwaltung, die ihre eigenen Wirtschaftsinteressen durchzusetzen suchte.

Treibende Kraft war ein »Prophet« namens Kinjikitile, der seinen Anhängern den »Maji-Maji«-Wasserzauber versprach, der die Kugeln der Weißen unschädlich machen würde. Es kam bis 1907 zu mehreren blutigen Gefechten der Aufständischen mit der Schutztruppe (Abb.); verheerender erwies sich die Strategie der »verbrannten Erde« der Deutschen, die ganze Landstriche brachlegte.

Die meisten der bis zu 300 000 geschätzten Todesopfer verhungerten. Die deutsche Seite verlor 23 weiße Soldaten und 345 einheimische Hilfstruppen.

Der Schlächter von China kommt nach Afrika

Diese Beförderung löste im Kolonialamt, aber auch bei Gouverneur Leutwein höchste Besorgnis, ja Entsetzen aus. Von Trotha hatte sich vier Jahre zuvor bei der Bekämpfung des Boxeraufstandes in China einen höchst unrühmlichen Namen erworben, in dem er die vom Kaiser ausgegebene Parole: »Pardon wird nicht gegeben! Gefangene werden keine gemacht!« mit aller Brutalität umgesetzt hatte. Und genau das würde von Trotha jetzt auch die »wildgewordenen Nigger« spüren lassen.

Leutwein schlug vergebens eine Verhandlungslösung vor und wurde prompt seines Postens als Militärchef der Kolonie enthoben. Dann marschierte von Trotha los, zum Waterberg, einer letzten Verteidigungsstellung der Herero vor der Halbwüste des Sandvelds, Omaheke in der Sprache der Eingeborenen. Nach zweitägigem Kampf waren die Herero geschlagen; die Überlebenden flüchteten sich in das dürre Veld, den Feind immer im Nacken. Mit Genugtuung konnte von Trotha berichten: »Wie ein halb zu Tode gehetztes Wild ward er (der Gegner) von Wasserstelle zu Wasserstelle gescheucht, bis er schließlich willenlos ein Opfer der Natur seines eigenen Landes wurde. Die wasserlose Omaheke sollte vollenden, was die deutschen Waffen begonnen hatten: die Vernichtung des Hererovolkes!«

Wollten Hereros dem qualvollen Tod in der Wüste entkommen und sich den Verfolgern ergeben, wurden sie einfach erschossen, wie es von Trotha in seiner Proklamation am 2. Oktober 1904 angekündigt hatte: »Inner-

Theodor von Leutwein (li.) hatte sich als Gouverneur um einen Ausgleich mit den Herero-Führern bemüht.

halb der deutschen Grenzen wird jeder Herero mit oder ohne Gewehr, mit oder ohne Vieh erschossen. Ich nehme keine Weiber oder Kinder mehr auf, treibe sie zu ihrem Volke zurück, oder lasse auf sie schießen ... Gezeichnet: Der große General des mächtigen deutschen Kaisers«.

Entsetzte Nation, zögerlicher Kaiser

Der Völkermord war damit offizielles Kriegsziel geworden. Bekannt wurde dieser Mordbefehl zuhause im Reich allerdings erst einige Wochen später, als erste Feldpostbriefe deutscher Soldaten eintrafen. Ungläubig fragten die Abgeordneten der Linken bei Leutwein nach, ob diese Nachricht denn stimme, dass keine Gefangenen gemacht würden. Der konnte die grauenhafte Wahrheit nur bestätigen, und da war dann auch Reichskanzler Bernhard von Bülow entsetzt. Er bestürmte den Kaiser, von Trotha zurückzupfeifen – zum einen, weil durch die Vernichtung eines Gutteils der einheimischen Bevölkerung »das Entwicklungspotential der Kolonie ernsthaft untergraben« würde. Zum anderen könnte ein so unmenschliches Vorgehen »dem deutschen Ansehen unter den zivilisierten Nationen Abbruch tun.«

Mit der Kommando-Übergabe Leutweins (Mitte) an von Trotha (ganz re.) nahm das Unheil für die Einheimischen seinen Lauf.

Wilhelm II. benötigte fünf Tage, bis er sich zum Widerruf des Mordbefehls durchringen konnte und den Hereros Gnade anbot. Um die genaue Formulierung diskutierten der Kaiser und sein Kanzler dann noch weitere acht Tage. Erst am 9. Dezember erreichte von Trotha der allerhöchste Befehl, seine Proklamation zurückzunehmen.

Für die meisten der Herero kam das Eingreifen aus Berlin zu spät. Von den 60 000 bis 80 000 Angehörigen des Volkes waren nur noch etwa 15 000 am Leben. Und dieses Leben war weitgehend zerstört. Bei der Flucht in die Omaheke waren auch noch die überlebenden Herden zugrunde gegangen; die Stammesstrukturen waren zerbrochen, und viele der Männer mussten als »Kriegsgefangene« Zwangsarbeit beim Wiederaufbau der Kolonie leisten. In den Lagern starb nochmals rund die Hälfte der Insassen. Deutsch-Südwestafrika geriet durch die Kriegskosten tief in die roten Zahlen, die bis zum Verlust im Ersten Weltkrieg nicht mehr ausgeglichen werden konnten.

Ein zweiter Aufstand: Die Erhebung der Nama

Dazu trug auch dazu bei, dass sich, als das Schicksal der Herero bereits besiegelt war, auch noch die Volksgruppe der Nama erhob, die damals unter dem Namen Hottentotten bekannt waren. Unter der Führung ihres bereits 80jährigen »Kapitäns« Hendrik Witbooi erhob sich im Oktober 1904 ein Teil des in viele Kleingruppen zersplitterten Volkes. Bei seiner Aufkündigung der Unterwerfung gegenüber der Kolonialmacht listete Hendrik Witbooi ausdrücklich die Grausamkeiten und Ungerechtigkeiten auf, welche die Vertreter des Deutschen Reiches an den Herero begangen hatten und weiterhin begingen.

Eine reelle Chance hatten auch die Nama nicht gegen die jetzt hochgerüstete und unter afrikanischen Bedingungen kampferfahrene Schutztruppe. Die einzelnen Rebellenverbände lieferten den Kolonialherren dennoch einen hartnäckigen Guerilla-Krieg, auch nachdem Witbooi im Oktober 1905 bei einem Gefecht getötet worden war. Der »Hottentottenkrieg« zog sich bis 1907 hin und kostete mit 800 Toten die deutschen Truppen genauso viele Opfer, wie es der Herero-Aufstand gefordert hatte.

Von Trotha, der erst im November 1905 nach Deutschland zurückkehrte, versuchte im Übrigen auch gegen die Nama seine Vernichtungsstrategie durchzusetzen, kaiserliche Befehle hin oder her. Von diesem Volk dürfte etwa die Hälfte den Aufstand gegen die Kolonialmacht nicht überlebt haben.

Trophäenjagd im Namen der Wissenschaft: Die Schädel getöteter Herero wurden an deutsche Institute geschickt.

Kaiser Wilhelm II. reagierte auf das blutige Desaster in Afrika in einer für ihn typischen Manier. Er verweigerte seinem heimkehrenden General von Trotha jede Audienz – bloß kein Foto zusammen mit dem »bösen Mann«! Auf ein Wort des Bedauerns über das in Deutschlands Namen Geschehene wartete die Öffentlichkeit im Reich und in Südwest aber vergebens.

DIE LEGENDE VON DER GUTEN KOLONIALMACHT

Als im Zuge der Dekolonialisierung immer mehr Missetaten der britischen, französischen usw. Kolonialzeit ans Licht kamen, verbreitete sich in (West-)Deutschland das Bild von der »guten Kolonialmacht« Deutsches Reich, das sich so viel väterlicher um seine farbigen Untertanen gekümmert habe als die anderen Großmächte. Kronzeugen waren gewöhnlich ältere Einheimische – meist aus Togo –, die stolz ihre alten Bahnwärter-Uniformen präsentierten und noch »Die Wacht am Rhein« singen konnten. In Togo verlief die deutsche Kolonialzeit tatsächlich weitgehend konfliktfrei; in allen anderen Kolonien – in Afrika wie in der Südsee – kam es aber zu denselben Übergriffen, Ausbeutungen und Gewalttaten, wie sie leider für diese Epoche charakteristisch und in allen Kolonialreichen üblich waren.

Das Ansehen Deutschlands profitierte vor allem von dem Umstand, dass es nach 1919 keine Kolonialmacht mehr war und dadurch auch nicht in die bitteren Auseinandersetzungen mit den Befreiungsbewegungen verwickelt wurde.

Tödlicher Torpedo – der Untergang der Lusitania

Am 7. Mai 1915 versenkte ein deutsches U-Boot vor Irland den britischen Luxusdampfer »Lusitania«. Unter den 1198 ertrunkenen Passagieren befanden sich auch 128 US-Bürger. War die Reichsmarine den Briten in eine Falle gegangen, um die USA zum Kriegseintritt gegen Deutschland zu bewegen? Bis heute wird darüber gestritten.

Es war nur ein einziger Torpedo, der vom deutschen »U20« des Kommandanten Walther Schwieger abgeschossen wurde. Der Torpedo traf die »Lusitania« auf der Steuerbordseite, dicht hinter der Kommandobrücke. Dort lagerte den Schiffspapieren zufolge harmlose Fracht. Wäre dem so gewesen, dann hätte die »Lusitania« wohl ein großes Leck, aber keine unmittelbare Not gehabt. Immerhin handelte es sich um den modernsten Luxusliner seiner Zeit, ein Schiffsmonstrum von 31 500 Bruttoregistertonnen, mit Platz für rund 2 000 Passagiere. Aber auch für allerlei Kriegsmaterial. Denn dort, wo die Frachtpapiere harmloses Handelsgut auswiesen, lagerten mehrere Tonnen Munition: Vermutlich flogen diese bei einer zweiten Detonation in die Luft und besiegelten den Untergang. Die »Lusitania« bekam schnell Schlagseite und sank binnen 18 Minuten. Fast 1 200 Menschen starben, darunter 128 US-Amerikaner. 761 Schiffsbrüchige wurden lebend aus dem Meer gerettet, unter ihnen auch Kapitän William Turner.

Ein Luxusliner als Hilfskreuzer

Beim Bau der »Lusitania« 1903 hatte die britische Admiralität mit der »Cunard Steamship Company« ein Abkommen geschlossen, wonach das Schiff für Kriegszwecke umgerüstet werden konnte. 1912 erhielt die »Lusi-

Warum die »Lusitania« nach einem einzigen Torpedotreffer binnen Minuten sank, ist bis heute Gegenstand von Kontroversen.

tania« auch besonders starke Armierungen, zwei Munitionskammern, Pulvermagazine und Halterungen für Geschütze. Das Schiff wurde bei Kriegsausbruch zum »bewaffneten Hilfskreuzer« deklariert, war dann aber wieder zum Passagierdampfer zurückgestuft worden – für die deutsche Seite ein durchsichtiges Manöver, um Kriegsmaterial von New York nach Liverpool zu schaffen.

1915 hatte die Kriegsmarine böse Erfahrungen mit britischen U-Bootfallen, den »Q-Schiffen«, gemacht – umgebaute Handelsschiffe, bemannt mit Marinesoldaten, bestückt mit getarnten Geschützen. Tauchten vor solchen vermeintlichen Handelsschiffen deutsche U-Boote auf, um sie zu kapern, ließen die Q-Schiffe ihre Tarnung fallen. Als die »Lusitania« am 7. Mai 1915 trotz mehrerer warnender Funksprüche und ohne klar erkennbare Beflaggung in den als Kriegsgebiet deklarierten Meeresabschnitt vor Irland einfuhr, sah sich U-Boot-Kapitän Schwieger jedenfalls zur warnungslosen Versenkung berechtigt. Ein »militärisch und völkerrechtlich einwandfreier Kriegsakt«, wie die deutsche Admiralität beharrte.

»Vergeltung für die Lusitania« wurde ein wichtiges Schlagwort für die britische Kriegspropaganda, etwa auch in Irland.

PROPAGANDAKAMPF UM DIE USA

Die von Präsident Woodrow Wilson ausgerufene Neutralität der USA bei Ausbruch des Ersten Weltkrieges geriet umso mehr ins Wanken, je stärker England und seine Verbündeten militärisch ins Hintertreffen gerieten und die Deutschen die Oberhand zu gewinnen schienen. Ein Hauptziel der englischen Propaganda bestand deshalb darin, die USA zum direkten Kriegseintritt zu bewegen; Deutschland wollte mit seiner Gegenpropaganda genau dies verhindern. Der Untergang der »Lusitania« löste auf Seiten der USA heftige antideutsche Reaktionen aus, gelang es doch dem in England 1914 gegründeten »War Propaganda Bureau«, die Versenkung als einen barbarischen Akt gegen unschuldige Zivilisten darzustellen. Dem »Massenmord auf See« hatte die schlecht organisierte deutsche Kriegspropaganda wenig entgegenzusetzen. Dennoch dauerte es bis 1917, bis die USA tatsächlich den Krieg erklärten.

Ein Angriff auf einen friedlichen Passagierdampfer hätte eindeutig dem Völkerrecht widersprochen. Da im Nachhinein aber herauskam, dass die britische Admiralität der »Lusitania« eine Kursänderung direkt vor die Torpedorohre befohlen hatte, stand stets der Verdacht im Raum, der Abschuss sei provoziert gewesen, um die USA zum Kriegseintritt zu verleiten. Zu dieser Verschwörungstheorie trug bei, dass dem damaligen Marineminister Winston Churchill der Kurs der Schiffe bekannt war. Dennoch beorderte Churchill einen Kreuzer, der zum Geleit der »Lusitania« vorgesehen war, zurück.

Wasserbomben auf ein Wrack

Hauptstreitpunkt der Forscher bleibt bis heute die zweite Explosion. Wäre die letztlich zugegebene Ladung von Munition dafür groß genug gewesen? Gab es womöglich Tonnen von Dynamit an Bord? Als Alternativen wurden eine Kohlestaub- oder Kesselexplosion vorgeschlagen. Vergeblich hoffte man auf Klärung, als 1999 das Wrack durch ein Forschungs-U-Boot untersucht wurde: Da stellte sich heraus, dass die britische Marine die »Lusitania« für Wasserbombentests verwendet hatte; die so entstandenen Schäden machen jede Klärung der Ereignisse unmöglich.

»Seit dem 7. Mai werden Millionen in diesem Land bedauern, dass in Flandern keine Amerikaner mitfechten gegen Hunnen und Vandalen.«

(Die »New York Tribune« in einem Leitartikel zur Versenkung der »Lusitania«)

»Im Felde unbesiegt«? Die Dolchstoßlegende

»Im Felde unbesiegt« – so wurden die 1918 aus dem Ersten Weltkrieg heimkehrenden Soldaten in der Heimat begrüßt. Doch schnell stellte sich die Frage, warum man dann eigentlich die bittere Niederlage erlitten hatte. Die eigentlich Verantwortlichen, die Oberste Heeresleitung, streuten daraufhin eine infames Gerücht aus: War es Zersetzungsarbeit in der Heimat – der »Dolchstoß von hinten« – gewesen, die das Heer zermürbte?

So wollten sich viele Deutsche die Niederlage erklären: eine tapfere Armee von Verrätern erdolcht ... (Propagandaplakat).

Voller »Hurra« waren die Soldaten im August 1914 an die Front gefahren. Doch angesichts der hohen Verluste und der sich ständig verschlechternden Ernährungslage war die Kriegsbegeisterung in den folgenden Jahren der Ernüchterung gewichen. Nach ergebnislosen Kämpfen und Millionen von Toten verharrte die Front zum Jahreswechsel 1917/1918 im Stillstand. Abhilfe sollte die deutsche Frühjahrsoffensive 1918 schaffen. Die Lage sah gut aus, hatte sich doch das Russische Kaiserreich revolutionsbedingt durch den Frieden von Brest-Litowsk aus dem Kriegsgeschehen verabschiedet. Doch die Angriffe zwischen März und Juli 1918 liefen ins Leere. Nach drei Monaten erlahmte

Die ratlosen Strategen: Die Generäle Paul von Hindenburg (li.) und Erich Ludendorff in einer Feierschrift der Nachkriegszeit.

die Kraft der deutschen Offensive, die Westmächte gewannen die Oberhand. Die Oberste Heeresleitung hatte ihren letzten Trumpf verspielt; an einen »Siegfrieden« war nicht mehr zu denken.

Die Generäle geben auf

Als am 29. September die Verteidigungsstellung der »Siegfriedlinie« in Nordfrankreich durchbrochen wurde, verlangten Generalfeldmarschall Paul von Hindenburg und General Erich Ludendorff, umgehend ein Waffenstillstandsgesuch an den US-Präsidenten Wilson zu senden. Am 1. Oktober 1918 erklärte Ludendorff vor seinen Generälen die militärische Lage für hoffnungslos, der Krieg sei nicht mehr zu gewinnen. Die eigene Armee sei »leider schon schwer verseucht durch das Gift spartakistischer-sozialistischer Ideen. Auf die Truppe sei kein Verlass mehr«.

Die unvorbereiteten Menschen in Deutschland traf diese Nachricht wie ein Schock. Die Truppen standen ja weiterhin tief im Feindesland, und eben noch hatte die Propaganda die Erfolge der Frühjahrsoffensive gefeiert, als letzte Anstrengung vor dem Sieg. Und nun diese Nachrichten! Das konnte nach Meinung vieler nicht mit rechten Dingen zugegangen sein. So lag es nahe, die Schuld nicht der militärischen Führung, sondern der »Heimatfront« anzulasten, die angeblich dem Heer in den Rücken gefallen war. Sprachrohr dieser Ideen wurde nach der

»NOVEMBERVERBRECHER«

Sie hatten in größter Not Verantwortung für Deutschland gezeigt und den hoffnungslosen Krieg beendet. Und doch mussten sie sich nach kurzer Zeit als »Novemberverbrecher« schmähen lassen. Zunächst auf die Vertreter der Novemberrevolution und der provisorischen Regierung gemünzt, die am 11. November 1918 den Waffenstillstand von Compiègne unterzeichnet hatten, wurde der Kampfbegriff der Rechtsradikalen und Deutschnationalen bald gegen alle prominenten Vertreter der ersten Regierungskoalition, gegen die Linksparteien allgemein und alle Befürworter des Versailler Vertrags verwendet. Der Ausdruck sollte die Gewalttätigkeit gegen diese Personen rechtfertigen, und bald machten vor allem ehemalige Offiziere aus der Reichswehr, die sich ab 1919 in Verbänden und Freikorps sammelten, regelrecht Jagd auf die »Novemberverbrecher«. Ihren Mordanschlägen fielen unter anderem Matthias Erzberger, der Unterzeichner des Waffenstillstands, Walther Rathenau, Rosa Luxemburg, Karl Liebknecht und Kurt Eisner zum Opfer.

Das alliierte Propagandabild vom Kaiser auf einem Berg von Toten wurde zusehends im Reich geteilt.

»Ich habe aber Seine Majestät gebeten, jetzt auch die diejenigen Kreise an die Regierung zu bringen, denen wir es in der Hauptsache zu danken haben, dass wir so weit gekommen sind ... Die sollen nun den Frieden schließen, der jetzt geschlossen werden muss. Sie sollen die Suppe essen, die sie uns eingebrockt haben.«

(Oberst von Thaers Mitschrift der Ansprache Ludendorffs vor seinen Generälen am 1. Oktober 1918)

Revolution im November 1918 vor allem Paul von Hindenburg. Ungeniert verdrehte der alte Feldmarschall mit seinen Reden über einen »Dolchstoß von hinten« die Tatsachen, um die Oberste Heeresleitung, also sich selbst, zu entlasten.

Auf der Suche nach Sündenböcken

In Wahrheit trug die Oberste Heeresleitung die Hauptschuld: Jahrelang hatte sie nichts weniger als einen klaren Sieg über die Alliierten als Kriegsziel propagiert. Alle Friedensinitiativen, die einen Kompromiss im Sinn hatten, waren in den Wind geschlagen worden. Spätestens nach Scheitern der Frühjahrsoffensive war klar, dass kein Sieg mehr zu erringen war, und doch wurden von Seiten der Obersten Heeresleitung keine Friedensinitiativen unternommen.

Stattdessen sollte nun also die Reichsleitung als Sündenbock herhalten. Doch der neue Reichskanzler Max von Baden zögerte Anfang Oktober noch, tatsächlich ein Waffenstillstandsersuchen an Präsident Wilson zu stellen. Da brachten Hindenburg und Ludendorff den Kaiser dazu, den Reichskanzler zu zwingen, das Gesuch in der Nacht auf den 4. Oktober abzusenden. Aber kaum war das Angebot abgeschickt, versuchte die Oberste Heeresleitung auch schon wieder hektisch, ihre Verantwortung dafür zu vertuschen. Pressevertreter wurden angewiesen, nicht darüber nachzuforschen; das Ultimatum an den Reichskanzler wurde schlichtweg geleugnet. Seine endgültige Form fand die Parole vom »Dolchstoß«, als der englische General Frederick Maurice in einem Artikel der »Neuen Züricher Zeitung« vom 17. Dezember 1918 mit dem Satz zitiert wurde: »Was die deutsche Armee betrifft, so kann die allgemeine Ansicht in das Wort zusammengefasst werden: Sie wurde von der Zivilbevölkerung von hinten erdolcht.« Zwar stellte sich heraus, dass dieser Satz gar nicht von Maurice, sondern von einem Schweizer Journalisten stammte, doch die konservativ-nationalistische Öffentlichkeit griff dieses Schlagwort gierig auf.

Geordneter Rückzug oder Niederlage?

Und gab es nicht genügend Gründe, diese Legende zu glauben? Schließlich hatte zum Zeitpunkt des Waffenstillstandsersuchens noch kein feindlicher Soldat deutschen Boden betreten. Auch der Rückzug der Soldaten erfolgte geordnet und vermittelte den Eindruck, dass er nur auf Grund einer politischen Entscheidung geschah. Es war also nicht so leicht erkennbar, dass die Waffenstillstandsverhandlungen nur zustande gekommen waren, um dem völligen Zusammenbruch der Front zuvorzukommen.

Auch der Empfang der Soldaten unterstützte dieses Trugbild: Der SPD-Vorsitzende und Vorsitzende des Rats der Volksbeauftragten Friedrich Ebert begrüßte die deutschen Soldaten mit dem Ausruf, sie seien »im Felde unbesiegt«. Die radikale Linke war sogar geschmeichelt von dem Vorwurf, es wäre ihre Zersetzungsarbeit gewesen, welche die Revolution und somit das Ende des Krieges bewirkt hätte. Der sowjetische Außenminister Georgi Wassiljewitsch Tschitscherin formulierte es so: »Der preußische Militarismus wurde zermalmt nicht durch die Geschütze und Tanks des verbündeten Imperialismus, sondern durch die Erhebung der deutschen Arbeiter und Soldaten.« Seine Behauptung blieb in der deutschen Linken unwidersprochen.

Eine schwere Bürde für die junge Republik

Fest ins kollektive deutsche Gedächtnis brannte sich die Dolchstoßlegende schließlich ein, als sich Paul von Hindenburg am 19. November 1919 vor dem Untersuchungsausschuss der Nationalversammlung zur Ursache der Niederlage äußerte. Er sagte aus, die heimliche und die systematische Zersetzungsarbeit der Linken hätte das Heer zermürbt. »So mussten unsere Operationen misslingen, es musste der Zusammenbruch kommen. Die Revolution bildete nur den Schlussstrich. Ein englischer General sagte mit Recht: ›Die deutsche Armee ist von hinten erdolcht worden.‹ Wo die Schuld liegt, ist klar erwiesen.«

Gleich zu Beginn der Weimarer Republik hatte Hindenburg damit einen ihrer Sargnägel eingeschlagen. Deutschnationale wie auch später die Nationalsozialisten nutzten die auf Hindenburgs Autorität gestützte »Dolchstoß-Legende« zur hasserfüllten Agitation gegen die Demokratie, die junge Republik und ihre Repräsentanten. Da die demokratischen Politiker und linken Revolutionäre ihrer Propaganda nach die Deutschen um den Sieg gebracht hatten, waren sie auch Schuld an dem folgenden »Schandvertrag« von Versailles. Schnell hatte man eine hässliche Bezeichnung für sie an der Hand: »Novemberverbrecher«.

Die Dolchstoßlegende und der »Schandvertrag von Versailles« erwiesen sich als eine schwere Hypothek für die neue Republik.

Ein Matrosenstreik fegt das Kaiserreich hinweg

Es war ein Himmelfahrtskommando: Am 29. Oktober – der Krieg war längst verloren – sollten die Matrosen der in Kiel und Wilhelmshaven liegenden Hochseeflotte zu einer letzten Entscheidungsschlacht gegen die britische Royal Navy auslaufen. Es war klar, dass die Marine mit dieser Aktion dem Reichskanzler in den Rücken fiel, der gerade die Verhandlungen über den Waffenstillstand führte. Die spektakuläre Seeschlacht sollte die Ehre der Marine retten. Doch die Matrosen dachten gar nicht daran, sich opfern zu lassen. Sie weigerten sich auszulaufen und hissten rote Fahnen.

Nachdem bei einer Demonstration am 3. November neun Demonstranten getötet wurden, übernahmen sogenannte Soldatenräte in den Kieler Kasernen die Macht. In Windeseile verbreitete sich die revolutionäre Stimmung; in ganz Deutschland bildeten sich Soldaten- und Arbeiterräte.

Als die Revolution am 9. November in der Hauptstadt ankam und Kaiser Wilhelm II. empört mit seinen Truppen nach Berlin marschieren wollte, hatte General Wilhelm Groener den Mut, ihm die Wahrheit zu sagen: »Das Heer wird unter seinen Führern und kommandierenden Generälen in Ruhe und Ordnung in die Heimat zurückmarschieren, aber nicht unter dem Befehl Eurer Majestät, denn es steht nicht mehr hinter Eurer Majestät!« Es waren einfache Matrosen gewesen, die den letzten Anstoß zum Ende des Kaiserreichs gegeben haben.

Die staatstragenden Parteien, die das Ruder in der Not übernommen hatten, wurden dauerhaft für ihren Einsatz diffamiert. Selbst im Zweiten Weltkrieg hatte die Mär vom »Dolchstoß« noch verhängnisvolle Auswirkungen: Da viele Offiziere eine neue Dolchstoßlegende fürchteten, lehnten sie eine Beteiligung an einem Putsch gegen Hitler ab.

Als die Revolution Berlin erreichte: Angehörige der Soldatenräte am Brandenburger Tor.

Das Rätsel um Enigma

Durch einen glücklichen Zufall gerieten alliierte Geheimdienste 1941 an den deutschen Entschlüsselungscode »Ultra«. Sie fanden ihn mitsamt der Enigma-Chiffrier-Maschine in einem im Nordatlantik aufgebrachten deutschen U-Boot. Von da an hieß es für das Deutsche Reich: »Vorsicht, Feind hört mit!« – ein Wendepunkt im Zweiten Weltkrieg?

Zur Ausbildung der Funker bei der Wehrmacht (Propagandafoto 1940) gehörte auch der Umgang mit dem Enigma-System.

Die Chiffrier-Maschine Enigma sah aus wie eine etwas zu klobig geratene Reiseschreibmaschine. Nahezu alle deutschen Reichsdienststellen benutzten sie, allen voran das Militär, aber auch die Polizei, die Geheimdienste, die SS, die Reichspost und sogar die Reichsbahn. Vorsichtigen Schätzungen zufolge waren mindestens 100000 bis 150000 Enigma-Maschinen im Einsatz.

Der rotierende Walzensatz mit seiner Kombination aus Zufallsprinzip und schier unendlichen Kombinationsmöglichkeiten ließ die Enigma als »unknackbar« gelten. Man hat ausgerechnet, dass die Enigma in ihrer Grundausführung mit zwei Walzen bereits bis zu 150 Billionen Verschlüsselungsoptionen bot. Kein Wunder, dass die deutschen Militärs dieser Maschine blind vertrauten. Sie hielten es nicht einmal für nötig, ein Geheimnis darum zu machen.

Der Wettlauf der Kryptologen

Das polnische Militär beauftragte daher bereits 1928 die besten Mathematiker des Landes, Enigma zu knacken. Einer von ihnen, Marian Rejewski, kam durch jahrelange Auswertung deutscher Funksprüche hinter das Prinzip, nach dem die deutsche Seite die tägliche Walzeneinstellung bestimmte, und konnte so die Meldungen entziffern. Daraufhin konstruierten die Deutschen eine neue Enigma-Generation mit mehreren Walzen, und die Kryptologen mussten wieder von vorne beginnen.

Die Engländer richteten in Bletchley Park ein streng geheimes militärisches Zentrum zur Enigma-Entzifferung ein und konstruierten ihrerseits eine Maschine, die den Code entschlüsselte, indem sie die Walzendrehungen simulierte und nach stereotypen Wiederholungen fahndete, etwa in immer gleichen Anreden wie »Kommandeur« oder »Führer«. Allerdings dauerte es lange, bis der Text herausgefiltert war, bis zu einer Woche für einen

Wie funktionierte Enigma?

Als Erfinder der *Enigma* gilt der deutsche Elektroingenieur Arthur Scherbius, der die Chiffriermaschine bis in die 1920er-Jahre hinein zivil vermarktete. Das 12 Kilogramm schwere Standardmodell bestand aus einer Tastatur, einem Satz drehbarer Walzen (Rotoren) und einer Lampenanzeige. Auf den Walzen waren den 26 Buchstaben des lateinischen Alphabets jeweils elektrische Kontakte zugeordnet. Drückte man die Buchstabentaste, so leuchtete aber nicht der gleiche Buchstabe auf, sondern ein willkürlich anderer, je nachdem, welcher elektrische Kontakt durch die Drehung der Walze ausgelöst wurde. Durch die Drehung wurde praktisch jeder Buchstabe des Alphabets komplett mit einem neuen Alphabet verschlüsselt.

Wenn im Funkverkehr Sender und Empfänger ihre Walzen in der identischen Ausgangsstellung starteten, kamen beide zum gleichen entschlüsselten Ursprungstext. In der Regel wurde die »Walzenlage« über geheime Schlüsseltabellen vereinbart und täglich verändert.

abgefangenen Funkspruch – ein viel zu langer Zeitraum, um beispielsweise die Operationen der deutschen U-Boot-Flotte im Atlantik zu verfolgen. Dort drohte seit der Ausrufung des »uneingeschränkten U-Boot-Krieges« ernste Gefahr. Deutsche U-Boote versenkten allein im August 1940 mehr als 30 alliierte Handelsschiffe.

Ein Beutestück aus dem Nordatlantik

In dieser Situation kamen den Briten Zufall und Glück zu Hilfe. Im Mai 1941 wurde das schwerbeschädigte deutsche U-Boot »U 110« von der britischen Marine aufgebracht. Dabei erbeuteten die Briten eine Enigma-Chiffriermaschine mit einem vollständigen, für zwei Monate gültigen Satz der deutschen Codebücher. Die deutsche Marineleitung ging davon aus, dass das U-Boot versenkt worden war; außerdem wäre es die Pflicht der U-Boot-Besatzung gewesen, die Enigma und die Code-Bücher zu vernichten. Darum sah man auf Seiten der deutschen Marineleitung keine Veranlassung, die Codes zu ändern. So konnten die Briten zwei Monate lang alle deutschen Marine-Nachrichten mitlesen und waren anschließend in der Lage, auch neu generierte Enigma-Codes der deutschen U-Boot Flotte schnell zu entschlüsseln. Dabei half ihnen der Umstand, dass die deutschen Funker oft aus Bequemlichkeit tagelang den jeweils gleichen Code und die gleiche Walzeneinstellung verwendeten. Es spielte also auch ein Gutteil Schlamperei auf Seiten der Deutschen eine Rolle, dass die Entschlüsselung so zügig gelang.

Fortan gelang es den Briten immer häufiger, U-Boote zu orten, ihnen aufzulauern und sie zu zerstören. Die Gefahr der deutschen Seehoheit war gebannt. Nach enormen Verlusten zog Admiral Dönitz 1943 seine komplette U-Boot-Flotte aus dem Nordatlantik ab.

Von der US Navy gerettete U-Boot-Besatzung, zu deren Ausrüstung auch Enigmamaschinen gehörten.

Die Wunderwaffen des Nazi-Reiches

Sie sollten 1944/45 die Wende im längst verlorenen Krieg gegen die Übermacht der Alliierten bringen – doch was war tatsächlich dran an den »Wunderwaffen« des Nazi-Reiches? Wie gefährlich wurden sie wirklich für die Gegner des NS-Regimes? Das Propaganda-Feuer, das um sie herum geführt wurde, vernebelt die militärhistorische Bewertung bis heute.

»Vergeltungswaffe« gegen London: Start einer V2-Rakete im Jahr 1944.

»Von einer starken Pressluftanlage gestartet, von einem hochentwickelten Raketenantrieb in rasender Geschwindigkeit vorwärtsbewegt, fliegt die ›Flügelbombe‹ dröhnend und flammend gegen die Insel, unerreichbar für feindliche Jäger. Im Krachen ihrer Detonationen und mit der ungeheuren Sprengkraft ihrer Dynamitladung beweist diese revolutionierende Schöpfung unserer Luftrüstung, dass die Vergeltung keine Propagandaparole war, sondern eine unabwendbare Realität ist«. So stand es unter der Überschrift »Eine deutsche Geheimwaffe lüftet ihr Geheimnis« in der Berliner Illustrierten Zeitung vom 10. August 1944. Das Fantasiebild dazu zeigte eine V1 mit Kurs auf London. Mit dieser Waffe, so suggerierten Bild und Text, würde es den Deutschen gelingen, die feindliche Kapitale in Schutt und Asche zu legen und so den vielbeschworenen»Endsieg« zu erringen. Zwei Monate zuvor waren die Alliierten in der Normandie gelandet und marschierten Richtung Paris vor, und im Osten drang die Rote Armee immer näher an die alte Reichsgrenze heran.

Vom Traum der Ingenieure zur »Vergeltungswaffe«

In dieser verzweifelten Situation sollten neue Technologien die Wende in letzter Minute bringen, vor allem die Möglichkeit, Sprengstoffe über große Entfernungen zielgenau zur Explosions zu bringen – die Lufthoheit war für die Deutschen längst verloren.
Die dazu notwendige »große Rakete« war zunächst nur ein »irgendwie nebelhafte

Traum«, wie Walter Dornberger später feststellte, seit 1936 Chef der Raketenabteilung des Heereswaffenamtes und ab 1943 Kommandeur der Heeresversuchsanstalt in Peenemünde auf der Ostseeinsel Usedom. Ihm zur Seite stand der junge Ingenieur Wernher von Braun als technischer Direktor. Aus dem Traum sollte schließlich eine »Wunderwaffe« werden, mit der Hitler gegen Ende des Zweiten Weltkriegs noch einmal das Ruder herumwerfen wollte. Man nannte die tödlichen flugkörper »V1« und »V2«. Das »V« stand für Vergeltungswaffe. Jenseits ihrer Zerstörungskraft sollten sie den Mythos von der angeblichen technologischen Überlegenheit der deutschen Wehrmacht schüren und damit von der Unbesiegbarkeit des NS-Reichs.

Die Waffenschmiede von Peenemünde

Die Denkfabrik für die Raketentechnik in den Jahren 1937 bis 1945 war die Heeresversuchsanstalt in Peenemünde. 1932 eingerichtet, ging es hier zunächst um die Entwicklung von Raketentriebwerken für Flugzeuge. Dornberger sollte später einmal zurückblicken: »Es wäre Narretei, zu glauben, dass die Deutschen zu jener Zeit irgendwelche konkreten Vorstellungen darüber hatten, was aus ihren Arbeiten später einmal werden würde«. Der militärische Apparat der Nationalsozialisten gab jedoch den Weg vor.

Entwickelt wurde die »V1« zunächst unter der Bezeichnung »A4« – wobei das A für »(Antriebs-)Aggregat« stand. Vorläufer waren die 1933 fertig gebaute A1, die A2-Exemplare mit den Spitznamen »Max« und »Moritz« sowie eine A3. Der Durchbruch für die A4 kam am 3. Oktober 1942, als das »Aggregat« mit 5 400 Stundenkilometern rund 200 km weit flog.

Es sei »der erste Tag eines Zeitalters neuer Verkehrstechnik, dem der Raumschifffahrt«, freute sich Dornberger nach der Überlieferung. Doch die nationalsozialistischen Machthaber in Berlin hatten anderes im Sinn. Bei ihrem ersten Einsatz wurde die »V1« – damals noch in den Fieseler Flugzeugwerken in Kassel gebaut – am 13. Juni 1944 mit Sprengstoff beladen in Richtung London geschickt.

Die Antwort blieb nicht aus: In der Nacht vom 17. auf den 18. August 1943 wurden die Anlagen in Peenemünde von britischen Bombern angegriffen und stark zerstört. 18 000 Personen arbeiteten zu diesem Zeitpunkt in der Versuchsanstalt. Neben gut 5 000 Spitzenwissenschaftlern waren darunter viele abkommandierte Soldaten, die froh waren, dem drohenden Tod an der Front entronnen zu sein.

Die Fabrikstollen der Zwangsarbeiter

Die Versuche mit der V1 gingen in Peenemünde weiter, aber ein neuer, sicherer Fertigungsstandort musste gefunden. Er wurde in ei-

Die Raketenangriffe verursachten in London erhebliche Zerstörungen und Verluste an Menschenleben.

Das unvollendete Triebwerk einer V2 im unterirdischen Produktionsstandort von Dora-Mittelbau in Thüringen.

»Der erste Tag eines Zeitalters neuer Verkehrstechnik, dem der Raumschifffahrt«.

(Walter Dornberger nach dem Start von »A4«)

nem Stollen im Kohnsteinberg bei Nordhausen im Harz entdeckt, in dem bereits Treibstoffe und Chemikalien gelagert waren. Im Februar 1944 verließen die ersten V2-Raketen die neue unterirdische Produktionsstätte. Sie bestand aus zwei je 1 800 m langen, parallel im Abstand von rund 1 km verlaufenden Tunnels mit Betondecken, die durch 46 Quergänge miteinander verbunden waren.

Beim Ausbau der bombensicheren Fabrik unter der Erde wurden massenhaft Häftlinge vor allem des extra dafür eingerichteten Konzentrationslagers Mittelbau-Dora eingesetzt. 2000 deutsche Techniker führten die Aufsicht. Während der 18 Monate, die das Lager existierte, durchliefen rund 60 000 Häftlinge aus 21 Nationen das KZ. Etwa 20 000 von ihnen fanden dabei durch unmenschliche Arbeits- und Lebensbedingungen den Tod.

Raketen auf London

Die ersten V1 schlugen am 13. Juni 1944 in London ein. Insgesamt wurden innerhalb von 80 Tagen mehr als 9 300 der Raketen abgefeuert. Rund 2 400 davon erreichten tatsächlich die britische Metropole. Sie töteten nach britischen Angaben 6 000 Menschen, weitere 16 000 wurden verletzt. 23 000 Häuser wurden zerstört, 750 000 beschädigt.

Die meisten dieser ersten Abschüsse erfolgten von der Normandie aus. Mit der Landung der Alliierten diesseits des Kanals und dem Zurückdrängen der deutschen Westfront endete zunächst das Bombardement der britischen Insel. Auf die »V1« folgte jedoch die »V2«, die eine deutlich höhere Reichweite besaß. Der Beschuss Englands ging jetzt weiter, noch einmal kamen über 2 700 Menschen ums Leben, 6 500 wurden verletzt. Antwerpen, Brüssel und Lüttich waren weitere Ziele der »V2«. Am 27. März 1945 wurde die letzte Rakete auf London abgefeuert.

Die Pläne der deutschen Ingenieure reichten aber weiter: Gearbeitet wurde in Peenemünde an einer gewaltigen »Amerika-Rakete«, welche die Ostküste der USA erreichen sollte. Andere Projekte befassten sich mit der Idee, Raketen von unter Wasser aus zu starten: Sie sollten von U-Booten nahe ans Ziel gebracht und dann abgefeuert werden. Bei alledem wurde das technische Knowhow wichtiger deutscher Unternehmen genutzt. Rheinmetall-Borsig, das Volkswagenwerk und die Bayerischen Motorenwerke befassten sich damals ebenfalls mit der Raketen- bzw. Motorentechnik. Die Forschungsanstalt der Deutschen Reichspost hatte einen eigenen Auftrag zur Erforschung eines Atomantriebs für Flugkörper.

Die deutschen Ingenieure tüftelten zu dieser Zeit auch noch an einer ganz anderen Technologie: Einem »Nurflügler«, von den Amerikanern später »Nazi-Flugscheiben« genannt. Dieses Flugzeugmodell versprach weniger Treibstoffverbrauch und bessere Auftriebseigenschaften. Es hätte eine weitere »Wunderwaffe« werden sollen. Das Prinzip dafür hatten die Ingenieur-Brüder Reimer und Walter Horten aus Bonn ab 1933 entwickelt. Sie begannen mit Segelflugzeugen und träumten von rumpflosen Passagiermaschinen für den Transatlantikdienst. Um 1940 erkannte das militärische Oberkommando der Wehrmacht, dass die Flieger für den Kriegseinsatz verwendet werden könnten.

Der erste »Tarnkappenbomber« der Fluggeschichte

1944 wurde bei der Aerodynamischen Versuchsanstalt in Göttingen die »Horten H IX« getestet. Beim Bau war Holz verwendet worden. Das Flugzeug war auf eine Geschwindigkeit von 950 km/h ausgelegt, und die Außenverkleidung war mit einer Mischung aus Leim und Kohlestaub bestrichen, um Radarstrahlen aufzufangen. Das Fluggerät wäre erst acht Minuten vor Erreichen des Ziels entdeckt worden. Diese Idee wurde später von den USA zu Tarnkappenbombern verfeinert; Versuche mit dem Nurflügler wurden von der amerikanischen Firma Northrop weiter betrieben.

Ein weiteres Ziel der deutschen Entwickler war es, ein Flugzeug mit Überschallgeschwindigkeit zu fertigen, das seine Bombenlast bis in die USA transportieren könnte. Die Typenbezeichnung war »Horten H X«. 1944 wurde an der Südseite des Walpersberges bei Kahla in Thüringen unter dem Einsatz von rund 12 000 Zwangs- und Fremdarbeitern mit dem Bau einer unterirdischen Flugzeugfabrik begonnen. Am 1. April 1945 – so lautete die Vorgabe von Hitlers Luftwaffenchef Hermann Göring –, sollte die Serienfertigung des Bombers beginnen.

Doch dazu kam es nicht mehr. Einen Monat später waren die US-Streitkräfte bis hierher vorgedrungen. Sie fanden nichts mehr vor. Hatten die NS-Ingenieure alles wichtige Material verschwinden lassen? Hatte etwa ein Vorauskommando – der Westalliierten oder der Sowjets? – zugeschlagen? Oder war das ganze Projekt schlicht an der zusammenbrechenden Kriegswirtschaft gescheitert? Auch in Peenemünde fiel den Alliierten nur zu »75 Prozent Schrott« in die Hände. So manches Rätsel um die NS-Waffenschmieden muss offen bleiben.

WETTLAUF UM WISSENSCHAFTLER

Es gebe »eine beträchtliche Zahl von nicht fertiggestellten deutschen Kriegsprojekten, die von unmittelbarer Bedeutung für die US-Luftwaffe sind«, heißt es in einem geheimen internen Bericht der US-Militärverwaltung vom 1. August 1945. So wurde die »Operation Paperclip« geboren. Auf der Liste standen schließlich 4 000 Namen von deutschen Wissenschaftlern, die mit ihren Familien in die USA transportiert wurden. Darunter war auch Wernher von Braun (u. re., 1912–1977), der zum »Vater der Mondrakete« wurde. Ihr Wissen diente als Ersatz für die Rohstoffe, die in Deutschland nicht zu holen waren. Aber auch die anderen Siegermächte, Russen, Engländer, Franzosen, waren hinter deutschen Wissenschaftlern her. Welche Rolle diese im Dritten Reich gespielt hatten, wurde nicht hinterfragt.

Das verschwundene Bernsteinzimmer

Knapp 200 Jahre lang galt es als Prunkstück des Katharinenpalasts von Zarskoje Selo und wurde von den Besuchern als »achtes Weltwunder« bestaunt: das legendäre Bernsteinzimmer, ein Geschenk des preußischen Königs an Zar Peter den Großen. Seit Ende des Zweiten Weltkriegs ist es spurlos verschwunden. Existiert es überhaupt noch, oder ist es womöglich 1945 bei einem Bombenangriff auf das ostpreußische Königsberg verbrannt?

»Ich habe ein höchst bedeutendes Präsent erhalten, ein Bernsteinkabinett.«

(Zar Peter der Große am 17. Januar 1717 in einem Brief an seine Gemahlin Katharina)

Der ahnungslose Besucher merkt nichts. Das berühmte Bernsteinzimmer im Katharinenpalast, der Sommerresidenz der russischen Zaren, fasziniert den Betrachter wie eh und je: die kunstvollen Schnitzereien der kostbaren Paneelen, die verspielte Leichtigkeit der Formen, vor allem aber die wechselnden Farbtöne der Bernsteinplatten, vom sanften Honiggelb bis zum dunkelschimmernden Rotbraun. Man könnte tatsächlich von einem »achten Weltwunder« sprechen. Nur handelt es sich nicht um das Original, sondern »nur« um eine aufwendig rekonstruierte Kopie, die seit 2003 an alter Stelle zu bewundern ist.

Einst zierte das Bernsteinzimmer einen Eckraum des Berliner Stadtschlosses, der dem Tabaks-Kollegium des Königs vorbehalten war. Doch Preußenkönig Friedrich Wilhelm I., ein Verächter überflüssigen Prunks, verschenkte es im Winter 1716/17 kurzerhand an Zar Peter den Großen, den er für ein Bündnis gegen die Schweden gewinnen wollte. Peter bedankte sich, indem er 55 »Lange Kerls«, ausgerüstet »mit trefflichen Geweh-

Die Pracht des originalen Bernsteinzimmers im Katharinenpalast nach einer Aquarellzeichnung.

Das Bernstein-Wunder

Auftraggeber des Bernsteinzimmers war Preußens erster König Friedrich I. (1656–1713). Er gab die reich ornamentierte Wandverkleidung, die schließlich rund 52 Quadratmeter bedeckte, in seinem Krönungsjahr 1701 in Auftrag. Ausführende Künstler waren der Däne Gottfried Wolfram sowie zwei Danziger Bernsteinschnitzer. Die Kosten des Werks, das 1711 fertig gestellt war, beliefen sich auf 30 000 Reichstaler.

ren aus Tula« nach Berlin schickte, wohl wissend, dass er damit dem »Soldatenkönig« eine große Freude bereitete. Seit 1755 befand sich das Bernsteinzimmer, ergänzt durch Rokokoelemente, im Katharinenpalast von Zarskoje Selo. Dort blieb es bis zum Vormarsch der Wehrmacht auf Leningrad.

Kunstraub im Schatten der Belagerung

Am 14. Oktober 1941 wurde die Bernsteintäfelung von einem so genannten »Kunstschutzkommando« der SS demontiert und ins ostpreußische Königsberg gebracht, wo man es eine Zeitlang im alten Schloss der Öffentlichkeit präsentierte. Dann aber wurde der wertvolle Schatz vorsichtshalber im unterirdischen Gewölbe deponiert, um dort vor den immer häufigeren Bombenangriffen sicher zu sein. Am 27. und 29. August 1944 wurde das Schloss schwer beschädigt. Am 2. September 1944 konnte das Kulturamt von Königsberg vermelden, das Bernsteinzimmer sei »bis auf sechs Platten« unversehrt.

Seit diesem Zeitpunkt aber gibt es über den Verbleib des »achten Weltwunders« nur noch Spekulationen. Angeblich soll das Bernsteinzimmer kurz vor dem Einmarsch der Roten Armee im Januar 1945 in Kisten verpackt und zum Abtransport in den Schlosshof gestellt worden sein. Der einzige, der mit Sicherheit über ein neues Versteck Bescheid wusste, war Dr. Alfred Rohde, Direktor der Kunstsammlungen der Stadt Königsberg. Doch Rohde kam im Dezember 1945 unter nie geklärten Umständen ums Leben.

Jagd auf einen verlorenen Schatz

Das Bernsteinzimmer blieb verschwunden, obwohl sich seit Kriegsende zahllose Schatzsucher bemühten, das kostbare Werk wieder zu finden. Zunächst suchte man in Königsberg selbst, dann durchkämmten DDR-Forscher verschiedene Höhlen, Stollen und Bergwerke im Erzgebirge. Anfang August 1973 startete die polnische Regierung eine aufwendige Tauchaktion vor der Küste Pommerns. Doch auch die Vermutung, das Bernsteinzimmer sei an Bord der »Wilhelm Gustloff« gewesen, die Ende Januar 1945 versenkt worden war, ließ sich nicht bestätigen.

Erst nach der Wiedervereinigung schien es einen Hoffnungsschimmer zu geben. Boris Jelzin, der russische Präsident, verkündete

Schon 1946 durchsuchten sowjetische Experten die Trümmer des Königsberger Schlosses nach dem Bernsteinzimmer.

1991: »Wir wissen jetzt, wo das Bernsteinzimmer vergraben ist. Es ist in Kisten verpackt.« Leider hatte er sich nur einen dummen Scherz erlaubt. Sechs Jahre später tauchte ein florentinisches Steinmosaik auf, das ein Gauner-Trio auf dem Schwarzen Markt verkaufen wollte. Es gehörte zwar nachweislich zum Bernsteinzimmer, doch auch diese Spur führte nicht weiter.

Es ist nicht auszuschließen, dass das Bernsteinzimmer überhaupt nicht aus Königsberg heraustransportiert wurde, sondern 1945 bei einem Bombenangriff verbrannt ist. Und selbst wenn es doch noch irgendwo versteckt sein sollte, dann wäre von dem empfindlichen Material nicht mehr allzu viel übrig.

Der Schatz vom Toplitzsee

Noch immer ranken sich Legenden um den Verbleib von verborgenen Schätzen aus der NS-Zeit. So sollen im Toplitzsee im steiermärkischen Salzkammergut in den letzten Kriegstagen 1945 Goldreserven versenkt worden sein. Seitdem lockte der See immer wieder Taucher an; eine geradezu fieberhafte Suche nach dem legendären Nazi-Gold setzte ein – ohne Erfolg. Gibt es den Schatz vom Toplitzsee überhaupt?

Im Jahr 1959 wurde ein weiterer Versuch unternommen, mit Tauchern das Geheimnis des Toplitzsees zu erkunden.

Aus den letzten Kriegstagen ist bekannt, dass Hitlers Schergen in einer Nacht- und Nebelaktion im April 1945 mehrere LKW-Ladungen schwerer Kisten im See versenken ließen. Darüber hatten auch ansässige Bauern berichtet, die von der SS gezwungen worden waren, den Transport der Kisten zu unterstützen, ohne allerdings zu erfahren, was sich in den Behältern tatsächlich verbarg.

Nach dem Ende des Dritten Reichs hatten bereits amerikanische Militärtaucher versucht, die verschollenen Kisten mit den unbekannten Schätzen aus dem See zu bergen. Sie mussten ihre Bemühungen aber abbrechen, als ein Taucher im eiskalten Bergsee ertrunken war.

Falschgeld und falsches Gold

Doch auch in der Folge fanden immer wieder neue Suchaktionen statt, waren Tauchertrupps mit eigens konstruierten Tauchbooten, ja sogar kleinen U-Booten unterwegs, um den mysteriösen Schatz aufzuspüren. 1959 ruderte ein deutsches Reporterteam auf den See hinaus, brachte dann aber nach einem Tauchgang nur gefälschte britische Pfundnoten an die Oberfläche. Das einst im KZ Oranienburg hergestellte Falschgeld sollte in der letzten Phase des Dritten Reiches in Umlauf gebracht werden, um den Wert des britischen Pfunds zu schwächen.

Trotz mehrerer Todesfälle versuchten Hobbytaucher immer wieder ihr Glück und suchten im Schlamm weiter nach den verschollenen Schätzen, so auch 1963, als erneut ein Taucher ums Leben kam. Viele nicht verrottete Baumstämme erschwerten die Suche zusätzlich.

Nicht zuletzt wegen der Gefährdung der Fischbestände unterband die österreichische Forstwirtschaft schließlich die Aktionen; seit den 1980er-Jahren herrscht ein absolutes Tauchverbot im Toplitzsee. Nur einige wenige Expeditionen konnten mit Ausnahmegenehmigung seitdem durchgeführt werden.

Suche im falschen See?

Doch weder der Wasserbiologe Hans Fricke noch die amerikanischen Titanicwrack-Erkunder von der Firma Oceaneering fanden den erhofften Schatz. Letzteres Unternehmen, ausgestattet mit modernster Technologie, ging davon aus, nicht nur auf Wertgegenstände, sondern auch auf wichtige Dokumente und Hinweise auf Schweizer Kontonummern ehemaliger Nazigrößen zu stoßen. Doch neben einigen weiteren gefälschten britischen Pfundnoten und Kriegsrelikten zog die Crew lediglich eine Blechkiste voller Bierflaschenverschlüsse mit der Aufschrift »leider nicht« aus dem Wasser. Der Einfall soll von einer Stammtischgesellschaft aus dem Jahr 1984 stammen, die sich einen Scherz erlauben wollte und die Kronkorken zwecks späterer Auffindung im See versenkt hat.

Immerhin wurde ihr »Schatz« nach 16 Jahren tatsächlich entdeckt. Dagegen fanden sich nicht die geringsten Hinweise auf die erhofften Aktenberge und Schweizer Konten. Inzwischen vermutet man, dass der berühmte Schatz vielleicht im benachbarten Altausseer See liegen könnte. Dort hatte ein holländischer Taucher aus der Tiefe des Sees das persönliche Siegel des Chefs des Reichssicherheitshauptamtes Dr. Ernst Kaltenbrunner geholt. Bekannterweise wollten einige Nazigrößen Fluchtgeld und Wertgegenstände horten und haben vielleicht dort ihre angesammelten Schätze deponiert.

Dennoch, um den Toplitzsee ranken sich weiterhin Legenden. Die Aussicht, dort auf den legendären Schatz zu stoßen, inspirierte die Schriftsteller. Selbst ein Film wurde darüber gedreht. Und auch im James-Bond-Film »Goldfinger« werden die Barren vom Toplitzsee erwähnt. Der Mythos besteht nach wie vor, und das Geheimnis des verschollenen Schatzes ist bis heute noch nicht gelüftet.

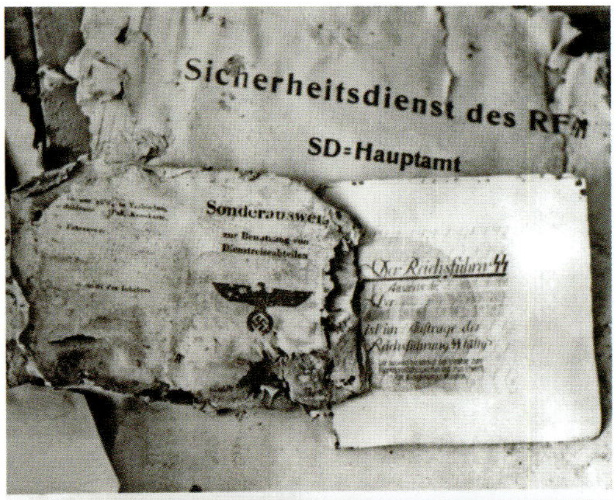

Echte Dokumente, falsches Geld, aber kein Gold – die Ausbeute von 1959.

Die Alpenfestung

Der Toplitzsee liegt in einem Gebiet, das bei Kriegsende einem riesigen Kunstmuseum glich, dem Alpenbecken von Ausseer, 60 km südöstlich von Salzburg. Als provisorische »Alpenfestung« war es zum letzten Refugium des Hitlerreiches erklärt worden und diente der Aufbewahrung von wertvollen Kunstgegenständen. So erwies sich das von unwegsamen Bergen umgebene Ausseerland bei Kriegsende als wahre Schatzkammer.

Vorgesehen und teilweise schon realisiert war der Bau gigantischer Bunkeranlagen, in denen die Reichsdienststellen bei weiter vorrückender Front ab 1945/46 untergebracht werden sollten. Doch war die Alpenfestung ein Unternehmen, das nie verwirklicht wurde. Immer wieder war aber, geschürt von der nationalsozialistischen Propaganda, von einem Bollwerk in den Alpen die Rede, von dem ein letzter Befreiungsschlag des NS-Regime ausgehen könnte. Eine solch uneinnehmbare deutsche Festigungsanlage im Alpengebiet hat es in Wirklichkeit nicht gegeben.

Das Geheimnis seiner »unbekannten Geliebten« bewahrte Ludwig van Beethoven bis in den Tod. Die Nachwelt rätselt so bis heute.

Liebe, Lust und Leidenschaft

Dass es niemand etwas angehe, wie es »darinnen aussieht«, im Herzen der Menschen, das war schon in der Operette nur ein frommer Wunsch. Wer wen liebt – oder auch nicht –, kann in der Geschichte eine höchst bedeutende Rolle spielen, kann das Leben von Tausenden beeinflussen und verändern. So ist der an sich verpönte Blick durchs Schlüsselloch in die Schlafzimmer der Mächtigen durchaus legitim, wenn er dazu beiträgt, so manches sorgsam gehütete Geheimnis der (Liebes-)Geschichte zu lösen.

Das Geheimnis einer Ehe: Theophanu und Otto II.

Es war eine Traumhochzeit, die am 14. April 972 im Petersdom zu Rom gefeiert wurde: Mit allem Glanz und Gloria heiratete die blutjunge byzantinische Prinzessin Theophanu den erst 17-jährigen Kaisersohn und zukünftigen Otto II. und wurde gleichzeitig zur Kaiserin gekrönt. Doch bis heute umgibt die Ehe ein Schleier des Rätselhaften: Wie konnte sich die Adelstochter aus Byzanz im kulturell so unterschiedlichen Westen behaupten, ja durchsetzen?

Zehn Jahre lang – von 973 bis 983 – herrschte die schöne Theophanu an der Seite ihres Gatten über das Imperium der Deutschen. Doch während der Sachsenprinz von Kindesbeinen an auf seine Rolle als König und Kaiser vorbereitet worden war, musste die junge Frau, die eine wohlbehütete Kindheit hinter den Mauern der Palastanlagen von Byzanz verbracht hatte, den Sprung ins gänzlich Unbekannte wagen. Sprache, Kultur, Geografie und Herrschaftsstrukturen ihrer neuen Heimat waren ihr völlig fremd, das Klima – in mehr als einem Sinne – war rau und unfreundlich. Dennoch mauserte Theophanu sich zu einer außerordentlich umsichtigen Herrscherin, die nach dem frühen und unerwarteten Tod ihres Ehemannes sogar erfolgreich die Regentschaft für ihren unmündigen Sohn Otto III. führte.

Kaiserliche Rivalitäten

Dass die Ehe überhaupt zustande kam, grenzte schon an ein kleines Wunder. 962 hatte sich Otto I. der Große in Rom in der Nachfolge Karls des Großen zum Kaiser krönen

Nach der Überlieferung begleitete Theophanu ihren Gatten auf den unglücklichen Kriegszug von 982 gegen die Sarazenen.

lassen. Seitdem herrschte handfeste Rivalität zwischen dem aufstrebenden sächsischen Herrscherhaus und den in Byzanz residierenden oströmischen Kaisern, die sich allein in der Nachfolge der römischen Imperatoren sahen. Nicht nur um den ideellen Vorrang durch die Kaiserwürde buhlte man – in Unteritalien stießen die Interessensphären der beiden Mächte direkt und immer wieder auch kriegerisch aufeinander.

Um die Lage zu befrieden, dachte man am ottonischen Hof schon seit längerem an eine Eheverbindung mit dem Rivalen am Bosporus. Allzu gerne hätte Otto der Große für seinen Sohn die Kaisertochter Anna als Braut gesehen, doch scheiterten die diesbezüglichen Verhandlungen mit ihrem Vater, Kaiser Nikephoros II. Phokas. Erst nach einem gewaltsamen Umsturz in Byzanz, durch den Johannes Tzimiskes anstelle von Nikephoros auf den Kaiserthron gelangte, kam Bewegung in die Angelegenheit. Der als Feldherr gegen die Araber höchst erfolgreiche, aber durch innere Rivalen hart bedrängte Kaiser Johannes war an einem Ausgleich mit Otto interessiert. Daher sagte er einer Gesandtschaft aus dem Ottonen-Reich unter Leitung des Kölner Erzbischofs Gero eine Braut aus seinem Hause zu.

Die »falsche« Braut für Kronprinz Otto

Allerdings rückte er keine königliche Prinzessin oder gar eine Kaisertochter heraus, sondern bot lediglich eine nahe Verwandte an, nämlich Theophanu, die Nichte seiner ersten Gattin Maria Skleraina. Wenigstens entstammte das etwa 12-jährige Mädchen einer der höchsten und angesehensten Familien des Landes. Sie war nicht nur die Nichte des regierenden Kaisers, sondern über ihre Mutter Sophia auch die Großnichte des vormals regierenden Kaisers Nikephoros Phokas. Trotzdem rümpfte man am sächsischen Hof etwas die Nasen über eine Braut, die nicht »in Purpur geboren«, also keine Kaiser-Tochter war. Letztendlich stimmte man der Ehe aus diplomatischen Motiven aber zu.

Für Theophanu muss die Entscheidung völlig überraschend gekommen sein. Es ist nicht bekannt, wie man das junge Mädchen auf seine abenteuerliche Fahrt in den fernen Westen vorbereitete. Wahrscheinlich hatte Theophanu in den weitläufigen Anlagen des Kaiserpalastes von Byzanz gelebt. Sie hatte dort eine standesgemäße Erziehung erhalten, doch blieb bis zu ihrem Brautzug zu wenig Zeit, um sie planmäßig auf ihre neuen Aufgaben als Kaiserin auszubilden. Theophanus Muttersprache war Griechisch, am ottonischen Hof sprach man unter Gebildeten Latein, ansonsten benutzte man Niedersächsisch als germanische Volkssprache. Daneben hörte man in dem Riesenreich noch diverse andere Umgangssprachen wie Fränkisch, Alemannisch oder auch Slawisch. Vermutlich brachte der Brautwerber, Erzbischof Gero von Köln, der kleinen Theophanu die ersten

Auf diesem Elfenbeinbild aus Süditalien werden Otto und Theophanu gleichberechtigt von Christus zu Herrschern gekrönt.

Darstellung Ottos II. in seiner kaiserlichen Majestät aus dem zeitgenössischen »Registrum Gregorii« aus Trier.

Brocken Latein und Sächsisch bei, wobei ihm wohl der gelehrte Bischof Liudprand von Cremona, der das Griechische beherrschte, zur Seite stand. Doch ansonsten galt für Theophanu das Prinzip »Lernen durch Handeln«, denn schon nach wenigen Wochen machte sich der prächtige Hochzeitszug auf den weiten Weg nach Italien.

Eine Reise ins Unbekannte

Mit mehreren Schiffen, welche die überaus reiche Mitgift transportierten, stach die junge Prinzessin samt großer Begleitung in Richtung Italien in See. Anfang April traf sie in Rom ein, wo sie zum ersten Mal mit ihrer neuen Familie zusammentraf. Wie die Begegnung zwischen ihr und ihrem fünf Jahre älteren Bräutigam verlief, ist nicht überliefert. Jedenfalls berichten die Quellen von der außerordentlichen Schönheit der jungen Prinzessin und von ihrer kostbaren und modischen Ausstattung, die Kronprinz Otto vermutlich sehr gefallen haben wird. Aber auch er selbst machte eine gute Figur: Er war zwar eher klein von Statur, aber sportlich durchtrainiert, hatte rötlich-blonde Haare, besaß einen regen Intellekt und sprach fließend Latein. So wird man sich auf Anhieb wohl einigermaßen sympathisch gefunden haben, und Theophanu sah ihrem weiteren Schicksal im fernen Sachsenreich mit sehr viel mehr Zuversicht entgegen.

Machtvolle Kaiserin, kluge Regentin

Die Byzantinerin fand sich denn auch überraschend schnell in ihrer fremden Umgebung zurecht. Nach dem Tod ihres Schwiegervaters, des großen Otto, 973, musste sie schon mit 13 Jahren an der Seite ihres nunmehr 18-jährigen Gatten die Regierungsgeschäfte teilen. Selbstverständlich glaubte die Mutter Ottos II., Kaiserin Adelheid, dem jugendlichen Paar noch beistehen zu müssen. Doch Theophanu, die von ihrer Herkunft her das Ränkespiel bei Hofe bestens gewohnt war, machte schnell klar, wer jetzt die Herrin im Hause Sachsen war. Sie unterstützte ihren Ehemann vorbehaltlos gegen seine inneren und äußeren Widersacher wie den Bayernherzog Heinrich den Zänker, zu dem die Kaiserinwitwe Adelheid ein freundschaftliches Verhältnis pflegte, und sorgte damit für eine eigenständige Politik des jungen Monarchen. Das schwierige Verhältnis zur Schwiegermutter endete schließlich mit deren Rückzug vom Hof.

Seitdem regierte Theophanu unangefochten an der Seite ihres Gatten das Reich mit. In zahlreichen Urkunden erschien sie als Vermittlerin und Fürsprecherin, wird als »coimperatrix«, Mitkaiserin, oder »consors regni«, Teilhaberin am Reich, bezeichnet. Daneben erfüllte sie ihre Rolle als Ehefrau und Mutter mit Bravour: Nach der Geburt dreier Töchter in rascher Folge kam 980 endlich der ersehnte Thronfolger Otto, der spätere III. zur Welt. Doch das Eheglück am Kaiserhof währte nur kurz. Völlig überraschend starb Otto II. schon drei Jahre später in Rom an einer falsch behandelten Malaria; Theophanu stand an seinem Sterbebett.

Der jungen Witwe standen schwierige Zeiten bevor. Sie musste den Thron für ihren dreijährigen, gerade erst zum König gewählten Sohn Otto III. gegen den übermächtigen Rivalen Heinrich den Zänker sichern und gleichzeitig die Situation an den unruhigen Grenzen im Süden und Osten des Reiches entschärfen. Doch Theophanu reagierte besonnen und holte ihre immer noch einflussreiche Schwiegermutter Adelheid mit ins Boot. Gemeinsam gelang es den beiden kaiserlichen Witwen, den Zänker zur Aufgabe seiner Ansprüche zu bewegen. Fortan übte Theophanu »in ständiger Freundlichkeit gegenüber Rechtschaffenen, in furchtgebietender Überlegenheit gegenüber Aufsässigen« wie es ein Zeitgenosse ausdrückte, die Regentschaft im Reich aus. Vorbehaltlos unterstützt wurde sie von den wichtigsten Ratgebern ihres Gatten, dem Erzbischof Willigis von Mainz und dem Bischof Hildebold von Worms, zu denen sie ein ausgezeichnetes Verhältnis pflegte.

Ihre Bilanz konnte sich denn auch sehen lassen: Bei ihrem frühen Tod 991 in der Pfalz Nimwegen hinterließ sie ihrem Sohn ein befriedetes und wohl geordnetes Reich, das nirgendwo größere Einbußen hatte hinnehmen müssen. Sie habe das »ganze Reich wie mit einer Kette zusammengehalten«, lobte man sie. Die energische Kaiserin, die aus der Fremde nach Deutschland gekommen war, fand ihre letzte Ruhestätte in St. Pantaleon zu Köln am Rhein.

»Wohl war sie von schwachem Geschlecht, dennoch besaß sie Zucht und Festigkeit und, was in Griechenland selten ist, einen ausgezeichneten Lebenswandel.«

(Bischof Thietmar von Merseburg über Kaiserin Theophanu)

DIE STARKEN FRAUEN DES OTTONENREICHS

Das ottonische Kaiserhaus konnte neben seinen männlichen Mitgliedern zwei außergewöhnliche weibliche Herrscherpersönlichkeiten aufbieten: Neben Theophanu war dies die Kaiserin Adelheid (931/32–999), die Gattin Ottos des Großen (re. Statuen des Paares im Dom zu Meißen). Die gebürtige Burgunderin, die in erster Ehe mit König Lothar von Italien verheiratet gewesen war, war mit halb Europa versippt und verschwägert und daher außerordentlich einflussreich. An der Seite ihres Gatten besaß sie eine starke Position, die sie auch nach dessen Tod in der Politik zu behalten gedachte. Sie scheiterte aber am Machtwillen Theophanus und zog sich auf ihre Besitzungen in Italien zurück. Das frühe Ableben Ottos II. führte die beiden eigenwilligen Damen jedoch wieder zusammen. Um dem unmündigen Otto III. den Thron zu sichern, stellten die beiden Damen persönliche Animositäten zurück und entwickelten eine ungewöhnliche Partnerschaft. Vor allem die Kontakte Adelheids in Italien und Frankreich waren wesentlich für eine starke Reichspolitik. Wirklich gemocht haben sich die Burgunderin und die Byzantinerin jedoch nie; Streit gab es vor allem um das reiche Witwengut Adelheids in Italien. Nach dem Tod Theophanus übte die alte Madame im Reich noch drei Jahre lang bis zur Volljährigkeit ihres Enkels alleine die Herrschaft aus. Erst danach setzte sich die »edelste Kraftspenderin der Könige und Reiche« in einem Kloster im Elsass endgültig zur Ruhe.

Der Tod der »Hexe« – Justizmord an Agnes Bernauer

Mord verjährt bekanntlich nie, vor allem nicht vor dem Gericht der Geschichte. Vor fast 580 Jahren, im Oktober 1435, ließ Herzog Ernst von Bayern die schöne Gemahlin seines Sohnes in den Donaufluten ertränken. Noch heute wird gerätselt, warum Agnes Bernauer sterben musste. Hielt man sie tatsächlich für eine Hexe?

Ohne Anklage und Prozess wurde Agnes Bernauer vom Straubinger Henker in der Donau ertränkt (Darstellung des 19. Jh.)

»Es war schlichter Mord. Herzog Ernst hat sich offenbar nicht einmal die Mühe eines Scheinprozesses gemacht.«

Der Jurist und Schriftsteller Herbert Rosendorfer

Die Chronik des Andreas von Regensburg vermerkt zum Jahr 1435: »Im selben oben genannten Jahr, am 12. Oktober, wurde auf Befehl des Herzogs Ernst von Bayern eine überaus schöne Frau, die Geliebte seines Sohnes Albrecht – einige aber sagten, dass sie dessen wirkliche und rechtmäßige Gemahlin war –, die Bernauerin genannt, von der Donaubrücke in Straubing gestürzt ...« Obwohl man sie gefesselt hatte, versuchte die 25-jährige Agnes verzweifelt, an Land zu schwimmen. Doch der Henker soll sie mit einer Stange so lange untergetaucht haben, bis sie in den Fluten ertrank. Warum aber musste die junge Frau auf solch grausame Weise sterben?

Es gibt keinerlei Hinweise auf einen vorangegangenen Prozess, keine Gerichtsakten, die uns zuverlässig über die Beweggründe des alten Herzogs Auskunft geben könnten. Doch Agnes Bernauer (1410–1435) muss dem Landesherrn in mehrfacher Hinsicht ein »Dorn im Auge« gewesen sein. Das betraf vor allem ihre nicht standesmäßige Herkunft.

Hochzeit mit der Baderstochter

Erbprinz Albrecht (1401–1460) hatte die Bernauerin wohl 1428 während eines Aufenthalts in Augsburg kennen gelernt, vermutlich beim Besuch einer von ihrem Vater betriebenen Badestube. Wenngleich Agnes niederer Herkunft war, so scheint sich Albrecht doch Hals über Kopf in die »engelsgleiche Erscheinung mit langem gold glänzenden Haar« verliebt zu haben. Es ist anzunehmen, dass er die schöne Baderstochter im Sommer 1432 auch geheiratet hat, selbst wenn es sich nur eine »morganatische Ehe« (s. Kasten) handelte.

Agnes war aber nicht nur hübsch, sondern auch ehrgeizig. Seit 1433 verwaltete Albrecht für seinen Vater das Straubinger Land und residierte im herzoglichen Schloss der Stadt. Wenn man dem Chronisten Aventinus Glauben schenkt, dann scheint Agnes hier politische Ambitionen entwickelt zu haben: »Sie selbst nannte sich Gemahlin des bayerischen Fürsten und Herzogin von Bayern. Schließlich gedachte sie, ausgestattet mit einem Hofstaat und weiblicher Dienerschaft, in der Öffentlichkeit aufzutreten.«

Die Familie war entsetzt. Albrechts Schwester Beatrix hatte Agnes von Anfang an für arrogant und anmaßend gehalten. Nun aber machte sich auch Vater Ernst große Sorgen. Albrechts Aufgabe war es eigentlich, Straubing im Sinne seines Erzeugers zu verwalten, stattdessen entzog sich der bislang so gehorsame Sohn zunehmend den väterlichen Anordnungen. Es sah tatsächlich so aus, als wollte er das Staubinger Land vom Herzogtum Bayern abspalten!

Wurde Albrecht »verzaubert«?

Für Vater Ernst stand fest, dass Agnes seinen Sohn entsprechend manipulierte, ihn womöglich mit einem Liebeszauber gefügig machte. Anders konnte er sich Albrechts Veränderungen nicht erklären. Deshalb gab es nur einen Ausweg: Das »böse Weib«, wie man sie am Hof nur noch nannte, musste beseitigt werden! Nur, unter welchem Vorwand? In einem alten Historienspiel fordert Beatrix ihren Vater auf: »Verklagt das Weib als Hexe! Lasst sie den bösen Zauber büßen, mit dem sie euren Sohn seit Jahren gefügig gemacht hat!« Trotzdem ist Agnes Bernauer nicht als »Hexe« gestorben, denn in diesem Fall hätte man ihr eine Buhlschaft mit dem Teufel unterstellen müssen. Diese Art von Hexenprozesse hat es in Deutschland damals noch nicht gegeben. Aber auch ein mutmaßlicher »Liebeszauber« reichte aus, um der zielstrebigen Bernauerin den Garaus zu machen.

Tatsächlich sah es nach Agnes' Tod so aus, als habe Herzog Ernst Recht gehabt: Albrecht verwandelte sich wieder in den gehorsamen Sohn und versöhnte sich sogar nach wenigen Monaten mit seinem Vater. Vielleicht hatte er aber auch nur Angst, selbst zum Opfer des mörderischen Herzogs zu werden?

Drahtzieher des Straubinger Justizmordes war Herzog Ernst von Bayern (li.: seine Belehnung durch Kaiser Sigismund in einer zeitgenössischen Chronik.).

Zur linken Hand – die morganatische Ehe

Seit dem 13. Jh. hatte der europäische Hochadel die Möglichkeit, im Fall der »Unebenbürtigkeit« eines Partners eine morganatische Ehe einzugehen. Der Begriff leitet sich vom lateinischen »Matrimonium ad morganaticum« ab, zu deutsch: Ehe auf bloße Morgengabe. Eine solche Verbindung war rechtlich gültig; Kinder waren jedoch von der Erbfolge ausgeschlossen. Man spricht auch von einer »Ehe zur linken Hand«, weil die Braut in diesem Fall bei der Trauung an der linken Seite des Mannes stand.

Die Flucht im Heringsfass

»Skandal! Ehemaliger Mönch heiratet entlaufene Nonne!« So oder ähnlich hätten wohl die Boulevardblätter getitelt, als Martin Luther und Katharina von Bora im Juni 1525 in Wittenberg vor den Traualtar traten. Tatsächlich hat die Hochzeit des Reformators viele Zeitgenossen schockiert. Doch stimmt es wirklich, dass Katharina dem Kloster auf äußerst »anrüchige« Weise entkam?

Fast ihr ganzes junges Leben hatte Katharina von Bora hinter Klostermauern verbracht. Eigentlich ging es ihr bei den Zisterzienserinnen gar nicht schlecht. Die Abtei Marienthron in Nimbschen bei Grimma war reich ausgestattet, und die adligen Klosterfräulein führten dort ein beschauliches Dasein fern aller weltlichen Alltagssorgen. Sie lernten Lesen und Schreiben, übten sich im Malen, Sticken und der Herstellung heilsamer Kräutertinkturen. Wirtschaftlich waren sie abgesichert, gesellschaftlich hoch angesehen, was wollten sie mehr?

»Braut Christi« wider Willen

Nun, niemand hatte die junge Katharina gefragt, ob sie sich ein Leben als Nonne auch tatsächlich vorstellen könnte, als über ihre künftiges Leben entschieden wurde. Die von Boras gehörten zu den zahlreichen Adelsfamilien im Sächsischen, die finanziell eher schlecht als recht über die Runden kamen. Es lag daher nahe, die (wahrscheinlich) 1499 geborene Tochter schon möglichst früh einem Kloster zu übergeben. Katharinas Familie nagte zwar keineswegs am Hungertuch,

Lucas Cranach d. Ä. schuf 1529, vier Jahre nach der Hochzeit, dieses Doppelporträt von Martin und Katharina Luther.

wusste aber, dass es in einigen Jahren äußerst schwierig werden würde, die Tochter »unter die Haube« zu bringen. In Adelskreisen war es selbstverständlich, dass man ein Mädchen nur standesgemäß verheiratete – oder eben gar nicht. Eine Hochzeit aber war für den Brautvater ein teures Vergnügen, zumal die Tochter eine stattliche Mitgift brauchte. War dieses Geld nicht vorhanden, dann gab es für ein adliges Mädchen gar keine Alternative als ein Leben im Kloster. Hier war es gut versorgt, vor unliebsamen Liebesgeschichten geschützt und als »Braut Christi« obendrein hoch geachtet.

Doktor Luther bezweifelt den Wert des Klosterlebens

Als die nunmehr 16-jährige Katharina von Bora 1515 ihr Gelübde ablegte, hatte sie sicher nicht geahnt, dass sie Marienthron acht Jahre später fluchtartig verlassen würde. Doch irgendwann muss sie begonnen haben, an ihrem Dasein in frommer Abgeschiedenheit zu zweifeln. Mag sein, dass sie des geregelten Klausurlebens schlicht und einfach überdrüssig war, auf jeden Fall scheint sie mit ihren Mitschwestern über eine mögliche Flucht gesprochen zu haben.

Denn so ganz von der Welt abgeschlossen war auch eine Nonnengemeinschaft nicht. Man erfuhr durchaus, was außerhalb der Klostermauern vorging, und da tat sich einiges: Im März 1523 hielt der Reformator Martin Luther in der Wittenberger Schlosskirche eine viel beachtete Predigt, in der er seine Ansichten über den Sinn – oder Unsinn – des Klosterlebens zum Ausdruck brachte: »Und wollte Gott, dass alle Mönche und Nonnen hörten diese Predigt und hätten die Einsicht und liefen alle von den Klöstern weg und es hörten alle Klöster auf, die in der Welt sind. Das möchte ich!« Solche Worte hatten besonderes Gewicht, da Luther selbst mit 21 Jahren als Mönch in den Augustinerorden eingetreten war, und genau wusste, wovon er sprach. Aus persönlichen Erfahrungen und aus seinem Studium der Schriften war er zu der Überzeugung gelangt, dass Ordensleute keineswegs ein spirituell besseres Leben führten als diejenigen, die »in der Welt« verblieben waren. Das Ablegen eines

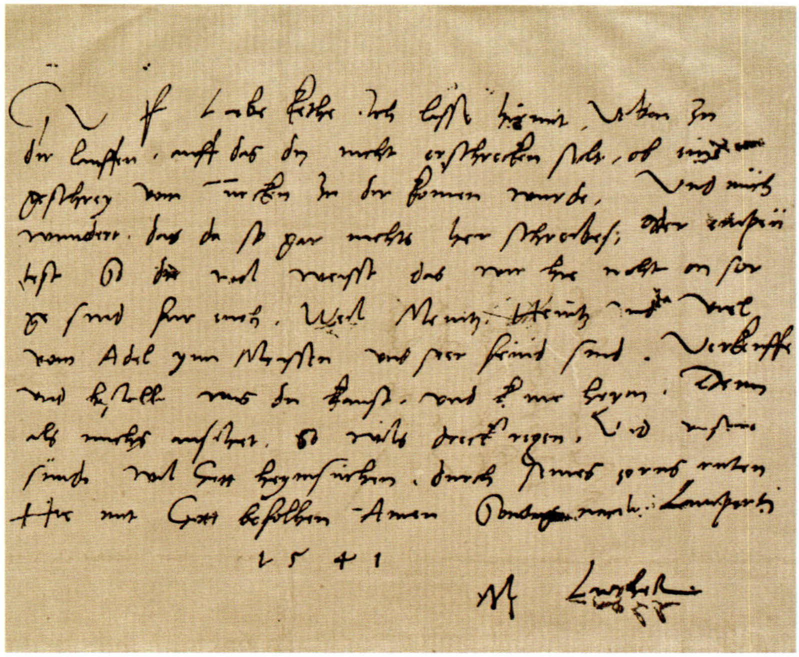

Während der zahlreichen Reisen des Reformators standen Luther und Katharina in ständigem brieflichen Kontakt.

Gelübdes allein war noch kein Freifahrschein für das Himmelreich, konnte es nicht sein! Das machte so manchen nachdenklich, und so hatten schon 1521 die ersten Mönche zu Wittenberg, wo Luther als Professor lehrte, ihrer Abtei den Rücken gekehrt. Immer mehr folgten ihnen ...

Es ist anzunehmen, dass auch die Nonnen in Nimbschen von Luthers Worten erfahren haben, denn ein enger Freund des Reformators, der ehemalige Augustinermönch Wolfgang von Zeschau, leitete inzwischen das Spital im nahe gelegenen Grimma. Zwei seiner Nichten, Veronica und Margarethe, gehörten zu den Zisterzienserinnen von Marienthron. Es kann durchaus sein, dass er den jungen Frauen Informationen über die Ideen und die Ausbreitung der Reformation zukommen ließ, auch wenn darüber nichts Eindeutiges bekannt ist.

In Heringsfässern versteckt?

Hingegen steht die Identität eines anderen Fluchthelfers zweifelsfrei fest. Es handelte sich um einen weiteren Freund Martin Luthers, den angesehenen Torgauer Ratsherrn und Kaufmann Leonhard Köppe. Auch er hatte gute Kontakte zu Marienthron, da er das Kloster regelmäßig mit Nahrungsmitteln belieferte; während der Fastenzeit gehörten dazu traditionell Stockfisch und Heringe.

»In dieser unseligen Zeit, wo Deutschland seine Kraft so nötig hat, schädigt er sein Ansehen durch diese unglückliche Tat!«

(Philipp Melanchthon über Luthers Heirat)

Niemand dachte sich daher etwas dabei, als Köppes Planwagen am 5. April 1523, dem Vorabend des Osterfests, in den Klosterhof rollte. Zwölf Nonnen, unter ihnen Katharina von Bora, hatten mit klopfendem Herzen auf diesen Moment gewartet. Als sie sich im Schutz der Dunkelheit unbeobachtet glaubten, kletterten sie auf die Ladefläche des Fuhrwerks – und dann transportierte Köppe seine besondere Fracht in die Freiheit, wie es hieß, gut versteckt in seinen Heringsfässern.

Auf jeden Fall war es ein gefährliches Unternehmen, für Köppe sogar lebensgefährlich. Das Kloster Marienthron gehörte zum Herrschaftsgebiet Herzogs Georg von Sachsen: Der Herzog stand der Reformation mit entschiedener Ablehnung gegenüber und tat alles, um sie von seinen Landeskindern fern zu halten. Ohnehin galt die Entführung einer Nonne als Landfriedensbruch, der mit der Todesstrafe geahndet werden konnte.

Man kann nur darüber spekulieren, was wohl geschehen wäre, hätte jemand Köppes Fracht kontrolliert, nachdem man in Marienthron die Flucht der Nonnen bemerkt und Alarm geschlagen hatte? Hätten sich die Ordnungshüter in diesem Fall tatsächlich damit begnügt, nur einen flüchtigen Blick hinter die Plane zu werfen, ohne den Inhalt der angeblich leeren Heringsfässer zu inspizieren? Wohl kaum. Und weil ein solches Versteck völlig sinnlos gewesen wäre, sind die Nonnen auch nicht auf diese »anrüchige« Weise aus dem Kloster entkommen, wie so gerne kolportiert wird.

Verursacher dieser Legende ist ein späterer Chronist, der mit Bezug auf die Fischlieferungen notierte, Köppe habe die Nonnen »wie Heringstonnen« gefahren. Später hieß es dann »hinter Heringstonnen« und schließlich »in den Heringstonnen«. Dabei weiß niemand, ob Köppe überhaupt leere Fässer zurück nach Torgau transportiert hat.

Der schwierige Weg zurück ins weltliche Leben

Wie auch immer, die Flüchtlinge kamen wohlbehalten in Torgau an der Elbe an, einer kleinen sächsischen Stadt im Territorium des Kurfürsten Friedrichs des Weisen, und dieser war ein eifriger Förderer der Reformation. Die flüchtigen Nonnen wurden daher von den Bürgern der Stadt freundlich begrüßt, mit Essen und Trinken versorgt und neu eingekleidet. Doch unmittelbar danach begann der Ernst ihres neuen Lebens. Nur drei der ehemaligen Nonnen konnten in den Schoß ihrer Familie zurückkehren; die Angehörigen der anderen lehnten dies kategorisch ab. So mussten die restlichen Ex-Nonnen anderweitig versorgt werden, am besten, indem sie

Die Reformation und das Ende der Klöster

Über den Sinn des Klosterlebens hat sich Martin Luther lange den Kopf zerbrochen. Sicherten sich Mönche und Nonnen allein dadurch ihr Seelenheil, indem sie in einen Konvent eintraten? In der Bibel suchte Luther nach einer Antwort, bis er sie endlich im Paulusbrief an die Römer (3,21) fand: Allein durch den Glauben an Christus, so stand es geschrieben, kann der Mensch Gnade vor Gott erlangen. Der Eintritt ins Kloster war damit kein besonderes Verdienst mehr.

Als Folge der Reformation leerten sich in den protestantischen Gebieten zahlreiche Klöster, wenn auch nicht immer freiwillig. Etliche Konvente wurden – gegen Luthers Willen – durch Zwangsmaßnahmen der Landesherren aufgelöst. Es waren auch nicht unbedingt religiöse Motive, die hinter dem Sturm auf die Klöster steckten. Oft ging es den Herrschern vor allem darum, mit den Schätzen der Abteien ihre leeren Kassen aufzufüllen. Der Ehemann Luther wurde aber zum Ziel spöttischer Karikaturen (re.)

Eine spätere Zeit verklärte das Luthersche Ehe- und Familienleben – auch unter dem Christbaum, den es damals noch nicht gab.

»unter die Haube« gebracht wurden. Luther selbst bemühte sich unter seinen Schülern um passende Partner, und tatsächlich fanden auch alle einen Ehemann. Bis auf Katharina von Bora – sie hatte auch von vornherein klar gemacht, dass es kein anderer als Martin Luther selbst sein sollte, mit dem sie den Bund fürs Leben schließen wollte. Und die sächsische Adelstochter wusste ihren Kopf durchzusetzen.

»Mein Herr Käthe« – Die Ehe der Luthers

Martin Luther (1483–1546) hat die 15 Jahre jüngere Katharina jedenfalls erst nach langem Zögern geheiratet, und auch nur deshalb, weil er sich für sie verantwortlich fühlte. Anfangs fiel ihm das Zusammenleben keineswegs leicht, wie er eingestand: »Das erste Jahr der Ehe macht dem Mann seltsame Gedanken. Sitzt er am Tisch, so denkt er: Früher warst du allein, jetzt selbander. Beim Erwachen im Bett sieht er ein paar Zöpfe, die er früher nicht sah.«

Doch bald merkte der bekehrte Junggeselle, wie gut er es mit seiner Frau getroffen hatte. »Mein Herr Käthe«, wie Luther die resolute Katharina gerne nannte, entpuppte sich als tüchtige Hausfrau und verwandelte das heruntergekommene »Graue Kloster« in Wittenberg, das ihnen Friedrich der Weise zur Hochzeit geschenkt hatte, in ein gemütliches und wohlgeordnetes Heim. Katharina pflanzte Obst und Gemüse an, braute Bier und brachte »nebenher« auch noch sechs Kinder zur Welt, von denen zwei allerdings frühzeitig starben. Schließlich musste auch Luther dankbar zugeben: »Gott hat es gut mit mir gemeint, dass er mir ein solches Weib gab«. Kulturgeschichtlich gesehen wurde diese Hochzeit die Geburtsstunde des evangelischen Pfarrhauses, in dem das Vorbild christlicher Ehe gelebt wurde.

Vom Fürstenbett in den Kerker – der Sturz der Gräfin Cosel

Als typischer Herrscher des Barock schmückte sich August der Starke mit zahlreichen Mätressen. Meist standen die Damen nur wenige Jahre in der Gunst des Fürsten, doch danach konnten sie, materiell bestens abgesichert, ein sorgenfreies Leben führen. Die Ausnahme war Anna Constantia von Cosel. Warum verschwand gerade sie ab 1716 im Kerker?

Die junge Anna Constantia von Brockdorff (1680–1765) hatte – zunächst jedenfalls – Glück gehabt. Zwar entstammte sie einem verarmten holsteinischen Adelsgeschlecht, doch ihre Eltern sorgten immerhin dafür, dass die Tochter eine umfassende Ausbildung erhielt. Auch die Natur hatte es gut mit ihr gemeint. Constantia war von anmutiger Schönheit, bewegte sich mit staunenswerter Eleganz und schien somit für ein Leben in höchsten Kreisen bestens geeignet. Tatsächlich begann ihre Karriere als Hofdame in Wolfenbüttel, als sie an die Residenz des Herzogs Anton Ulrich kam. Doch lange blieb sie nicht in der Provinz; 1699 heiratete sie den sächsischen Minister Adolf Magnus von Hoym und folgte ihm nach Dresden.

Der Dresdner Hof war damals einer der glanzvollsten in ganz Europa. Hier herrschte Sachsens Kurfürst Friedrich August I., besser

Der schönen Gräfin Cosel (u.) wurde die geheime Ehe mit August dem Starken letztlich zum Verhängnis.

Bis heute wird auf der Festung Stolpen der »Coselturm« gezeigt, wo die Gräfin fast 50 Jahre ihres Lebens verbringen musste.

bekannt als August der Starke (1670–1733). Seit 1697 war August auch König von Polen. Dass er vor seiner Krönung in Warschau zum Katholizismus übertreten musste, während seine sächsischen Untertanen Protestanten blieben, schien ihm kein allzu großes Opfer zu sein. August plante nämlich, aus den beiden Ländern eine europäische Großmacht zu schaffen. Doch es kam anders. Im Nordischen Krieg gegen König Karl XII. von Schweden ging Polen 1705 verloren, und August musste gedemütigt nach Dresden zurückkehren.

Eine Karriere als Mätresse des starken August

Constantias Ehe mit Herrn von Hoym stand unter keinem guten Stern. Das Paar lebte sich rasch auseinander und befand sich schließlich kurz vor der Scheidung. Damit hatten sich Constantias Zukunftsaussichten wieder erheblich verdüstert – als geschiedene Frau würde sie keine andere Wahl haben, als auf das Gut ihrer Eltern nach Holstein zurückzukehren. Doch dazu ist es nicht gekommen. Inzwischen war man nämlich in den Hofkreisen auf die schöne und geistreiche Constantia aufmerksam geworden, sodass sie im Dresdner Schloss bald ein- und ausging.

Als August der Starke in seine Residenz zurückkehrte, verliebte er sich Hals über Kopf in die 25-Jährige und machte sie zu seiner Mätresse. Damit eröffneten sich für Constantia ganz neue Aussichten.

Natürlich war August der Starke verheiratet, doch das Verhältnis zu seiner Gemahlin Christiane Eberhardine von Bayreuth, der Mutter seines einzigen Sohnes, war ausgesprochen schlecht. Die Kurfürstin hatte sich seinerzeit strikt geweigert, dem Beispiel ihres Mannes zu folgen und zum katholischen Glauben zu konvertieren. In Polen ist sie deshalb niemals gewesen, und auch aus Dresden hatte sie sich weitgehend zurückgezogen. Sie lebte meist auf Schloss Pretzsch an der Elbe, das ihr ihr Gatte anlässlich ihrer Hochzeit geschenkt hatte.

Ein geheim gehaltener Ehevertrag

Constantia bezirzte den verliebten Kurfürsten so lange mit Charme und Esprit, bis August wie Wachs in ihren Händen war und er ihr kaum noch eine Bitte abschlagen konnte. Denn die ehrgeizige junge Dame wollte mehr sein als »nur« Mätresse. Ihr größter Wunsch war es, August als rechtmäßige Gemahlin zur Seite zu stehen! Nun war es durchaus nicht unüblich, dass ein Fürst das Verhältnis zu einer Geliebten durch eine Ehe »zur linken Hand« legalisierte. Der Haken an der Sache war allerdings: Wenn die Ehefrau noch lebte, dann musste sie ihr Einverständnis geben. Und es stand zweifellos fest, dass die tiefgläubige Christiane Eberhardine dazu niemals bereit sein würde. Doch so schnell wollte Constantia nicht klein beigeben – und sie konnte ihren Wunsch tatsächlich durchsetzen. August unterzeichnete nämlich einen Vertrag, in dem er nicht nur die morganatische Ehe mit Constantia bestätigte, sondern auch festschrieb, dass er sie im Falle des

1697 ließ sich August unter dieser Krone als König von Polen feiern – ein teurer Traum von der Großmacht begann.

Machtpolitiker und Frauenheld: Porträt Augusts II. von Sachsen und Polen vom Hofmaler Louis Sylvestre, 1726.

»Wir müssen die Gefühle des Liebhabers von den Entschließungen des Herrschers getrennt halten. Die Schöne, die unser Herz gewonnen hat, darf niemals die Freiheit haben, zu uns über unsere Staatsgeschäfte zu sprechen.«

(Ludwig XIV. von Frankreich)

frühzeitigen Todes seiner Gemahlin heiraten und als Kurfürstin bzw. Königin anerkennen würde. Sollten Kinder aus ihrer Beziehung hervorgehen, dann würden es legitime Prinzen und Prinzessinnen sein.

Dieser Vertrag musste jedoch unbedingt geheim bleiben, ansonsten hätte August der Starke vor aller Welt als Bigamist da gestanden! Offiziell sollte und durfte Constantia daher auch weiterhin nur als Mätresse des Kurfürsten auftreten.

Die Reichsgräfin macht Politik

Dennoch stand Constantia damit auf dem Höhepunkt ihrer Karriere, zumal sie 1706 vom Kaiser zur Reichsgräfin von Cosel ernannt wurde. August bewilligte ihr eine jährliche Zuwendung in Höhe von 100 000 Talern, die damit weitaus höher ausfiel als die der Kurfürstin Christiane Eberhardine. Obendrein schenkte er ihr Schloss Pillnitz mit dem dazu gehörenden Landbesitz, ließ gleich neben dem Dresdner Schloss ein luxuriöses Palais für sie bauen und prächtig ausstatten. Hier hielt die Cosel Hof, empfing zahlreiche Gäste, Minister und hohe Adlige, Gesandte fremder Höfe, hier gab sie Bälle und Soupers für den König und seine Besucher. Constantia beschränkte sich aber keineswegs auf die Repräsentation. Stets bestens informiert, beriet sie August auch in politischen Fragen und der Wahl seiner Minister. Lange Zeit sah es so aus, als seien die beiden ein Traumpaar, dessen Liebe mit drei Kindern, – zwei Töchtern und einem Sohn – gekrönt wurde.

Doch das Glück blieb nicht ungetrübt. August schätzte die Cosel zwar als kompetente politische Beraterin, aber nur so lange, wie beide der gleichen Meinung waren. Mit der Zeit jedoch häuften sich die Differenzen. Die Beziehung geriet in eine ernste Krise, als August darauf bestand, dass sein Sohn ebenfalls katholisch werden sollte, um später den polnischen Thron besteigen zu können. Die Cosel war jedoch anderer Ansicht und verwies darauf, es sei wichtiger, die sächsische Machtbasis zu stärken und nicht irgendwelchen Großmachtträumen in Polen nachzujagen. Constantia hatte mit ihrer eindeutigen Opposition nicht nur August verärgert, sondern sich auch die auf Polen ausgerichtete Hofpartei zur Feindin gemacht. Damit begann ihr Absturz.

Ein trauriges Leben hinter Festungsmauern

Als August der Starke Polen 1713 tatsächlich wieder zurückerobern konnte, ließ er prompt die Cosel fallen und nahm sich in opportunistischer Manier eine polnische Mätresse. Constantia musste Dresden verlassen und sich nach Schloss Pillnitz zurückziehen. Doch für August blieb sie eine tickende Zeitbombe, schließlich war sie noch immer in Besitz des geheimen Ehevertrages, und es bestand jederzeit die Gefahr, dass sie ihn aus Rache öffentlich machen würde. Das jedoch wäre einer Katastrophe gleichgekommen, zumal

August der Starke und die Frauen

Glaubt man den Memoiren der Wilhelmine von Bayreuth, dann unterhielt August der Starke einen »Harem mit den schönsten Frauen« und zeugte 354 Kinder. Wie so oft, übertreibt die Markgräfin auch in diesem Fall. Neben seiner Gemahlin Christiane Eberhardine von Bayreuth (1671–1727), mit der er seit 1693 verheiratet war, hatte der Kurfürst etwa ein Dutzend Mätressen. Die wohl bekannteste neben der Cosel ist Gräfin Maria Aurora von Königsmarck (re.), später stellvertretende Äbtissin des Damenstifts Quedlinburg. Doch nicht alle Mätressen waren adliger Herkunft.

Eine von ihnen kam sogar als türkische »Kriegsbeute« an den Dresdner Hof: Fatima, die sich nach ihrer Konversion Maria Anna nannte und zur Gräfin von Spiegel erhoben wurde. Augusts polnische Mätresse Henriette Duval war die Tochter eines Warschauer Weinhändlers. Die acht Kinder, die aus diesen Beziehungen hervorgingen, hat August alle offiziell anerkannt, bestens versorgt und auch standesgemäß verheiratet.

August plante, seinen Sohn mit Maria Josepha, der Tochter des Kaisers in Wien, zu verheiraten. Da konnte er eine Enthüllung als Bigamist auf keinen Fall gebrauchen. Es gab nur eine Möglichkeit: Constantia musste ihm das verfängliche Dokument unverzüglich ausliefern!

Was in der Folge geschah, ist nicht vollständig geklärt. Im Dezember 1715 jedenfalls verließ die Cosel Schloss Pillnitz und reiste nach Berlin. Angeblich wollte sie einen Verwandten aufsuchen, der den geheimen Ehevertrag im Brockdorffschen Familienarchiv aufbewahrte. August aber sah das anders. Für ihn war klar, dass Constantia geflohen war und sich nun womöglich anschickte, pikante Staats- und Familiengeheimnisse am Berliner Königshof auszuplaudern. Er veranlasste daher, dass sie verhaftet und im Tausch gegen preußische Deserteure nach Sachsen ausgeliefert wurde. So kam die Cosel 1716 als politische Gefangene auf die Festung Stolpen östlich von Dresden. Dort verblieb sie 49 Jahre lang bis zu ihrem Tod 1765 unter strenger Bewachung im Hausarrest – nur damit Augusts verbotene Doppelehe auch weiterhin geheim blieb. Auch dessen Tod brachte ihr die Freiheit nicht wieder.

Das barocke Dresden (Frauenkirche und Brühlsche Terrasse) erstrahlte unter der Herrschaft Augusts des Starken.

Der Tod des Prinzenfreundes – Friedrich II. und Leutnant Katte

Schwierige Vater-Sohn-Verhältnisse sind uns aus der Geschichte viele bekannt. Doch der konfliktreiche Gegensatz zwischen Preußens König Friedrich Wilhelm I. und Kronprinz Friedrich, dem späteren »Großen«, hatte eine besondere Qualität. Seinen dramatischen Höhepunkt erreichte er 1730 mit der Hinrichtung des Leutnants Katte. Wurde er ein Justizopfer, weil er der Liebhaber des Prinzen gewesen war?

Friedrichs Entfremdung von seinem Vater hatte früh begonnen. Dieser erzog seinen musisch veranlagten Sohn mit harter Hand. So ersetzten seit 1729 auf des Königs Befehl junge Offiziere die zivilen Erzieher des Prinzen. Sie sollten den Thronfolger zu Disziplin und »ernsten, männlichen Tugenden« anhalten. Einer dieser Lehrer war Leutnant Hans Hermann von Katte, ein ehrgeiziger junger Offizier vom Regiment »Garde Gens d'armes«.

Der gescheiterte Fluchtversuch des Kronprinzen löste die Tragödie des Leutnants Katte aus (Stich von Adolph von Menzel).

Er teilte die Neigungen des schwärmerischen Prinzen: Lektüre, Flötenspiel, geistreiche Gespräche – und vielleicht auch mehr. Aber ob es tatsächlich eine homoerotische Beziehung gab, muss unbeantwortet bleiben, da keine Beweise dafür vorliegen.

Eine tiefe Verbundenheit zwischen den beiden jungen Männern bestand zweifelsfrei. So weihte Friedrich seinen Freund auch über seine Fluchtabsichten ein. Der Kronprinz hatte vor, zu seinem Onkel König Georg II. von England zu fliehen, um der Gewalt seines Vaters zu entkommen. Im Sommer 1730 nahm der Plan feste Formen an, und Hans von Katte konnte seinen 18-jährigen Freund, trotz eindringlichen Abratens, nicht davon abbringen.

Der Fluchtversuch des Kronprinzen

Friedrich sollte seinen Vater zu einer Inspektionsreise zu den preußischen Exklaven in Süddeutschland und den Rheinlanden begleiten. Am 15. Juli 1730 verließ der König mit Gefolge Potsdam in Richtung Frankfurt am Main. Die Entourage fuhr dann weiter Richtung Stuttgart. Heimlich besorgte sich Friedrich mit Hilfe seines Leibpagen Leutnant Peter Karl Christoph von Keith in Ludwigsburg Zivilkleidung, um als »Comte d'Alberville« via Holland nach England zu gelangen.

Während einer Übernachtung im Dorf Steinfurth bei Stuttgart setzte sich der Kronprinz ab. Doch ging das so dilettantisch vonstatten, dass Oberst von Rochow, einer der

Nur im Gemälde des Hofmalers Antoine Pesne schien Kronprinz Friedrich die kriegerischen Erwartungen des Vaters zu erfüllen.

Begleitoffiziere, die Flucht umgehend bemerkte. Friedrich wurde unter strenger Bewachung auf preußisches Territorium verbracht, in die Festung Wesel am Niederrhein. Hier setzte man den Kronprinzen am 11. August 1730 gefangen.

Halb wahnsinnig vor Zorn wollte König Friedrich Wilhelm I. den »Deserteur« und Anführer einer vermeintlichen »Bande von Königsmördern« höchstderoselbst während des ersten Verhörs am kommenden Tage erstechen, vermutete er doch eine Verschwörung gegen sich und das Vaterland. Beherzt warf sich der Festungskommandant von Mosel zwischen Vater und Sohn und verhinderte so Schlimmeres. Daraufhin befahl der Monarch, den Kronprinzen in die Festung Küstrin an der Warthe zu verlegen und spielte mit dem Gedanken, Friedrich von der Thronfolge zu entheben und stattdessen seinen Lieblingssohn August Wilhelm als Kronprinzen zu proklamieren.

Leutnant von Katte, der Friedrich nicht begleitet hatte, wurde am 16. August in Berlin verhaftet. Der König verhörte ihn, vor Wut mit Schaum vor dem Mund, persönlich. Die »Vernehmung« war begleitet von beleidigenden Anwürfen auf den »Verführer und Schurken«, der König schlug den Prinzenfreund gar mehrmals mit dem Stock.

Wenig später ordnete Friedrich Wilhelm I. an, umgehend ein Kriegsgericht zu bilden, um die »Verräter« abzuurteilen. Mit dem Vorsitz des in Köpenick zu tagenden Gerichts wurde am 23. Oktober 1730 Generalleutnant Achatz von Schulenburg beauftragt. Dem Gericht gehörten 15 weitere hohe Offiziere an sowie zwei Zivilisten. Am 25. Oktober wurde das Gericht vereidigt, »nach bestem Wissen und Gewissen und nach Seiner königlichen Majestät Reglement, Kriegsartikeln, Edikten, Rechten und Gewohnheiten Recht zu sprechen«.

Ein königliches Machtwort bedeutet Tod

Zwei Tage später trat das Gericht zusammen. Angeklagt waren neben Kronprinz Friedrich noch vier Mitwisser der Flucht: die Leutnants von Katte, Ingersleben, Keith und Spaen. Das Gericht stand vor einer schwierigen Entscheidung: Konnte man einen künftigen König zum Tode verurteilen, so wie es der

Soldatenkönig und Familientyrann

Friedrich Wilhelms I. Thronbesteigung im Jahr 1713 brachte eine scharfe Zäsur, zu Hofe wie im Land. Sofort stoppte der neue König die Verschwendungssucht seines Vaters und reformierte die Verwaltung nach dem Motto »Der Staat darf nicht mehr ausgeben, als er einnimmt.«

Friedrich Wilhelms Steckenpferd aber galt allem Militärischen, besonders liebte er Soldaten von stattlicher Gestalt, seine »langen Kerls« (re.: der König bei der Parade). Ein strenges Regiment führte der Monarch auch in der Familie. Sein Sohn Friedrich beklagte sich noch als König: »Mein Vater hielt mich für eine Art menschlichen Teig, aus dem man formen könne, was einem beliebte.«

»Ich habe Dich immer geliebt, auch wenn ich streng war!«

(Friedrich Wilhelm I. auf seinem Totenbett zu Kronprinz Friedrich)

Vater erwartete? Es fällte eine geradezu salomonische Entscheidung: Die Leutnants von Ingersleben und Spaen wurden zu sechs Monaten Festung bzw. drei Jahren Arrest verurteilt. Im Falle des flüchtigen von Keith erging das Urteil ihn »in effigie gehängt zu sehen«, d. h. sein Bild wurde an einen Galgen gebunden; überdies wurde er für ehrlos erklärt und sein Degen zerbrochen. Nach der Thronbesteigung Friedrichs II. kehrte von Keith 1740 nach Preußen zurück.

Der Urteilsspruch gegen Katte lautete auf lebenslange Festungshaft. Und was den »ungetreuen« Sohn betraf, so erklärte sich das Gericht für nicht zuständig und legte die endgültige Entscheidung in die Hände und Gnade Seiner Majestät des Königs. Der schnaubte vor Wut und Zorn, forderte umgehend eine Revision des Katte-Urteils – den Todesspruch. Doch das Gericht blieb bei seinem Votum. Da sprach Friedrich Wilhelm ein königliches Machtwort: Trotz aller Proteste verurteilte er Hans Herrmann von Katte zum Tode durch Enthauptung.

Am 3. November wurde der Delinquent in die Festung Küstrin an der Warthe verbracht. Hier ließ er sich Papier bringen und schrieb an seinen Vater: »In Thränen mein Vater möcht' ich zerrinnen, wenn ich daran gedenke, dass dieses Blatt Ihnen die größte Betrübniss, so ein treues Vaterherze empfinden kann, verursachen soll; dass die gehabte Hoffnung meiner zeitlichen Wohlfahrt und Ihres Trostes im Alter mit einmal verschwinden muss ... ja dass ich schon in der Blüthe meiner Jahre mich neigen muss, ohne vorher Ihnen in der Welt die Früchte Ihrer Bemühungen und meiner erlangten Wissenschaften zeigen zu können.«

Als er die Nachricht von der bevorstehenden Hinrichtung erhielt, sank der Kronprinz ohnmächtig in die Arme seiner Bewacher. Er

Ein Jahr nach dem Justizmord an Leutnant Katte kam es zur öffentlichen Versöhnung zwischen König und Kronprinz.

durchlebte Stunden panischer Angst, litt höllische Seelenqualen – nicht zuletzt, weil er anfänglich dachte, selbst hingerichtet zu werden.

Die Nacht vor seiner Hinrichtung verbrachte Katte betend mit einem Geistlichen und befreundeten Offizieren. Vor dem Fenster der Gefängniszelle des Kronprinzen hatte man einen hohen Sandberg aufgeschüttet – die Hinrichtungsstätte. Friedrich musste dem entwürdigenden Schauspiel zusehen: Wärter drückten seinen Kopf gegen die Fenstergitter. Der Prinz sollte auf ausdrückliche Anordnung des Königs Augen- und Ohrenzeuge der Enthauptung seines Freundes sein.

Augenzeuge der Hinrichtung

Früh um sieben Uhr des 6. November 1730 führte man den 26-jährigen Katte hinaus zum Sandhügel. In der letzten Lebensminute kam es zu einem kurzen Blickkontakt mit dem Kronprinzen. Der Garnisonsprediger Becker schrieb in seinen Erinnerungen: »Er erblickte endlich nach langem sehnlichen Umhersehen seinen geliebtesten Freund, Ihro Königliche Hoheit den Kronprinzen am Fenster des Schlosses, von selbigem er mit höflichen und verbindlichen Worten in französischer Sprache Abschied nahm, mit nicht geringer Wehmuth.

Als das Urteil verlesen worden war und er Hemd, Perücke und Halstuch abgelegt hatte, kniete er auf den Sandhaufen und rief: ›Herr Jesu, nimm meinen Geist auf!‹ Und als er solchergestalt seine Seele in die Hände seines Vaters befohlen, ward das erlösete Haupt mit einem glücklich gerathenen Streich durch die Hand und Schwert des Scharfrichters Coblentz vom Leibe abgesondert.«

Hans Hermann von Katte war tot; der König war's zufrieden: Der Staatsraison war Genüge getan und der Wille des Kronprinzen gebrochen. Er wurde »ein folgsamer Sohn seiner Majestät«. So verrauchte der Zorn Friedrich Wilhelms I.; langsam baute er die Rehabilitation des Sohnes auf.

Dennoch, der Tod Kattes blieb ein Wendepunkt im Leben Friedrichs, mit nachhaltigen Folgen. Die quälenden Erinnerungen an den unbarmherzigen Vater, seine eigene Inhaftierung und die Hinrichtung seines Freundes verfolgten den späteren König Zeit seines Lebens. Und seine Schwierigkeiten, Liebesbeziehungen aufzubauen und zu erhalten, mögen – mit oder ohne homosexuelle Neigung – in erster Linie dem Trauma von 1730 geschuldet sein.

KRONPRINZ FRIEDRICH UND DORIS RITTER

Im Frühjahr 1730 lernte Kronprinz Friedrich das »liebreizende Frauenzimmer« Dorothea (»Doris«) Elisabeth Ritter kennen, die 16-jährige Tochter eines Potsdamer Kantors. Doris wurde zu Friedrichs vertrauter Gefährtin; das sollte der jungen Frau schlecht bekommen. Nach Friedrichs Flucht und Festnahme ließ König Friedrich Wilhelm I. (unten) in einer hochnotpeinlichen Untersuchung durch einen Feldscher die – weiterhin vorhandene – Jungfräulichkeit des Fräulein Ritter feststellen. Der Monarch hielt Doris dennoch für die Mätresse seines Sohnes. In maßlosem Zorn ließ er das Mädchen auf dem Potsdamer Rathaus, vor ihrem Elternhaus und an allen vier Ecken der Stadt öffentlich auspeitschen. Dann verurteilte er sie zu lebenslangem Zuchthaus. Nach drei Jahren freigekommen, heiratete Doris und bekam sechs Kinder. Ihr früherer Jugendfreund ignorierte sie, als er selbst König geworden war.

Beethovens Unvollendete

Ludwig van Beethovens Verhältnis zu Frauen blieb stets geheimnisumwoben. Als seine große Sehnsucht gilt Josephine von Brunsvick. War sie aber auch seine »unsterbliche Geliebte, der er 1812 den berühmten Liebesbrief schrieb? Und hatten sie ein gemeinsames Kind?

Um den genialen Musiker Beethoven sammelte sich ein ganzer Reigen von Verehrerinnen der Wiener Gesellschaft (Gemälde von Julis Schmid).

Josephine von Brunsvick war zu der Zeit, als Beethoven seinen Liebesbrief schrieb, in Prag. Es gibt jedoch keine Belege, dass sich aus der Freundschaft eine Liebesbeziehung entwickelte. An wen Ludwig van Beethoven seinen berühmten Liebesbrief »an die unsterbliche Geliebte« vom 7. Juli 1812 schrieb, ist bis heute nicht geklärt. Als Favoritin gilt jedenfalls die ungarische Adelige Josephine von Brunsvick, die Beethoven 1799 als junges Mädchen kennen lernte, als er ihr in Wien Klavierunterricht gab. Kurz darauf wurde Josephine mit dem wesentlich älteren Joseph Graf von Deym verheiratet. Nach dem Tod ihres Ehemannes im Januar 1804 besuchte Beethoven Josephine, die inzwischen Mutter von vier kleinen Kindern war, häufig und verliebte sich in die junge Witwe.

Eine nicht standesgemäße Verbindung

Er begann, ihr zärtliche Liebesbriefe zu schreiben, deren Vokabular dem aus dem mysteriösen Brief »an die unsterbliche Geliebte« sehr ähnelt. So hielt er in einem Brief 1805 seine Gefühle folgendermaßen fest: »Von ihr, der einzig Geliebten, warum gibt es keine Sprache, die das ausdrücken kann, was noch weit über Achtung, weit über alles ist, was wir noch nennen können. Ach bin ich nicht zu stolz, wenn ich glaube, die Töne wären mir williger als die Worte … Auch nicht in meinen Tönen kann ich es.«

Josephines adelige Familie war jedoch gegen eine Verbindung mit dem bürgerlichen Komponisten, und sie fügte sich. Im Winter 1806 schrieb sie an Beethoven: »Meine ohne-

Geheimnisvolles Porträt einer unbekannten Schönen – vielleicht derjenigen, die Beethovens Herz eroberte?

dies für Sie enthusiastische Seele, noch ehe ich Sie persönlich kannte, erhielt durch Ihre Zuneigung Nahrung. Ein Gefühl, das tief in meiner Seele liegt und keines Ausdrucks fähig ist, machte mich Sie lieben ... Ich müsste heilige Bande verletzen, gäbe ich Ihrem Verlangen Gehör. Glauben Sie, dass ich durch Erfüllung meiner Pflichten am meisten leide.« Wenn Beethoven sie besuchen wollte, ließ sich Josephine fortan verleugnen. Im Herbst 1809 beendeten sie ihren Schriftwechsel.

Die Frucht einer unerfüllten Liebe?

1810 heiratete Josephine den Erzieher ihrer Kinder, Christoph Freiherrn von Stackelberg. Diese Ehe erwies sich schnell als unglücklich, und ihr Ehemann verließ sie Ende Juni 1812. Im Juli 1812 waren Beethoven und Josephine zur gleichen Zeit in Prag. Ob sie sich dort in die Arme Beethovens flüchtete, muss offen bleiben. Immerhin wurde sie zu diesem Zeitpunkt schwanger und brachte neun Monate später eine Tochter namens Minona (rückwärts gelesen: anonym) zur Welt; sie könnte Beethovens Kind gewesen sein, auch wenn der Komponist sich nie dazu äußerte. Minona erlag mit vier Jahren den Masern. Als Josephine 1821 nach langem Leiden starb, war Beethoven untröstlich und schrieb ihr als Requiem die Piano-Sonate Opus 110. Er blieb Zeit seines Lebens Junggeselle. Es gab aber auch eine Reihe von anderen Frauen, zu denen ihm Beziehungen nachgesagt wurden. Die österreichische Adelige Guilietta Guicardi etwa lernte er 1801 über die Brunswicks kennen und widmete ihr seine Mondschein-Sonate. Als weitere mögliche Adressatin gilt Antonie von Brentano. Ihre Schwägerin Bettina von Brentano stellte sie 1810 Beethoven vor, und er schenkte ihr das Originalmanuskript seines Liedes »An die Geliebte«. 1811 schrieb Antonie an Bettina: »Beethoven ist mir einer der liebsten Menschen geworden ... Sein ganzes Wesen ist einfach, edel, gutmütig ... Er besucht mich oft, beinahe täglich.« Außerdem war sie ebenfalls zu der Zeit, als Beethoven den Liebesbrief schrieb, in Prag. Doch es gibt keine Belege, dass sich aus der Freundschaft eine Liebesbeziehung entwickelte. An welche Frau Beethoven wirklich beim Verfassen seines berühmten Briefes dachte, wird wohl sein Geheimnis bleiben.

DIE TAUBHEIT DES MEISTERS

Ludwig van Beethovens Leben und sein Erfolg als genialer Musiker wurde von einem Hörleiden überschattet, dessen Symptome sich bereits 1798 andeuteten, als er gerade 28 Jahre alt war; 1819 war er völlig taub. Trotzdem arbeitete er bis zu seinem Tod als Pianist und Komponist. Er konnte seine Musik nicht mehr hören, sondern sie nur noch mit seiner Vorstellungskraft wahrnehmen.

Beethoven zog sich in der Folge zunehmend zurück und klagte darüber, »wie ein Verbannter« leben zu müssen. In diesem gehörlosen Zustand komponierte er die 9. Sinfonie. Bei der Uraufführung 1824 konnte er nicht einmal mehr den Applaus der Zuschauer in seinem Rücken wahrnehmen. Erst als man ihn an der Schulter fasste und umdrehte, wurde er sich der Begeisterung des Publikums bewusst.

Hofkabale und Liebe – der Zorn des Dichterfürsten Goethe

Viele Jahre lang waren sie ein Herz und eine Seele gewesen, Herzog Karl August von Sachsen-Weimar und sein vielseitig begabter »Dichterfürst« Johann Wolfgang von Goethe. Doch warum herrschte ab 1819 plötzlich Eiszeit zwischen den beiden inzwischen angegrauten Herren?

»Goethes Persönlichkeit und Theaterpraxis werden es begreiflich machen, dass ich mich damals von ihm mehr abgestoßen als angezogen fühlte.«

(Karoline Jagemann in ihren Erinnerungen)

Mit nur 18 Jahren hatte Karl August (1757 bis 1828) den Thron des kleinen Herzogtums von Sachsen-Weimar im Herzen Deutschlands bestiegen. Versüßt wurde ihm die schwere Bürde durch eine längere Bildungsreise, die ihm als Geburtstagsgeschenk zu seiner Volljährigkeit zugestanden wurde. Auf seiner großen Tour traf Karl August mit dem jungen Dichter Johann Wolfgang Goethe (1749–1832) aus Frankfurt zusammen, der soeben mit seinem »Werther« für großes Aufsehen gesorgt hatte. Der Herzog und der Denker verstanden sich ausgesprochen gut, und als Karl August im Oktober 1775 nach Karlsruhe reiste, um Prinzessin Luise von Hessen-Darmstadt zu heiraten, machte er erneut in Frankfurt Station.

Goethe fühlte sich durch den hohen Gast überaus geschmeichelt, zumal ihm der Herzog das verlockende Angebot unterbreitete, ihn nach Weimar zu begleiten. Dabei ging es Karl August weniger um die dichterischen

Sie reisten und sie regierten gemeinsam: Herzog Karl August und Johann Wolfgang von Goethe auf dem Faulhorn in der Schweiz.

Qualitäten seines neuen Freundes, sondern vielmehr um dessen juristische und staatspolitische Kenntnisse. Der noch völlig unerfahrene Herzog von Sachsen-Weimar konnte jedenfalls einen versierten Juristen zur Bewältigung der Regierungsgeschäfte gut gebrauchen.

Eine große Karriere im kleinen Weimar

Goethe musste nicht lange überlegen. Nach einer geplatzten Verlobung hielt ihn nichts mehr in seiner Heimatstadt Frankfurt, und auch beruflich suchte der 26-Jährige nach neuen Herausforderungen. Er nahm also das fürstliche Angebot an und kam im November 1775 nach Weimar. Die kleine Residenzstadt blieb fast 60 Jahre seine Heimat, bis zu seinem Lebensende.

In seinen Lebenserinnerungen präsentiert sich Goethe als fürsorglicher Mentor des jungen Herzogs Karl August: »Er saß ganze Abende bei mir in tiefen Gesprächen über Gegenstände der Kunst und Natur und was sonst allerlei Gutes vorkam. Wir saßen oft tief in die Nacht hinein, und es war nicht selten, dass wir nebeneinander auf meinem Sofa einschliefen …«

Außer diesen »tiefen Gesprächen« lebten die beiden Freunde aber auch ihre persönliche »Sturm- und Drangzeit« exzessiv aus. Ihre durchzechten Nächte und spätpubertären Streiche zu Lasten der braven Bürger waren bald Stadtgespräch in ganz Weimar. Allerdings zeigte sich auch, dass Karl August mit dem Frankfurter Dichter und Juristen einen guten Griff getan hatte. Als Staatsminister trug Geheimrat Goethe – der Herzog hatte den Dichter 1776 in diesen Rang erhoben, nicht ohne Proteste der anderen Minister – nicht nur dazu bei, verschiedene Reformen anzustoßen. Goethe sorgte auch für die Förderung von Kunst und Wissenschaft sowie die Gründung des Weimarer Hoftheaters, dessen Leitung er 1791 persönlich übernahm.

Die Männerfreundschaft schien durch nichts zu erschüttern. Goethe erwies sich obendrein als geschmeidiger Höfling, der seine poetischen Qualitäten auch gerne in den Dienst der Herzogfamilie stellte, um bei Geburtstagen und Jubiläen schmeichlerische Gedichte zu verfassen. Im Weimarer Hoftheater brachte er darüber hinaus seine Dramen wie »Iphigenie auf Tauris« oder »Torquato Tasso« zur Aufführung. Längst war Goethe zum umjubelten »Dichterfürsten« geworden – und genauso fühlte er sich auch.

Karoline Jagemann war Schauspielerin, Herzogs-Geliebte und scharfzüngige Gegenspielerin Goethes.

Eifersucht auf die Fürstenfreundin

Im Jahr 1797 kam eine attraktive junge Dame zurück in ihre Geburtsstadt Weimar: die Sängerin und Schauspielerin Karoline Jagemann (1777–1848). Sie hatte zuvor am Mannheimer Nationaltheater eine fulminante Karriere gestartet und sich aufgrund ihrer künstlerischen Begabung weit über die Stadtgrenzen hinaus einen Namen gemacht.

So war auch Karl August auf die brillante Mimin aufmerksam geworden und hatte sie nach Absprache mit Goethe als Hofsängerin nach Weimar geholt. Als Theaterdirektor empfing Goethe das neue Mitglied des Ensembles

»Die Jagemann, die jage man!«

(Goethes zorniger Kommentar zur Hunde-Affäre)

zwar mit aller gebotenen Freundlichkeit, doch Karoline Jagemann spürte trotzdem, dass der »Dichterfürst« in ihr eher eine Konkurrentin denn eine Bereicherung seines Ensembles witterte. Zumindest schrieb sie recht selbstbewusst in ihren Erinnerungen: »Zu Goethe trat ich nach dem Abschluss meines Engagements in dieselbe Stellung, die ich in Mannheim dem Intendanten gegenüber eingenommen hatte. Ich glaube nicht, dass ihm meine Aquise angenehm war, denn meine Stellung, mein Talent und meine Neigung entzogen mich der sklavischen Unterwürfigkeit, in der er die Theaterdamen sich gegenüber zu sehen wünschte.« Mit anderen Worten: Der »Dichterfürst« betrachtete und behandelte die Mitglieder des Theaters als seinen ganz persönlichen Hofstaat.

Keine Frage, hier prallten zwei starke Charaktere aufeinander, und der große Konflikt war nur eine Frage der Zeit. Karoline Jagemann wusste genau, was sie konnte, und war keineswegs bereit, sich von der Autorität des »Dichterfürsten« einschüchtern zu lassen. Im Gegenteil, sie amüsierte sich sogar über Goethes offensichtlichen Ehrgeiz, dem Weimarer Publikum nur höchsten Kunstgenuss zu bieten.

Doch auch die Weimarer nahmen den Herrn Direktor scheinbar nicht ganz ernst: »Das harmlos gütige Publikum lachte, wenn Goethe von seinem Stuhl inmitten des Parterre sich erhob und mit donnernder Stimme rief: ›Man lache nicht!‹«, verrät uns Karoline Jagemann in ihren Erinnerungen. Ihre Position am Weimarer Hoftheater festigte sich weiter, als Herzog Karl August dem Charme der schönen Schauspielerin erlag und sie 1802 – mit Einverständnis von Herzogin Luise – zur linken Hand heiratete. Drei Kinder gingen aus der Beziehung hervor.

Weimar: Von der Klein-Residenz zum Kulturzentrum

Dass aus dem verschlafenen Städtchen an der Ilm ein Zentrum der deutschen Klassik wurde, war im Wesentlichen Herzogin-Witwe Anna Amalia (1739–1807) zu verdanken, der Mutter Karl Augusts.

Anna Amalia, eine geborene Prinzessin von Braunschweig-Wolfenbüttel und Nichte Friedrichs des Großen, hatte nach dem frühen Tod ihres Gemahls die Regentschaft für ihren unmündigen Sohn übernommen. Nachdem Karl August volljährig geworden war, machte sie aus ihrem Witwenpalais einen Salon. Sie lud Dichter und Philosophen, Wissenschaftler und Geistliche zu anregenden Gesprächen und ermunterte ihre Gäste, anstatt des in höfischen Kreisen üblichen Französisch Deutsch zu sprechen.

Mit einer solchen »Versammlung vorzüglicher Männer«, wie Goethe schrieb, hatte Anna Amalia »alles dasjenige begründet, was später für dieses besondere Land, ja für das ganze deutsche Vaterland so lebhaft und bedeutend wirkte.« Zu den bedeutendsten Köpfen am Weimarer »Musenhof« (Darstellung u. mit Herzogin-Mutter Anna Amalia in der Mitte) gehörten neben Goethe auch Friedrich von Schiller (1759–1805), Christoph Martin Wieland (1733–1813), der Herausgeber der literarischen Zeitschrift »Deutscher Merkur«, der Theologe und Hofprediger Johann Gottfried Herder (1744–1803) sowie Anna Amalias ebenso geistreiche wie humorvolle Hofdame Luise von Göchhausen (1752–1807).

Das Theater wird zum Kriegsschauplatz

Zum ersten Mal krachte es zwischen Goethe und Karoline Jagemann im Dezember 1808, weil die Hofschauspielerin über den Kopf des Theaterdirektors hinweg die Entlassung eines Sängers betrieben und auch durchgesetzt hatte. Auch das war eher eine Lappalie, die dennoch zu einem ernsthaften Zerwürfnis führte. Keiner der beiden Sturköpfe zeigte sich zu einem klärenden Gespräch bereit, und ihr Schriftwechsel glich dem zweier feindseliger Mächte. Selbstbewusst forderte Karoline Jagemann mehr Kompetenzen rund um die Bühne, die Goethe nicht abzutreten bereit war.

Der Minister-Intendant hatte irrtümlicherweise geglaubt, Herzog Karl August würde ihm zur Seite stehen, doch von dessen Seite

Der Minister Goethe (Porträt von 1809) war ein höchst autoritärer Theater-Intendant zu Weimar.

»wehte eine ziemliche Kälte«, wie es der Dichterfürst empfand. Goethe drohte mit seinem Rücktritt als Theaterdirektor, wenn man ihm seine Zuständigkeiten beschneiden würde. Letztlich war es nur der Fürsprache von Herzogin Luise zu verdanken, dass er seinen Posten trotzdem beibehielt.

Doch schon drohte neuer Ärger: Nur kurz nach dem Ende der Theaterkrise erhob Karl August im Januar 1809 Karoline Jagemann zur nunmehr adeligen Frau von Heygendorff – die Vermutung liegt nahe, dass dies auch deshalb geschah, um ihre gesellschaftliche Position gegenüber Goethe zu stärken.

Der große Krach um des dressierten Pudels Kern

Etwas mehr als acht Jahre währte der mühsame Waffenstillstand zwischen der Hofschauspielerin und dem »Dichterfürsten«. Doch dann brachte der sprichwörtliche Tropfen das Fass zum Überlaufen. Trotz Goethes heftigem Widerstand setzte Karoline Jagemann durch, dass im April 1817 das Drama »Der Hund des Aubry« auf die Bühne des Weimarer Nationaltheaters kam. In dem französischen Melodram nach einer alten Legende wird ein Ritter ohne Zeugen im Wald erschlagen, doch dann überführt der treue Jagdhund den Mörder; ein Hund trat daher auch auf der Bühne auf.

Herzog Karl August war ein großer Hundeliebhaber und hatte daher sofort seine Zustimmung erteilt. Goethe, wütend und gekränkt, hoffte inständig, dass das in seinen Augen banale und lächerliche Stück voll billiger Elemente durchfallen würde. Doch genau das Gegenteil war der Fall. Der dressierte Pudel, der die Titelrolle spielte, riss das Weimarer Publikum zu wahren Begeisterungsstürmen hin. Es war nicht zu übersehen und zu überhören: Das Tier bekam mehr Applaus, als Goethe jemals für »Tasso« oder »Iphigenie« erhalten hatte!

Von einem Pudel ausgestochen worden zu sein, war eine derartige Schmach, dass sie der Dichterfürst nicht verwinden konnte. Beleidigt legte er das Amt des Theaterdirektors nieder. Das Schlimmste war jedoch, dass Herzog Karl August die Demission seines Freundes stillschweigend und kommentarlos hinnahm, ohne dessen Verdienste und Qualitäten noch einmal gebührend zu würdigen. Goethe war zutiefst verstimmt und schmollte. Doch auch diese Eiszeit ging schließlich wieder zu Ende; die beiden alten Herren konnten doch nicht ohne einander sein. Die ungewöhnliche Freundschaft endete erst mit des Herzogs Tod 1828.

Dichtertreffen mit Herzog: Karl August und Goethe (in der Mitte) mit (von li.) Wieland und Herder im Garten zu Weimar.

Münchner Revolution – wie Lola Montez König Ludwig I. stürzte

Eigentlich war er das Muster eines nachrevolutionären Monarchen: kunstsinnig, bürgernah, den technischen Entwicklungen seiner Zeit gegenüber aufgeschlossen und ein sparsamer Landesvater. Trotzdem jagten die Münchner Ludwig I. im Februar 1848 vom Thron. War daran tatsächlich eine »spanische« Tänzerin schuld, die den Wittelsbacher-König bezirzt hatte?

Die gebürtige Irin Lola Montez pflegte geschickt ihre »spanische Ausstrahlung«, wie hier im Porträt des Hofmalers Stieler.

Die Münchner Saison hatte im Oktober 1846 noch gar nicht recht begonnen, als nicht nur das Theaterleben der seinerzeit noch recht beschaulichen Residenzstadt gehörig umgekrempelt wurde. Eine Kutsche fuhr am vornehmen »Bayerischen Hof« vor; ihr entstieg eine elegant schöne Dame, und schon machte die Botschaft die Runde: »Lola Montez ist in München!« Was hatte man nicht schon alles von dieser »spanischen Tänzerin« gehört, deren ständiger Begleiter der Skandal war: Ihre Tanzdarbietungen sollten höchst gewagt sein, so gewagt, dass es bei ihren Gastspielen immer wieder zu Tumulten kam. Dennoch – oder vielleicht gerade deswegen – war sie vor gekrönten Häuptern aufgetreten, darunter keine geringeren Majestäten als der russische Zar Nikolaus I. oder Friedrich Wilhelm IV. von Preußen. Einer ihrer Liebhaber soll sogar in einem Duell getötet worden sein, und waren der Erfolgsschriftsteller Alexandre Dumas oder der Starpianist Franz Liszt wirklich nur platonische Verehrer ihrer Tanzkunst...?

Die »spanische Tänzerin« aus Irland

Gründliche Nachforschungen hätten schnell die wahren Fakten ans Licht gebracht: Die Dame war 25 Jahre alt , hieß ursprünglich Elizabeth Rosanna Gilbert und war als Tochter eines schottischen Offiziers in Irland geboren worden. Aufgewachsen war sie, typisches Soldatenkind, teils in Indien und teils in Schottland. Mit 16 hatte sie einen Offizier geheiratet, der seinerseits nach Indien versetzt wurde. Die Ehe hielt allerdings nicht lange, und Elizabeth sah ihre Zukunft als Performance-Künstlerin im damals populären spanischen Tanz. Sie lernte Spanisch und nahm den klangvollen Namen »Maria de los Dolores Porrys y Montez« an, der sich plakativ zu »Lola Montez« verkürzen ließ. In London flog der Schwindel rasch auf, doch umso erfolgreicher verlief die skandalumwitterte Europa-Tournee, die Lola nun nach München geführt hatte.

Sie stellte sich umgehend beim Intendanten des Hoftheaters vor und bat um die Erlaubnis, dort auftreten zu dürfen, was der Intendant höflich, aber bestimmt ablehnte. Die Montez war aber nicht so leicht abzuwimmeln. Sie hielt sich auch nicht lange mit irgendwelchen Hofschranzen auf, sondern ersuchte um eine Audienz bei Seiner Majestät, König Ludwig I. persönlich. Diese wurde ihr bereits am 7. Oktober gewährt, und schon am 10. konnten die Münchner die Montez erstmals tanzen sehen – auf den Brettern des Hoftheaters! Mehr aber noch als kunstkritische Kommentare beschäftigte die Hauptstädter das rasch die Runde machende Gerücht, die Montez sei die Geliebte des Königs geworden.

Reform-König mit einer Schwäche für schöne Frauen

Ludwig I. war damals 60 Jahre alt und hatte seit 1825 sein Königreich Bayern eindeutig mehr recht als schlecht regiert. Der intelligente Wittelsbacher-König hatte begriffen, dass die Zeiten für absolutistisches Gehabe und militärische Großmachtträume vorbei waren. Seine Untertanen begegneten ihm im Straßenanzug in den Gassen Münchens, in das er die Bauwerke Italiens und der Antike verpflanzte. Wenn Bayern eine Großmacht werden sollte, dann auf dem Gebiet von Kunst und Kultur! Gleichzeitig trat der König für ein geistig und kulturell vereintes deutsches Vaterland ein – damals das politische heiße Eisen schlechthin – und war den Neuerungen der beginnenden Industrialisierung gegenüber aufgeschlossen. Vor allem aber verstand er es, seinem aus der Konkursmasse des alten Reiches zusammengewürfelten Staat von Napoleons Gnaden Zusammengehörigkeit zu vermitteln; auch Schwaben, Franken und Pfälzer begannen sich als Bayern zu fühlen.

Das war nicht zuletzt das Verdienst von Ludwigs Gattin Therese. Die Hochzeit mit der Prinzessin aus dem Hause Sachsen-Hildburghausen 1810 hatte den Bayern nicht nur das Oktoberfest beschert und den Münchnern die dazugehörige Theresienwiese, sondern eine Landesmutter auch für die protestantischen Untertanen; Ludwig selbst hatte eine liebevolle Gattin und Mutter seiner Kinder gefunden. Die für fürstliche Verhältnisse eher glückliche Ehe hinderte Ludwig aber keineswegs daran, zahlreiche »Weibergeschichten« anzufangen – auch, oder wohl gerade wegen seiner wenig einnehmenden Erscheinung: Er war von Pockennarben gezeichnet, schwerhörig und stotterte. Doch der Verbindung von Macht und Charme konnte und wollte Münchens Damenwelt nicht widerstehen.

Königin Therese und die Bayern ertrugen es mit Nachsicht, solange es sich um Kurzzeitaffären handelte und der König die erforderliche Diskretion walten ließ. Bei Lola Montez war dies aber anders, und die Unter-

König Ludwig I. versuchte die Ausstrahlung des jugendhaften Liebhabers bis ins Alter zu bewahren und zu beweisen.

»Die schlimmen Aristokraten verleideten mir den Thron;/ Die Höflinge, glatt und schmeichelnd,/ Die Geistlichen, Liebe heuchelnd,/ entrissen mir den Thron.«

(Ludwig I. nach seiner Abdankung in seinem Gedicht »Für mein Volk«)

tanen mussten zunehmend den Eindruck gewinnen, dass die falsche Spanierin ihren alternden Monarchen um den Verstand gebracht hatte.

Die politischen Winkelzüge der Gräfin Landsfeld

Das Verhältnis zwischen Hof und Volk hatte sich ohnehin eingetrübt, seit Ludwig zunehmend reaktionäre Züge entwickelte und auf Kritik und Widerstand mit Zornausbrüchen reagierte. 1844 war es gar zu einer Art Volksaufstand gekommen, als der Bierpreis um einen Pfennig erhöht worden war. Es kam zu Krawallen in München, das herbeigerufene Militär weigerte sich, gegen die durstigen Mitbürger vorzugehen, und Ludwig musste zähneknirschend die Preiserhöhung zurücknehmen, »um dem Militär und der arbeitenden Klasse einen gesunden und wohlfeilen Trunk zu bieten.«

Ein weiteres Mal würde er aber nicht nachgeben, jetzt, als sich 1847 die Proteste gegen Lola Montez häuften. Sie residierte inzwischen in einem Palais, in dem der König – aber auch andere Liebhaber, um die die Montez kein Hehl machte – ein und aus gingen; der entsprechende aufwendige Lebensstil wurde aus des Königs Schatulle finanziert. Dann wurde die Irin gar noch zur Gräfin Landsfeld erhoben – begründet als Dank für die Verdienste, die sie sich »für die Armen Bayerns« erworben habe. Und es hieß, Ludwig habe sogar sein Testament zu ihren Gunsten geändert.

Schlimmer noch war allerdings, dass die Montez sich in die Politik einmischte. Das Ministerium Abel trat im Streit über die vom König geforderte Einbürgerung Lolas zurück, und die neue Regierung trug eindeutig die Handschrift der königlichen Mätresse. Dass diese Handschrift eher liberale Züge zeigte, machte es für die Eliten den Königreichs nur noch schlimmer: Sollte Bayern seine Freiheit etwa »aus der von Wollust und Lüsternheit beschmutzten Hand einer Hure« empfangen? Auf die entsprechende Moralpredigt des Erzbischofs von München antwortete Ludwig nur schnippisch: »Bleib er bei seiner Stola, ich bleib bei meiner Lola!« Und der König schreckte auch nicht davor zurück, seine Minister in den Kabinettssitzungen auf Spanisch anzusprechen.

Die Münchner gehen auf die Straße

Es konnte nicht ausbleiben, dass die Montez ihre Karten überreizte. Als sie sich von »ihrem« Ministerium brüskiert fühlte, erzwang sie beim König dessen Abberufung, was diesem nun auch die Sympathien der Liberalen verscherzte. Dann hatte sich die Pseudo-Spanierin mit den einflussreichen Burschenschaften der Universität angelegt, als sie sich eine Splittergruppe, die »Alemannia«, zu ihrer Leibwache erkor (was im durchaus wörtlichen Sinne zu verstehen war). Nach Zusammenstößen zwischen den

LUDWIGS SCHÖNHEITENGALERIE

Eine bleibende Erinnerung an Königs Ludwigs Schwäche für das andere Geschlecht ist die Schönheitengalerie, die im Schloss Nymphenburg besichtigt werden kann. Frauen, deren Schönheit ihn beeindruckte, wurden zum Hofmaler Joseph Karl Stieler bestellt, der sie porträtierte. Wie viele der 36 abgebildeten Damen auch Geliebte des Königs waren, ist umstritten; es waren sicher mehr, als es eine beschönigende Geschichtsschreibung später wahr haben wollte. Lola Montez ist selbstverständlich darin vertreten.

als »Lolamannen« verspotteten und anderen Burschenschaftern verfügte der König am 9. Februar 1848 kurzerhand die Schließung der Universität. Das brachte das Bürgertum gegen ihn auf, das von den Studenten gut lebte. Und sollte nicht auch ein neuer Versuch unternommen werden, den Bierpreis zu erhöhen? Am 10. Februar kam es zu Massenprotesten vor der Münchner Residenz; am 11. Februar floh Lola Montez-Landsfeld aus der Stadt und hielt erst wieder hinter der Schweizer Grenze an.

Kühles Ende einer heißen Affäre

König Ludwig I. war tief gekränkt, doch es schien, dass er zumindest seinen Thron gerettet hatte. Doch dann machte im März das Gerücht die Runde, die Montez sei heimlich nach Bayern zurückgekehrt. Als die Regierung von Ludwig verlangte, einen Haftbefehl gegen seine Ex-Geliebte auszustellen, erklärte er am 17. März 1848 seine Abdankung, die er später so kommentierte: »Regieren konnte ich nicht mehr, und einen Unterschreiber abgeben wollte ich nicht. Um nicht Sklave zu werden, wurde ich Freiherr.«

Ludwig packte seine Sachen und überließ das Regieren seinem Sohn Maximilian. Der Ex-König widmete sich auch als freier Herr weiterhin der Förderung der Künste; er starb 1868 in Nizza.

Den kostspieligen Kontakt zur Montez hatte er bereits 1850 abgebrochen; der König und die Tänzerin würden sich nicht wiedersehen. Lola musste nun wieder ihr eigenes Geld verdienen. Sie tourte mit einer Tanzrevue ihres bayerischen Abenteuers für einige Jahre durch die Goldgräberstädte in Kalifornien und Australien, bis ihr kurzzeitiger Ruhm verblasst war. Als bekehrte Christin und Wohltäterin einer Institution für gefallene Mädchen starb sie 1861 mit 39 Jahren in New York.

1848 – das Jahr der Revolutionen

In München mochte die 1848er-Revolution eher als Komödie verlaufen sein. Doch sie wurde mit zum Fanal für die sehr viel gewaltsameren Erhebungen in Wien und Berlin (Straßenkämpfe der Märzrevolution, u.), denen weitere europaweite Aufstände folgten.

In vielen Ländern hatte die Unzufriedenheit mit den reaktionären Herrschaften den Siedepunkt erreicht; die Forderungen nach demokratischer Mitwirkung und Bürgerrechten wurden immer lauter. In Deutschland und Italien kam der Wunsch nach der Gründung eines Nationalstaats hinzu. Vor dem Ansturm der Revolution knickten die Monarchen ein und machten Zugeständnisse, die aber im Laufe des folgenden Jahres weitgehend zurückgefahren wurden; Deutschland musste auf die Reichsgründung bis 1871 warten.

Lola Montez und ihr königliches Schoßhündchen: Die Affäre war ein »gefundenes Fressen« für die Karikaturisten der Zeit.

Liebesreigen im Hause Liszt – die Affäre der Cosima

Jahrelang lebte Cosima von Bülow mit ihrem Ehemann und Richard Wagner in einem komplizierten Dreiecksverhältnis, das bis heute Rätsel aufgibt. Erst nach der Geburt des dritten unehelichen Kindes 1870 entschied sich Liszts Tochter für Wagner.

Das Paar Richard und Cosima lieferte den zeitgenössischen Karikaturisten reichlich Motive für gemalten Spott.

Sie war groß, nicht schön, aber elegant, und ihr Gesicht unter dem dicken blonden Haar wirkte trotz der großen Nase angenehm. Er war 15 Zentimeter kleiner und 20 Jahre älter. Als Cosima und Richard Wagner sich verliebten, war sie verheiratet und zweifache Mutter. Gekannt hatten sie sich schon seit ihrer Jugend, denn er war ein Freund ihres Vaters Franz Liszt. »Damals hatte Wagner noch keinen Blick für das hässliche Kind«, lästerte später eine Zeitzeugin. Ihre Zuneigung wuchs aber, je öfter sie sich sahen.

Eine unüberlegte Ehe

Hans von Bülow war ein Lieblingsschüler ihres Vaters. Er machte als Komponist und Dirigent Karriere und unterstützte Wagner begeistert. War es womöglich das Eintreten für den wirklich Geliebten, das die 19jährige Cosima dazu bewegte, Bülow 1857 überstürzt zu heiraten? »Wie es kam, dass wir heirateten, weiß ich jetzt noch nicht ... Ohne eine Laune meinerseits, ohne ein Grübeln kam es zur Hochzeit,« schrieb Cosima später an die gemeinsame Tochter Daniela.

Richard Wagner wusste, dass Cosima in ihrer Ehe unglücklich war. Bei einer Fahrt 1863 durch Berlin kamen sich die beiden näher. »Diesmal ging uns schweigend der Scherz aus«, schrieb Wagner später, »wir blickten uns stumm in die Augen, und ein heftiges Verlangen nach eingestandener Wahrheit übermannte uns zu dem keiner Worte bedürfenden Bekenntnisse eines grenzenlosen Unglückes, das uns belastete.« Die familiären und freundschaftlichen Beziehungen verhinderten zunächst das sich anbahnende Liebesverhältnis. Zum Kuppler wurde dann ungewollt der junge König von Bayern, Ludwig II., der Wagner 1864 an den Münchner Hof holte und dessen Geldprobleme löste. Wagner zog auf Kosten des Königs in eine Villa am Starnberger See und lud die von Bülows ein. Am 29. Juni 1864 fuhr Cosima mit ihren beiden kleinen Töchtern nach Starnberg; Hans von Bülow wollte nachkommen. Eine Bedienstete erzählte später: »Im allgemeinen konnte man damals unschwer merken, dass zwischen Frau Cosima und Richard Wagner sich etwas angesponnen habe. Die beiden waren immer beisammen, gingen immer Arm im Arm im Park spazieren.«

Die Geburt der Kuckuckskinder

Als Hans von Bülow im Juli 1864 in Starnberg eintraf, war ihm nicht klar, was sich angesponnen hatte, und als neun Monate später Cosima Richard Wagners erste Tochter Isolde zur Welt brachte, vermerkte man im Taufregister die Kleine als Tochter von Hans und Cosima von Bülow.

Ab 1865 arbeitete Cosima als Wagners Sekretärin und führte ihm den Haushalt. »Seitdem ist Wagner gänzlich und unbedingt unter ihrem Einfluss. Man kann ihn nicht mehr alleine sprechen, es kommt kein Brief mehr an ihn, den sie nicht erbricht und ihm vorliest«, beschwerte sich ein Freund.

COSIMA, DIE GRALSHÜTERIN

Nach Richard Wagners Tod 1883 sah sich Cosima (1837–1930) als Vollstreckerin seines letzten Willens. Obwohl sie selbst über eine umfassende musikalische Ausbildung verfügte, war sie bisher künstlerisch nie in Erscheinung getreten. Sie sorgte aber dafür, dass die 1876 erstmals aufgeführten Richard-Wagner-Festspiele im eigens dafür geschaffenen Festspielhaus auf dem Grünen Hügel in Bayreuth zu einem florierendem Familienunternehmen und zur festen Institution wurden. Gleichzeitig behinderte sie jede Weiterentwicklung der Interpretation von Wagners Opern (Karikatur re.), auch nachdem sie die Leitung der Festspiele an Sohn Siegfried übergeben hatte. Problematisch war auch ihre Rolle als überzeugte Antisemitin und Förderin Adolf Hitlers.

Das Verhältnis zwischen Richard Wagner und Cosima war so offensichtlich, dass die Münchner Presse Anspielungen machte. Hans von Bülow verklagte den verantwortlichen Redakteur, und Cosima bat König Ludwig um eine Bescheinigung ihrer Treue: »Ich habe drei Kinder, denen ich es schulde, Ihnen den ehrenwerten Namen ihres Vaters fleckenlos zu übertragen.« Doch am 17. Februar 1867 brachte sie Wagners zweite Tochter Eva-Maria zur Welt; am 6. Juni 1869 folgte Sohn Siegfried.

Am 18. Juli 1870 wurde die Ehe der von Bülows in Berlin geschieden und nur vier Wochen später, am 25. August, heiratete Cosima Richard Wagner in Luzern.

Beobachter und Begleiter der Ehe-Kapriolen seiner Tochter war Franz Liszt (sitzend neben Richard Wagner).

Kabale und Männerliebe: die Affäre Eulenburg

Anfang des 20. Jh. erschütterte ein peinlicher Skandal das deutsche Kaiserreich. Graf Eulenburg, einer der engsten Freunde Wilhelms II., war als Homosexueller »geoutet« worden. Damit fielen verdächtige Schatten auf alle Männer in Eulenburgs Freundeskreis – traf der Verdacht womöglich auch auf den Kaiser zu?

»... der mit unermüdlichem Eifer Wilhelm II. zuraunt, er sei berufen, allein zu regieren.«

(Maximilian von Harden über Eulenburg)

Heute gehen deutsche Politiker meist ganz offen mit ihren gleichgeschlechtlichen Neigungen um. Vor 100 Jahren hingegen kam ein unfreiwilliges »Outing« als Homosexueller noch einer persönlichen Katastrophe gleich. Das bekam auch Philipp zu Eulenburg-Hertefeld zu spüren, einer der engsten Freunde Wilhelms II. Eulenburg, im vertraulichen Kreis auch »Philly« oder »Phinchen« genannt, war ganz anders als die schneidigen Militärs, die sonst zur kaiserlichen Entourage gehörten: witzig, gebildet, kultiviert und »einer der charmantesten Menschen, die ich je gekannt habe«, wie sich Wilhelm später erinnerte. Doch die vertrauliche »Männerfreundschaft« der beiden weckte auch den Verdacht, dass der zwölf Jahre ältere »Philly« womöglich mehr war als nur der väterliche Freund des jungen Monarchen ...

Unter den lauten Militärs und Großmachtpolitikern rund um Wilhelm II. war Philipp zu Eulenburg eine kultivierte Ausnahme.

Brisante Informationen aus der Badeanstalt

Für die wilhelminische Gesellschaft schien Eulenburg ein ganz normaler Familienvater zu sein, der mit seiner Frau und sechs Kindern auf seinem Gut im brandenburgischen Liebenberg lebte. Doch als Bernhard von Bülow, der spätere Reichskanzler, 1897 zum Staatssekretär des Auswärtigen Amts ernannt wurde, entdeckte er im Geheimarchiv eine brisante Information: Eulenburg, so hieß es, wurde vom Besitzer einer Wiener Badeanstalt erpresst, in der pikanterweise auch Erzherzog Ludwig Viktor (alias »Luzivuzi«) verkehrte, der homosexuelle Bruder des österreichischen Kaisers.

Als Bülow Eulenburg auf diese Information hin ansprach, erlitt der Graf einen Nervenzusammenbruch: Jetzt war es wohl nur noch eine Frage der Zeit, bis seine homophilen Neigungen ans Licht kommen und allgemein bekannt würden. Eulenburg wusste genau, dass das seinen gesellschaftlichen Ruin bedeutete, ganz abgesehen davon, dass er mit einem Bein im Gefängnis stand!

Weil im Kaiserreich Attribute wie »Ehre« und »Männlichkeit« einen derart hohen Stellenwert besaßen, waren »unmännliche« Verhaltensweisen bestens geeignet, um missliebige Personen zu diffamieren. Und so startete der Journalist Maximilian Harden, Herausgeber der Zeitschrift »Die Zukunft«,

Die »schmutzige Wäsche«, die Mutter Germania während der Affäre zu waschen hatte, kam letztlich nicht aus dem Privatleben, sondern aus der Politik.

im November 1906 eine Artikelserie, in der er Eulenburg als Homosexuellen bloßstellte. Es half diesem wenig, dass er alle Vorwürfe unter Eid abstritt. Von Harden konnte umgehend zwei Zeugen aufbieten, die ebenso feierlich beschworen, Eulenburg habe vor 15 Jahren »unsittliche Handlungen« an ihnen begangen.

Eine Pressekampagne, die auf den Kaiser zielt

Damit war der Skandal perfekt! Noch hoffte Eulenburg, Wilhelm II. werde sich hinter ihn stellen und ihn somit rehabilitieren. Vergebens – der Kaiser wusste ganz genau, dass er selbst das Ziel der Attacken war und wollte unter allen Umständen vermeiden, ebenfalls in den Verdacht der Homosexualität zu gelangen.

Tatsächlich war Eulenburgs »Entlarvung« durch Maximilian von Harden gar nicht moralisch, sondern durch und durch politisch begründet. Allgemein wurde nämlich vermutet, der Duzfreund des Kaisers sei in erster Linie dessen Mentor und Ratgeber, der ihn in politischen Entscheidungen beeinflusste. Die Tatsache, dass Wilhelm mit seinen Vertrauten regelmäßig auf Eulenburgs Wohnsitz zur geheimnisumwitterten »Liebenberger Tafelrunde« zusammenkam, erregte den Verdacht, hier würde dem »persönlichen Regiment« Kaiser Wilhelms Vorschub geleistet und dieser in seinem selbstherrlichen Auftreten noch unterstützt. Doch Harden, dem das laute und autoritäre Auftreten Kaiser Wilhelms zutiefst zuwider war und der darin eine ernsthafte Bedrohung für die wenigen demokratischen Elemente der Reichsverfassung sah, unterlag einem schwerwiegenden Irrtum. Tatsächlich hatte Eulenburg immer wieder versucht, den forschen Kaiser in seiner übersteigerten Selbsteinschätzung zu bremsen und vor übereilten Aktionen zurückzuhalten. Aber Wilhelm II. war an einem unbequemen Mahner nicht interessiert.

Die »Männerfreundschaft« zerbrach jedenfalls umgehend unter dem Druck der veröffentlichten Meinung. Erst im holländischen Exil, in das sich der Hohenzoller nach dem Sturz des Kaiserreichs 1918 gerettet hatte, gab Wilhelm zu, dass Eulenburg als »hingebungsvoller Märtyrer« einen Schlag auffing, der ihm selbst gegolten hatte. Entschuldigt hat er sich nicht. Eulenburg starb 1921 verbittert als körperliches und seelisches Wrack.

»Es wäre Mangel an Logik oder Selbsttäuschung, wenn ich mich noch zu den königstreuen Preußen zählen wollte.«

(Philipp zu Eulenburg-Hertefeld nach seinem politischen Sturz)

Homosexualität und die Gesetze

Im Kaiserreich galten homosexuelle Handlungen bei Männern als kriminelles Vergehen, das gemäß § 175 RStGB mit Gefängnis bestraft wurde: »Die widernatürliche Unzucht, welche zwischen Personen männlichen Geschlechts oder von Menschen mit Tieren begangen wird, ist mit Gefängnis zu betrafen; auch kann auf Verlust der bürgerlichen Ehrenrechte erkannt werden.« Der § 175 hat das Kaiserreich überlebt und wurde in der Bundesrepublik erst 1969 abgeschafft.

Hitler und die Frauen

Wenn Hitler gefragt wurde, warum er weder Ehefrau noch Kinder hatte, dann gab er meist zur Antwort: »Ich bin mit Deutschland verheiratet«. Trotzdem himmelten Tausende von Frauen den »Führer« an. Doch war er überhaupt in der Lage, sich auf eine »normale Beziehung« einzulassen? Und welche Rolle spielten die Frauen in seinem Umfeld?

»Mit dem deutschen Volk verheiratet« wurde Hitler von vielen Frauen verehrt bis angehimmelt.

Zunächst konnte man meinen, der junge Hitler habe die Schriften der mittelalterlichen Kirchenväter studiert, zumindest, was seine Beziehung zum weiblichen Geschlecht anging. Als Heranwachsender begnügte er sich jedenfalls damit, für hübsche Mädchen aus der Ferne zu schwärmen, ohne den körperlichen Kontakt zu suchen. Damals entwickelte er auch die Idealvorstellung von einer »reinen Ehe«, die ausschließlich dem Zweck der Fortpflanzung – natürlich zunächst der »arischen Rasse« – diente.

Wie, wann und wo Hitler seine ersten sexuellen Erfahrungen machte, ist nicht bekannt. Eine feste Partnerin gab es jedenfalls lange Zeit nicht. Aber dann trat Angela (»Geli«) Raubal in sein Leben, die 1908 geborene gleichnamige Tochter seiner sechs Jahre älteren Halbschwester Angela und des Finanzamtsangestellten Leo Raubal.

War Hitler nur Geli Raubals netter Onkel?

Auch wenn man nichts Genaues über das Verhältnis von Onkel und Nichte weiß, so sind bis heute Spekulationen nicht verstummt, dass die beiden eine Liebesbeziehung hatten. Nach dem frühen Tod von Gelis Vater hatte Hitler die Vormundschaft über das Mädchen übernommen, das ihn später auch häufig in München besuchte, wo dieser seinen Wohnsitz genommen hatte. »Onkel Adolf« zeigte sich ausgesprochen gern mit seiner hübschen Nichte, einer etwas pummeligen Schönheit mit ausdrucksvollen dunklen Augen. Es war ihm deshalb offensichtlich recht, als Geli nach bestandener Reifeprüfung ankündigte, sie wolle in München Medizin studieren.

Aber nachdem sie sich 1927 tatsächlich an der Ludwig-Maximilian-Universität eingeschrieben hatte, betrieb Geli ihr Studium eher lustlos. Bald war auch zu erkennen, warum sie tatsächlich an die Isar gekommen war: Im Vorjahr hatte sie sich während eines Besuchs bei »Onkel Adolf« heftig in dessen

Chauffeur und Leibwächter verliebt, den elf Jahre älteren Emil Maurice. Heimlich schmiedeten die beiden bereits Hochzeitspläne. Hitler, der von der großen Liebe seiner Nichte bislang nichts geahnt hatte, bekam einen Tobsuchtsanfall, als Maurice um Gelis Hand anhielt. Die 19-Jährige sei noch viel zu jung zum Heiraten, polterte er, erst müsse sie ihr Studium beenden.

Tatsächlich aber konnte und wollte Hitler die Beziehung seiner Nichte unter keinen Umständen dulden. Er entließ seinen bewährten Chauffeur und verbannte ihn aus seinem persönlichen Umfeld, allerdings nicht aus der Partei und der von Maurice mitbegründeten SS. Was bewog Hitler? Hatte er sich womöglich selbst in die hübsche Geli verliebt und ihr Avancen gemacht? Schließlich ist es äußerst merkwürdig, dass die junge Frau ihrem Onkel ihre geplatzte Verlobung nicht verübelte. Im Gegenteil, im Oktober 1929 kündigte sie sogar das möblierte Zimmer, in dem sie bislang gelebt hatte und zog in Hitlers geräumige Wohnung am Prinzregentenplatz.

Familienstreit und Selbstmord mit Hitlers Pistole

Das Medizinstudium wurde für die junge Frau immer mehr zur Nebensache. Von nun an fungierte Geli vorwiegend als Hitlers Begleiterin und wurde zum umschwärmten Mittelpunkt seiner Männergesellschaften. Und sonst? Für ein intimes Verhältnis der beiden könnten zumindest mehrere Aktzeichnungen sprechen, die Hitler von seiner Nichte angefertigt hat. Nur späte Reminiszenzen an den alten Jugendtraum, Kunstmaler zu werden?

Doch was sich auch immer zwischen den beiden abgespielt haben mag: Hitler behandelte Geli Raubal wie eine Leibeigene; er wachte eifersüchtig über ihre Schritte und verbot ihr jeglichen Kontakt zu Gleichaltrigen. Kein Wunder, dass sich die junge Frau nach einiger Zeit aus dieser beengenden Verbindung befreien wollte und plante, ihr inzwischen begonnenes Gesangstudium in Wien fortzusetzen. Doch obwohl Geli inzwischen 23 Jahre und damit längst volljährig war, verbot ihr »Onkel Adolf« kurzerhand, allein in einer anderen Stadt zu leben und ihren eigenen Weg zu suchen.

Familienidyll auf dem Berghof: Adolf Hitler und Eva Braun; die »Tochter« ist die »Leihgabe« einer Freundin.

Am 18. September 1931 gab es zwischen Onkel und Nichte einen heftigen Streit. Nachdem Hitler die Wohnung verlassen hatte, um zu einer Parteiveranstaltung zu fahren, war Geli völlig aufgelöst. Wie Hitlers Haushälterin später aussagte, eilte die junge Frau in des Onkels Zimmer, um etwas zu holen, kehrte dann wieder in ihre Räume zurück und schloss die Tür hinter sich zu. Wenig später hörten die Ohrenzeugen ein diffuses Geräusch, einen »kleinen Knall«, dem niemand besondere Bedeutung beimaß.

Die Haushälterin wurde erst unruhig, als sie auch am nächsten Tag nichts von Geli Raubal hörte. Als der herbeigerufene Hausverwalter die verschlossene Tür mit einem Schraubenzieher öffnete, entdeckte er Geli mit dem Gesicht auf dem Boden liegend. Sie war tot, verblutet an einem Schuss in die Lunge. Offenbar hatte sie sich am Tag zuvor mit Hitlers Pistole erschossen. Das Geheimnis ihrer Beziehung zu »Onkel Adolf« hat sie mit ins Grab genommen. Hitler erklärte den Selbstmord damit, dass Geli dem Druck nicht standhielt, den der Beruf einer Sängerin mit sich brachte.

Nur in der Abgeschiedenheit der bayerischen Alpen erfuhr Eva Braun so etwas wie Nähe und Zuwendung durch den »Führer«.

Die versteckte Geliebte des »Führers«: Eva Braun

Eine andere junge Frau arrangierte sich hingegen weitaus besser mit ihrer Rolle als Hitlers willige Marionette: Eva Braun, die der »Führer« 1929 bei seinem »Leibfotografen« Heinrich Hoffmann kennen gelernt hatte, wo sie als Laborassistentin arbeitete. Eva war damals 17 Jahre alt und fühlte sich geschmeichelt, von Hitler in die Oper oder in ein teures Restaurant eingeladen zu werden. Mehr scheint zwischen beiden zunächst nicht passiert zu sein. Erst 1932, nach dem Selbstmord von Geli Raubal, erhielt die Beziehung auch eine sexuelle Komponente.

Der »Führer« als Autogramm-Star: Teilnehmerinnen des Sängerbundfestes 1937 in Breslau.

Doch selbst wenn Eva Braun bis zum »bitteren Ende« im Führerbunker an Hitlers Seite blieb, so kann man sie keinesfalls als (gleichberechtigte) Lebenspartnerin bezeichnen. Auch sie war ganz dem Willen des »Führers« unterworfen, der allein bestimmte, wann und wo sie sich aufzuhalten hatte. Dass Eva Braun persönliche Bedürfnisse oder womöglich sogar Gefühle haben könnte, hat ihn absolut nicht interessiert. Das fiel auch Hitlers Architekten-Freund Albert Speer auf: »Im allgemeinen kümmerte er sich wenig um ihre Gefühle. Überhaupt nahm Hitler wenig Rücksicht auf ihre Anwesenheit«. 1935 vertraute auch Eva Braun selbst ihrem Tagebuch die Wahrheit an: »Er braucht mich nur zu bestimmten Zwecken.«

Für Hitler jedoch war es ganz selbstverständlich, dass ein »großer Mann«, für den er sich schließlich hielt, das Recht hatte, sich eine junge Frau zur Befriedigung seiner sexuellen Bedürfnisse zu halten, ganz ohne Emotionen und innere Beteiligung. Zweimal versuchte daher auch Eva Braun, sich das Leben zu nehmen, wobei es sich eher um »Hilferufe« gehandelt haben dürfte. Dass Hitler sie danach häufiger in seiner Gesellschaft duldete, wenn auch nur in der Abgeschiedenheit des Berghofs bei Berchtesgaden, hat ihr offenbar gereicht.

Als Heranwachsender hatte Hitler von der »reinen Ehe« fantasiert und gefordert, die Prostitution müsse abgeschafft werden. Später behandelte er jedoch »seine« Frauen nicht anders als Huren und unmündige Kinder zugleich. Für die »Volksgenossen« und vor allem die »-genossinnen« aber blieb Hitler der selbstlose »Führer«, der nur mit »Deutschland verheiratet« war, eine Projektionsfläche für alle möglichen weiblichen Sehnsüchte und Illusionen. In Wirklichkeit verachtete Hitler die Frauen; er hätte niemals zugelassen, dass weibliche Parteigenossen Karriere machten. Seine Begründung: »Frauen können weder logisch denken noch

DIE TRAGÖDIE DER UNITY MITFORD

Gleich mehrere Frauen aus Hitlers persönlichem Umfeld haben versucht, sich das Leben zu nehmen, darunter auch Unity Mitford. Die 1914 geborene Engländerin aus adeliger Familie war 1934 als glühende Verehrerin des »Führers« nach München gekommen, um ihrem Idol zur Seite zu stehen. Dass ihre Schwester den englischen Faschistenführer Sir Oswald Mosley heiratete, ließ Unity noch weiter ins rechte Spektrum abgleiten, und sie wurde überzeugte Antisemitin. Der britische Geheimdienst beschrieb sie als »mehr Nazi als die Nazis«. Für Hitler war Unity Mitford ein nützliches Instrument, um seine Pläne von einer Allianz der deutschen und englischen »Herrenvölker« realisieren zu können. Die Beziehung der beiden hatte jedoch keine intime Komponente.

Nachdem England Deutschland am 3. September 1939 den Krieg erklärt hatte, brach Unitys Welt zusammen. Noch am selben Tag schoss sie sich im Englischen Garten eine Kugel in die Schläfe. Der Schuss war nicht tödlich, hatte jedoch eine schwere körperliche Behinderung zur Folge. Zurück in England starb Unity Mitford 1948 an den Folgen des Selbstmordversuchs.

vernünftig urteilen, weil sie nur von ihren Gefühlen beherrscht werden.« Hatte es zur Zeit der Weimarer Republik noch zaghafte Emanzipationsversuche der »neuen Frau« gegeben, die eine eigenständige Rolle in der Gesellschaft suchte, so war das 1933 vorbei. Jetzt war die Frau nur noch willige Gebärmaschine für »Führer, Volk und Vaterland«.

Im »Bund Deutscher Mädel« (BDM) wurde die Jugend auf das enge Frauenbild des NS-Staates eingeschworen.

In der »feinen Gesellschaft«, wo die Gunst des Fürsten über Aufstieg und Fall entschied, waren Intrigen an der Tagesordnung (Bild von der Hochzeitsfeier Kaiser Jospehs II. 1760).

Gezinkte Karten – die Schattenwelt der Intrige

Politik muss kein schmutziges Geschäft sein. Aber um dort »sauber« zu bleiben, bedarf es eines hohen Grades an Integrität. Dass es damit nicht immer gut bestellt ist, das beweist die lange Liste der Intriganten und Pläneschmiede, deren Spuren sich durch alle Epochen verfolgen lassen. Ihre Motive mochten – etwa im Falle der Hitler-Attentäter – gelegentlich lobenswert sein, doch die meisten waren getrieben von Eigennutz und Machtgier. Und oft genug muss die Frage offen bleiben, wer tatsächlich die Drahtzieher und Hintermänner waren.

Die gestohlenen Schutzpatrone

Die Gebeine der Heiligen Drei Könige, die seit dem 12. Jh. in einem goldenen Schrein im Kölner Dom aufbewahrt werden, gehören zu den kostbarsten Reliquien der Christenheit überhaupt. Trotzdem stellt sich die Frage: Sind die Knochen wirklich echt, und auf welchen geheimnisvollen Pfaden sind sie aus dem Morgenland an den Rhein gekommen?

Köln, 23. Juli 1164: Fast hatte es den Anschein, als sei die ganze Stadt auf den Beinen gewesen. Aber schließlich war es auch ein besonderer Tag für die Metropole am Rhein. Die Kölner erwarteten nämlich die Ankunft ihres Erzbischofs Rainald von Dassel, der ein außergewöhnliches Geschenk des Kaisers Friedrich Barbarossa im Gepäck hatte: die Gebeine der Heiligen Drei Könige! Kaum war die feierliche Schiffsprozession auf dem Rhein zu sehen, da brachen die Menschen in frenetischen Jubel aus, weil »er die Reliquien zum ewigen Ruhme Deutschlands nach Köln« brachte, wie es in einer alten Stadtchronik hieß.

Der große Goldschmied Nikolaus von Verdun schuf für die berühmten Reliquien den bald ebenso berühmten Schrein.

Drei Skelette in einem römischen Sarkophag

Der Erzbischof und Reichskanzler Rainald von Dassel hatte Friedrich Barbarossa 1162 auf seinem Kriegszug nach Mailand begleitet, um die lombardische Opposition niederzuwerfen. Als der siegreiche Kaiser die oberitalienische Stadt nach hartem Kampf erobert und weitgehend zerstört hatte, gingen die kostbaren Reliquien als Kriegsbeute in seinen Besitz über. Dabei war erst wenige Jahre zuvor in der Gruft der Kirche St. Eustogorius vor den Toren Mailands ein römischer Sarkophag mit den sterblichen Überresten dreier Menschen entdeckt worden, welche die Mailänder mit sicherem Gespür für gute Geschäfte umgehend als die berühmten Weisen aus dem Morgenland identifizierten. Friedrich Barbarossa überließ die kostbare Beute dann großzügig seinem treuen Kanzler Rainald von Dassel, der erfreut feststellen konnte, »dass mit diesem neuen Schatz die heilige Kirche und die Stadt Köln auf das glücklichste bereichert und ewig geschmückt« würde.

Ein Schatz für das »heilige Köln«

So war es tatsächlich. »Bereichert« wurde das »hillije (heilige) Köln« in der Tat. Schon seit Ende des 8. Jh. war die Stadt Bischofssitz und wurde als »sancta Colonia« bezeichnet. Münzen mit dieser stolzen Aufschrift verkündeten die »Heiligkeit« Kölns bis in den letzten Winkel des Reiches. Die vielen Kirchen der Stadt mit ihren kostbaren Reliquien waren schon vorher das Ziel zahlloser Wallfahrer gewesen, doch die Gebeine der Heiligen Drei Könige erhöhten Kölns Attraktivität um ein Vielfaches. Von nun an stand die Rheinmetropole als Pilgerzentrum direkt in einer Linie neben Rom, Jerusalem und Santiago de Compostela!

Natürlich benötigten die Heiligen Drei Könige auch eine würdige Heimstatt. Deshalb wurde 1248 nicht nur der Grundstein zu einer mächtigen gotischen Kathedrale gelegt, dem zukünftigen Kölner Dom, man beauftragte auch den berühmten Goldschmied Nikolaus von Verdun, einen kostbaren Reliquienschrein anzufertigen. Tatsächlich riss der Pilgerstrom an den Rhein von nun an nicht mehr ab und trug erheblich zum Wohlstand des mittelalterlichen Kölns bei. Kein Wunder, dass die Heiligen Drei Könige rasch zu den Schutzpatronen der Stadt avancierten und ihre Kronen ins Kölner Stadtwappen aufgenommen wurden!

Noch heute übt der goldene Dreikönigsschrein eine magische Anziehungskraft auf die Menschen aus, nicht nur auf fromme Pilger, auch auf die Touristen, die in Scharen den Kölner Dom besuchen. Dabei hat sicherlich der eine oder andere von ihnen die ketzerische Frage gestellt: Handelt es sich bei den Reliquien, die hier seit Jahrhunderten verehrt werden, tatsächlich um die Gebeine der Heiligen Drei Könige? Auch der Kölner Autor Jürgen Becker hat so seine Zweifel. Die Kirche, so meint er, habe seit 2000 Jahren dasselbe Problem: »Sie muss etwas verkaufen, was noch nie jemand gesehen hat. Da kommen Sie mit Vernunft nicht weit. Da brauchen Sie Fantasie. Und die wird beflügelt durch Bilder. Heilige, Schiffsprozessionen und Reliquien im Goldsarkophag. Eben da, wo die Worte fehlen. Ob im Kölner Dom tatsächlich die Knochen der Heiligen Drei Könige liegen?«

Gab es die »Weisen aus dem Morgenland« tatsächlich?

Die Spurensuche führt uns zurück ins Neue Testament, aber lediglich der Evangelist Matthäus berichtet von den »Weisen« oder »Sterndeutern« aus dem Morgenland, die jenem außergewöhnlichen Stern folgten, der sie direkt zum Stall von Bethlehem und dem Kind in der Krippe geführt haben soll: »Wir haben seinen Stern gesehen im Morgenland und sind gekommen, ihn anzubeten.« (Mt. 2,6)

Tatsächlich hat es im mutmaßlichen Geburtsjahr Christi sieben Jahre vor Beginn unserer Zeitrechnung eine ungewöhnliche Planetenkonstellation gegeben, wie der Astronom Johannes Kepler schon 1603 herausgefunden hat. Dabei handelte es sich um die so genannte Tripel-Konjunktion, bei der Saturn und Jupiter ganz dicht nebeneinander standen und so extrem hell strahlten, dass unter ihnen ein zarter Lichtkegel sichtbar wurde, der vom Himmel direkt auf die Erde zu weisen schien. Nach biblischer Überlieferung verkündete dieser »Stern« die bevor-

Köln war im Mittelalter die größte Stadt Deutschlands, wozu auch die Rolle als wichtiges Pilgerzentrum beitrug.

stehende Ankunft des Messias und verwies gleichzeitig auf dessen Geburtsort.

Schon seit Jahrhunderten warteten die Juden auf das Erscheinen eines Messias, eines göttlichen Erlösers, der sie von allem irdischen Leid befreien würde. Und Leid hatten sie wahrhaftig genug erfahren – zunächst die »Babylonische Gefangenschaft« und die Zerstörung Jerusalems, später die Besatzung ihres Landes durch die Römer. Zahllose Werke der jüdischen Literatur nahmen damals die Form einer Offenbarung an. Sie sollten die trostlose Geschichte und Gegenwart dadurch verständlich und erträglich machen, indem sie jene als Vorbereitung auf eine glorreiche Zukunft des Volkes Israel darstellten. Die sei nämlich den alttestamentarischen Propheten von Gott selbst offenbart worden.

»Am elften Tag des Monats Juni nahm der Reichskanzler Reinaldus die Leiber, die in einem Sarg beigesetzt waren und von denen man sagt, dass es die drei Weisen seien und brachte sie nach Köln.«

(Mailänder Zeitzeuge)

Außer den vagen Angaben des Evangelisten Matthäus gibt es freilich keine Beweise für die historische Existenz der »Drei Weisen aus dem Morgenland«, die erst im Lauf des 6. Jh. zu »Königen« wurden. Wir müssen daher annehmen, dass es sich bei der kleinen Geschichte um nichts anderes als einen »dramaturgischen Kniff« handelt, mit dem Matthäus die alttestamentarischen Prophezeiungen »Wirklichkeit« werden ließ. So heißt es schließlich bei Jesaja 60,3: »Völker wandern zu deinem Licht und Könige zu deinem strahlenden Glanz.« Und Psalm 72,10 verweist auf die Gaben bringenden Könige: »Die Könige von Tarsis auf den Inseln sollen Geschenke bringen, die Könige von Saba und Seba sollen Gaben senden. Alle Könige sollen vor ihm niederfallen.«

Allerdings ist bei Matthäus weder von der Zahl der »Könige« die Rede, noch erwähnt er irgendwelche Namen. Von der Zahl der überlieferten Geschenke – Weihrauch, Myrrhe und Gold – hat man später auf drei Geber geschlossen. Die ebenfalls unbiblischen Namen Caspar, Melchior und Balthasar tauchten erstmals im 6. Jh. auf einem Mosaik in Ravenna auf.

Rätselhafte Gebeine auf Wanderschaft

Es deutet also alles darauf hin, dass es die »Heiligen Drei Könige« – die übrigens niemals offiziell heilig gesprochen wurden – gar nicht gegeben hat. Da stellt sich natürlich die Frage, was es mit den Gebeinen auf sich hat, die bis heute in dem goldenen Reliquienschrein liegen.

Selbst das Neue Testament erweist sich in diesem Fall als wenig hilfreich. Nur das Thomas-Evangelium aus den Apokryphen

300 Jahre lang war der Kölner Dom eine verlassene Baustelle. Sogar der Baukran des ersten Turmes war zurückgelassen worden.

Die Anbetung des Kindes Jesu durch die Drei Könige wurden ein wichtiges Motiv der christlichen Kunst.

berichtet, dass die drei Weisen nach ihrer Ankunft in Bethlehem getauft und später zu Priestern und Bischöfen geweiht wurden. Um das Jahr 53 sollen sie kurz hintereinander gestorben sein. Wie es heißt, wurden ihre sterblichen Überreste in Palästina beigesetzt, wo sie im 4. Jh. von Helena, der frommen Mutter Kaiser Konstantins des Großen, entdeckt worden sind. Die Kaisermutter ließ die Gebeine nach Konstantinopel überführen.

Angeblich hat dann einer ihrer Enkel die Reliquien dem Mailänder Bischof Eustorgius zum Geschenk gemacht. Damals wurden sie in einen römischen Sarkophag gelegt und gerieten – vielleicht durch die Wirren der Völkerwanderung – allmählich in Vergessenheit. Es dauerte rund 700 Jahre, bis sie in der Kirche des hl. Eustorgius auf wunderbare Weise wiederentdeckt wurden und dann den Weg nach Köln fanden.

DER KÖLNER DOM, DIE EWIGE BAUSTELLE

Köln war im Mittelalter die größte und reichste Stadt Deutschlands gewesen, doch diese Blütezeit ging im 16. Jh. zu Ende. Die Bevölkerungszahl schrumpfte, die wirtschaftliche Entwicklung stagnierte. So musste 1560 aus finanziellen Gründen der Weiterbau des Kölner Doms eingestellt werden. Fast 300 Jahre lang blieb die gotische Kathedrale eine Bauruine. Der hölzerne Kran auf dem unvollendeten Südturm wurde fortan zum eigentlichen Wahrzeichen der Stadt. Erst 1841 gründeten Kölner Bürger den Dombauverein (Abb. re.), um die Kathedrale endlich zu Ende zu bringen. Nachdem eine Dombaulotterie das nötige Geld eingespielt hatte, wurden die Arbeiten mit Hochdruck wieder aufgenommen. Mit der Fertigstellung des Nordturms am 21. Juli 1880 war der Kölner Dom nach mehr als 600 Jahren endlich fertig – mit seiner Höhe von 157 m das damals höchste Gebäude der Welt.

Der Sturz des Löwen – Machtkampf im Reiche Barbarossas

Über drei Jahrzehnte lang war der Welfenherzog Heinrich von Braunschweig, genannt »der Löwe« (1142–1180), unbestritten der mächtigste Fürst im deutschen Reich. Doch dann wurde der Welfe übermütig. Unterschätzte er seine Gegner oder überschätzte er seine eigene Macht?

»Herzog Heinrich von Braunschweig hat durch all seine Arbeiten, die er unter der Sonne gehabt hatte, nichts erreicht als ein recht sehenswürdiges Grab.«

(Arnold von Lübeck, Chronist und Verfasser der »Slawenchronik«, † 1212)

Das 12. Jh. war in deutschen Landen geprägt von dem Gegensatz zweier mächtiger Dynastien: jenem der Staufer, auch Hohenstaufen genannt, und dem der Welfen. Letztere hatte schon lange eine bedeutende Rolle im Reich gespielt; sie hielten große Besitzungen in Bayern und Italien und auch in Sachsen. Die Adelsfamilie mit dem Stammsitz auf der schwäbischen Burg Hohenstaufen waren dagegen typische »Aufsteiger« des Hochmittelalters. Mit Geschick, Glück und klugen Heiraten konnten sie Besitz und Hausmacht mehren; und 1076 ernannte Kaiser Heinrich IV. Friedrich von Staufen nicht nur zum Herzog von Schwaben, sondern gab ihm auch seine Tochter Agnes zur Frau. So gestärkt, wagte der Staufer Konrad von Schwaben den Griff zur Königskrone, die ihm die Großen des Reiches 1138 tatsächlich verliehen.

Der Kniefall von Chiavenna: Trotz dieser erniedrigenden Geste verweigerte Herzog Heinrich Kaiser Friedrich die Waffenhilfe.

Die Welfen, Dynastie mit stolzen Wurzeln

Die Welfen sind das älteste noch heute existierende Fürstengeschlecht Europas. Der Sage nach leitet sich die Dynastie vom römischen Patrizier Catilina aus dem 1. Jh. v. Chr. ab. Über die Weiterbildungen catulus (»Tierjunges«) und welp (im Sinne von »junger Löwe«) soll der Name »Welfen« entstanden sein. Ihr tatsächlicher Stammbaum ist erst ab dem 8. Jh. nachweisbar. Die aus der fränkischen Reichsaristokratie hervorgegangene Familie, deren Wurzeln in Lothringen liegen, starb in der Mitte des 11. Jh. im direkten Mannesstamm aus; Heinrich der Löwe (Abb.: seine Grablege) gehört damit zur jüngeren Linie, die sich am Bodenseeraum und in Oberschwaben angesiedelt hatte. Zu den Nachkommen der Welfen gehört unter anderem das britische Königshaus.

Die »gestohlene« Krone des Reiches

Damit war aber der Staufer dem Welfenherzog Heinrich dem Stolzen in die Parade gefahren. Heinrich sah sich um die Königswürde »betrogen«, die eigentlich ihm zugestanden hätte. So sahen es jedenfalls die Welfen, war Heinrich als Herzog von Bayern und Sachsen doch der mächtigste Fürst im Reich und außerdem mit der Tochter des Kaisers Lothar III. verheiratet. Der stolze Heinrich starb allerdings schon im Jahr nach der Wahl Konrads von Hohenstaufen, und so übernahm sein Sohn Heinrich der Löwe das Ziel, diese Schmach zu tilgen.

Bei der nächsten Königswahl gingen die Welfen allerdings erneut leer aus: 1152 wurde der Staufer Friedrich I., genannt Barbarossa, ein Neffe Konrads III., zum König gewählt. Barbarossas Mutter war eine Welfin gewesen und Heinrich der Löwe somit sein Cousin. Der Staufer reichte dem anverwandten Rivalen auch umgehend die Hand zur Versöhnung und unterstützte den Vetter sogar nach Kräften bei dessen ehrgeizigen Plänen. Seit seinem Regierungsantritt hatte der »Löwe« danach gestrebt, sein Herrschaftsgebiet auszudehnen, vor allem in Norddeutschland, wo er sich ein eigenes Reich zu schaffen hoffte, in dem von ihm geförderte Städte wie Lübeck wichtige Stützpunkte waren. In mehreren Feldzügen unterwarf er zahlreiche Stämme der noch unabhängigen und »heidnischen« Slawen. Diese aggressive Politik führte zu grimmigen Feindschaften mit so manchem anderen Reichsfürsten. Zu Heinrichs rigoros verfolgter Machtpolitik gehörte allerdings auch, wie damals üblich, eine geschickte »Familienplanung«: 1168 heiratete Heinrich in zweiter Ehe Mathilde, die Tochter König Heinrichs II. von England, des damals zweitmächtigsten Herrschers des Abendlands.

Der Kniefall eines Kaisers

Auf dem Höhepunkt seiner Macht musste Heinrich der Löwe den Zeitgenossen wie ein König ohne Krone erscheinen, und als er 1172 eine Pilgerfahrt nach Jerusalem unternahm, richtete ihm der byzantinische Hof einen so prachtvollen Empfang aus, dass dieser

Herzog Heinrichs Beiname der »Löwe« inspirierte die Historienmaler zu fantasievollen Darstellungen (li. im Schloss zu Braunschweig).

»Mag der Gott, der im Himmel ist, Dein Gott sein – Du sollst unser Gott sein, wir sind es zufrieden.«

(Der Abodritenfürst Niklot zu Heinrich dem Löwen nach seiner »freiwilligen« Bekehrung zum Christentum.)

Auf einem Glasfenster im Dom zu Lübeck ist Herzog Heinrich gemeinsam mit seiner Gattin Mathilde von England dargestellt.

eines Kaisers würdig gewesen wäre. Indessen hatte sich Heinrichs Verhältnis zum tatsächlichen Kaiser des Westens merklich abgekühlt, seit er Friedrich Barbarossa dreimal die Teilnahme an dessen Kriegszügen nach Italien verweigert hatte. Was scherten den Herrn des Nordens die ständigen Kriege mit dem Papst und den lombardischen Städten, die in seinen Augen nur die Kräfte des Reichs verzettelten? Anfang 1176 hatte sich die militärische Lage in Italien zugespitzt. Die Belagerung der Stadt Alessandria war gescheitert; die Kriegskasse war leer, und so musste der Kaiser einen Teil seiner Truppen entlassen – die Herrschaft über Italien stand auf dem Spiel. Im Februar 1176 kam es in Chiavenna nahe des Comer Sees zu einer denkwürdigen Begegnung, deren Details bis heute unter den Historikern umstritten sind. Sicher ist, dass Barbarossa Heinrich um militärische Unterstützung bat, nachdem er zunächst dessen Leistungen in den leuchtendsten Farben gemalt und die Lage in Italien in den düstersten geschildert hatte. Obwohl der Kaiser ihn an seine Lehenstreue erinnerte, lehnte der Löwe die gewünschte Waffenhilfe ab, weil der Kaiser ihm die erhoffte Gegenleistung verweigerte: die Reichsstadt Goslar mit ihren reichen Silbergruben. In seiner Erregung soll Barbarossa dann vor seinem Vetter sogar flehend auf die Knie gefallen sein. Der überrumpelte Herzog versäumte es, dem knienden Herrscher die Hand zu reichen und ihm beim Aufstehen behilflich zu sein, wie es die Etikette der Zeit erfordert hätte. Der Löwe blieb hartnäckig bei seinem Nein und bei einer Demütigung, die Friedrich I. dem Welfenherzog nie vergessen konnte.

Die Stunde der Vergeltung war auch nicht fern, hatte sich doch in der Heimat eine Fürstenliga gegen den Löwen unter Leitung des Kölner Erzbischofs Philipp von Heinsberg formiert. Nach des Kaisers Rückkehr ins Reich – Friedrich I. musste 1177 in Venedig mit der Lombardischen Liga und dem Papst einen Waffenstillstand schließen – griffen seine Gegner den Welfenherrscher an und verwüsteten sein Land. Bisher hatte der Kaiser in solchen Fällen seine schützende Hand über Heinrich gehalten, doch damit war es nun vorbei.

Der stolze Herzog in Acht und Bann

Barbarossa lud Heinrich auf den 11. November 1178 vor den Hoftag nach Worms, um die Angelegenheit »im Sinne des Reichs« zu lösen. Dort hatten sich alle seine Gegner versammelt, doch der Herzog erschien nicht. Nachdem weitere Verhandlungen gescheitert waren, verhängten die Fürsten mit Zustimmung des Kaisers am 13. Januar 1179 auf dem Würzburger Hoftag die Reichsacht über den Löwen. Gleichzeitig erkannten sie ihm alle Reichslehen ab und teilten schon drei Monate später auf einem Reichstag zu Gelnhausen das Herzogtum Sachsen zwischen dem Erzbischof von Köln und Bernhard von Anhalt auf.

Da der Löwe nicht bereit war, seine Besitzungen kampflos aufzugeben, eröffneten im Sommer 1180 Kaiser und Fürsten den Reichskrieg gegen den Unbotmäßigen. Heinrich hatte keine Chance, den Kampf zu bestehen, da auch von seinem Schwiegervater keine Hilfe zu erwarten war – England stand mit Frankreich im Krieg. Im Spätherbst 1181 musste der stolze Welfenfüst die Waffen strecken, und am 11. November erschien Heinrich auf dem Hoftag zu Erfurt.

Der Chronist Arnold von Lübeck schildert die entscheidende Szene, die an jene von Chiavenna erinnerte, allerdings unter diesmal umgekehrten Vorzeichen: »Der Herzog warf sich vor dem Kaiser zu Füßen und un-

Friedrich I. und Heinrich der Löwe zu Erfurt.

Nur fünf Jahre nach Chiavenna musste sich Heinrich in Erfurt seinerseits vor Friedrich Barbarossa auf die Knie werfen.

terwarf sich völlig dessen Gnade. Friedrich hob ihn vom Boden, küsste ihn und beklagte mit Tränen in den Augen, dass ihre Uneinigkeit so lange gedauert und er (Heinrich) selbst sich seinen Sturz zuzuschreiben habe. Es bleibt aber zweifelhaft, ob diese Tränen aufrichtig gemeint waren.«

Heinrich wurde auf drei bis sieben Jahre verbannt. Er musste auf seine Reichslehen verzichten, erhielt aber seinen Hausbesitz in Braunschweig und Lüneburg zurück.

Im Sommer 1182 verließ Heinrich mit seiner Familie das Reich und begab sich zu seinem Schwiegervater Heinrich II. nach England, unternahm aber vorher noch eine Pilgerreise nach Santiago de Compostela – vermutlich war ihm diese Wallfahrt als Buße auferlegt worden.

Als Heinrich 1185 nach Braunschweig zurückkehrte, brachte er nur seinen ältesten Sohn Otto mit. Der alte Herzog lebte, vorerst, friedlich auf seinen Familiengütern, reiste im Frühjahr 1189 noch einmal nach England, eilte aber bald zurück, weil seine Frau am 28. Juni in Braunschweig verstorben war.

Der Pyrrhussieg des Kaisertums

Ein letzter Versuch während der Abwesenheit Kaiser Friedrichs I., der zum Dritten Kreuzzug aufgebrochen war, seine alte Machtposition wiederzugewinnen, scheiterte kläglich. Durch die Vermittlung der Erzbischöfe von Köln und Mainz kam es schließlich im Juli 1190 zwischen König Heinrich VI. – dem Sohn und Nachfolger Barbarossas, der auf dem Kreuzzug ertrunken war – und dem »Braunschweiger Rebellen« zu einem brüchigen Kompromissfrieden. Erst im März 1194 resignierte Herzog Heinrich endgültig vor der Übermacht seiner Feinde. Am 6. August 1195 starb der Löwe in Braunschweig und wurde an der Seite seiner Gemahlin Mathilde im Chor der von ihm neu erbauten Stiftskirche St. Blasii beigesetzt.

Der Sturz Heinrichs des Löwen bedeutete für das Kaisertum einen Pyrrhussieg: Zum ersten Mal in der Geschichte des Reichs hatten die vereint auftretenden Fürsten die Verteilung der Machtbereiche diktiert. Damit setzte sich im seit dem Ende des 12. Jh. als »Heiliges Römisches Reich« bekannten Staatswesen jene für Deutschland prägende Föderalstruktur heraus, die bis in unsere Tage nachwirkt.

OTTO IV., DER ÜBERFORDERTE ERBE

Der zweite Sohn Herzog Heinrichs IV. und Mathildes von England wurde zwar der einzige Welfe auf dem deutschen Königs- und Kaiserthron (1198 bis 1218), konnte die in ihn gesetzten Erwartungen aber nicht erfüllen. Otto unterwarf sich als neu gewählter König zunächst dem Papst und verzichtete auf jede selbstständige Politik in Italien, verzehrte sich aber in einem jahrelangen Krieg gegen seinen staufischen Thronrivalen Philipp von Schwaben, der 1208 ermordet wurde. 1209 zum Kaiser gekrönt, setzte Otto die expansive staufische Italienpolitik fort, was ihm umgehend den Bann durch Papst Innozenz III. einbrachte. Als dann deutsche Fürsten den jungen Staufer Friedrich II. 1212 zum »wahren« König erwählten, mussten die Waffen sprechen. In der Schlacht von Bouvines 1214 unterlag Otto einer französisch-staufischen Koalition, und verlor damit auch jeden Einfluss im Reich, das auf die Seite Friedrichs II. wechselte. Otto starb am 19. Mai 1218 auf der Harzburg. Auf dem Sterbebett ordnete er an, die Reichsinsignien an Friedrich zu übergeben. Danach leistete er dem Heiligen Vater den Gehorsamseid und wurde vom Bann erlöst.

Tragischer Kreuzzug – die verschwundenen Kinder

Die Epoche der Kreuzzüge ist voller dramatischer und vor allem tragischer Geschichten. Eine besonders anrührende ist jene vom »Kinderkreuzzug«, zu dem anno 1212 Tausende von Jungen und Mädchen aufbrachen, nur um elend zugrunde zu gehen oder als Sklaven zu enden. Doch hat dieser Todesmarsch der Kinder überhaupt stattgefunden?

War der Zug der Kinder ins Heilige Land womöglich eine gezielte Provokation, um die Erwachsenen aus ihrer Lethargie zu reißen?

»Mose streckte seine Hand aus über das Meer. Da spalteten sich die Wasser. Die Kinder Israels schritten aber inmitten des Meeres auf trockenem Boden hindurch…« So ist der Auszug der Israeliten aus Ägypten im Alten Testament überliefert. Ein ähnliches Wunder wie die Teilung des Roten Meeres erwarten anno 1212 Tausende Pilger in Genua und anderen Hafenstätten am Mittelmeer. Waren diese Pilger aber tatsächlich lauter Kinder?

Die fromme Menge war jedenfalls überzeugt, trockenen Fußes über das Meer nach Jerusalem zu gelangen und – unbewaffnet und mit unerfahrenen Mädchen und Jungen in ihren Reihen – die Stadt einnehmen zu können. Wie es zu diesem »Kinderkreuzzug« kommen konnte, ist voller Fragezeichen, denn schon früh setzte eine Legendenbildung um diese Geschichte ein. Die meisten der 50 zeitgenössischen Quellen – darunter findet sich aber kein einziger Augenzeugenbericht eines Teilnehmers – sind stark ausgeschmückt oder begnügen sich mit eher vagen Andeutungen. Immerhin kann aus diesen Überlieferungen der Ablauf dieses merkwürdigen »Kreuzzuges« halbwegs nachvollzogen werden.

Die Botschaft eines Engels

Als Anführer der Bewegung wird ein Junge namens Nikolaus aus Köln genannt. Ihm soll ein Engel erschienen sein und ihn aufgefordert haben, Jerusalem von den Sarazenen zu befreien. Was Rittern und Soldaten nicht gelungen sei, das sollten unbewaffnete »Kinder« vollbringen. Wegen der langen Reise müssten sie sich keine Sorgen machen: Gott werde das Meer teilen und ihnen den Weg zum Heiligen Land freigeben, so wie er es einst für Mose und das Volk Israel getan habe.

Nikolaus' Zug nahm im Rheinland seinen Anfang. Im Frühjahr 1212 hatte sich eine große Menschenmenge um ihn versammelt.

Jedem Kreuzzug schlossen sich auch unbewaffnete Pilger an, die der Mühsal des Marsches häufig erlagen.

Dass die sich daraus entwickelnde Zugschar heute als »Kinder«-Kreuzzug bekannt ist, beruht aber wohl auf einem Missverständnis: Im Mittelalter galt man schon viel früher als erwachsener Mensch, und wenn in den lateinischen Quellen die Teilnehmer »pueri« genannt werden, waren damit nicht nur »Kinder« oder »Knaben« gemeint, sondern auch Knechte, Hirten und Tagelöhner – vereinfacht konnte man unter diesem Begriff also die jüngeren Generationen, aber auch die untersten Bevölkerungsschichten zusammenfassen.

Der Verfasser der zweiten Fortsetzung der Kölner Königschronik macht dies auch klar: »Um Ostern und Pfingsten haben aus Deutschland und Frankreich ohne irgend einen Antrieb oder eine Predigt, man weiß nicht von welchem Geist getrieben, viele tausend Knaben von sechs Jahren bis zum Mannesalter, gegen den Willen ihrer Eltern, Verwandten und Freunde ... das Kreuz genommen. Einige verließen die Pflüge und Wagen, welche sie führten, andere das Vieh, welches sie hüteten ... So begannen sie zu zwanzig, fünfzig oder hundert mit aufgerichtetem Banner nach Jerusalem zu ziehen.«

Anfang Juli brach der Zug auf, wohl in mehreren Gruppen. Den Chroniken zufolge sollen es 7000 Teilnehmer gewesen sein; andere Quellen sprechen gar von 20000 oder 30000 Menschen. Unterwegs schlossen sich ihnen weitere an, wie es bei solchen Massenphänomenen üblich ist. Der größte Teil dieser Wallfahrer marschierte unter der Führung Nikolaus' rheinaufwärts über Trier nach Speyer und zog dann von dort über die Alpenpässe Richtung Italien. Genaue Schilderungen aus den Stadtchroniken von Cremona, Piacenza und Genua belegen jedenfalls die Existenz und den Fortschritt dieses Zuges.

»Gott will es!«

(Motto der Kreuzzüge seit 1096)

Auf dem Weg sollen viele der Teilnehmer an Hunger und Kälte gestorben sein – vor allem bei der Überquerung der Alpen. Kein Wunder: Der Zug war unorganisiert, niemand kümmerte sich um die Lebensmittelversorgung, und die Spendenbereitschaft der Bevölkerung entlang des Weges war angesichts der hungrigen Massen schnell erschöpft. Überhaupt kann von einem »Kreuzzug« nicht die Rede sein: Zu einem solchen hätte der Papst aufrufen müssen – und die Kirche missbilligte das Unternehmen offiziell. Der Zug war zudem weitgehend unbewaffnet und der Begriff »Kreuzzug« damals ohnehin noch nicht in Gebrauch.

DER RATTENFÄNGER VON HAMELN

Eine bekannte Geschichte soll sich nach den Brüdern Grimm 72 Jahre nach dem Kinderkreuzzug in Hameln zugetragen haben: Dort erschien 1284 ein Mann, der der damals herrschenden Rattenplage ein Ende setzte. Er spielte auf einer Flöte und lockte damit alle Ratten zur Weser, in der sie ertranken. Als die Bürger von Hameln dem »Rattenfänger« aber seinen versprochenen Lohn verweigerten, rächte er sich bitter: Als er wieder in die Stadt kam, lockte er mit seiner Flöte die Kinder aus der Stadt. Die Legende erzählt, dass sie in eine Höhle geführt worden und in Siebenbürgen wieder herausgekommen seien. Wahrscheinlich spielt die Geschichte auf die »Ostkolonisation« an – tatsächlich scheinen damals vermutlich jüngere Teile der Hamelner Bevölkerung nach Brandenburg sowie nach Nordmähren ausgewandert zu sein. Aber auch als Reflexion der Kinderkreuzzüge könnte die Legende dienen: Die Ver- bzw. Entführung der »Kinder« muss in Hameln wie in Köln ein schweres soziales Trauma herbeigeführt haben.

Das Scheitern einer Pilgerfahrt

Man müsste es also vielmehr als eine Pilgerreise bezeichnen, motiviert durch den unerschütterlichen Glauben an die Visionen und die Berufung eines Jungen, der wohl auch Pilgerkleidung trug. Die zweite Fortsetzung der Kölner Chronik vermerkt: »Sie wurden nun von vielen gefragt, auf wessen Rat ... sie sich auf den Weg begeben hätten, zumal vor wenigen Jahren viele Könige, sehr viele Fürsten und unzählige Volksscharen mit starker Hand dorthin gekommen, aber ohne Erfolg heimgekehrt wären. Sie ... sagten ihnen auch, dass sie in ihrem kindlichen Alter noch nicht die Kraft hätten, etwas auszurichten, und dass deshalb diese Sache töricht und ohne Überlegung unternommen wäre. Sie antworteten kurz, dass sie darin dem göttlichem Willen gehorchten und deshalb mit willigem und freudigem Geiste alles ertragen wollten, was Gott über sie verhängen werde.«

Am 25. August erreichten etwa noch 7 000 Menschen Genua – und da endete ihr Zug: Das erwartete göttliche Wunder trat nicht ein, das Meer wich nicht zurück. Schiffe standen auch nicht zur Verfügung. Die Reise nach Jerusalem konnte nicht weitergehen, die Mission war gescheitert.

Bei den folgenden Ereignissen ist es nicht einfach, zwischen legendenhafter Ausschmückung und historischen Tatsachen zu unterscheiden, zu widersprüchlich sind die Informationen. Nach den Annalen von Marbach beispielsweise soll Nikolaus mit 12 000 »Kindern« nach Rom weitergereist und den Papst aufgesucht haben, um vom Kreuzzugsgelübde entbunden zu werden. Während manche angeblich in Italien blieben oder auch als Sklaven verkauft wurden, sollen sich andere enttäuschte Teilnehmer bereits am Tag nach ihrer Ankunft in Genua auf den Rückweg gemacht haben.

Nur wenige sollen jemals wieder in der Heimat angekommen sein. Die Marbacher Annalen wissen dazu: »Diejenigen, die einstmals singend ausgezogen sind, kommen nun einsam und still, barfuß und hungrig zurück, verlacht von allen ...« Das Heilige Land hat wohl keiner der Pilger erreicht.

In Frankreich soll sich zur gleichen Zeit Ähnliches zugetragen haben. Da es hierzu

Mit dem Aufruf zum 1. Kreuzzug 1096 hatte die Kirche eine Massenbewegung ausgelöst, die fast 200 Jahre nachwirkte.

aber keine Einträge in den Stadtchroniken gibt, ist die Geschichte nicht belegbar: Ein Hirtenjunge namens Stephan aus Lothringen soll nach einer göttlichen Erscheinung Scharen von Kindern um sich gesammelt haben und nach Marseille gepilgert sein, wo sie dasselbe göttliche Wunder erwarteten. Piraten hätten sie dann dort auf Schiffe gelockt, mit dem angeblichen Ziel Jerusalem – um sie dann in Nordafrika in die Sklaverei zu verkaufen. Zwei der sieben Schiffe sollen vor Sardinien gestrandet sein. Dass eine Kapelle dort an das Unglück erinnern soll, macht die Geschichte nicht unbedingt glaubwürdiger.

Einer anderen Quelle zufolge soll der französische König Philipp den Zug bereits in Paris gestoppt haben. Andere Manuskripte lassen den Schluss zu, dass sich Pfingstprozessionen im Jahr 1212 im Pariser Becken verselbständigt haben – vielleicht liegt hier der wahre Kern der Geschichte.

Einen unmittelbaren Zusammenhang zwischen den beiden Bewegungen in Deutschland und Frankreich sehen Historiker nicht. Es scheint ausgeschlossen, dass die einen von den anderen wussten. Umso größer bleibt das Rätsel um Entstehung, Motivation und Wahrheitsgehalt dieser »Kinderkreuzzüge«.

Die Rolle der Kirche

Die meisten Historiker gehen davon aus, dass der Kinderkreuzzug nicht im Interesse der Kirche gelegen haben kann: Unbewaffnetes, unorganisiertes Volk wäre bei den Kreuzzügen nur hinderlich gewesen. Dennoch ist kein Einschreiten der Kirche überliefert, und Papst Innozenz III. soll geäußert haben: »Diese Kinder beschämen uns. Während wir schlafen, ziehen sie fröhlich aus, das Heilige Land zu erobern.«

Diesen Ausspruch nehmen manche zum Anlass, die auslösende Kraft der Bewegung bei der Kirche zu sehen – mit dem Ziel, den wehrfähigen Erwachsenen als Beispiel zu dienen. Denn nach dem Desaster des 4. Kreuzzugs 1204, als christliche Ritter das christliche Byzanz eroberten, hatten sich in der Bevölkerung Zweifel am Sinn der Kreuzzüge breitgemacht. Ein Klosterorden, so die Vermutung, habe die heimliche Leitung des Zuges übernommen und für Verpflegung und geografische Informationen gesorgt. Junge Geistliche waren den Quellen zufolge zwar dabei, aber diese These ist dennoch wohl als kirchenfeindliche Verschwörungstheorie zu bewerten.

Die hohe Zeit der falschen Kaiser

Ende des 13. Jh. tauchten in zahlreichen deutschen Städten raffinierte Hochstapler auf, die vorgaben, der »verschwundene« Kaiser Friedrich II. zu sein. Zwar war der Herrscher aus der Stauferdynastie schon seit Jahrzehnten tot, doch weil sich das Reich in einem miserablen Zustand befand, hatten die »falschen Friedriche« viele gutgläubige Anhänger. Doch waren es nur einfache Leute, die ihnen auf den Leim gingen?

Der Legende nach ruht Stauferkaiser Friedrich Barbarossa in einer Höhle tief im Berginneren des Kyffhäuser und wartet darauf, eines Tages zurückzukommen, um »des Reiches Herrlichkeit« wiederherzustellen. Doch in Wirklichkeit war Barbarossa nur die »zweite Wahl«. Ursprünglich glaubte man nämlich, dass es sich bei dem Langschläfer im thüringischen Fels um dessen Enkel Friedrich II. handelte.

In den wirren Zeiten konnten sich Fürsten wie der Erzbischof von Mainz als »Königsmacher« profilieren.

Die Wiederkehr des greisen Kaisers

Nach dem plötzlichen Tod des letzten Stauferkaisers, der 1250 in Italien an einer ruhrähnlichen Krankheit gestorben war, begann mit dem Interregnum (siehe Info-Kasten) eine Epoche des politischen und wirtschaftlichen Niedergangs des einst so mächtigen Heiligen Römischen Reiches. Ein Hauptgrund dafür war, dass nur schwache Herrscher zum König gewählt wurden, sodass die kleineren Herren im Reich tun und lassen konnten, was sie wollten.

Je mehr sich die Menschen unter diesen Umständen nach der »guten alten Zeit« zurücksehnten, desto hartnäckiger hielt sich das Gerücht, der Kaiser sei überhaupt nicht tot. Diese nostalgische Atmosphäre brachte gleich mehrere raffinierte Betrüger dazu, sich als »Kaiser Friedrich« auszugeben.

Der bekannteste von ihnen war ein gewisser Tile Kolup, der 1284 zunächst in Köln auftauchte und sich als Kaiser ausgab. Doch die Kölner glaubten ihm nicht, hielten ihn für einen Verrückten und lachten ihn aus. Den Gepflogenheiten der Zeit entsprechend, setzten sie ihm eine lächerliche Krone aufs Haupt und stellten ihn zur Belustigung der Bevölkerung auf dem Neumarkt an den Pranger, um ihn zu verspotten und anschließend aus der Stadt zu jagen.

Marionette der Opposition der Städte

Doch so schnell gab Tile Kolup nicht auf. In Neuss, nur wenige Meilen rheinabwärts, hatte er mehr Glück. Hier verfügte er schon bald über eine wachsende Anhängerschar, die ihm nicht nur ein komfortables Quartier zur Verfügung stellte, sondern ihn auch finanziell unterstützte. In Neuss hielt der falsche Friedrich nunmehr Hof. Er besaß eine eigene Kanzlei, einen eigenen Hofstaat mit Dienern und Leibwache und empfing sogar zahlreiche Gesandte.

Als dem falschen Kaiser der Boden im Rheinland schließlich doch zu heiß wurde, zog Tile Kolup weiter nach Wetzlar. Eine gute Wahl! Die Stadt hatte sich nämlich gemeinsam mit Frankfurt und Friedberg zu einem Bündnis gegen Rudolf von Habsburg zusammengeschlossen, der seit 1273 deutscher König war und das Reich in den Griff zu bekommen suchte. Um die leere Reichskasse wieder aufzufüllen, hatte Rudolf erhebliche Steuererhöhungen veranlasst, die aber von mehreren Städten strikt abgelehnt wurden. Ein »falscher Friedrich« als Galionsfigur kam der Opposition daher nur allzu recht! Doch wenn es um seine Legitimität ging, dann ließ Rudolf nicht mit sich spaßen. Als er seine Truppen nach Wetzlar schickte, endete die kurze Karriere des falschen Kaisers. Rudolf bot den Stadtoberen eine Einigung im Steuerstreit an, forderte aber im Gegenzug die Auslieferung des vermeintlichen Kaisers.

Bitteres Ende gefährlichen Ehrgeizes

Dies geschah, und am 7. Juli 1285 wurde Tile Kolup als Ketzer und Zauberer auf dem Scheiterhaufen verbrannt. Bis heute ist allerdings unklar, wer er tatsächlich war. Vermutlich nur ein einfacher Bürger, der einmal im Rampenlicht stehen wollte und dann zur willigen Marionette der politischen Mächte wurde.

Ähnliche Motive hatten wohl auch die andern »falschen Friedriche«, die damals in mehreren deutschen Städten auftauchten – und alle ein unglückliches Ende nahmen. So

Die Kaiserkrone des Reichs war zum Spielball ehrgeiziger Fürsten geworden.

»Man zupfte ihm die Haar aus und tauchte ihn in eine Kloake«.

(Kölner Chronik über Tile Kolup)

konnten sich in Lübeck einige ältere Herren noch gut an den echten Friedrich II. erinnern, der seinerzeit der Stadt die Reichsfreiheit verliehen hatte. Das wurde seinem Wiedergänger zum Verhängnis: »Man gab ihm einen Sack zum Sarge und den Fluss zum Kirchhofe«, heißt es lapidar in einem zeitgenössischen Bericht, nachdem der Hochstapler in der Trave ersäuft worden war.

Interregnum – die kaiserlose Zeit

Nach dem Tod Friedrichs II. gab es deutsche Könige nur noch dem Namen nach. Das Reich löste sich in eine Vielzahl selbstständiger Herrschaftsgebiete auf, die alle ihre eigenen Ziele verfolgten. Das Rechtswesen geriet außer Kontrolle, marodierende Raubritter durchzogen das Land, und das Faustrecht herrschte. Die Leidtragenden waren Bauern und Bürger, also fast die gesamte Bevölkerung. Erst 1273 endete die »kaiserlose schreckliche Zeit« mit der Wahl Rudolf von Habsburgs zum deutschen König, der gegen Rebellen hart vorging (Abb.). Die alte Kaiser-Herrlichkeit der Stauferzeit konnte aber auch er nicht wiederherstellen.

Der verschwundene Königsmörder

König Albrecht von Österreich herrschte mit harter Hand über das deutsche Reich und kümmerte sich wenig darum, wen er sich zum Feind machte. So kam es nicht überraschend, dass er 1308 von Mörderhand den Tod fand. Mehr als die Tat schockierte die Zeitgenossen, dass einer der Attentäter Albrechts eigener Neffe war. Und bis heute ungeklärt ist die Frage, was danach mit diesem Johannes Parricida geschah.

Albrecht I., Herzog von Österreich aus der Familie der Habsburger und seit 1298 König des Heiligen Römischen Reiches, war am 1. Mai des Jahres 1308 auf der Rückreise von einer Inspektion seiner Besitzungen im Thurgau zu seiner Residenz in Rheinfelden. Der König hatte bei Windisch eben die Reuß mit einer Fähre überquert, als die Mörder zuschlugen, die auf diese Gelegenheit gelauert hatte: die Ritter Rudolf von Warth, Rudolf von Balm und Walter von Eschenbach – und Albrechts Neffe, der 17jährige Johann von Schwaben. Der junge Habsburger soll selbst das Kommando gegeben haben mit den hasserfüllten Worten: »Wie lange wollen wir das Aas noch leben lassen?« Dann stürzten sie sich auf ihr Opfer, das gegen die Dolchstiche und Schwerthiebe der Angreifer keine Chance hatte.

Während sein Gefolge noch über die Reuß setzte, wurde König Albrecht von seinen Mördern umzingelt und erschlagen.

Ein König herrscht mit harter Hand

Der Streit zwischen Onkel und Neffe hatte lange geschwelt. Albrecht war von seinem Vater, König Rudolf I., dem ersten Habsburger auf dem Thron des Reiches, gezielt zum Nachfolger aufgebaut worden, und Albrecht hatte früh gezeigt, dass er das Zeug zum Herrscher hatte. Gerade deshalb hatten ihn die anderen Reichsfürsten bei der Königswahl nach Rudolfs 1291 Tod übergangen und stattdessen Adolf von Nassau die Krone aufgesetzt. Albrecht ließ sich diesen Affront nicht bieten und führte Krieg um die Krone – auch nachdem er seit einem Giftanschlag mit nachfolgender unsachgemäßer Behandlung auf einem Auge erblindet war. 1298 kam es zur Entscheidungsschlacht, in der Adolf von Nassau ums Leben kam.

Albrecht war nun Herrscher im Reich und auch in seiner Familie. Als solcher hatte er wenig Lust, den jungen Johann von Schwaben, Sohn seines verstorbenen Bruders, an der Herrschaft zu beteiligen. Johann durfte sich zwar Herzog von Österreich und Steyer nennen; auf die dazugehörigen Landzuweisungen wartete er freilich vergebens. Sein Onkel verweigerte ihm sogar die Herausgabe der Eigengüter seiner Mutter im Gebiet der heutigen Schweiz. Auf seine Forderungen erfuhr Johann nur Vertröstungen oder gar Spott. So auch am Vortag des Mordes, als Albrecht dem Neffen statt der erhofften Krone einen Frühlingsblumenkranz überreichte. Damit hatte er den Bogen überspannt, wie er am nächsten Tag leidvoll erfahren musste.

Mörder auf der Flucht ins Ungewisse

Als der machtvolle Onkel unter den Streichen seiner Mörder am Ufer der Reuß verblutet war, da hatte der junge Herzog zwar seine Rache, aber keine Zukunft, ebenso wenig wie seine Mitverschwörer. Ohne Pläne für das Danach und ohne jede politische Rückendeckung durch andere Fürsten des Reiches blieb ihnen nur die Flucht. Das Haus Österreich schwor Blutrache, und der neue König, Heinrich VII. von Luxemburg, verhängte über die Mörder umgehend die Reichsacht.

In deren Vollzug wurde Rudolf von Warth rasch festgenommen, zum Tatort zurückgebracht und dort qualvoll hingerichtet. Walter von Eschenbach floh nach Württemberg und soll dort bis zu seinem Tod als Viehhirte gelebt haben. Rudolf von Balm hingegen soll in einem Kloster in Basel als Mönch untergekommen sein.

Die Spuren Johanns, dem umgehend das wirkungsmächtige, wenn auch unpräzise Prädikat des »Vatermörders« (»Parricida«) angehängt wurde, verlieren sich hingegen in Gerüchten und mancherlei Legenden. Angeblich soll auch er Mönch geworden und bald nach seiner Tat, 1312 oder 1313, in einem Kloster in Pisa gestorben sein. Es gibt aber weder eine Quelle noch ein Grab, die das belegen würden.

Eine literarische Wiederauferstehung erlebte der unglückliche Habsburger rund 500 Jahre später in Schillers Drama »Wilhelm Tell«. Dort liefert die Begegnung des flüchtigen Onkel-Mörders mit dem Titelhelden Schiller die Gelegenheit, den Unterschied zwischen einem politisch und einem nur persönlich motiviertem Tyrannenmord zu definieren.

Tell hält dem unerwarteten Gast zwar grimmig entgegen: »Von dem Blute triefend/ Des Vatermordes und des Kaisermords,/ Wagst du zu treten in mein reines Haus?«, doch dann weist er ihm doch den Weg über die Berge nach Rom, wo er Vergebung durch den Papst erbitten solle. Ob der echte Parricida tatsächlich diesen Weg gegangen ist und wie weit er dabei kam, das bleibt ein Rätsel der Geschichte.

Im Wiener Stephansdom ist König Albrecht von Habsburg auf einem Glasfenster verewigt.

»Zu Pisa in dem Klostergarten geht Ein finst'rer Mönch, wo Blum' an Blume steht. Sein Antlitz ist gebleicht von langem Gram, Man weiß nicht, wer er ist, woher er kam …«

(Johann Nepomuk Vogl: »Der Mönch zu Pisa«)

Königsfelden – der Ort Erinnerung

Am Schauplatz des Mordes ließ Albrechts Witwe, Elisabeth von Kärtnen, Görz und Tirol, ein Doppel-Kloster errichten, in das bereits 1311 Franziskaner und kurz darauf deren weiblicher Zweig, die Klarissinnen einzogen. Das reiche Kloster Königsfelden wurde 1528 im Zuge der Reformation aufgehoben. Erhalten blieb aber die Klosterkirche mit ihren Glasfenstern aus dem 14. Jh., die zu den herausragenden Beispielen der mittelalterlichen Glasmalerei zählen. Albrechts Leiche fand ihre letzte Ruhestätte nicht in Königsfelden, sondern wurde in den Kaiserdom zu Speyer überführt.

Der Altenburger Prinzenraub

Am kursächsischen Hof herrschte blankes Entsetzen, als in der Nacht vom 7. auf den 8. Juli 1455 ein Trupp Ritter das Residenzschloss zu Altenburg stürmte und die Erbprinzen Ernst und Albrecht aus ihren Gemächern entführte. Verantwortlich für diese Schandtat zeichnete der berüchtigte Haudegen Kunz von Kauffungen. Wie konnte es ein sächsischer Landadliger wagen, die Prinzen zu rauben?

Dem Kurfürsten Friedrich II., »dem Sanftmütigen«, der seit 1428 über Sachsen regierte, war Kunz von Kauffungen wahrlich kein Unbekannter. Seit Jahren führte der Ritter einen juristischen Kleinkrieg um ausstehende Kriegsentschädigungen. Denn Kunz, der eigentlich Konrad hieß, hatte dem Kurfürsten jahrelang zur Seite gestanden, als dieser Krieg gegen seinen eigenen Bruder Wilhelm III., den Tapferen, führte. Der Ruf eines tüchtigen Kriegsmannes und herausragenden Armbrustschützen war Kunz dabei vorausgeeilt. Doch wie das so ist im abenteuerlichen Leben eines Söldners: Das Risiko trägt der Soldat, und Kunz hatte im so genannten »Sächsischen Bruderkrieg« einfach nur Pech. Er geriet in Gefangenschaft, musste ein horrendes Lösegeld für seine Freilassung aufbringen, konnte derweil die Verwüstung seiner Ländereien nicht verhindern und verlor durch den Friedensvertrag auch noch sein Gut Schweikershain in Mittelsachsen. Der stolze Kriegsmann rutschte in die Armut ab. Seinen Dienstherrn verklagte er daraufhin vor Gericht um Entschädigung. Doch ein Leipziger Spruchgericht gab nach langem Hin und Her dem Kurfürsten recht.

Das Eingreifen einfacher Untertanen befreite Prinz Albrecht aus der Hand seines Entführers.

Kinderraub auf Ritterart

Der juristischen Querelen überdrüssig, hoffte Kunz seinen Forderungen Nachdruck zu verleihen, indem er die beiden Söhne Friedrichs entführte. Dabei stützte er sich auf das althergebrachte Fehderecht. Er schickte dem Kurfürsten seinen Fehdebrief zu, der allerdings nicht fristgerecht eintraf, und schritt unverzüglich zur Tat.

Zusammen mit seinen Waffenbrüdern Wilhelm von Schönfels und Wilhelm von Mosen stürmte Kunz mit rund 30 Rittern auf das Altenburger Schloss und eignete sich die beiden Prinzen an, die er auf seine Besitzungen nach Böhmen bringen wollte. Die Entführer teilten zur Sicherheit ihre »Beute«: Schönfels und Mosen eilten mit Prinz Ernst über das Vogtland in Richtung Böhmen; Kunz nahm mit dem knapp 12-jährigen Albrecht über Stollberg den Weg ins Erzgebirge. Doch der ganze Plan schlug fehl, als Albrecht noch am Nachmittag des 8. Juli seinem Häscher entfliehen konnte. Die von ihm zu Hilfe gerufenen Männer – einfache Leute – überwältigten Kunz und retteten den Prinzen. Unterdessen hatten die beiden anderen Täter den Prinzen Ernst in einem alten Berg-

Das Treffen der Verschwörer: Kunz von Kauffungen und seine Kumpane beschließen den Raub der sächsischen Prinzen.

»Sein Wille und seine Entscheidungen waren ausschlaggebend ... Für den Adel galt mehr denn je, dass nur mit dem Fürsten, an seinem Hof, in seinem Dienst, eigene Interessen erfolgreich vertreten werden konnten.«

(Jörg Rogge in »Die Wettiner« über Friedrich den Sanftmütigen)

werksstollen in der Nähe von Burg Hartenstein im westlichen Erzgebirge festgesetzt – der 18 m lange Felsspalt trägt bis heute den Namen »Prinzenhöhle«. Drei Tage lang schmorte der Fürstensohn in dem Felsenverließ, bis seine Entführer ihn schließlich am 11. Juli gegen die Zusicherung freien Geleits und anschließenden Exils zurückgaben.

Die bittere Rache eines Fürsten

Kunz von Kauffungen berief sich nach seiner Gefangennahme zwar auf das Fehderecht, doch die Zeiten des Faustrechts waren vorüber. Die Fürstenherrschaft zeigte sich so gefestigt, dass sie der Aufstand eines Landadligen nicht mehr erschütterte. Die Entführung erschien nunmehr als schwerer Rechtsbruch, sodass der Kurfürst an Kunz ein Exempel statuieren konnte: Am 14. Juli 1455 wurde der Ritter im sächsischen Städtchen Freiberg enthauptet. Ein dunkler Pflasterstein markiert bis heute die Stelle. Kauffungens Besitzungen wurden eingezogen, seine Familienburg wurde geschleift, sein Cousin und andere Mitverschworene ebenfalls hingerichtet. Besonders hart traf es den Altenburger Küchenjungen Hans Schwalbe, der in die Pläne involviert gewesen war, und mit Feuerzangen gefoltert und schließlich gevierteilt wurde. Nur die nach Böhmen geflüchteten Mittäter Wilhelm von Mosen und Wilhelm von Schönfels konnten 1465 nach Sachsen zurückkehren. Ihre damaligen Opfer, Ernst und Albrecht, stellten ihnen großzügigerweise einen Versöhnungsbrief aus.

Die Wettiner – eine gespaltene Familie

Familienzwist war im Hause Wettin keine Seltenheit. Zwischen 1446 und 1451 tobte der »sächsische Bruderkrieg« zwischen Kurfürst Friedrich II. und seinem Bruder Wilhelm III., die sich nicht über eine Aufteilung ihrer Herrschaftsgebiete einigen konnten.

Die Auseinandersetzung stürzte das Land ins Unglück. Unter den Söhnen Friedrichs II., Ernst und Albrecht, die zunächst gemeinsam regierten, kam es 1485 schließlich zu einer endgültigen Aufteilung der Ländereien: Ernst bekam als Ältester das Herzogtum Sachsen-Wittenberg, die Landgrafschaft Thüringen und die Kurwürde übertragen, der jüngere Albrecht erhielt die Mark Meißen und den Titel eines Herzogs von Sachsen.

Diese Regelung begründete die dauerhafte Spaltung des Hauses in eine Ernestinische und Albertinische Linie.

Der Hansekönig auf dem Schafott

Der Scharfrichter war anwesend, und so fragte ihn der Richter, welche Strafe er denn für den prominenten Angeklagten vorschlage. Der Scharfrichter rechnete kurz: Was würde ihm die höchsten Einnahmen bringen? Köpfen, vierteilen und aufs Rad flechten! So kam nach einer Legende das Strafmaß des Angeklagten zustande – für Machtgier oder für den Versuch, den Niedergang der Hansestadt Lübeck aufzuhalten?

Es war der 29. September 1537, und Ort des Schauprozesses war Wolfenbüttel. Der Angeklagte hieß Jürgen Wullenwever und war Bürgermeister von Lübeck gewesen, wo sich die Reformation durchgesetzt hatte. Die Stadt wurde jedoch inzwischen vom katholischen Herzog Heinrich von Braunschweig-Wolfenbüttel und dessen Bruder, dem Erzbischof von Bremen, kontrolliert. Der Erzbischof war es auch, der Wullenwever gefangen genommen und den Braunschweigern ausgeliefert hatte. Im Verlauf der Folter gestand der Lübecker Bürgermeister dann alles, was seine Peiniger hören wollten: Raub von Kirchengütern, Planung eines Gewaltstreiches gegen Lübeck, Wiedertäuferei, Verschwörung und Verrat. Wullenwever widerrief am Ende sein erzwungenes Geständnis; das Todesurteil wurde dennoch vollstreckt.

Wullenwever hatte das Bürgerrecht in Lübeck erst um sein vierzigstes Lebensjahr erworben. Mit 37 Jahren war er 1525 von Hamburg zugezogen, wohl um in Lübeck Handelsgeschäfte zu betreiben. Viel Erfolg hatte er damit nicht – dafür entdeckte er die Politik. Wullenwever wurde außerdem zu einem Anhänger der Lehren Martin Luthers, die Lübeck um 1522 erreicht hatten.

Die Blütezeiten des Hansehandels im 14. Jh. waren vorbei, als Wullenwever Bürgermeister von Lübeck wurde.

Glaubensauseinandersetzungen prägten das Stadtleben die folgenden Jahre, und Wullenwever spielte dabei eine Hauptrolle, denn zündende Reden halten konnte er wie kein anderer. Am 7. April 1530 wurde er mit den Stimmen der Handwerker in den »Vierundsechziger«-Bürgerausschuss gewählt. Bald war er ihr Wortführer, wobei sich politische und religiöse Forderungen vermischten. Die große Stunde des Bürgerausschusses und damit Wullenwevers schlug mit dem Protest gegen die vom Kaiser geforderte Sondersteuer zur Finanzierung des Krieges gegen die Türken. Der Ausschuss meinte: Wenn schon eine Türkensteuer zu zahlen war, dann sollten im Gegenzug der neue Glaube und das Wirken evangelischer Pastoren erlaubt sein!

Unter dem Druck des Volkes stimmte der Rat der Stadt dieser Forderung zu. Die katholischen Bürgermeister Hermann Plönnies und Nikolaus Brömse flohen, andere katholischen Ratsherren wurden verhaftet. Die alten Patrizierfamilien waren ausgeschaltet; Lübeck war nun lutherisch, Wullenwever ab 1533 Bürgermeister und zum Herrn der Stadt, zum »Hansekönig« aufgestiegen. Als Hauptort der Hanse trug Lübeck selbst den Beinamen »Königin der Hanse«.

Doch die Zeiten blieben unruhig, und die Wirtschaft lag am Boden. Das Geschäft verdarben die Niederländer, die mit ihren Schiffen an Lübeck vorbei direkt nach Dänemark und zu den Ostseestaaten segelten. So gingen der Stadt die Zolleinnahmen verloren. Verhandlungen mit den Niederländern liefen seit 1530, doch schließlich erklärte ihnen Lübeck den Krieg und versuchte, die Handelsschiffe der Konkurrenten zu kapern. Der Feldzug misslang.

Auch die Beteiligung an den dänischen Erbfolgekriegen nach dem Tod König Friedrichs I., in die Wullenwever die Lübecker trieb, erwies sich als Fehler. Kirchenschätze wurden zur Finanzierung eingeschmolzen; dennoch ging in den Kriegswirren der ganze Reichtum der Lübecker samt der Flotte verloren. Die Schuld wurde Wullenwever zugeschrieben. Wollte er seine Stadt verraten, die erst spät zu seiner Heimat geworden war? Stand er womöglich im Dienst der alten Konkurrentin Hamburg? Man kann davon ausgehen, dass Wullenwever ernsthaft den alten Glanz und die Vormachtstellung Lübecks wiederherstellen wollte. Doch was ihm fehlte, waren starke Verbündete.

Im Juli 1535 erreichte die Stadt die Androhung der Reichsacht, wenn nicht innerhalb von 45 Tagen die alte Ordnung wiederhergestellt würde. Die Bürgerschaft gab nach – in Abwesenheit Wullenwevers, der verzweifelt Verbündete suchte. Der Bürgermeister musste nach seiner Rückkehr die Stadt verlassen, während die ehemaligen Bürgermeister Plönnies und Brömse zurückkehren konnten; Lübeck wurde wieder katholisch.

Wullenwever versuchte derweil, Söldner anzuwerben. Beim Vormarsch durchs Land wurde er aber verhaftet und an die Braunschweiger ausgeliefert. Der Niedergang der Hanse war nicht aufzuhalten. Ebenso wenig wie die Vollstreckung seines Todesurteils. Alles, was dem einst Mächtigen blieb, war ein letztes Mal seine Unschuld zu beteuern: »Kein Dieb, kein Verräter, kein Wiedertäufer! Darauf will ich sterben!«

> ***»Herr Jürgen, ihr werdet mit dem Kopf gegen die Wand rennen und auf den Hintern fallen!«***
>
> (Ein Lübecker Ratsherr 1533 zu Wullenwever)

DER NIEDERGANG DER HANSE

Hanse bedeutet »Bund«, »Zusammenschluss«, und zu solchen Hansen taten sich seit dem 12. Jh. Kaufleute zusammen, die entlang der Ostsee und Nordsee Handel betrieben und diesen bald beherrschten (Lübecker Schiff, u.). Die Kaufherren bestimmten die Politik ihrer Stadtrepubliken, die als Hansestädte einen losen Bund bildeten.

Den Höhepunkt erreichte die Hansemacht im 14. Jh. Mit dem Aufkommen zentral regierter Nationalstaaten in Skandinavien und Osteuropa wurde der Einfluss der Hansestädte aber mehr und mehr zurückgedrängt. Nach dem Ende des Dreißigjährigen Krieg spielte die Hanse nur noch ein Schattendasein im Welthandel.

Wallenstein: im Bann der Gestirne

Wallensteins Glaube an die Allmacht der Gestirne ist legendär. Alle weltlichen Ereignisse sind vorbestimmt, so glaubte der große Feldherr, und insbesondere glaubte er es in Bezug auf seine eigene Person. Sein Aufstieg, sein Reichtum, seine militärischen Erfolge und schließlich sein gewaltsames Ende im Jahr 1634 – stand das nicht alles in seinem Horoskop?

Der notorisch klamme kaiserliche Hofmathematiker Johannes Kepler verdiente sich als sterndeutender Astrologe im Jahr 1608 manche zusätzliche Münze, indem er Adligen und Hofbeamten umfangreiche Horoskope erstellte. So auch dem Hofkämmerer Wallenstein: Saturn und Jupiter im ersten Haus, im siebten Haus Merkur in ungewöhnlicher Aszendenz ... Eine solche Sternenkonstellation verheiße eine große Zukunft, Reichtum, Ruhm – und ein jähes Ende, so legte Kepler dem Auftraggeber dar. Wallenstein glaubte an diese Prognose, und mit jeder Etappe seines Aufstieges bestätigte sich scheinbar die Richtigkeit der Vorhersage. Deshalb ist die Überlieferung auch nicht anzuzweifeln, wonach Wallenstein das Kepler-Horoskop zeitlebens mit sich führte, immer wieder mit Randbemerkungen versah und sein ganzes Leben danach ausrichtete.

»Ich habe das Horoskop erst aufgestellt, als ich sicher war, dass meine Arbeit für jemanden berechnet war, der Philosophie versteht und nicht unvereinbar dem Aberglauben unterlegen ist.«

(Johannes Kepler über sein Wallenstein-Horoskop)

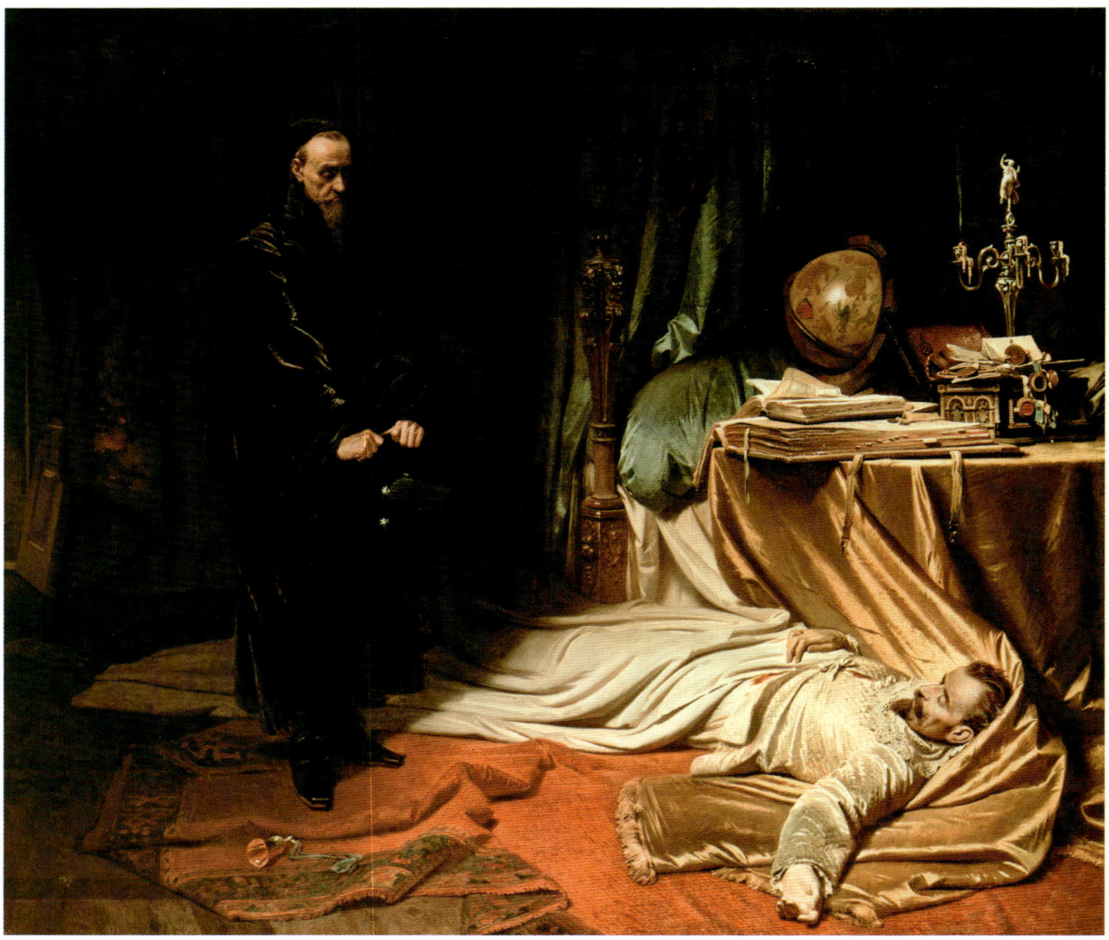

Seni an der Leiche Wallensteins: Hatte der Astrologe bei dem Mordanschlag auf den Feldherrn seine Hand im Spiel gehabt?

Als jedermann zum Himmel blickte

Im 17. Jh. galt die Astrologie als seriöse Wissenschaft, gleichrangig mit der Theologie, der Mathematik oder der Philosophie. Darum gehörte es zur anerkannten und keineswegs anstößigen Praxis, vor wichtigen Entscheidungen die Sterne zu befragen. Kaiser, Könige und Herzöge beschäftigten ihre Hofastrologen, ebenso Feldherren und Kaufleute. Die Zeit war ein Eldorado für Sternendeuter, darunter seriöse Rechenkünstler wie Kepler, aber auch Scharlatane, die überall an den Höfen zu finden waren.

Wallenstein selbst hat eifrig astrologische Studien betrieben. Zu seinen Wegbegleitern und Ratgebern gehörten Größen wie Kepler, Paulus Birdungus oder Andreas Argoli, allesamt Stars der damaligen Astrologenszene. Doch dann geriet der Herzog 1629 an einen eher windigen Vertreter der Zunft, an den Hochstapler Giovanni Battista Seni, der Wallenstein nach allen Regeln der Kunst ausnahm und obendrein auch noch an seine Feinde verriet.

Seni erstellte Tageshoroskope, die dem Feldherrn auf allen Kriegszügen, bei seinen Geschäften und für das Privatleben Orientierung gaben. Mit dem Geschick des unerschrockenen Betrügers gestaltete Seni diese Horoskope so, dass sie stets der nachträglichen Interpretation und Zurechtbiegung standhielten. Jedenfalls empfand Wallenstein den Wahrsager so unentbehrlich, dass er ihm eine Festanstellung zu 2000 Taler pro Jahr gewährte, dazu freie Verköstigung, eine Reihe von Dienern und eine Kutsche mit sechs Pferden.

Der Verräter seines Herrn

Seni kam so nahe und so häufig in den inneren Kreis um Wallenstein und dessen Berater, dass er selbstredend auch alle militärischen Pläne und diplomatischen Erwägungen bis ins Detail kannte. Dieses Wissen machte er zu Geld bei Wallensteins Feinden. Er verkaufte Informationen und ließ sich selbst mit einem Betrag von 3000 Gulden bestechen, um sein Wissen über die geplante Ermordung des Herzogs nicht preiszugeben.

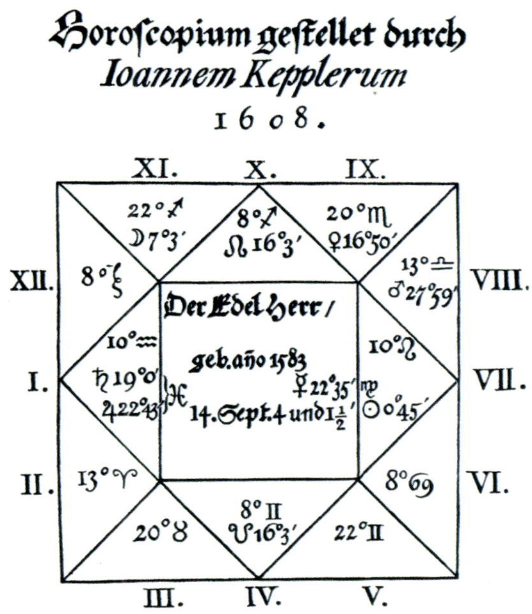

Ein Horoskop, das Geschichte machte: Keplers Sterndeutung 1608 für den noch unbedeutenden Grafen Wallenstein.

Die Geschichtsschreibung schwankt: Entweder hat Seni im Auftrag von Wallensteins Gegnern dessen Horoskope so manipuliert, dass Wallensteins Entscheidungen im Sinne seiner Gegner ausfielen, oder aber er hat Informationen über Wallensteins Absichten an die Gegner verraten. Manche, wie Golo Mann, der Seni eine »Sumpfblüte aus Padua« nannte, sind überzeugt, dass beides zutrifft.

Nach Wallensteins Ermordung 1634 in Eger wurde Seni zwar verhaftet und verhört, kam aber bald wieder frei. Er war noch mehrfach in Affären verwickelt und starb 1656 in Genua.

Wallenstein – der Aufstieg eines Kriegsunternehmers

»Wallenstein« ist die von ihm selbst gewählte und benutzte Form von Albrecht Wenzel Eusebius von Waldstein. Er kam 1583 im böhmischen Hermanitz als Spross eines alten Adelsgeschlechtes zur Welt und diente sich schließlich zum Hofkämmerer beim habsburgischen Kaiser empor. Seine Vermählung 1609 mit Lukrezia von Witschkow machte ihn zu einem der reichsten Standesherren in Mähren.

In der Verwaltung seiner Länder und Güter, ebenso wie als Feldherr in zahlreichen Kriegszügen, war er so erfolgreich, dass er 1625, inzwischen zum Reichsfürsten und Herzog von Friedland ernannt, dem Kaiser ein Heer von über 30 000 Söldnern zur Verfügung stellen konnte. Neid und Missgunst anderer Reichsfürsten sorgten ab 1630 zunächst für Wallensteins Absetzung als kaiserlicher Oberbefehlshaber, später für seine Verurteilung wegen Hochverrats und schließlich 1634 zu seiner Ermordung durch gedungene Söldner.

Der Hofjude als Sündenbock

Das Todesurteil gegen Joseph Süß Oppenheimer stand 1738 von Beginn an fest. Nur mit der Begründung taten sich die Ankläger schwer. Der Prozess war eine Farce und das Ergebnis ein eindeutiger Justizmord. Doch die Tragödie ging weiter. Mit dem Film »Jud Süß« verdrehten die Nazis die Tatsachen erneut. Wie konnte die Figur des Hofjuden zum Zerrbild antisemitischer Hetze werden?

»Sagen Sie mir umb gottes Willen, ist Mein sach so gefährlich auffs Leben?«

(Joseph Süß Oppenheimer zu Beginn seines Prozesses)

Joseph Süß Oppenheimer wusste um die Gefahr, die ihm drohte. Wiederholt hatte er Württembergs Herzog Karl Alexander um seine Entlassung gebeten. Doch der Herzog ließ seinen Geheimen Finanzrat nicht ziehen. Am Abend des 12. März 1737 starb Karl Alexander unerwartet an einem Schlaganfall, in seinem Schloss zu Ludwigsburg, und für Oppenheimer gab es nun kein Entkommen mehr. Seine Gegner veranlassten umgehend seine Festnahme. Er wurde zum Lückenbüßer und Sündenbock für die absolutistischen Politik seines Herrn. Die Hinrichtung am 4. Februar 1738 wurde zum öffentlichen Spektakel. Nur, warum musste der Finanzier sterben?

Karriere eines Außenseiters

Im Herbst 1732 hatten Karl Alexander und Joseph Süß Oppenheimer einander in Wildbad kennengelernt. Karl Alexander, der Neffe des regierenden Herzogs Eberhard Ludwig, amtierte als kaiserlicher Generalfeldmarschall und Statthalter in Serbien und brauchte dringend Geld, und der ehrgeizige Joseph Süß Oppenheimer war derjenige, der es ihm organisieren wollte. Seine Rechnung ging auf. Der Prinz fand Gefallen an dem Mittdreißiger, ernannte ihn zum Hof- und Kriegsfaktor und damit zu seinem Finanzberater. Süß' Aufgabe bestand darin, die wirtschaftlichen Interessen Karl Alexanders durchzusetzen

Dass der Hoffaktor Süß Oppenheimer in einem Stuttgarter Palast residierte, schürte zusätzliche Ressentiments gegen »den Juden«.

und ihm Geld für dessen Hofhaltungs- und Kriegskosten zu beschaffen. Ein riskantes Geschäft, denn das unternehmerische Risiko lag bei Süß Oppenheimer allein. Auch wenn die jüdischen Hoffaktoren im 17. und 18. Jh. nahezu unentbehrlich für die Finanzen der deutschen Fürsten waren, so waren sie auf der anderen Seite abhängig von deren Wohlgefallen. Und trotzdem: Für Joseph Süß Oppenheimer, den Spross einer jüdischen Familie, war das Amt der vorläufige Höhepunkt seiner ehrgeizigen Laufbahn.

Um 1698 in Heidelberg geboren, musste Joseph früh auf eigenen Beinen stehen. Sein Vater starb, als Joseph acht oder neun Jahre alt war. Die Mutter heiratete ein zweites Mal; die Kinder aus der ersten Ehe blieben in Heidelberg zurück. Mit 16 setzte Joseph seine Mündigkeit durch und begann eine Karriere als Kaufmann. Er pendelte zwischen Mannheim und Frankfurt, handelte mit Luxusgütern, mit Schmuck und Kunst.

Oppenheimer scheute keine Risiken. Mit 25 Jahren pachtete er das kurpfälzische Stempelpapier und streckte die Abgaben auf fürstliche Urkunden vor, um diese anschließend bei staatlichen Stellen einzutreiben. Doch die Behörden boykottierten die Zahlungen. Man beschimpfte ihn als Juden, der das Land in den Ruin treiben wolle. In dieser Zeit lernte er, dass er die Unterstützung eines Landesherren benötigte, wenn er seine Rechte wahren wollte. Später ließ er sich deshalb für jede seiner Unternehmungen eine schriftliche Order geben.

Gleichzeitig baute Süß die Fassade eines barocken Höflings auf, unterhielt vornehme Haushaltungen. In Frankfurt bestand er auf eine Wohnung außerhalb des Gettos. Oppenheimer eckte mit seinem Lebensstil an, bei den Christen und bei den Juden.

Der Kampf um Württembergs Finanzen

Mit dem Tod seines Onkels 1733 wurde Karl Alexander Herzog; mit ihm kam Joseph Süß Oppenheimer. Besonders übel nahm man Karl Alexander im protestantischen Württemberg, dass er zum Katholizismus konvertiert war und wähnte stets eine katholische Verschwörung hinter dessen Politik.

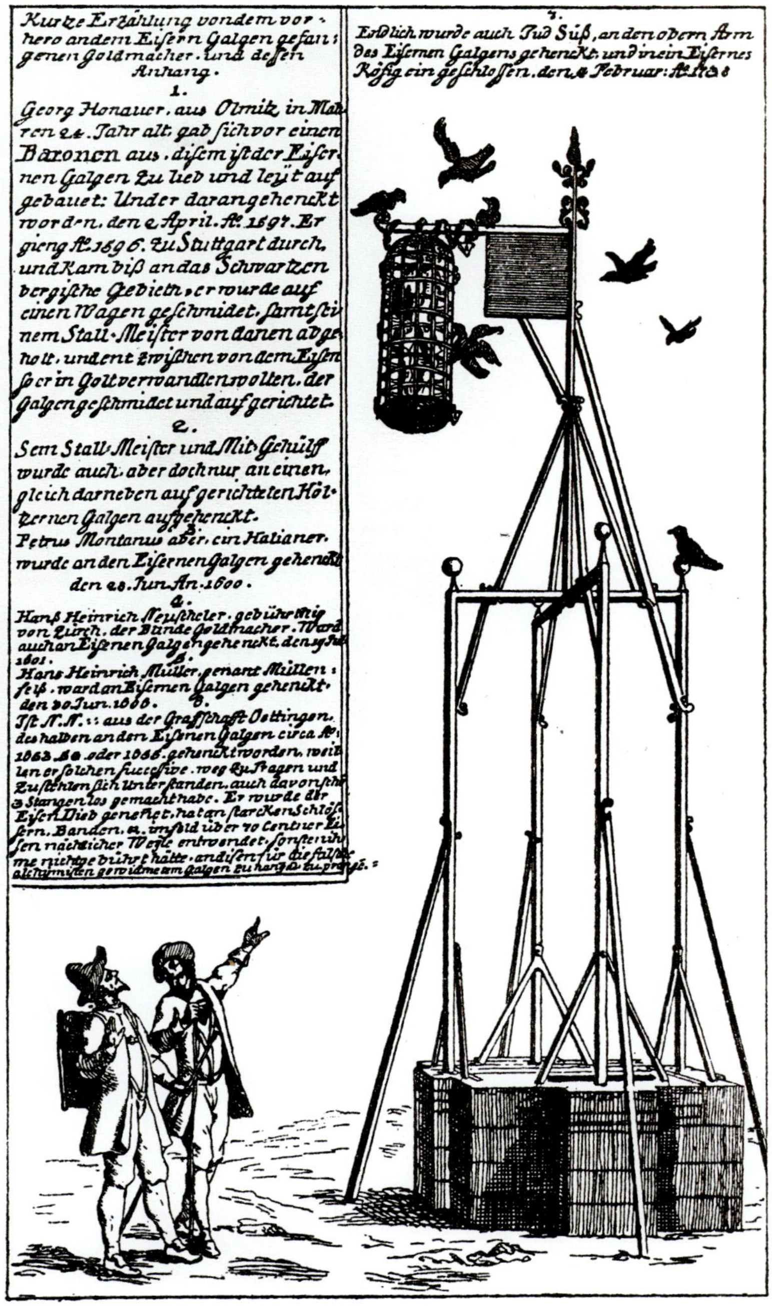

Die Leiche des unglücklichen Finanziers des Herzogtums wurde in einem Eisenkäfig noch jahrelang zur Schau gestellt.

Der neue Herzog war ein autoritärer Landesherr, der sich mit dem Einfluss der alten Familien und Standesvertreter, der »Ehrbarkeit,« nicht abfinden wollte. Ihm schwebte ein absolutistisches Modell vor, in dem die ständische Vertretung nicht länger die württembergischen Finanzen kontrollieren konnte. Dazu musste er sich Geldquellen erschließen, auf die die Stände keinerlei Einfluss ausüben konnten.

Joseph Süß Oppenheimer wurde sein wichtigster Berater; ein stets loyaler und effektiver Reformer, der die Wirtschaftsziele

des Herzogs konsequent umsetzte. Damit machte er sich aber auch zur Zielscheibe und wurde zur Personifizierung sämtlicher ungeliebter Reformen, die Karl Alexander durchsetzte. Die Prozessakten werden ihn später zum bösen Ratgeber eines prinzipiell gutwilligen, aber schwachen Herzogs stilisieren – eine Einschätzung, die weder Süß' noch Karl Alexanders Charakter entspricht und zudem außer Acht lässt, dass Oppenheimer nicht in allem der engste Vertraute des Herzogs war. Er selbst antworte später im Verhör auf die Frage was seine Profession gewesen sei: »Große Herren zu tractiren und mit ihnen umzugehen.« Dabei schätzte Karl Alexander Süß' fortschrittliche und direkte Art durchaus. 1734 ernannte er seinen Hoffaktor zum Residenten in Frankfurt, 1736 zum Geheimen Finanzrat, einer Art »Quasi-Minister«.

Besonders umstritten war Süß' Münzpolitik. Der Vorwurf: Er soll den Gold- und Silbergehalt bewusst verringert haben. Eine damals nicht unübliche Praxis, denn auch andere Fürsten sahen diese Art von Fälschung als legitimes Mittel der Geldbeschaffung an. Auf wenig Gegenliebe stießen auch weitere von Süß initiierte Einnahmequellen: So musste beispielsweise jeder, der ein staatliches oder kirchliches Amt übernehmen wollte, Bestätigungsgelder zahlen. Das war nichts anderes als ein Ämterhandel, der die Netzwerke der Ehrbarkeit schwächte, da sich nun jedermann in solche Positionen einkaufen konnte.

Die Rache der alten Eliten

Die alten Eliten, deren Einfluss Karl Alexander besonders scharf zu beschneiden versucht hatte, vergeudeten nach dessen Tod denn auch keine Zeit. Der Geheime Rat, eine Art Ministerkabinett, das Karl Alexander versucht hatte auszuschalten, riss die Gewalt an sich. Nur wenige Stunden nach dem Tod des Herzogs veranlasste Oberstallmeister Reinhard Baron von Röder die Festnahme Oppenheimers. Haftbefehl? Fehlanzeige. Röder nutzte die Gelegenheit, einen Gläubiger und Kritiker los zu werden.

In der Haft auf der Festung Hohenneuffen und später auf dem Hohenasperg wurde aus dem Höfling, der sich die Titulierung als Jude stets verbeten hatte, der »Jud Süß«, dessen Gegner ihn im Unklaren darüber ließen,

Finanziers Europas – die Juden im Geldgeschäft

Der christliche Zunftzwang schloss die Juden im Mittelalter von nahezu sämtlichen Handwerksberufen aus. Da ihnen auch der Landbesitz weitgehend verboten war, blieb ihnen häufig nur eine Tätigkeit als Händler oder Geldverleiher, für die sie weitgespannte Netzwerke aufbauten. Im Spätmittelalter wuchsen jedoch die christlichen Repressalien und die Konkurrenz, sodass die jüdischen Geldverleiher ins Klein- und Pfandkreditwesen abgedrängt wurden.

In der Neuzeit etablierte sich das Hofjudenwesen, das seine Entstehung vor allem dem Dreißigjährigen Krieg verdankte; ein gewinnbringendes, wenn auch gefährliches Geschäft, dem sich hauptsächlich Mitglieder der jüdischen Oberschicht widmeten, die über Bildung und Mobilität verfügten und als Angehörige einer in ihren Rechten eingeschränkten Minderheit besonders risikobereit waren.

was sie ihm eigentlich vorwarfen. Tatsächlich konnte keiner der zahlreichen Anklagepunkte, darunter Hochverrat, Münzfälschung, Ämterhandel, Schändung der protestantischen Religion und die Beziehung zu Christinnen, bewiesen werden, obwohl die vorhandenen Verhörprotokolle mehr als 1 000 Seiten füllten.

Das Ende am Galgen

Oppenheimers Feinde ließen sämtliche Rechtsprinzipien außer Acht. Die Untersuchungskommission verweigert Süß einen auswärtigen Anwalt und benannte den Tübinger Juristen Michael Andreas Möglingnen als Pflichtverteidiger. Süß selbst hielt ihn für einen »blutschlechten Doktor«, dem die Arbeit wo es nur ging erschwert wurde. Auch die Anrufung des Reichskammergerichts wurde Süß verwehrt. Er versuchte sich zu verteidigen, indem er erklärte, nur auf Weisungen des Herzogs gehandelt zu haben. Tatsächlich konnte er ein »Absolutorium« vorweisen, in dem Karl Alexander vier Wochen vor seinem Tod erklärt hatte, dass Oppenheimer »jetzt und fürohin von aller Verantwortung und Anspruch frey seye.« Die Ankläger ignorierten es, wie alles andere Entlastungsmaterial.

Folter und Kerkerhaft zermürbten den einst so stolzen Mann. Er magerte so sehr ab, dass selbst die engsten Fesseln mühelos über seine Gelenke glitten. Gleichzeitig besann sich Süß auf seine jüdischen Wurzeln. Früher hatte er die religiösen Speisegesetze ignoriert, nun verlangte er nach koscherem Essen. Sämtliche Bekehrungsversuche protestantischer Geistlicher lehnte er vehement ab. Er wollte »nimmermehr von seiner jüdischen Religion abweichen, sondern darauf leben und sterben …«

Am 4. Februar 1738 war es so weit. 2 400 Soldaten riegelten Stuttgart ab, 12 000 Schaulustige säumten die Straßen, wollten sich das Spektakel nicht entgehen lassen. Süß wurde das Todesurteil verlesen. Wer darin eine juristisch überzeugende Begründung für das harsche Strafmaß suchte, der suchte vergebens.

Mit allen Kräften wehrte sich der Verurteilte, als man ihn zum Galgen führte. Mit einem schwarzen Taschentuch hatte er sich einen Zettel mit den Zehn Geboten um den Kopf gebunden. Er starb mit den »Schema Israel«, dem jüdischen Glaubensbekenntnis, auf den Lippen. Sechs Jahre lang ließ man sein Gerippe in einem Eisenkäfig hängen – als Warnung für alle Juden, sich nicht auf Fürstenworte zu verlassen.

Als Opfer seines »Übermuths« wurde Oppenheimer auf einem Flugblatt anlässlich seiner Hinrichtung verspottet.

JUD SÜSS – DAS GIFT DER PROPAGANDA

»Jud Süß« – ausgerechnet wegen seines diffamierenden Beinamens blieb Joseph ben Issachar Süßkind Oppenheimer in Erinnerung. Sein Schicksal wurde von Literatur und Film mehrfach aufgegriffen. Bekannt ist vor allem Lion Feuchtwangers Roman, der 1925 erschien.

1940 drehte Veit Harlan im Auftrag von Goebbels' Propaganda-Ministerium den Nazi-Hetzfilm »Jud Süß«. Subtil verdrehte der Film die Tatsachen und trieb die antisemitischen Klischees auf die Spitze; das Feindbild sollte bekräftigt werden (Filmszene mit Ferdinand Marian als Oppenheimer und Kristina Söderbaum als dessen »arisches« Opfer).

Für Polizisten und Angehörige der SS war der Film seinerzeit Pflichtprogramm. Heute ist »Jud Süß« ein so genannter Vorbehaltsfilm – seine Vorführung ist nicht völlig verboten, doch darf er nur in in geschlossenen Veranstaltungen und mit einer historischen Einführung gezeigt werden.

Ein Telegramm als Zeitzünder

1815 hatte der Wiener Kongress die Machtverhältnisse in Europa neu geordnet. Gut 50 Jahre später geriet das Gleichgewicht der Kräfte durch die bevorstehende Einigung Deutschlands erheblich ins Wanken. Frankreich wollte das auf jeden Fall verhindern, rüstete zum Krieg, und spielte damit Bismarck in die Hände. Wie konnte es der »Eiserne Kanzler« verhindern, als Aggressor dazustehen?

Kann ein Blatt Papier tatsächlich Anlass für einen Krieg sein? Glaubt man den Memoiren Ottos von Bismarck – und dem Urteil von Historikern –, dann war es die vom ihm höchstpersönlich redigierte »Emser Depesche« gewesen, die im Sommer 1870 jenen deutsch-französischen Krieg auslöste. Dieser führte im Januar des folgenden Jahres schließlich zur nationalen Einigung Deutschlands und zur Proklamation des Kaiserreichs. Ohne die Erinnerungen des alten Herrn in Frage stellen zu wollen, so muss man doch einwenden, dass es diesen Krieg auf jeden Fall gegeben hätte – Depesche hin oder her.

Auf dem Weg zum Kaiserreich

Während der Napoleonischen Epoche und den diese beendenden »Befreiungskriegen« war in weiten Teilen der Bevölkerung der Wunsch entstanden, das in viele Einzelstaaten zersplitterte Deutschland endlich zu vereinen und einen starken Nationalstaat zu schaffen. Unklar war lediglich, ob man eine kleindeutsche (ohne Österreich) oder großdeutsche Lösung (mit Österreich) ins Auge fassen sollte. Nachdem Otto von Bismarck 1862 preußischer Ministerpräsident geworden war, hatte er sich für die erste Option

Das Treffen zwischen König Wilhelm und dem französischen Botschafter in Ems lieferte letztlich den Kriegsanlass.

entschieden und die Entwicklung »mit Blut und Eisen« zielbewusst bis zur Bildung des »Norddeutschen Bundes« vorangetrieben. Dieser neue Staat unter Preußens Führung wartete nun nur noch darauf, dass ihm die süddeutschen Staaten beitraten, und das Reich nach Bismarcks Vorstellung war geschaffen!

Die französischen Nachbarn beobachteten die Einigungsbestrebungen jenseits des Rheins allerdings mit großer Sorge, da diese zwangsläufig zu einer gravierenden Machtverschiebung in Europa führen mussten. Um das bestehende Gleichgewicht zu wahren, waren Paris alle Mittel recht – bis hin zum Krieg. Bismarck sah das genauso: Der unvermeidliche Konflikt mit Frankreich war fester Bestandteil seiner Strategie – er wartete nur auf den passenden Zeitpunkt.

Eine Thronkandidatur als Kriegsgrund?

Die preußischen Militärs hätten am liebsten gleich 1866 nach dem »Deutschen Krieg« den Elan des Sieges über Österreich ausgenutzt, um einen »Präventivkrieg« gegen Frankreich zu führen. Doch Bismarck wollte nichts überstürzen, allein schon deshalb, um in Europa künftig nicht als »hemmungsloser Kriegspolitiker« zu erscheinen, was das Ansehen eines künftigen Deutschen Reiches unnötig belastet hätte.

Doch dann geriet er im Frühjahr 1870 unter Druck: Während sich in der kleindeutschen Nationalbewegung zusehends Resignation breitmachte, drohte gleichzeitig ein Zusammenschluss der ohnehin preußenkritischen Süd-Staaten Bayern und Württemberg. Das aber hätte alle Hoffnungen auf die nationale Einheit zunichte gemacht. Gleichzeitig verschärfte Frankreich seinen außenpolitischen Kurs, nachdem im Mai 1870 mit dem Grafen Antoine de Gramont ein aggressiver »Falke« zum Außenminister ernannt worden war. Der passende Zeitpunkt für einen Krieg schien gekommen; es fehlte nur noch der richtige Anlass.

Bismarck musste nicht lange darauf warten. Seit 1868 war der spanische Thron vakant und man suchte im Süden der Pyrenäen händeringend nach einem geeigneten Kandidaten unter den europäischen Herrscherhäusern. Nach langem Hin und Her fiel die Wahl der Spanier schließlich auf Leopold von Hohenzollern, einen Prinzen aus dem süddeutsch-katholischen Zweig der Dynastie. Als Chef des Hauses Hohenzollern musste jedoch Preußenkönig Wilhelm I. seine allerhöchste Zustimmung geben. Der war zunächst skeptisch, schließlich wollte er Frankreich durch eine vermeintliche »hohenzollernsche Umklammerung« nicht unnötig provozieren. Deshalb musste Bismarck – der genau diese Provokation wollte – eine Menge Überzeugungsarbeit leisten, und letztendlich konnte er Wilhelm auf seine Linie bringen. Der König erteilte die Zustimmung zu Leopolds Kandidatur – und Bismarck konnte getrost abwarten, bis die gelegte Lunte zündete.

Das Preußen-Monster verschlingt die anderen Fürsten: französische Karikatur auf die deutsche Reichsgründung.

»Den Krieg sah ich schon damals als eine Notwendigkeit an, der wir mit Ehren nicht mehr entkommen konnten.«

(Otto von Bismarck in seinen »Gedanken und Erinnerungen«)

Die »Emser Depesche« wird redigiert

Bismarcks Strategie ging auf. Als Leopold tatsächlich kandidierte, fühlte sich Frankreich im höchsten Maße herausgefordert. Am 6. Juli 1870 drohte Außenminister Gramont, sollte Deutschland in der Frage der Thronfolge nicht nachgeben, dann werde sein Land »ohne Zögern und ohne Schwäche seine Pflicht zu erfüllen wissen« – mit anderen Worten: Krieg!

Aber Bismarck hatte sich zu früh gefreut, denn nun erkannte der Hohenzollernprinz, was er mit seiner Kandidatur angerichtet hatte und zog sie am 12. Juli überraschend zurück. Damit schien Bismarcks ausgeklügelter Plan, die Thronkandidatur zum Konflikt mit Frankreich zu nutzen, gescheitert.

In seinen Erinnerungen schreibt Bismarck, er habe daher an Rücktritt gedacht und am nächsten Tag Kriegsminister von Roon sowie Moltke, den Chef des Generalstabs, bei einem Arbeitsessen über seine Absicht informiert. Der Appetit verging den Herren endgültig, als auch noch ein Telegramm eintraf, das in Bad Ems aufgegeben worden war, wo sich Wilhelm I. zur Erholung aufhielt. Dort nämlich hatte ihn der französische Botschafter Benedetti während eines Spaziergangs abgepasst und aufgefordert, auch in Zukunft keine Kandidatur eines Hohenzollern mehr zuzulassen. Höflich, wenn auch bestimmt hatte Wilhelm eine solche Festlegung abgelehnt und Bismarck seine Antwort mit der »Emser Depesche« zukommen lassen.

Die Redaktion Bismarcks

In der von Bismarck verkürzten »Emser Depesche« hieß es, die französische Regierung habe den preußischen König darauf verpflichten wollen, »niemals wieder seine Zustimmung zu geben, wenn die Hohenzollern auf ihre Kandidatur zurückkommen sollten«. Weiter: »Seine Majestät, der König, Botschafter nochmals zu empfangen und demselben durch den Adjutanten vom Dienst sagen zu lassen, dass seine Majestät dem Botschafter nichts weiter mitzuteilen habe.«

Im Original bezog sich das »nichts weiter mitzuteilen« lediglich auf den gegenwärtigen Informationsstand; in der neuen Formulierung war es zu einer brüsken Zurückweisung aller weiteren Gespräche geworden.

Bei der Rückkehr aus Bad Ems jubelten die Berliner ihrem König Wilhelm zu.

Mit Kriegsfanfaren nach Paris

Die Appetitlosigkeit der Herren war nur von kurzer Dauer. Bismarck griff nämlich zum Federhalter und strich kurzerhand einige Passagen aus dem Telegramm, sodass aus der diplomatisch formulierten Ablehnung Wilhelms I. eine Zurückweisung wurde, so scharf, dass Frankreich sie nicht hinnehmen konnte, ohne das Gesicht zu verlieren. Wie Bismarck in seinen Erinnerungen schreibt, war Moltke ganz begeistert: »So hat das einen anderen Klang, vorher klang es wie eine

Chamade (Trommelklang als Zeichen der Kapitulation), jetzt als Fanfare als Antwort auf eine Herausforderung!«

Tatsächlich wurde die »Emser Depesche« in dieser verkürzten Form veröffentlicht und löste in Frankreich die erwünschte Empörung aus. Es folgte noch ein kurzes diplomatisches Geplänkel. Paris drohte mit Krieg, wurde aufgefordert, seine Drohung zurückzunehmen, stichelte aber weiter und verlangte obendrein noch eine offizielle Entschuldigung von Wilhelm I. Das brachte das Fass zum Überlaufen. Jetzt hatte das Nationalgefühl diesseits und jenseits des Rheins den erforderlichen Siedepunkt erreicht, auch in den süddeutschen Staaten. Am 19. Juli 1870 erklärte Frankreich den Krieg.

Bismarck hatte das Spiel gewonnen und den »Schwarzen Peter« der Kriegserklärung geschickt Frankreich zugespielt. Die »Emser Depesche« aber war nur das sprichwörtliche Tüpfelchen auf dem »i« gewesen: »Die beiden Lokomotiven«, so formulierte es der französische Politiker Prévost-Paradol, »waren schon lange auf dem gleichen Gleis gegeneinander losgelassen; sie stürzten sich aufeinander, der Zusammenstoß war unvermeidlich ...«

Das Ende des Macht-Pokers: Bismarck und der gefangene Kaiser Napoleon III. (li.).

DER DEUTSCH-FRANZÖSISCHE KRIEG UND DEUTSCHLANDS EINIGUNG

Entsprechend ihrem »Schutz- und Trutzbündnis«, das sie 1866 mit Preußen abgeschlossen hatten, traten auch die süddeutschen Staaten an der Seite des Norddeutschen Bundes in den Krieg gegen Frankreich ein. Ein rascher, wenn auch verlustreicher deutscher Siegeszug führte zu den entscheidenden Schlachten bei Metz und Sedan; Kaiser Napoleon III. geriet in deutsche Gefangenschaft.

Im September 1870 war der Krieg gegen das kaiserliche Frankreich beendet, doch jetzt wurde die III. Republik ausgerufen. Die Franzosen kämpften daraufhin weiter, bis sich das eingeschlossene Paris im Januar 1871 ergeben musste.

Bismarck, hatte schon während des Krieges Verhandlungen mit den deutschen Fürsten geführt. Nach dem Sieg bei Sedan war die Stimmung günstig, die nationale Einheit zu verwirklichen. Schwierigkeiten räumte Bismarck geschickt aus dem Weg. Er brachte sogar den widerstrebenden Bayernkönig Ludwig II. dazu, König Wilhelm von Preußen die Kaiserwürde anzutragen. Am 18. Januar 1871 wurde Wilhelm I. im Spiegelsaal von Versailles zum Deutschen Kaiser ausgerufen; Bismarck war zum »Schmied des Reiches« geworden (re.).

Deutschland – Kolonialmacht wider Willen?

»Hier liegt Russland, hier liegt Frankreich und wir sind in der Mitte. Das ist meine Karte von Afrika.« So hatte Reichskanzler Otto von Bismarck stets begründet, warum Deutschland sich bei Kolonien zurückhielt. Doch im August 1884 stellte er Deutschland mit der Erklärung des Schutzgebiets in Südwestafrika in die Reihe der Kolonialmächte. Warum ließ sich Bismarck nun doch darauf ein?

Auch noch nach dem Verlust der Kolonien wurden ihre Pioniere von den Deutsch-Nationalen gefeiert.

»So hisse ich hiermit als äußeres Zeichen die kaiserlich-deutsche Flagge, stelle somit das dem Herrn Adolf Lüderitz gehörige Territorium unter den Schutz und die Oberherrlichkeit Seiner Majestät des Kaisers Wilhelm ...« Mit diesen Worten proklamierte Kapitän Götz Herbig am 7. August 1884 das erste Schutzgebiet des Deutschen Reiches. Es war eine schlichte, knapp 20-minütige Zeremonie in der trostlosen Bucht von Angra Pequeña im südwestlichen Afrika, die eine neue Ära in der deutschen Geschichte einläutete. Adolf Lüderitz, der Eigentümer der Handelsniederlassung, die nun zum offiziellen Protektorat geworden war, war nicht einmal anwesend. Ihn vertrat der erst 22-jährige Kaufmann Heinrich Vogelsang, der den Coup für Lüderitz eingefädelt hatte.

Erstmals stand ein Gebiet in Afrika offiziell unter dem Schutz des Deutschen Reiches. Erstmals hatte sich Deutschland in den Verteilungskampf um den großen »Kuchen Afrika«, eingemischt. Dabei hatte sich Deutschland doch bislang als »saturiert«, als gesättigt dargestellt, und sich als »ehrlicher Makler« für die um Kolonialbesitz balgenden europäischen Staaten angeboten. Wie konnte es zu so einer Kehrtwende kommen?

Bismarck gegen das »Kolonialfieber«

»Ich will keine Kolonien. Diese Kolonialgeschichte wäre für uns genauso wie der seidene Zobelpelz in polnischen Adelsfamilien, die keine Hemden haben.« Sowohl öffentlich als auch privat hatte Reichskanzler Otto von Bismarck Kolonien immer vehement abgelehnt. Er erwartete sich von ihnen nur geringe wirtschaftliche Vorteile, fürchtete aber politische Verwicklungen, wenn sich Deutschland an dem Kampf um Übersee-Territorien beteiligen würde. Er wusste genau, wie gefährlich die Mittellage des Deutschen Reiches in Europa war und wollte nicht wegen überseeischer Kleinigkeiten Streit mit anderen Großmächten riskieren.

Und doch verfielen die Deutschen ins »Kolonialfieber«: Private Kolonialgesellschaften mit unterschiedlichen Interessen und Zielen forderten seit der Reichsgründung immer vehementer, sich am kolonialen Verteilungskampf zu beteiligen. Manche wollten damit die Auswanderung von deutschen Bürgern in deutsche Siedlungskolonien lenken. Andere hofften, dass Kolonien den Zugang zu neuen Absatzmärkten verschaffen und Rohstoffquellen erschließen würden. Doch einer der wichtigsten Faktoren war sicherlich der junge Nationalstolz der Deutschen. Man wollte endlich mit den europäischen Mächten gleichziehen! Nicht zuletzt mischten sich in die Argumente auch sozialdarwinistische Töne: Es müssten Gebiete abgesteckt werden, damit einst »unsere Söhne und Enkel als Angehörige eines Herrenvolkes über die Erde schreiten« können.

Traum und Albtraum Afrika

Diese Mischung widersprüchlicher Motive bot ein wunderbares Betätigungsfeld für Abenteurer, Geltungssüchtige und Betrüger: Sie träumten davon, für Deutschland Kolonien zu erwerben. Einer von ihnen war der junge Kaufmann Heinrich Vogelsang, der in West- und Ostafrika Geschäfte machte und Adolf Lüderitz als Geldgeber zunächst für ein Engagement in Togo gewinnen wollte. Doch Lüderitz fasste lieber Südafrika ins Auge. Beim Auswärtigen Amt ließ er nachfragen, ob er mit dem Schutz des Reiches rechnen könne. Die Antwort fiel positiv aus, nicht zuletzt, weil er gezielt Pressemeldungen lanciert hatte. So handelte Vogelsang im Namen Lüderitz', also dem Nama-Häuptling Josef Frederik, im Frühjahr 1883 die Lüderitzbucht samt Umgebung »fünf Meilen nach allen Richtungen« für 100 Pfund Sterling in Gold und 200 Gewehre ab. Da Frederik nur die englischen Meilen (1,6 km) kannte, Vogelsang den Vertrag aber ausdrücklich mit der deutschen Meile (7,4 km) formuliert hatte, erhielt Lüderitz ein fast fünfmal so großes Gebiet, als die Nama eigentlich abzugeben bereit waren. Im Herbst 1883 luchste Vogelsang dem Häuptling noch ein weit größeres Gebiet ab.

Ein Abenteurer ähnlichen Kalibers war Carl Peters: Der niedersächsische Pastorensohn mit übersteigertem Geltungsbedürfnis, der öffentlich zumeist »in Kanonenhosen, Sporen und mit Hetzpeitsche« auftrat, war schon in jungen Jahren ein Verfechter der kolonialen Idee. Er betrachtete die koloniale Expansion als Fortsetzung der nationalen Einheitsbewegung. Vor allem aber sollte die Eroberung von Kolonien seinen eigenen Ehrgeiz befriedigen. So schrieb er seiner Mutter im September 1884: »Ich werde durch diesen Coup nicht nur meine ganze Zukunft in großartige Bahnen bringen … Ich tue auch eine große vaterländische Tat und grabe meinen Namen ein für alle Mal in die deutsche Geschichte ein.« Der erwähnte Coup war sein Vorstoß ins Küstenhinterland gegenüber von Sansibar im September 1884.

»Lüderitzland? Ein ödes Sandloch. Zu bedauern sind die armen Beamten, die jetzt dort unsere Flaggenstangen bewachen.«

(Der Reichstagsabgeordnete Eugen Richter über Deutsch-Südwestafrika)

Das deutsche Kolonialreich – ein Flickenteppich

Weil Deutschland als »verspätete Nation« erst 1884/85 mit der Kolonialisierung anfing, blieben ihm nur die »Restposten« der noch nicht vergebenen »weißen Flecken« der Erde. Die meisten anderen europäischen Mächte hatten sich bereits seit dem 15. und 16. Jh. Einflusssphären und Gebiete gesichert.

In Afrika blieben dem Reich die Gebiete Deutsch-Südwestafrika, Deutsch-Westafrika (Togo, Kamerun) und Deutsch-Ostafrika. In der Südsee besaß Deutschland die Gebiete Deutsch-Neuguinea und Deutsch-Samoa. Mit der Kolonie Kiautschou in China gewann Deutschland 1898 ein weiteres Gebiet hinzu.

Nach dem Ende des Ersten Weltkriegs mussten gemäß dem Vertrag von Versailles sämtliche Kolonien an die Siegermächte abgegeben werden.

Innerhalb weniger Wochen schloss er gegen geringfügige Geschenke und wertlose Versprechen mit den lokalen Herrschern »Verträge« und erwarb ein Gebiet von 140 000 Quadratkilometern. Zurück in Berlin bat er am 5. Februar 1885 in einem formellen Antrag um Reichsschutz für seine »Besitzungen«.

Kurze Kehrtwende mit großen Folgen

Auf der Grundlage solch windiger Verträge unterstellte Otto von Bismarck also eine ganze Reihe von Gebieten deutscher Herrschaft: im April 1884 Deutsch-Südwestafrika, im Juli 1884 das vom Afrikaforscher Gustav Nachtigal beanspruchte Gebiet von Togo und die von Adolph Woermann erstandenen Besitzungen in Kamerun sowie im Februar 1885 das von Carl Peters erworbene Land in Ostafrika. Dabei hatte er wohl vor allem an den Schutz von wirtschaftspolitischen Einflusssphären und nicht gleich an Kolonien gedacht. Er plante, die überseeischen »Schutzgebiete«– ein von Bismarck erfundenes Wort, um nicht von »Kolonien« sprechen zu müssen – weitgehend der Eigenverantwortlichkeit privater Handelsfirmen zu überlassen. Der Staat sollte damit kaum etwas zu tun haben. Doch damit hatte er sich verrechnet. Aufgrund der schlechten Finanzlage der Gebiete und wegen bedrohlicher Aufstände der Bevölkerung waren Bismarck und seine Nachfolger bald gezwungen, alle Schutzgebiete unter staatliche Verwaltung des Reiches zu nehmen.

Davon abgesehen war Bismarcks Kehrtwende weniger einer Meinungsänderung des Reichskanzlers zuzuschreiben, sondern zu allererst einer veränderten innenpolitischen Lage. Im Herbst 1884 standen Reichstagswahlen an, und Bismarck hoffte in Zeiten des »Kolonialfiebers« mit seinem Afrika-Engagement die Regierungsparteien gegenüber den Linken zu stärken, die Kolonialgegner waren. Einmal mehr hatte er flexibel seine Strategie geändert, um seine politische Position zu festigen. Offenherzig äußerte er sich im September 1884 gegenüber einem Mitarbeiter: »Die ganze Kolonialgeschichte ist ja Schwindel, aber wir brauchen sie für die Wahlen.« Darüber hinaus fiel das »Kolonialexperiment« in eine Zeit außenpolitischer Ruhe in Europa, in der Aktivitäten in Afrika keinen unmittelbaren

»Solange ich Reichskanzler bin, treiben wir keine Kolonialpolitik. Wir haben eine Flotte, die nicht fahren kann ... und wir dürfen keine verwundbaren Punkte in fernen Weltteilen haben, die den Franzosen als Beute zufallen sobald es losgeht.«

(Bismarck 1881)

Unter der Flagge des fernen Kaisers in Berlin: Einheimische als Angestellte einer Poststation in Togo.

WELTREICH MIT NEGATIVER BILANZ

Die Bilanz der deutschen Kolonialpolitik blieb so trübe, wie es Bismarck vorhergesehen hatte: Tatsächlich genutzt haben die neue Auswanderungsmöglichkeit gerade 25 000 Deutsche. Auch wirtschaftlich blieb das Kolonialabenteuer ein teures Verlustgeschäft. Rassentrennung, wirtschaftliche Ausbeutung und überhebliche Herrschaft führten vielerorts zu Aufständen, die blutig und kostspielig niedergeschlagen wurden. Und als es zum Ersten Weltkrieg kam – an dessen Ausbruch die Konsequenzen der Kolonialpolitik ihren Anteil hatten –, zeigte sich rasch, dass die so begehrten überseeischen Besitzungen nicht zu verteidigen waren (Abb.: deutsches Geschwader auf den Karolinen).

Mit dubiosen Methoden raffte Carl Peters (in der weißen Uniform) das gewaltige Gebiet von Deutsch-Ostafrika zusammen.

»Die deutsche Kolonialbewegung ist die natürliche Fortsetzung der deutschen Einheitsbestrebungen.«

(Carl Peters)

Schaden anrichten konnte. Vielleicht hoffte Bismarck, die erworbenen Gebiete später auch als Pfand bei Verhandlungen einsetzen zu können.

Die Kolonial-Abenteurer Lüderitz, Peters und Konsorten nutzen also die Gunst der Stunde. Es war genau der richtige Zeitpunkt, als sie um Schutz ihrer Besitzungen nachfassten. Denn Bismarcks Einstellung änderte sich nicht grundsätzlich. Schon bald wollte er mit dem »Kolonialschwindel« nichts mehr zu tun haben. Doch das Rad der Geschichte konnte auch er nicht mehr zurückdrehen: Nach der Verkündung der »Schutzgebiete« gab es keine Umkehr mehr. Während Bismarck in den letzten Jahren seiner Regierungszeit versuchte, die Kolonien wieder loszuwerden, öffnete Wilhelm II. endgültig die Schleusen: Er forderte für Deutschland einen »Platz an der Sonne«.

Georg Elser: Attentäter ohne Netzwerk?

Was wäre gewesen, wenn... Eigentlich verbietet sich diese Frage, aber es gibt Punkte in der Geschichte, da liegt sie so nahe, dass ihr niemand entkommt. Was wäre, wenn Adolf Hitler am 8. November 1939 länger im Münchner Bürgerbräukeller geredet hätte? Was wäre, wenn ihn die Explosion von Georg Elsers Bombe getötet hätte?

Dass Elser, ein unauffälliger »Mann aus dem Volke«, einen komplizierten Mordplan ausführte, verwirrte auch die Gestapo.

Der Hitler-Attentäter Georg Elser gehörte lange Zeit zu den verdrängten Helden der deutschen Geschichte. Er war kein Offizier mit uraltem Adelstitel, kein kritischer Intellektueller, kein engagierter Kirchenmann, sondern nur ein einfacher Schreiner aus der württembergischen Provinz. Muss einer wie er nicht Hintermänner gehabt haben, als er das Attentat auf Adolf Hitler verübte? Nicht nur den Nazis und ihrer Geheimen Staatspolizei, auch Historikern gab der Mann aus Hermaringen Rätsel auf: War Georg Elser tatsächlich ein Attentäter ohne Netzwerk, oder war er womöglich ein getarnter SS-Mann mit Sonderauftrag?

Ein Anschlag von oben inszeniert?

Letzteres Gerücht wurde nach dem Krieg unter anderem von Martin Niemöller verbreitet, der ein prominentes Mitglied des kirchlichen Widerstandes und wie Elser als Sonderhäftling in Sachsenhausen inhaftiert war. Niemöller störte sich vor allem an Elsers vermeintlichem kameradschaftlichen Umgang mit den SS-Wachen. Aber auch andere ehemalige Mitgefangene und Wächter wollen gehört haben, dass Elser das Attentat von höchster Stelle, von Hitler und Himmler persönlich, befohlen worden sei.

Anders die NS-Propaganda: Sie unterstellte Elser eine Verbindung zum britischen Geheimdienst und zu Otto Strasser, einen ehemaligen NSDAP-Funktionär und inzwischen erbitterten Gegner Hitlers, der in die Schweiz emigriert war.

Erst Ende der 1960er-Jahre, nachdem der Historiker Lothar Gruchmann die Verhörprotokolle in den Akten des Reichsjustizministeriums entdeckt hatte, konnten diese und andere Gerüchte endgültig entkräftet werden. Die Protokolle gewähren Einblick in Georg Elsers Denken und Handeln. Und sie belegen: Er agierte allein.

Von der Idee zum Attentat

Wann genau Elser die Idee zu dem Attentat hatte, gab er nie preis. Fest steht, dass er bereits vor der Machtübernahme große Antipathie gegenüber Hitler empfand. Früher als andere erkannte er dessen Kriegsabsichten und beschloss, ihn zusammen mit seiner Führungsclique zu beseitigen. Systematisch begann Elser, Material wie Zünder und Sprengstoff bei Firmen, bei denen er arbeitete, abzuzweigen. Auf der Suche nach einem geeigneten Anschlagsort fuhr Elser am 8. November 1938 nach München, wo die Nationalsozialisten den Jahrestag des gescheiterten Hitler-Putsches von 1923 feierten. Er kam zu dem Schluss, dass ein Attentat am besten im Bürgerbräukeller gelingen könne, wo Hitler mit den »alten Kämpfern« zu feiern pflegte.

Langsam nahm der Ablauf in seinem Kopf Gestalt an. Im August zog Georg Elser nach München. Seine explosive Fracht transportierte er in einem unauffälligem Holzkoffer. Im Bürgerbräukeller aß er regelmäßig zu Abend, um sich danach in den unbewachten Festsaal zu schleichen. In wochenlanger Nachtarbeit installierte er den Sprengsatz in einer Säule neben dem Rednerpult.

Hitler verlässt das Lokal zu früh

Um 21.20 Uhr des 8. November 1939 sollte die Bombe durch einen Zeitzünder explodieren. Doch 13 Minuten vorher, viel früher als geplant, hatte Hitler den Keller verlassen und mit ihm die anderen Nazispitzen. Elsers Mechanismus funktionierte jedoch perfekt. Acht Menschen wurden tot unter den Trümmern der Explosion geborgen. Der »Führer« war jedoch nicht dabei.

Zu diesem Zeitpunkt ahnten die Fahnder nicht, dass sie den Täter bereits in Gewahrsam hatten. Am selben Abend hatten zwei Zöllner Elser dabei erwischt, wie er in Konstanz die Grenze zur Schweiz überqueren wollte. Die Beamten fanden bei ihm eine Karte des Tatorts, eine Beißzange und Teile eines Zündmechanismus'. Sie wurden misstrauisch und schickten den Gefangenen nach München. Dort verdichteten sich die Spuren immer mehr. Nach den Aussagen des Personals im Bürgerbräukeller wurde nun nach einem »165 bis 170 Zentimeter« großen Mann gesucht. »30 bis 35 Jahre alt, normale Figur, dunkles, ungescheiteltes Haar. Bekleidung: schmutziger, gelblicher, graubrauner Arbeitskittel, vermutlich Knickerbocker oder Sportstrümpfe.« Was folgte, war eine Tortur aus Folter, Gegenüberstellungen und Verhören.

Die Wucht von Elsers Bombe verwüstete den Bürgerbräukeller und tötete acht Personen, nicht aber Hitler.

Dabei hatte der Schwabe mit der großen Politik wenig am Hut. Die KPD wählen – ja, aber Mitglied sein – nein. Zahlendes Mitglied im Rotkämpferbund – ja, aber die Uniform tragen – nein. Der Handwerker Elser war ein stiller, pragmatischer Mensch, ein Mann der Tat. Er wurde am 9. April 1945, also kurz vor Kriegsende, im KZ Dachau erschossen.

ZIELSCHEIBE HITLER – 42 ATTENTATE AUF DEN »FÜHRER«

Adolf Hitler selbst glaubte an die Vorsehung; 42 Attentatsversuche soll er überlebt haben. Wie viele aus Akten und Köpfen getilgt wurden, lässt sich nicht beweisen.

Militärs, Kommunisten, ausländische Spione oder der Schreiner Elser: So einig sich die Attentäter in ihrem Ziel waren, so unterschiedlich war ihr Hintergrund.

Die ersten vier Anschlagsversuche hatte es bereits vor der Machtergreifung 1933 gegeben; so hatten unbekannte Täter versucht, Hitler zu vergiften. Der bekannteste Plan, Hitler zu ermorden, war das gescheiterte Bombenattentat von Wehrmachtsoffizieren am 20. Juli 1944 im Hauptquartier der Wolfsschanze, bei dem Hitler nur leicht verletzt wurde. Zuvor hatte z. B. Axel Freiherr von dem Bussche, Mitglied des militärischen Widerstands, geplant, sich bei der Vorführung neuer Felduniformen gemeinsam mit Hitler in die Luft zu sprengen. Der Termin wurde abgesagt, weil ein Angriff alliierter Bomber die Vorführuniformen zerstört hatte.

Eine Bombe gegen die Bundesrepublik

Sprengmeister Karl Reichert versuchte, die verdächtige Drucksache im Münchner Polizeipräsidium zu öffnen. Doch Reichert scheiterte: Die folgende Explosion riss ihm die Unterarme weg; er starb an den schweren Verletzungen. In der Sendung an Konrad Adenauer war eine Bombe gewesen – Täter unbekannt. Oder nur unbequem?

Das Attentat war an jenem 27. März 1952 an der Aufmerksamkeit zweier Jungen gescheitert. Ein Unbekannter hatte ihnen das Paket gegeben und sie gebeten, die Sendung zur Post zu bringen. Adressiert war sie »An dem Bundeskanzler Konrad Adenauer, Bundeshaus, Bonn«, abgeschickt in »Frankfort a/M«. Die Jungen schöpften prompt Verdacht und gingen zur Polizei. Einige Tage nach der Explosion gingen Bekennerschreiben einer »Organisation Jüdischer Partisanen« ein. Sie bezogen sich auf die Ermordung von sechs Millionen Juden unter dem Naziregime und stellten lapidar fest: »Wir befinden uns im Krieg«.

Die Spur führt nach Israel

Als Bombenbauer wurde später ein Elieser Sudit identifiziert. Die Ermittlungsergebnisse wurden geheim gehalten, um antisemitische Reaktionen zu vermeiden. Heute weiß man, dass Menachem Begin, der spätere israelische Ministerpräsident und Friedensnobelpreisträger von 1978, Organisator des Anschlags im Hintergrund war. Begin – Gründer der rechten Cherut-Partei, aus der später der Likud-Block in Israel hervorging – gehörte zu jenen, die das Abkommen, eine mit hohen Zahlungen verbundene Geste der Aussöhnung, verhindern wollten, und die

Bundeskanzler Adenauer lud die aufmerksamen Entdecker der Bombe zu einem Besuch nach Bonn ein.

Bombensendung war Teil der Strategie. 1913 im heutigen Weißrussland geboren, hatte Begin die zionistische Untergrundorganisation Irgun Tzwai Le'umi (kurz Etzel genannt) angeführt, die das britische Mandat über Palästina bekämpfte. 1946 war er mitverantwortlich für den Anschlag auf das King David-Hotel in Jerusalem, bei dem 91 Menschen starben. Unklar ist Begins Rolle bei dem Massaker von Deir Yasin im April 1948, bei dem mehr als 100 Araber getötet wurden.

Bei den Verhandlungen über Entschädigungen waren auf jüdischer Seite zwei Delegationen vertreten: einmal die der Regierung Israels, dazu eine der »Claims Conference«, einem Verbund von 52 jüdischen Organisationen. Auf deutscher Seite war Konrad Adenauer die treibende Kraft. Er war ein Gegner des NS-Regimes gewesen, von den Nazis als Kölner Oberbürgermeister abgesetzt und zweimal verhaftet worden. Die Wiedergutmachung war für Adenauer eine »moralische Verpflichtung«. Historiker Golo Mann schrieb: «Dahinter stand der Wille, das schlimmste Verbrechen in der langen, blutigen Geschichte Europas, nicht zu sühnen – wie sollte das geschehen –, aber doch in diesem Sinne eine Geste zu machen«. Der Holocaust war nicht rückgängig zu machen, aber wenigstens konnte den Juden, die ihren Besitz verloren hatten, kollektiv eine partielle Entschädigung geboten werden.

Widerstand in Deutschland und in Israel

Ein Nein zum Vertrag würde »unser ganzes Bestreben, wieder ausländische Kredite zu bekommen, in sehr starkem Maße beeinträchtigen«, war Adenauers weiteres Argument in der CDU-Fraktion. Der Vertrag wurde am 10. September 1952 in Luxemburg unterschrieben und im März 1953 mit nur knapper Mehrheit im Bundestag gebilligt. Zahlreiche Abgeordnete der CDU/CSU verweigerten die Zustimmung. Die oppositionelle SPD stimmte aber geschlossen zu.

Auch in Israel war der Vertrag umstritten: Viele Juden lehnten es ab, von Deutschen Hilfe anzunehmen. Für Menachem Begin war es »Blutgeld«, mit dem sich Deutschland von der Schuld am Holocaust freizukaufen versuche. Begin führte dann auch rund 15 000 Gegner des Abkommens in einem Protestmarsch zur Knesset, dem israelischen Parlament. In einer fünfstündigen Straßenschlacht wurden hunderte Demonstranten verhaftet und 200 von ihnen sowie 140 Polizisten verletzt.

Der Ministerpräsident David Ben Gurion bekam in der Knesseth mit 61 von 120 Stimmen das Mandat für das Abkommen. Es sah Zahlungen und Lieferungen im Wert von 3,5 Milliarden DM vor – das war 12,5 Prozent des deutschen Jahreshaushalts, allerdings über 14 Jahre gestreckt. Der Versuch, die Annäherung mit einer Bombe zu torpedieren, war gescheitert.

Unterzeichnet wurde das deutsch-israelische Abkommen 1952 auf neutralem Boden in Luxemburg.

Der lange Weg der deutsch-israelischen Annäherung

Es dauerte lange, bis es nach dem Ende des NS-Regimes zu »normalen« Beziehungen zwischen der Bundesrepublik Deutschland und Israel kam. Lange Zeit war die Diskussion von der Frage geprägt, ob es eine »Kollektivschuld« am Holocaust gebe.

Der erste Bundespräsident Theodor Heuss sprach dagegen schon 1949 von einer »Kollektivscham«. Erste geheime Kontakte zwischen Regierungsvertretern beider Seiten gab es ab April 1951. Das Wiedergutmachungsabkommen von 1952 ebnete den Weg zur Normalisierung. Doch erst im Mai 1965 nahmen beide Länder diplomatische Beziehungen zueinander auf.

Die Stasi verhindert den Kanzlersturz

Im April 1972 stand die sozialliberale Koalition unter Bundeskanzler Willy Brandt mit dem Rücken zur Wand: Per konstruktivem Misstrauensantrag versuchte die CDU/CSU- Opposition, ihren Kandidaten Rainer Barzel zum Kanzler zu küren. Doch dann fehlten diesem zwei Stimmen aus der eigenen Partei. Hatte womöglich die Stasi ihre Hände im Spiel?

Mit dem Artikel 67 haben die Mütter und Väter unseres Grundgesetzes dafür gesorgt, dass es im Fall einer schweren Regierungskrise zu keinem Machtvakuum kommt. Zur Abwahl einer Regierung ist nämlich ein »konstruktives Misstrauensvotum« nötig – nur durch eine eigene Mehrheit geht die Regierungsverantwortung unmittelbar auf einen neuen Bundeskanzler über. Im April 1972 kam dieses parlamentarische Instrument erstmals zur Anwendung. Damals bröckelte die ohnehin schon knappe Mehrheit der sozialliberalen Koalition, sodass sich die Opposition gute Chancen ausrechnen konnte, ihren Kandidaten Rainer Barzel zum Kanzler zu küren.

Aufbruch zur »neuen Ostpolitik«

»Wandel durch Annäherung« lautete das Zauberwort der frühen 1970er-Jahre. Seitdem in Bonn die Koalition aus SPD und FDP unter Bundeskanzler Willy Brandt regierte, gab es ernsthafte Bemühungen, die lange andauernden Spannungen zwischen Ost und West abzumildern und den »Kalten Krieg« wenn nicht zu beenden, so doch weniger bedrohlich zu machen. In den so genannten

Die SPD-Führung (v. li.: Herbert Wehner, Willy Brandt, Helmut Schmidt) konnte 1972 ihr Motto nochmals durchsetzen.

Die Auseinandersetzung um die Ostpolitik der Regierung wurde in den 1970er-Jahren auch auf der Straße ausgetragen.

Ostverträgen zwischen 1970 und 1972 nahm die Bundesregierung diplomatische Beziehungen zu den Ostblockstaaten auf und regelte auch die innerdeutschen Beziehungen neu. So sollte einem immer weiteren Auseinanderdriften beider deutschen Staaten entgegengewirkt werden. Mit dem Moskauer Vertrag im August 1970 hatte die Bundesrepublik gegenüber der Sowjetunion die bestehenden Grenzen in Europa faktisch anerkannt. Mit dem Warschauer Vertrag im Dezember des Jahres folgte die Anerkennung der Oder-Neiße-Grenze gegenüber Polen, und im Grundlagenvertrag akzeptierte die Bundesrepublik die Souveränität der Deutschen Demokratischen Republik, ohne sie jedoch völkerrechtlich als Ausland anzuerkennen.

Der »Ausverkauf deutscher Interessen«?

Diese deutsche Entspannungspolitik fand international überwiegend Beifall und Anerkennung. 1971 wurde Bundeskanzler Willy Brandt sogar mit dem Friedensnobelpreis ausgezeichnet.

In der Bundesrepublik selbst war die »neue Ostpolitik« freilich höchst umstritten. Am 27. Mai 1970 äußerte der CSU-Abgeordnete Karl-Theodor zu Guttenberg – der Großvater des späteren Verteidigungsministers im Kabinett Merkel – seine schweren Bedenken: »Dieser Kurs wird dazu führen, dass eines Tages der Schutz der NATO zerbröckeln und die Sowjetunion ihre Vorherrschaft über ganz Europa gewinnen kann ... Sie, Herr Bundeskanzler, sind dabei, das Deutschlandkonzept des Westens aufzugeben und in jenes der Sowjetunion einzutreten ... Auch wir, die CDU und CSU wissen nicht, wann die Stunde der Freiheit jenseits von Mauer und Stacheldraht wieder schlagen wird. Aber wir wissen auch dies: Dass sie nie wieder schlagen würde, wenn wir, die freien Deutschen, bereit wären, vor schierer Macht und bloßer Gewalt in die Knie zu gehen.« Ein drohender »Ausverkauf deutscher Interessen« wurde angeprangert, und das nicht nur in Kreisen der CDU/CSU.

Auch in der Regierungskoalition selbst gab es Abgeordnete, die Brandts Ostpolitik vehement ablehnten. Da mehrere von ihnen deshalb zur CDU wechselten, schrumpfte die ohnehin schon knappe sozialliberale Mehrheit bis April 1972 auf zwei Stimmen. Erich Mende von der FDP verließ seine Partei ebenso wie Hubert Hupka von der SPD, der Vorsitzende des Bundes der Vertriebenen. Für die Opposition war das ein guter Anlass,

Nach der überraschenden Niederlage gratulierte Herausforderer Rainer Barzel dem Weiterhin-Kanzler Willy Brandt.

Willy Brandts Kniefall von Warschau im Jahr 1970 wurde zum emotionalen Sinnbild der neuen Ostpolitik der Bundesrepublik.

über einen Sturz der Regierung Brandt/Scheel nachzudenken. Und so wurde beschlossen, Brandt durch ein konstruktives Misstrauensvotum das Vertrauen des Parlaments zu entziehen und an seiner Stelle den CDU-Kandidaten Rainer Barzel zum neuen Bundeskanzler zu küren. Die Chancen standen gut, nachdem zwei weitere FDP-Politiker mitgeteilt hatten, dass sie beim Misstrauensantrag Brandt die Gefolgschaft verweigern wollten. Damit hatte die Union im Bundestag rechnerisch einen Vorsprung von zwei Stimmen.

»Der Bundestag spricht Bundeskanzler Willy Brandt das Misstrauen aus und wählt als seinen Nachfolger den Abgeordneten Dr. Rainer Barzel zum Bundeskanzler der Bundesrepublik Deutschland.«

(Aus dem Antrag der CDU/CSU)

Zwei fehlende Stimmen zum Kanzlersturz

Am 27. April 1972 war der Bonner Plenarsaal bis auf den letzten Platz gefüllt. In einem dreistündigen hitzigen Wortgefecht debattierten die Abgeordneten über das Für und Wider der Ostpolitik. Für die Opposition stand unmissverständlich fest: »Die Ostverträge gefährden die Wiedervereinigung«. Eine neue Regierung würde umgehend die Kurswende vollziehen.

Um 12.59 Uhr beendete der vorsitzende Bundestagspräsident Kai-Uwe von Hassel die Aussprache und rief die Volksvertreter zur namentlichen Abstimmung auf. SPD-Fraktionschef Herbert Wehner hatte durchgesetzt, dass alle Abgeordneten seiner Partei auf ihren Plätzen blieben, denn nur so konnte vermieden werden, dass einer von ihnen doch heimlich gegen Willy Brandt votierte. Da sich die Abgeordneten von SPD und FPD enthielten, wurden insgesamt nur 260 gültige Stimmen abgegeben. 249 waren erforderlich, um Brandt das Vertrauen zu entziehen.

Nach rund 20 Minuten, um 13.22 Uhr, stand das Ergebnis fest: Nur 247 Parlamentarier hatten für den Antrag gestimmt, das waren zwei Stimmen zu wenig. Zehn hatten sich der Stimme enthalten; drei hatten dagegen gestimmt. »Ich stelle fest«, verkündete Kai-Uwe von Hassel, »dass der von der Fraktion CDU/CSU vorgeschlagene Abgeordnete Barzel die Stimmen der Mehrheit der Mitglieder nicht erreicht hat.« Zwei sicher geglaubte Stimmen fehlten. Wer aber waren die Abweichler?

Die Spuren führen nach Ost-Berlin

Während Rainer Barzel und die Abgeordneten der Opposition den Schock erst einmal verdauen mussten, brodelte die Gerüchteküche. Man war sich ganz sicher, dass es sich um Bestechung handelte. Aber wer hatte die Politiker »gekauft«?

Schon 1973 gab der CDU-Abgeordnete Julius Steiner offen zu, seine Stimme für 50 000 DM verkauft zu haben. Nach seinen Angaben war es Karl Wienand gewesen, Fraktionsgeschäftsführer der SPD, der ihm die Summe angeboten hatte, was Wienand allerdings bestritt. Somit stand Aussage gegen Aussage, und das Ganze blieb weiter dubios. Erst nach der deutschen Wiedervereinigung begann sich der Nebel allmählich zu lichten – und die Spur führte nach Ostberlin. Der frühere DDR-Spionagechef Markus Wolf enthüllte nämlich in seinen Memoiren, dass er es war, der den Abgeordneten Steiner mit der Summe von 50 000 DM bestochen habe, damit sich dieser beim Misstrauensvotum der Stimme enthielt.

Bis vor wenigen Jahren unklar war hingegen die Identität des zweiten Abgeordneten, der Willy Brandts Kanzlerschaft gerettet hatte. Erst 2006 ergab die Auswertung geheimer Akten des Ministeriums für Staatssicherheit (MfS), kurz Stasi genannt, dass es sich wohl um den früheren CSU-Abgeordneten Leo Wagner gehandelt hatte. Tatsächlich war zum fraglichen Zeitpunkt eine Summe von 50 000 DM auf seinem Konto eingegangen. Wagner bestritt allerdings, das Geld von der Stasi erhalten zu haben und behauptete, ein Parteifreund habe es ihm geliehen, um ihm finanziell aus der Patsche zu helfen. Hingegen gab ein Stasi-Offizier gegenüber den Ermittlungsbeamten an, man habe dem damals hoch verschuldeten CSU-Abgeordneten ein entsprechendes Bestechungsangebot gemacht. Eine Akte, die über Wagners Verbindungen zur Stasi hätte Auskunft geben können, gibt es allerdings nicht – sie wurde vermutlich im Zuge der Selbstauflösung des MfS vernichtet. Aus Karteikartennotizen geht jedoch eindeutig hervor, dass Wagner unter dem Decknamen »Löwe« spätestens ab 1975 als Informeller Mitarbeiter (IM) für die Stasi gearbeitet hat. Auch wenn es keine wirklichen Beweise gibt, so sprechen doch alle Indizien dafür, dass er der zweite Mann war, der seine Stimme verkauft hat.

Dass die DDR-Führung großes Interesse daran hatte, Willy Brandt im Amt zu halten, um die Ostverträge und die Annäherungspolitik zu sichern, liegt klar auf der Hand. Allzu lange währte der Triumph Osterberlins allerdings nicht. Nur zwei Jahre später trat der Bundeskanzler zurück, nachdem sich herausgestellt hatte, dass es sich bei seinem persönlichen Referenten Günter Guillaume um einen Spitzel der Stasi handelte.

GUILLAUME & CO: DDR-AGENTEN IM HERZEN DER BRD-POLITIK

Am 6. Mai 1974 legte Bundeskanzler Willy Brandt sein Amt nieder. Wenige Tage zuvor hatte die Öffentlichkeit erfahren, dass Günter Guillaume, seit 1972 der persönliche Referent des Kanzlers (Foto: beide auf einer Wahlreise), ein Spion der Stasi gewesen war. Guillaume wurde zusammen mit seiner Ehefrau verhaftet, mit der er 1956 als angeblicher DDR-Flüchtling in die Bundesrepublik gekommen war.

Doch die beiden waren nicht die einzigen »Kundschafter des Friedens«, wie die DDR-Bezeichnung für die West-Spione lautete. Insgesamt waren es rund 2 000 »Maulwürfe«, die vor allem Militär- und Wirtschaftsspionage betrieben. Zu ihnen gehörte auch Dieter Feuerstein, der viele Jahre beim Rüstungsbetrieb Messerschmitt-Bölkow-Blohm (MBB) gearbeitet und geheime Informationen an die DDR weitergegeben hatte. Unter anderem ging es dabei um den Tornado, den damals wichtigsten Kampfjet der Bundesrepublik und der NATO. Auch Karl Wienand wurde nach Öffnung der Archive als Informant entlarvt und wegen Spionage zugunsten der DDR 1996 zu zweieinhalb Jahren Haft verurteilt.

Jeder Zoll ein Heldenkönig? Richard Löwenherz von England (Darstellung des 19. Jh.) war auch ein Politiker im Spinnennetz der Macht.

In den Korridoren der Macht – die Welt der Politik

Selbst wenn man den Aspekt der offensichtlichen Intrigen aus der Welt der Politik herausnimmt, bietet dieses Kapitel noch reiches Material für Rätselforscher und Geheimnissucher. Politik ist eine Bühne für Selbstdarsteller, und wie jede Bühne hat sie ein Gewirr von Gängen und Räumen hinter der Szene. Dort sitzen die Regisseure und Drehbuchschreiber, die Stichwortgeber und Souffleusen, die dafür sorgen, dass das Drama spannend bleibt. Kennt man aber auch deren Namen und ihre Motive?

Das Rätsel der Irminsul: Heiligtum der Sachsen

Der Akt war eine kalkulierte Provokation: Karl der Große hatte 772 seine Truppen ins feindliche Sachsenland geführt, mit ihnen die Eresburg an der Diemel erstürmt und lagerte nun beim Heiligtum der Irminsul. Drei Tage lang brauchten die Krieger, um die Holzsäule zu stürzen und die Weihegaben zu plündern. Die Botschaft war klar: Die Sieger hatten den mächtigeren Gott auf ihrer Seite – doch was hatten sie da zerstört?

Mit den heidnischen Germanenstämmen jenseits des Rheins fochten die seit dem 6. Jh. christianisierten Franken schon seit längerem verbissene Kämpfe aus. Es war eine unruhige, noch dazu schwer zu verteidigende Grenze, die sich da an der nordöstlichen Flanke ihres Reiches öffnete. Der Biograf Karl des Großen Einhard nannte dafür auch die Gründe: Der Grenzverlauf führte durch flaches Land, »nur an einigen Stellen bildeten große Wälder oder dazwischenliegende Berge deutliche Grenzlinien. Mord, Raub und

Der Triumph des Frankenherrschers täuschte: Immer wieder erheben sich die Sachsen gegen den Eroberer.

Brandstiftungen nahmen daher auf beiden Seiten kein Ende«. Ständige Scharmützel und Überfälle prägten jedenfalls das Leben entlang der Sachsengrenze.

Die unruhige Ostgrenze des Frankenreichs

Schon die Merowingerkönige und dann ihre karolingischen Reichsverwalter (Hausmeier) waren daher in schöner Regelmäßigkeit gen Osten gezogen. Sie hatten die Sachsen wiederholt geschlagen, sie zeitweise sogar tributpflichtig gemacht. Dann kam Karl, später der Große genannt, der seit dem Tod seines Bruders 771 das Frankenreich als Alleinherrscher regierte. Der neue König nahm sich fest vor, diesen untragbaren Zustand ein für allemal zu bereinigen. Um die Sachsen endgültig zu besiegen, startete er 772 seinen ersten militärischen Vorstoß ins Feindesland – er ahnte nicht, dass ihn dieser Krieg mehr als dreißig Jahre hinweg beschäftigen würde.

Wie in jedem Krieg spielten auch im frühen Mittelalter Propaganda und symbolhafte Handlungen eine große Rolle. Wenn Karl die Sachsen unterwerfen und in sein Reich integrieren wollte, musste er sie auch missionieren, denn das Bekenntnis zum christlichen Glauben kam einer Anerkennung der politischen und sozialen Ordnung des Frankenreiches gleich. Also musste der Franke »beweisen«, dass sein Gott stärker war als die Gottheiten Wodan, Donar und Saxnot zusammen – letzterer war ein Stammesgott, der von den Sachsen verehrt wurde.

Ein rätselhaftes Kultbild

Wie alle Germanen zelebrierten die Sachsen ihren Kult überwiegend unter freiem Himmel. Heilige Haine, Quellen, Seen und Moore zählten zu ihren bevorzugten Opferplätzen. Waffen, Schmuck, Tier-, aber auch Menschenopfer gehörten zu den Gaben, die an den durch Stelen gekennzeichneten Orten dargebracht wurden. Deren Schlüsselrolle für das sächsische Kultleben hatte schon der Missionar Bonifatius erkannt, der einige Jahrzehnte zuvor demonstrativ und ungestraft die so genannte Donareiche bei Geismar in Hessen gefällt hatte. So schritt nun auch Karl der Große bei seinem ersten Sachsenfeldzug zu einer sinnfälligen Tat und ließ die Irminsul umstürzen.

Über das Aussehen und die kultische Bedeutung der Irminsul ist allerdings so gut wie nichts bekannt. Ein Schleier des Schweigens legt sich um sie, da die Sachsen selbst keine schriftlichen Zeugnisse hinterließen. So muss die Beschreibung des Mönchs Rudolf von Fulda aus der Mitte des 9. Jh. genügen: »Sie verehrten auch einen Baumstumpf von beträchtlicher Größe, der unter dem freien Himmel in die Höhe ragte und den sie in ihrer Muttersprache Irminsul nannten, was auf lateinisch ›universalis columna‹ bedeutet, als ob die Säule das All getragen hätte«. Eine »Weltsäule« also, für die sich in der germanischen Mythologie in der Weltesche Yggdrasil eine Entsprechung fand. Es war dieser gewaltige Baum, der Himmel, Erde und Unterwelt miteinander verknüpfte.

Die heutige Sprachforschung geht jedenfalls davon aus, dass mit dem Wortteil »irmin« keine Gottheit gemeint war, wie früher angenommen wurde, sondern eine Bekräftigung im Sinne von »groß, gewaltig« und bestätigt damit die Angaben Rudolfs von Fulda. Eine hohe Holzsäule, vielleicht in der Form einer Gabelsäule, in einem heiligen Hain stehend und als Abbild der kosmischen

»Die Sachsen waren – wie fast alle germanischen Stämme – ein wildes Volk, das Götzen anbetete und dem Christentum feindlich gesinnt war; auch empfanden sie es nicht als ehrlos, alle göttlichen und menschlichen Gesetze zu verletzen und zu übertreten«.

(Einhard »Das Leben Karls des Großen«, über die Sachsenkriege)

GERMANISCHES IM CHRISTENTUM

Da die Christianisierung der Sachsen im 8. Jh. nur sehr oberflächlich erfolgte, hielten sich heidnische Sitten und Gebräuche noch sehr lange. So wurden vor allem das Tragen von Amuletten, das Verwenden von magischen Runenzeichen oder diverse Methoden der Wahrsagerei in die christliche Zeit hinüber gerettet, und manch heidnischer Zauberspruch tauchte als christlicher Segensspruch wieder auf. So sind uns Pferde- und Wurmsegen überliefert, in die anstelle der heidnischen Götter einfach Christus und seine Heiligen eingefügt wurden. Vor allem aber in der Volksmagie, in den Ritualen von Liebes-, Heil- und Schadzauber sowie in der Zukunftsbefragung lebte viel heidnischer Aberglaube fort, gegen den die christlichen Missionare noch lange anzukämpfen hatten.

Mit dem Fällen der »Donareiche« hatte der Missionar Bonifatius die Strategie des »Kult-Krieges« vorgegeben.

Ordnung verehrt – so darf man sich das von Karl zerstörte Heiligtum wohl vorstellen. Einzigartig war sie aber nicht. Der Begriff Irminsul ist in frühmittelalterlichen Wörterbüchern auch in der Mehrzahl überliefert und ist auch nicht auf den altsächsischen Sprachraum beschränkt. Dies deutet darauf hin, dass es mehrere Irminsäulen an unterschiedlichen Orten gegeben hat. Das von Karl niedergelegte Heiligtum war also nicht das sächsische »Zentralheiligtum« schlechthin, als das man es früher gedeutet hat, sondern nur eines unter vielen.

Die Götter der Sachsen

Die Sachsen verehrten wie andere germanische Stämme die Hauptgötter Donar und Wodan. Donar, nordisch Thor, war ein besonders starker Gott, der Donner und Blitze schleudern konnte, Wind und Regen lenkte, aber auch Seuchen und Hungersnöte verursachte. Wodan, nordisch Odin, schenkte dagegen das Schlachtenglück und nahm sich der Gefallenen an. Er war auch der Gott der Dicht- und Heilkunst und der Magie und ritt auf einem achtfüßigen Pferd in den Kampf. Als regionale Besonderheit verehrten die Sachsen einen Gott namens Saxnot. Dieser Gott war vermutlich mit dem Stammes- und Kriegsgott Tyr identisch.

Auf der Suche nach dem Ort des Heiligtums

Das wirft die Frage auf, wo der Frankenherrscher 772 überhaupt gewütet hat. Aus den Angaben der »Fränkischen Reichsannalen« geht hervor, dass der König mit seinen Mannen zuvor die sächsische Befestigung der Eresburg auf dem Obermarsberg an der Diemel im heutigen Sauerland erobert hatte, bevor er zur Irminsul weiter zog. Folgt man diesen Angaben, wird sich das Heiligtum wohl irgendwo zwischen dieser Eresburg und der Weser befunden haben. Als mögliche Standorte kommen aber auch die Anhöhe der Velmerstot im Eggegebirge, das Dorf Irmenseul in der Gemeinde Harbarnsen im Landkreis Hildesheim, der Desenberg bei Warburg, die Iburg bei Bad Driburg oder der Tönsberg im Teutoburger Wald bei Oerlinghausen in Frage.

Der Möglichkeiten gibt es viele; mit archäologischen Methoden nachgewiesen werden konnte bislang keine davon. Eine zusätzliche Spur wäre ein in den Reichsannalen geschildertes Wasserwunder: Die vorstoßenden Truppen Karls litten demnach an akutem Wassermangel, sollen dann aber durch das plötzliche Auffüllen eines Bachbettes aus der Notlage entkommen sein. Ein solches Phänomen könnte ein Hinweis auf die zahlreichen Sickerquellen des Eggegebirges sein.

Der zornige Gegenschlag der Sachsen

Jedenfalls verstanden die Sachsen die fränkische Drohgebärde recht gut: Sie stellten Karl zwar zähneknirschend die von diesem geforderten Geiseln, zahlten ihm seine hochmütige Geste aber bei nächster Gelegenheit mit gleicher Münze heim: Als der Frankenkönig 774 in Italien weilte, griffen die Sachsen zu den Waffen und sächsische Scharen zerstörten die als fränkische Trutzfestung wieder aufgebaute Eresburg. Sie drangen bis nach Hessen vor, wo sie die Büraburg bedrohten und das reiche Kloster Fritzlar heimsuchten. Nach dem Motto »wie du mir, so ich dir« plünderten sie die von Bonifatius gegründete Peterskirche und rächten sich damit für die Zerstörung der Irminsul.

Der Konflikt zwischen Sachsen und Franken schaukelte sich dadurch weiter hoch, denn natürlich nahm Karl der Große seinerseits die Verwüstung christlicher Kirchen nicht einfach hin. Auf dem Hoftag von Quierzy in Lothringen fasste er den Entschluss, »das treulose und vertragsbrüchige Geschlecht der Sachsen zu besiegen und der christlichen Religion zu unterwerfen oder es gänzlich zu vernichten«, wie es die Reichsannalen festgehalten haben.

Die hölzernen Kultbilder blieben nicht erhalten, und so war der Fantasie späterer Zeichner keine Grenze gesetzt.

Mehr als drei Jahrzehnte voller Kampf und Widerstand dauerte es, bis sich die Sachsen schließlich unter die fränkische Herrschaft fügten. Die Missionierung war dabei lediglich Mittel zum Zweck; um persönliche Überzeugungen ging es nicht. Den Missionaren und ihren Auftraggebern aus dem Haus der Karolinger genügte es schon, wenn die Neubekehrten die Taufformel nachsprachen und die alten Riten wenigstens nicht mehr offen zelebrierten.

Und ordnungsgemäß Steuern zahlten: Die Leistung des Zehnten diente dem Aufbau der Kirchenordnung und damit dem »verwaltungsmäßigen« Anschluss der neueroberten Gebiete an das Frankenreich. So war es nicht verwunderlich, dass unter dem dünnen Firnis des Christentums jede Menge heidnischen Volksbrauchtums und Aberglaubens weiter lebten, auch lange, nachdem die Irminsäule, ihre Bedeutung und ihr Ort vergessen waren.

Der doppelte Kaiser – Abendland kontra Byzanz

Sie gehört zu den leicht zu merkenden Jahreszahlen der Geschichte: 800 – Karl der Große wird in Rom vom Papst zum Kaiser gekrönt. Doch ganz so einfach und geradlinig kann dieses Ereignis nicht verlaufen sein. Schließlich gab es im christlichen Europa schon einen Kaiser, nämlich den in Byzanz. War der neue Titel des Karolingers überhaupt legal?

»Er (Karl) reagierte mit viel Geduld auf die Eifersucht, mit denen die (Ost-) Römischen Kaiser auf seine Annahme dieser Titel reagierten, denn sie nahmen ihm diesen Schritt sehr übel.«

(Einhard, »Das Leben Karls des Großen«)

Der Akt selbst ist bestens belegt: Als Karl am Weihnachtstag 800 in die Petersbasilika eingezogen war, legten Karl und sein Sohn Ludwig ihre Königskronen auf dem Altar nieder. Papst Leo III. ergriff nach der Messfeier den Kronreif Karls. Er hob ihn hoch über das Haupt des Karolingers und krönte diesen unter dem uralten Huldigungsruf der Gemeinde: »Karl, dem Erhabenen, dem von Gott gekrönten großen und friedbringenden Kaiser der Römer, Leben und Sieg!« So weit, so feierlich. Doch dann schreibt Karls Biograph Einhard diesen merkwürdigen Nebensatz, Karl habe gegenüber diesem Titel eine solche Abneigung gezeigt, dass er trotz des Feiertags nicht den Fuß in die Kirche gesetzt hätte, hätte er um die Krönung gewusst.

Karl war sich im Klaren, dass er sich mit der Annahme der Kaiserkrone in ein politisches Minenfeld begab. War der gezeigte Ärger etwa eine diplomatische Geste an Byzanz? Denn dort regierte auch ein Kaiser der Christenheit, der sich als legitimer Nachfolger der römischen Imperatoren verstand. Zwar hatten schon die Römer in der Spätzeit ihres Imperiums den Kaisertitel zwischen

Die diplomatischen Hintergründe der Kaiserkrönung Karls durch Papst Leo III. (Gemälde von F. Kaulbach, 1861) sind bis heute umstritten.

Ost und West geteilt, doch galt dies als Notmaßnahme. Ab 476 kannte die frühmittelalterliche Welt nur den Kaiser im Osten.

Das alte Kaisertum in der Krise

Doch wo bzw. wer war dieser Kaiser im Jahr 800? Das Byzantinische Reich erlebte wirre Zeiten. Theologische Streitigkeiten um die Verehrung von heiligen Bildern hatten zu bürgerkriegsähnlichen Zuständen geführt, und die Hofintrigen wurden immer verworrener. Strippenzieherin war dabei Kaiserin Irene. Die machtbewusste Gattin Leos IV. hatte sich nach dessen Tod zur Mitregentin ihres Sohnes Konstantin VI. aufgeschwungen. 797 beseitigte sie alleine ihren eigenen Sprössling und regierte fortan als Kaiserin.

Dieser Akt von Emanzipation fand allerdings nur wenig Unterstützung, weder in Byzanz selbst – Irene wurde bereits 802 gestürzt –, noch im Westen. Papst Leo III. betrachtete den Kaiserthron jedenfalls als unbesetzt und sah es als sein Recht an, einen neuen Kaiser zu ernennen. Und dafür bot sich der mächtigste Herrscher des Abendlandes an, der Franke Karl. Die Kaiserkrone zu verleihen, das war und blieb während des ganzen Mittelalters der politische Ehrgeiz der Päpste.

Die Symbole des Kaisertums

Auf vielen Abbildungen (u.: französ. Buchmalerei, 14. Jh.) tritt uns Karl der Große im vollen Ornat der Reichsinsignien gegenüber. Eindrucksvoll, aber unhistorisch, da die berühmten Symbole des Kaisertums erst später entstanden. Das klassische Kaisersymbol der Antike, den Reichsadler, hat Karl allerdings bereits verwendet, etwa an seiner Residenz, sowie auf Feldzeichen und Münzen. Welche Krone Karl trug, wissen wir nicht; die alte Reichskrone stammt aus dem 10. Jh. Aus dem 11. Jh. stammen Reichskreuz und Reichsschwert; noch jünger sind Reichsapfel – Symbol der Herrschaft über die Welt – und Reichsszepter. Tatsächlich in karolingische Zeiten zurück reichen die Reichslanze, mir der angeblich die Seite des gekreuzigten Christus geöffnet wurde und die Stephansbursa, ein Reliquiar des hl. Stephanus.

Leo III. hätte somit die Situation genutzt, um ein vom Papsttum begründetes Kaisertum des Westens zu schaffen. Andere Forscher vermuten Irene selbst hinter der römischen Krönung: Die Byzantinerin hätte sich demnach in Karl einen starken Verbündeten – und zukünftigen Ehemann? – erhofft. Es ist belegt, dass Boten zwischen den beiden Höfen verkehrten, und womöglich hatte Irene Karl eine Krönung mit dem Segen des alten Kaisertums angeboten. Karls Verärgerung hätte sich demnach gegen Papst Leo gerichtet, der sich gegen die Abmachung selbst zum »Kaisermacher« befördert habe.

Nach Irenes Sturz waren die ost-westlichen Flitterwochen ohnehin vorbei. Der neue Kaiser, Nikephoros, protestierte auf Heftigste gegen den fränkischen »Emporkömmling«; der Streit um die gegenseitige Anerkennung der Kaiserwürde ging noch Jahre hin und her. Wirklich unangefochten blieb die Kaiserkrone des Abendlands erst nach ihrer Wiederbelebung durch Otto I. im Jahr 962.

Die Herrschaft der machtbewussten Kaiserin Irene (li. o.) über Byzanz war kurz.

Löwenherz: ein König wird gefangen gehalten

Die mittelalterlichen Herrscher waren nicht gerade zimperlich, wenn es darum ging, ihre politischen Ziele durchzusetzen. Aber dass ein gekröntes Haupt ein anderes in Geiselhaft nahm, kam nicht alle Tage vor. Opfer einer solchen Gewalttat wurde Richard Löwenherz, den der Stauferkaiser Heinrich VI. 1193 viele Monate lang auf Burg Trifels gefangen hielt. Wie konnte der Engländer in diese peinliche Situation gelangen?

Was war nur mit König Richard geschehen, fragten sich die Untertanen des Herrschers aus dem Hause Plantagenet, der neben England auch über weite Teile Westfrankreichs regierte. Nur wenige Monate nach seiner Krönung im Herbst 1189 war er zum Kreuzzug nach Jerusalem aufgebrochen. Er hatte dort gekämpft, gemetzelt und verhandelt, aber keine bleibenden Erfolge erzielen können. So hatte er das Heilige Land im Oktober 1192 wieder verlassen. Das war vor einem Jahr gewesen – hätte der König nicht längst wieder zurück in England sein müssen?

Eigentlich hatte Richard das auch vorgehabt, denn ihm war nicht besonders wohl bei dem Gedanken, den Thron so lange verwaist zu lassen. Schließlich hoffte sein jüngerer Bruder Johann, der aus gutem Grund den Beinamen »Ohneland« trug, schon länger auf die Krone. Hinzu kam, dass Frankreichs König Philipp II. August die Abwesenheit seines Kollegen genutzt hatte, um in die Normandie einzufallen und den englischen Festlandsbesitz in großen Teilen zurück zu erobern. Es gab also gute Gründe, die Heimkehr zu beschleunigen. Tatsächlich aber dauerte es geschlagene 18 Monate, bis Richard wieder heimischen Boden betrat.

Der verkleidete König Richard wird festgenommen (o.) und muss Kaiser Heinrich VI. den Lehenseid leisten (u.).

Ein geheimnisvoller Kaufmann namens Hugo

Ursprünglich wollte der englische König vom Heiligen Land aus übers Mittelmeer bis nach Marseille segeln. Dabei allerdings hätte die Gefahr bestanden, Philipp II. August direkt in die Arme zu laufen und womöglich in französische Gefangenschaft zu geraten. Also änderte Richard seinen Plan, wählte die vermeintlich sichere Route über die Adria und landete nach einer abenteuerlichen Reise an der dalmatinischen Küste. Doch damit nahm das Unglück erst recht seinen Lauf.

Das Gebiet, das Richard und seine Begleiter auf dem Weg nach Norden durchqueren mussten, gehörte nämlich zum Herrschaftsgebiet Herzog Leopolds von Österreich. Der König wusste genau, dass er gefährlichen Boden betrat, denn er hatte den Herzog bei der Einnahme von Akkon im Jahr 1191 fürchterlich brüskiert. Richard Löwenherz wollte Leopold nicht an der reichen Kriegsbeute beteiligen und hatte dessen Standarte kurzerhand in den Burggraben befördert – und damit dessen Ehre besudelt. Das war, wie er sich jetzt eingestehen musste, ein schwerer Fehler gewesen. Deshalb zog Richard es vor, das herzogliche Land sicherheitshalber inkognito zu passieren, als wohlhabender Kaufmann Hugo.

Zunächst ging auch alles gut, und nach dreitägigem Ritt kamen Richard und seine Begleiter wohlbehalten in einem kleineren Ort in der Nähe von Wien an. Hier wollten sie sich ein wenig von den Strapazen erholen und Kräfte für die Weiterreise sammeln. Weil ihre Essensvorräte zu Ende gingen, zog ein junger Diener los, um frische Lebensmittel einzukaufen. Dabei soll ihm, wie es heißt, ein folgenschwerer Fehler unterlaufen sein, denn er bezahlte mit byzantinischen Goldmünzen, die man hier in der Provinz noch nie zu Gesicht bekommen hatte. Ohnehin

LÖWENHERZ IN DER LEGENDE

Schon bald nach Richards frühem Tod rankten sich zahlreiche Legenden um seine Person, die ihn zum »edlen Ritter« verklärten, der sogar das berühmte Schwert Excalibur mit sich geführt haben soll.

Eine dieser Geschichten handelt von der »wunderbaren Rettung« des englischen Königs. Wie es heißt, soll ein alter Freund, der Troubadour Blondel, damals durch ganz Deutschland gezogen zu sein, um seinen König zu suchen. Vor jeder Burg habe er ein Lied gesungen, das er und Richard einst gemeinsam gedichtet hatten. Vergeblich. Doch dann hörte der Sänger eine vertraute Stimme, die aus dem Turm von Burg Trifels (in anderer Überlieferung noch aus Dürnstein) kam. Richard Löwenherz sang die Zeilen des Liedes mit. Daraufhin soll Blondel den König befreit und zurück nach England gebracht haben.

Richard Löwenherz' Abwesenheit aus England wird auch mit den Geschichten von Robin Hood in Verbindung gebracht, selbst wenn es den berühmten Geächteten aus dem Sherwood Forest wohl niemals gegeben hat. 1819 verfasste der Schriftsteller Walter Scott den Historienroman »Ivanhoe«, in dem sowohl Richard Löwenherz als auch Robin Hood auftreten (Illustration re.). Diese Konstellation ist seither in allen Robin Hood-Filmen zu finden.

Löwenherz, Ritter ohne Furcht, doch voller Tadel

Richard war der Sohn des englischen Königs und Herzogs von Anjou Heinrich II. und Eleonore von Aquitanien. Er selbst war in Frankreich aufgewachsen und hielt sich später nur selten und eher widerwillig in England auf. Den Beinamen »Löwenherz« soll Richard aufgrund seiner tollkühnen Aktionen als Kreuzfahrer erhalten haben. Dabei war er alles andere als ein »edler Ritter«: So ließ er nach der Eroberung von Akkon im August 1191 etwa 2700 muslimische Geiseln, darunter Frauen und Kinder, töten, nur weil sich die von Sultan Saladin versprochene Übergabe der christlichen Gefangenen verzögerte. Richard Löwenherz starb am 6. April 1199 bei dem vergeblichen Versuch, eine Burg in Frankreich zu erobern.

wurde bereits gemunkelt, dass es sich bei dem merkwürdigen Reisenden keineswegs um einen Kaufmann namens Hugo handelte. Diese Vermutungen bestätigten sich, als Richards Diener am nächsten Tag erneut los zog. Um sich gegen die bittere Dezemberkälte zu schützen, soll er die Handschuhe des Königs angezogen haben, die höchst auffallend mit goldenen Leoparden bestickt waren, Richards Wappentier. Ob diese Geschichten nun stimmen oder nicht, sei dahingestellt – auf jeden Fall wusste bald der ganze Ort, wer sich tatsächlich hinter Kaufmann Hugo verbarg. Die Stadtwachen wurden alarmiert, und nachdem Richards Diener unter der Folter verraten hatte, wo sein Herr zu finden war, spürten sie den englischen König in seinem Quartier auf.

»Und als der Herzog es herausfand, da sandte er so viele Ritter, dass sie ihn leicht übermannten.«

(Anonymer Chronist über die Gefangennahme von Richard Löwenherz)

Das war der Moment, auf den Leopold von Österreich gewartet hatte. Der Herzog ließ den englischen König gefangen nehmen und in die knapp 60 km entfernte Festung Dürnstein an der Donau bringen. Schließlich wusste er genau, was für einen dicken Fisch er da gefangen hatte – Kaiser Heinrich VI. würde großes Interesse an dem hohen Gefangenen haben!

Ein Glücksfall für Kaiser Heinrich VI.

Der junge Staufer, Sohn und Nachfolger des auf dem Kreuzzug verstorbenen Kaisers Friedrich Barbarossa, steckte innenpolitisch in erheblichen Schwierigkeiten. Durch die eigenmächtige Besetzung mehrerer mittel- und niederrheinischer Bistümer hatte er sich mit den Fürsten überworfen, die sich daraufhin gegen ihn zusammenschlossen. Jetzt planten sie sogar, sich mit dem englischen König zu verbünden, der mit den Staufern ebenfalls im Konflikt lag. Richards Schwester Mathilde war nämlich mit dem Welfenherzog Heinrich dem Löwen verheiratet gewesen, der, nachdem ihn Friedrich Barbarossa entmachtet hatte, vorübergehend im englischen Exil gelebt hatte.

Insofern war es für Heinrich VI. ein Glücksfall, den gefangenen Richard Löwenherz als Druckmittel gegen die Fürstenopposition in der Hand zu haben. Der Preis von 50 000 Silbermark, den er an Leopold gezahlt hatte, schien ihm keineswegs zu hoch.

Nach verschiedenen Zwischenaufenthalten wurde Richard auf Burg Trifels interniert, einem recht komfortablen Gefängnis mit schönem Blick auf die Rheinebene. Auch ansonsten fehlte es ihm an nichts. Die Wachen behandelten ihn mit großem Respekt, versorgten ihn mit erlesenen Speisen und hervorragenden Pfälzer Weinen. Man stellte Richard sogar Pergamentblätter und Federkiele zur Verfügung, sodass er seine poetische Ader ausleben konnte. Dafür aber zwang ihn Heinrich VI., mit der Fürstenopposition zu verhandeln und mäßigend auf sie einzuwirken. Mit Erfolg: Im Juni 1193 konnte der bedrohliche Konflikt beigelegt werden, und Heinrich hatte die Hebel der Macht wieder fest im Griff.

Unterdessen wurde über die Konditionen für Richards Freilassung verhandelt, wobei sich die Lösegeldforderung auf die gewaltige Summe von 150 000 Silbermark belief. Das war mehr als das doppelte Jahreseinkommen der englischen Krone. Zunächst sah es für Englands König gar nicht gut aus, und Bruder Johann Ohneland hegte schon berechtigte Hoffnungen, endlich selbst den Thron besteigen zu können. Er behinderte die Verhandlungen mit den Großen des Reiches und bot Heinrich VI. sogar Geld an, damit er Richard noch weiter in Gefangenschaft hielt.

Die Königin-Mutter sammelt das Lösegeld

Doch Richard Löwenherz hatte Glück, denn seine resolute Mutter Eleonore reiste kreuz und quer durch das Inselreich, um sich für ihren Sohn einzusetzen und das Geld zusammenzubekommen. Anfang 1194 hatte sie es geschafft: Mit 34 000 kg reinem Silber, verpackt in stabilen Ledersäcken, reiste die bereits 71-jährige Königin-Mutter nach Speyer und übergab dort das Lösegeld am 2. Februar an Heinrich VI.

Doch noch war Richard nicht frei. Erst nachdem er dem Staufer den Lehnseid geleistet und damit dessen Oberherrschaft anerkannt hatte, durfte er endlich nach England zurückkehren. Heinrich VI. aber legte das Lösegeld gut an. Der Staufer-Kaiser finanzierte damit die Eroberung Siziliens und ließ sich im Dezember 1194 in Palermo feierlich zum Herrscher über Süditalien krönen.

Reichsfestung und königliches Gefängnis im Pfälzer Wald: Die Burg Trifels ist Zeugnis der Staufer-Zeit.

Das gefälschte Erzherzogtum

Verdanken die Habsburger und damit Österreich ihre einst herausragende Stellung in der deutschen wie der europäischen Geschichte einer plumpen Fälschung? Jahrhundertelang stritten die Gelehrten um diese Frage, die letztlich auf der politischen Bühne entschieden wurde.

Herzog Rudolf IV. der Stifter sollte eigentlich »der Fälscher« heißen.

Die Habsburger waren seit Rudolf I., dem ersten deutschen König aus ihrem Geschlecht (1273–1291), der Überzeugung, dass sie die »geborenen deutschen Herrscher« seien. Vor allem Herzog Rudolf IV., genannt der Stifter (1358–1368), war von der Auserwähltheit seiner Familie durchdrungen. Doch wie erlangt man politische Macht auf Dauer?

Der Herzog näherte sich dem ersehnten Aufstieg zum einen durch Heirat: Rudolf IV. ehelichte Katharina von Luxemburg, eine Tochter Kaiser Karls IV. Doch 1356 kam es zum Bruch mit dem Schwiegervater. Dieser hatte mit der »Goldenen Bulle«, dem Grundgesetz des Heiligen Römischen Reichs, die Königswahl sieben Kurfürsten übertragen – und der Herzog von Österreich gehörte nicht dazu!

Die Meister-Fälscher gehen an ihr Werk

Vor Wut schäumend vernichtete Rudolf die als »Privilegium minus« (Kleines Privileg bzw. Freiheitsbrief) in die Geschichte eingegangene Urkunde vom 11. September 1156, in der Kaiser Friedrich I. Barbarossa Österreich zum Herzogtum erhoben hatte und mit besonderen Rechten versah. Das heißt, ganz zerstörte Rudolf IV. das Dokument nicht: Er trennte Kaiser Barbarossas Siegel vom Pergament ab und »entsorgte« nur den Text. Denn Rudolf hatte einen ganz bestimmten Plan ...

So hatten im Winter 1358/59 diverse Gelehrte und Schreiber reichlich zu tun, hatten sie doch nicht weniger als fünf Urkunden zu fälschen: die »österreichischen Freiheitsbriefe«. Alle diese Dokumente, unterzeichnet von Herrschern des 12. und 13. Jh., beinhalteten bestimmte Vorrechte. Wichtig war, dass die Privilegien nicht den Empfängern persönlich, sondern ihren Ländern verliehen wurden. Die dreisteste Fälschung war sicher jene vom (angeblich) 4. Oktober 1058, in der

Kaiser Heinrich IV. dem Markgrafen Ernst dem Tapferen bestätigte, dass Österreich für alle Zeiten von allen Abgaben entbunden sei – wie von niemand Geringerem als Gaius Julius Caesar und Kaiser Nero dereinst zugesichert!

Die wunderbaren Vorrechte des Hauses Österreich

Die politisch wichtigste Fälschung war jedoch jene Urkunde, die vom Privilegium minus zum »Privilegium maius«, zum »Großen Privileg« umgewandelt wurde. Das Schriftstück stellte eine auch für das an falschen Dokumenten nicht arme Mittelalter eine Unverfrorenheit dar. Die mit Originaldatum des Kleinen Privilegs versehene Version erweiterte jeden Artikel mit Formulierungen, die sich zu imponierenden Vorrechten des Herzogtums addierten, und die letztlich auf eine Gleichstellung mit den Kurfürsten hinausliefen. Zu den »althergebrachten« Vorrechten gehörten die Unteilbarkeit des Landes, das Erstgeburtsrecht in der Erbfolge und die weitgehende Befreiung von Heerzügen des Reichs.

Rudof IV. vergaß auch nicht das Protokoll. So bezeichnete er Österreich als »Herz und Schild des Heiligen Römischen Reichs« und sich selbst als »Pfalzerzherzog«, ein reiner Fantasietitel. Und als solcher habe er bei den Hoftagen natürlich zur Rechten des Kaisers seinen Sitz, unmittelbar hinter den Kurfürsten.

Trotz »Brief und Siegel« waren die Urkunden des Mittelalters alles andere als fälschungssicher.

Das Werk eines »unfähigen Esels«

Dann ließ Rudof IV. an den falschen Text das echte Siegel Barbarossas anbringen, präsentierte Kaiser Karl IV. die Freiheitsbriefe und forderte seine »Rechte« ein. Doch der traute seinem Schwiegersohn nicht und ließ die Zertifikate prüfen. Der »Chefgutachter«, der Humanist Francesco Petrarca, fällte ein vernichtendes Urteil: Die Urkunden seien von einem »unfähigen, lächerlichen Esel« gefälscht. Ergebnis: Rudolf IV. blieb »einfacher« Herzog.

Doch 1438 gewannen die Habsburger die deutsche Königswürde zurück und Kaiser Friedrich III. bestätigte 1453 seinem Verwandten Albrecht VI. von Österreich den Titel »Erzherzog«. Fortan herrschten die Habsburger, so wie Rudolf IV. es sich erträumt hatte, als quasi erbliche deutsche bzw. österreichische Kaiserdynastie – bis 1918.

Die Wissenschaft hat Rudolfs Schriftwerke eindeutig als Machenschaften entlarvt, endgültig 1856 durch den Historiker und Paläografen Wilhelm Wattenbach. Doch ein Rätsel bleibt: Welche »Schriftkünstler« haben Herzog Rudolfs fünf Freiheitsbriefe gefälscht?

»Wer sollte die Echtheit der erweiterten Urkunde bezweifeln, wenn das echte Siegel Rechtskraft verbürgte?«

(Christiane Thomas im Ausstellungs-Begleitband »Ostarrichi-Österreich 996–1996«)

Erzherzog mit Hut

Im Wiener Diözesanmuseum hängt eines der ältesten Porträts des Abendlandes: Das vor 1365 entstandene Gemälde (li.) zeigt Herzog Rudolf IV. mit einer von der Stirn bis zum Nacken verlaufenden Bügelkrone. Der »königliche« Bügel machte den Unterschied: Damit erhob sich Rudolf über die »normalen« Herzöge, denen nur ein roter Samthut zustand. Der »eigentliche« österreichische Erzherzogshut ist eine Weihegabe des Tiroler Erzherzogs Maximilian II. zur Bekrönung der Schädelreliquie Herzog Leopolds III., aus dem Jahr 1616. Die Preziöse befindet sich heute in Stift Klosterneuburg.

Die Macht der Fugger

Nach dem Tode Kaiser Maximilians I. 1519 rangen dessen Enkel Karl, der König von Spanien, und der französische König Franz I. um die deutsche Kaiserkrone und überboten sich mit Zugeständnissen an die sieben Kurfürsten. Ein Augsburger Kaufmann und Bankier gab am Ende mit seinen Mitteln den Ausschlag zugunsten Karls – Jakob Fugger, genannt der Reiche. Lohnte sich diese Millionen-Investition für den Kaufmann?

Eine schöne Legende: Jakob Fugger soll in Augsburg vor Kaiser Karl V. dessen Schuldscheine im Kamin verbrannt haben.

Der Mahnbrief des Gläubigers an seinen Schuldner ließ an Deutlichkeit nichts zu wünschen übrig: »Es ist auch wissentlich und liegt am Tag, dass Eure Kaiserliche Majestät die römische Krone ohne mein Zutun nicht hätten erlangen können«, schrieb Jakob Fugger Anfang 1523 Kaiser Karl V., in dessen Reich bekanntlich die Sonne nicht unterging. Er hätte bei der Kaiserwahl schließlich auch den französischen Rivalen unterstützen können, so der Augsburger Großkaufmann, Bergbauunternehmer und Bankier in ungewöhnlicher Offenheit. Leider aber habe seine Kaiserliche Majestät bis jetzt keine Anstalten gemacht, seine Schulden zu begleichen.

Kein Geschäft ohne Gegenleistung

Der Kaiser im fernen Spanien wusste ganz genau, was er dem selbstbewussten Bürger verdankte. Das Geld, um die Schulden zurückzuzahlen, hatte er zwar nicht, wohl aber konnte er verhindern, dass Fugger ein Prozess wegen seines Monopols über die reichen Silber- und Kupferminen in Tirol und Ungarn gemacht und seine Handelsaktivitäten eingeschränkt wurden, wie dies die Reichsstände forderten. Seinen Bruder Ferdinand, den Stellvertreter im Reich, wies Karl an, dass das Verfahren gegen Fugger unterbunden werde – im ureigensten Interesse.

Fugger konnte also ungestört weiter gute Geschäfte machen und damit auch jenes Geld verdienen, das der Kaiser für seine Kriegszüge gegen Frankreich wie gegen die Protestanten dringend benötigte. Eine schöne Legende dagegen ist die Geschichte, Jakob Fugger habe bei einem Augsburg-Besuch Karls einen Schuldschein zerrissen und in den Kamin geworfen. Der Kaiser und sein Finanzier sind sich zum einen nie begegnet, zudem verschenkte ein Fugger kein Geld. Kein Geschäft ohne Gegenleistung!

In nur wenigen Generationen waren die Fugger von einfachen Leinenwebern zur mächtigsten und reichsten Kaufmannsfamilie des Reiches aufgestiegen. 1485 kamen sie erstmals mit den Habsburgern ins Geschäft: Sie liehen Erzherzog Sigismund 3000 Gulden, wofür sie Anteile an den reichen Tiroler Silber- und Kupferbergwerken erhielten. Dies war der Anfang einer intensiven Geschäftsbeziehung; vor allem der chronisch klamme Kaiser Maximilian I. benötigte ständig neues Geld. Im Gegenzug bekamen die Fugger immer mehr Bergwerke – bald hatten sie auf diesem Gebiet eine marktbeherrschende Stellung im Reich – sowie umfangreiche Ländereien.

Reiche Profite aus dem verpönten Ablasshandel

Geschickt verstanden es die Kaufleute, ihren Reichtum gewinnbringend anzulegen. Sie investierten in den Seehandel nach Amerika und machten lukrative Geschäfte mit der päpstlichen Kurie in Rom. Indirekt trugen die Fugger auch dazu bei, die Reformation auszulösen: Um seine Wahl zum Erzbischof von Mainz zu finanzieren, hatte sich Albrecht von Brandenburg Geld bei den Fuggern geliehen; die Schulden beglich er mit dem Verkauf von Ablassbriefen, den die Fugger organisierten – teure Dokumente, mit denen sich angeblich die Seele eines Sünders von den Strafen im Jenseits loskaufen ließ.

Diese unheilige Verbindung von Kirche und Kapital brachte im sächsischen Wittenberg den Augustinermönch Martin Luther dazu, 1517 seine Thesen wider den Ablasshandel zu verkünden. Später, im Bauernkrieg, bezahlten die Herren des Schwäbischen Bundes ihre Heere, mit denen sie gegen die Bauern vorgingen, mit dem Geld Fuggers.

Allmählich verschoben sich allerdings die Gewichte, und bald waren die Fugger vom Hause Habsburg abhängig – wie es so oft zwischen Gläubigern und Schuldnern geschieht. Die wiederholten spanischen Staatsbankrotte unter Karls Sohn Philipp trafen das Augsburger Bankhaus schwer, das nie wieder an alte Erfolge anknüpfen konnte. Was vom legendären Reichtum Jakob Fuggers blieb, sind die Fuggerei in Augsburg, die älteste noch bestehende Sozialsiedlung der Welt, und ein ausgedehnter Landbesitz in Bayerisch-Schwaben.

Der Aufstieg des Hauses Fugger

1367 kam der einfache Leinenweber Hans Fugger aus dem Lechfeld-Dorf Graben nach Augsburg. Dank seines Fleißes und einer geschickten Heiratspolitik machte die Familie in der Weberzunft rasch Karriere und weitete ihre Geschäfte in den Tuchverlag und Textilhandel aus. Mit den Gewinnen stiegen die Fugger in den Fernhandel ein, später erwarben sie nahezu ein Monopol im Silber- und Kupferbergbau. Jakob Fugger der Reiche, der von 1459 bis 1525 lebte, verfügte über fast zehn Prozent des Volksvermögens des Reichs und beherrschte praktisch alle Bereiche der damaligen Wirtschaft. Seine Firma war 50-Mal größer als das zweitstärkste Unternehmen des Reichs, das Handelshaus der Welser.

»Es ist auch wissentlich und liegt am Tag, dass Eure Kaiserliche Majestät die römische Krone ohne mein Zutun nicht hätten erlangen können.«

(Jakob Fugger der Reiche an Kaiser Karl V.)

Der Kaufmann der Könige: Porträt Jakob Fuggers des Reichen, gemalt von Albrecht Dürer.

Rebellion des Bauernstands

Die vielen Plagen und Schikanen, mit denen die weltlichen Herren im deutschen Mittelalter ihren Untertanen das Leben schwer machten, boten jede Menge Anlass, sich aufzulehnen, sich zu weigern oder um Befreiung davon zu kämpfen. Dienste, Zwangsarbeit, Steuern, Abgaben, Strafen, Bußgelder, Leibeigenschaft, Gerichtsherrschaft, Kriegsdienst, Religionszwang ... Waren es dann aber tatsächlich ein paar Schnecken, die 1524 die große Rebellion entzündeten?

Das Flugblatt aus dem Bauernkrieg fasst die Forderung der Aufständischen in einem markanten Schlagwort zusammen.

Aus der Ferne betrachtet, erscheint die Auflehnung, die in der ersten Hälfte des 15. Jh. als großer Bauernkrieg wie ein Flächenbrand große Teile Deutschlands erfasste, mehr als verständlich, mehr als legitim. Doch bis heute rätseln die Historiker und Forscher, wieso es ausgerechnet ein völlig banaler und eher nichtiger Anlass im Hotzenwald an der Schweizer Grenze geschafft hat, das Fass zum Überlaufen zu bringen. Zumal dieser Anlass durch keinerlei Quellen belegt ist; seine Existenz geht lediglich auf die mündliche Überlieferung von Anekdoten zurück.

Dort, wo der südöstliche Schwarzwald schroff ins obere Rheintal abfällt, lag eingeklemmt zwischen vorderösterreichischen Besitzungen und dem trutzigen Zusammenschluss der freien Bauernschaften der Schweiz die kleine Herrschaft des Landgrafen Sigismund II. von Lupfen. Seine Gemahlin Helena von Rappoltstein lebte dort auf Burg Hohenlupfen bei Stühlingen das ganz auf Vergnügen und Genuss bedachte Leben der adligen Gesellschaft. Für die Kümmernisse, Sorgen und Bedürfnisse ihrer bäuerlichen Untertanen besaß sie wenig Verständnis, und noch weniger Feingefühl, wenn es darum ging, diese Untertanen zur Befriedigung der eigenen Wünsche einzusetzen.

Frondienst für die Launen einer Burgherrin

Im August 1524, mitten in der Erntezeit und obendrein auch noch am Feiertag Johannes des Täufers, verlangte sie von den Bauern, leere Schneckenhäuser, Morcheln, Erdbeeren und Berberitzen zu sammeln. Ihr war nämlich der spontane Wunsch gekommen, für die gnädigen Herren auf dem Schloss zum Feiertag Schlehenkompott und Erdbeerkonfitüre machen zu lassen. Die Schneckenhäuschen forderte sie, damit die Mägde den Feiertag nicht tatenlos vertrödelten. Sie sollten Seide darauf wickeln.

Bauer gegen Ritter (li.) – das war die große Konfrontation der Rebellion von 1524/25.

Diese Forderungen der Gräfin brachten die Bauern so sehr auf, dass sich binnen weniger Tage ein Haufen von 600 Männern unter Führung des Hans Müller zu Bulgenbach zusammenrottete und gegen Waldshut an der Schweizer Grenze marschierte. Dort gründeten die Bauern unter Federführung des reformatorischen Predigers Balthasar Hubmaier einen Bund und sandten Boten mit ihren Forderungen in alle Himmelsrichtungen: in den Hegau, Breisgau, Sundgau, nach Schwaben, nach Franken, nach Thüringen, ins Elsass und rheinabwärts zu den Bauern an der Mosel. Ihre Botschaft: »Wir wollen unseren Herren nicht mehr gehorsam sein, keinen Herrn haben als den Kaiser, diesem seinen Tribut geben; er soll uns aber nicht einreden. Wir wollen alle Schlösser und Klöster und was den Namen geistlich hat, zerstören.«

Von der Reformation zur Revolution?

Mit diesen Botschaften und den Nachrichten von der Erhebung am Oberrhein flog der Samen des Aufruhrs über das Land. Er fiel fast überall auf fruchtbaren Boden und löste den größten Volksaufstand aus, den es bis dahin in deutschen Landen gegeben hatte.

Da siehe, welch ein mächtiger Fürst der Teufel ist, der so bald, so viel tausend Bauern fangen, verführen, verblenden, verstocken und empören kann …«

(Martin Luther, Flugschrift «Wider die mörderischen und räuberischen Rotten der Bauern«, 1525)

Unterstützung fanden die Aufständischen bei radikalen Theologen wie Thomas Müntzer (li.: vor der Schlacht von Frankenhausen).

Thomas Müntzer und der Bauernkrieg in Thüringen

Eine Sonderform nahmen die Aufstände in Thüringen durch die Beteiligung des evangelischen Theologen Thomas Müntzer an. Müntzer glaubte, im Zuge des Bauernkrieges ein »Reich der Gottesherrschaft« errichten zu können und verschärfte die Bauernforderungen, indem er vollständige Gleichheit und Gütergemeinschaft

aller Menschen forderte. Anders als Luther sah Müntzer in der Reformbewegung die Möglichkeit, die Verhältnisse grundlegend zu wandeln. Für ihn war die Obrigkeit die »Grundsuppe des Wuchers, der Dieberei und Räuberei«. Müntzer sah kein durch das Evangelium begründetes Gewaltprivileg bei der Obrigkeit, im Gegenteil, ausdrücklich forderte und begrüßte er das aggressive Vorgehen der Bauern. Und Luthers Einwürfe und Stellungnahmen bezeichnete er als Lügen, mit denen er zu Unrecht und Unterdrückung »auch noch Amen sagt«.

In einer Schlacht bei Frankenhausen (Abb.) führte Müntzer 8000 Bauern gegen die 5000 Soldaten des Kurfürsten Johann von Sachsen und erlebte eine vollständige Niederlage. 5000 Bauern fanden den Tod. Müntzer selbst geriet in Gefangenschaft und starb nach grausamen Folterungen, an deren Ende er hingerichtet wurde.
In der Geschichtsdeutung der DDR wurde Thomas Müntzer zum Vorkämpfer der »Frühbürgerlichen Revolution« stilisiert und in die der Reihe der Vordenker für Marx, Engels und Lenin gestellt.

Dieser Aufstand verknüpfte dabei schon in seinen frühen Anfängen die freiheitlichen Forderungen mit der religiösen Aufbruchsbewegung der Zeit.

Ermutigt von der Reformation und unterstützt vom Theologen Christoph Schappeler verfassten bei Memmingen in Oberschwaben die Bauern einen Forderungskatalog mit dem Titel »Die zwölf Artikel«. Darin präzisierten sie all die Forderung, die schon in früheren Aufstandsbewegungen wie der sogenannten Bundschuh-Bewegung und bei der Revolte des »Armen Konrad« in den Jahrzehnten davor formuliert worden waren. Die Bauern sahen sich legitimiert »aus der Schrift, von Gott, durch das Evangelium«, deren Verkündigung und Studium in der Sprache des Volkes ja eine der zentralen Forderungen der Reformatoren war. So war es auch nicht verwunderlich, dass alsbald auch bedeutende Wortführer der Reformation in die Aufstandsbewegung des Landvolkes involviert waren: Martin Luther, Thomas Müntzer, Balthasar Hubmaier.

Der Frontwechsel des Martin Luther

Luther stand dabei erst auf Seiten der Bauern, dann im Lager der Fürsten. Darüber rätseln die Historiker noch heute. Wie konnte der große Reformator, auf dessen Schriften sich die Bauern bei ihren Aufständen zuerst beriefen, während des Konfliktes so klar und unerbittlich Position zu Gunsten der Fürsten und des Adels beziehen? Schließlich verstanden die Bauern sich als Anhänger Luthers. Sie glaubten, ganz im Sinne seiner Ideen zu handeln, ja, sie forderten ihn auf, Stellung zu ihren 12 Freiheitsartikeln zu beziehen, weil sie fest damit rechneten, von ihm für ihre Forderungen Rückendeckung zu bekommen.

Wider die Mordischen vnd Reubischen Rotten der Bawren.

Psalm. vij.
Seyne tück werden jn selbs treffen/
Vnd seyn mütwill/ wirdt vber jn außgeen.
1525.
Martinus Luther. Wittemberg.

Statt die erhoffte Unterstützung zu erhalten, sahen sich die Bauern von Martin Luther heftig angegriffen (re.).

Stattdessen erwies sich Luthers Antwort, die in vier aufeinanderfolgenden Schriften im Frühjahr und Sommer 1525 erfolgte, als willkommene Rechtfertigung für die Fürsten, den Aufstand blutig niederzuschlagen. Luther sah nach dem Wort der Bibel die Obrigkeit als gottgegeben und damit unantastbar an. »Jeder ordne sich der obrigkeitlichen Gewalt unter, denn es gibt keine Gewalt, die nicht von Gott ist. Wer sich daher der Gewalt widersetzt, widersetzt sich der Anordnung Gottes« (Römerbrief 13). In dieser Interpretation gab es kein Widerstands- und kein Aufstandsrecht. In der Abfolge seiner vier Schriften aus dem Frühsommer 1525 entwickelt Luther diese Haltung sogar fort. Gesteht er anfangs nur der Obrigkeit das Recht zu, das Schwert gegen die Aufständischen zu führen, so ruft er im weiteren Verlauf jedermann zum Morden gegen die »gottlosen Aufrührer« auf.

Die blutige Rache der Mächtigen

Diese »gottlosen Aufrührer« waren inzwischen zur ernsthaften Gefahr für Adel und Geistlichkeit geworden. Überall rotteten sich Haufen zusammen, um die herrschenden Eliten zu entmachten. Dem Aufstand mangelte es allerdings an Koordination, Führung und Planung. Auch die Ziele waren von Region zu Region unterschiedlich. So geschah es, dass trotz der Mitwirkung von einzelnen Reichsstädten wie Rothenburg oder bekannter Reichsritter wie Götz von Berlichingen und namhafter Künstler wie Tilman Riemenschneider der Aufstand außer Kontrolle geriet und oft in Plünderungen und blindem Sengen und Mordbrennen endete. 1 000 Bauern liefen in Leipheim dem Heer des Schwäbischen Bundes in die Schwerter und starben auf dem Schlachtfeld, ohne auch nur einen einzigen Gegner mit in den Tod zu reißen. Ähnlich blutig und einseitig endete der Aufstand auch in der Pfalz, in Franken und im Taubertal. Dort mussten sogar 6 000 Bauern ihr Leben lassen, obwohl an ihrer Seite der Ritter Götz von Berlichingen kämpfte, der später auf der Burg Hornberg seine Lebenserinnerungen verfasste.

Wie ein Strohfeuer waren die Aufstände über das Land gegangen. Nach nur wenigen Monaten hatten die Landesherren den Spuk der Bauernkriege beendet. Über 100 000 Menschen mussten sterben, und den Bauern ging es danach um keinen Deut besser als zuvor, ihre politische Rechtlosigkeit bestand weiter fort.

Der deutsche Bauernkrieg von 1524 und 1525, entbrannt an der Weigerung sturer Hotzenwälder, am Feiertag Schneckenhäuschen und Erdbeeren zu sammeln, war deshalb bald mehr als nur eine Erhebung gegen Steuern, Abgaben und Fronarbeit. Er wurde religiös aufgeladen durch die Reformationsbewegung, er warf die Frage nach grundsätzlichen Freiheits- und Menschenrechten auf und er stellte insgesamt das mittelalterliche Feudalsystem in Frage.

Bei der Spirale von Gewalt und Gegengewalt waren am Ende die Bauern die Geschlagenen.

Regierten die Rosenkreuzer Preußen?

1788 gab es Gruselszenen in Preußens Königsschlössern: Sphärische Klänge, dumpfe Stimmen, schattenhafte Gestalten geisterten durch die eleganten Säle. Im Mittelpunkt: Friedrich Wilhelm II. von Preußen, der ganz im Banne seiner okkulten Neigungen stand. Hatte womöglich eine Geheimgesellschaft die Kontrolle über das Hohenzollern-Reich übernommen?

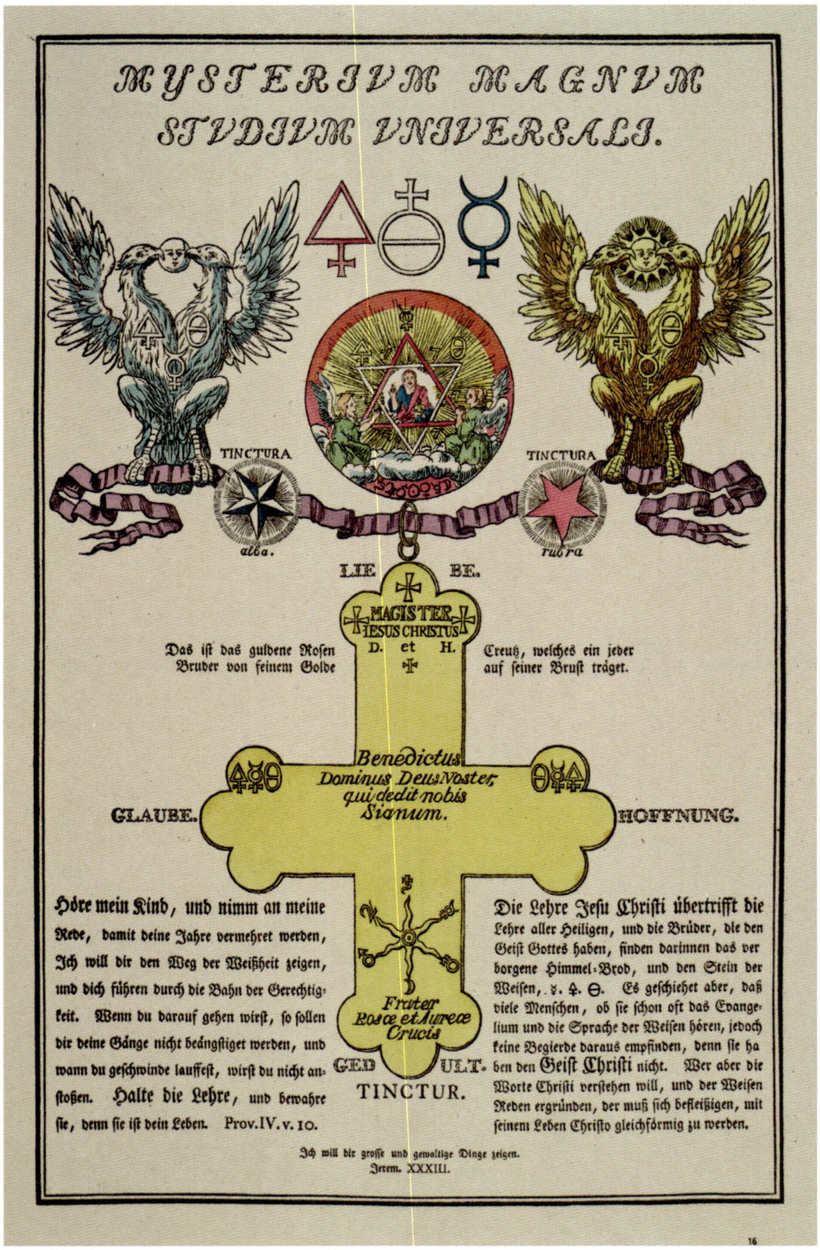

Wie alle Geheimgesellschaften bedienten sich auch die Rosenkreuzer mysteriöser Symbole und Rituale.

Leichenblass saß der König im Belvedere des Charlottenburger Schlosses in einem abgedunkelten Kabinett des Obergeschosses und sah unter dem Klang sonderbarer Töne die Umrisse dreier Gestalten auf sich zukommen: Es waren die Geister des römischen Kaisers Marc Aurel, des Großen Kurfürsten und des Philosophen Leibniz, die ihm mit donnernden Stimmen Vorhaltungen wegen seines sittenlosen Lebenswandels machten. Der Monarch brachte kein Wort über die Lippen, aschfahl rief er schließlich seinen Vertrauten Hans Rudolf von Bischoffwerder zu Hilfe, der die makabere Geisterbeschwörung beendete. Mit seinen Nerven am Ende versprach Friedrich Wilhelm, was man von ihm wollte. Kein Zweifel: Der Preußenkönig stand ganz unter dem Einfluss des geheimen Ordens der Rosenkreuzer.

Auf der Suche nach dem Walten der Natur

Denn die Drahtzieher der Geister-Inszenierungen waren niemand anders gewesen als eben dieser Generalleutnant von Bischoffwerder, in Komplizenschaft mit dem Theologen Johann Christoph von Wöllner. Beide waren begeisterte Anhänger des Gold- und Rosenkreuzerordens. Mit einem Aufgebot an Schauspielern, Bauchrednern und allerlei Theatertamtam gaukelten sie dem Monarchen geheimnisvolle Erscheinungen vor. Bestimmten sie mit ihren Seancen aber auch die Politik in Preußen?

Als Gegenbewegung zur Aufklärung mit ihrer starken Betonung der Vernunft erfreuten sich im 18. Jh. Geheimbünde regen Zulaufs, die vorgaben, das »wahre Wissen« um Gott und die Welt zu hüten. Auch der sich im Umfeld der Freimaurerei bewegende Orden der Rosenkreuzer glaubte, dass die Welt nicht allein mit Mitteln der Vernunft erklärt werden könne. Er sah im Walten der Natur überall ein »Rätsel, ein Wunder, ein direktes Eingreifen Gottes«, das es zu entschlüsseln galt. In einer sonderlichen Mischung aus Magie und Religion, alchemistischem Experiment und Naturschau zielten die Rosekreuzer auf eine Veredelung des Menschengeschlechts ab.

Eine Offenbarung für den Kronprinzen

Bischoffwerder und Wöllner war es gelungen, den preußischen Kronprinzen, der bereits seit 1772 Mitglied der Freimaurer war, für ihre Organisation zu gewinnen. Im Feldlager von Schatzlar an der böhmischen Grenze bescherten sie ihm ein überwältigendes »Erweckungserlebnis«: Im Dämmerlicht seines Zeltes legte sich dem Prinzen plötzlich eine unsichtbare Hand auf die Schulter und eine Stimme flüsterte »Jesus«. Der Prinz glaubte tatsächlich an eine Offenbarung und trat am 8. August 1781 in den Orden ein. Unter der rührigen Hand seiner beiden Vertrauten spukte es seither kräftig in Preußen, vor allem aber in Bischoffwerders Schloss Marquardt bei Potsdam, wo in der »Blauen Grotte« die Geister dem Hohenzollernsprössling Rede und Antwort standen. Bei ihren Umtrieben ging es den beiden Scharlatanen vor allem um die eigene Karriere: Bischoffwerder stieg vom kursächsischen Kammerherrn zum Generalleutnant der preußischen Armee und Leiter der Außenpolitik auf; der Pastorensohn Wöllner schaffte als Bürgerlicher den Sprung in den Adelsstand und brachte es zum Justiz- und Kultusminister.

Politisch bewegten die beiden aber nicht allzu viel. Wöllner ließ durch ein restriktives Religionsedikt und ein verschärftes Zensurgesetz für eine kurze Zeit einen kalten Wind von Reaktion durch Preußen wehen. Aber gerade in einem besonders heiklen Punkt scheiterten die Verschwörer komplett: Es gelang ihnen nicht, den Monarchen zu einem sittenstrengeren Leben anzuhalten. Moralpredigende Geister hin oder her: Der Monarch hielt an seiner Mätressenwirtschaft fest, und in Preußen blieb alles beim Alten.

»Alsbald wurden Stimmen laut; leiser Gesang wie von Harfentönen begleitet. Dann stellte der König Fragen und die Geister antworteten ...«

(Theodor Fontane über die Geisterbeschwörungen auf Schloss Marquardt bei Potsdam)

WILHELMINE ENKE

Sie ging als »preußische Madame Pompadour« in die Geschichtsbücher ein: Wilhelmine Enke (1753–1820) war die Tochter eines Musikers. Mit nur 16 Jahren wurde sie die offizielle Mätresse des Kronprinzen Friedrich Wilhelm und schenkte ihm im Lauf der Jahre fünf Kinder. Daneben unterhielt der verheiratete Schwerenöter aber noch zahlreiche andere Affären. Die Rosenkreuzer ließen nichts unversucht, um das sittenlose Treiben bei Hof zu beenden. Doch die pfiffige Wilhelmine schlug die Ordensbrüder mit ihren eigenen Waffen: Sie gab vor, mit ihrem früh verstorbenen Sohn, Graf Alexander von der Mark, zu kommunizieren, und erteilte über seinen »Geist« Ratschläge, die ihre Position bei Hof stärkten. Die zur Gräfin Lichtenau erhobene Mätresse blieb an des Königs Seite bis zu dessen Tod 1797.

Wilhelms Depesche, oder: der kaiserliche Un-Diplomat

Kaiser Wilhelm II. war bekannt wie berüchtigt für sein sprunghaftes, impulsives Wesen. Zeitigte dies schon am Hofe peinliche Auswirkungen, so führten die Eskapaden des Monarchen in der Außenpolitik, die er mehr und mehr mitzugestalten suchte, zu internationalen Irritationen. Doch wie schaffte der Kaiser es, 1896 das deutsch-britische Verhältnis mit einem einzigen Satz ernsthaft zu belasten?

»Er (der Kaiser) hielt eine zündende Ansprache an uns, von der ich mir aber nur folgende Worte gemerkt habe: ›Gefangene werden nicht gemacht, Pardon wird keinem Chinesen gegeben, der Euch in die Hände fällt.‹«

(Erinnerung des Soldaten Heinrich Haslinde an die »Hunnenrede« Wilhelms II.)

»Ich spreche Ihnen Meinen aufrichtigen Glückwunsch aus, dass es Ihnen, ohne an die Hilfe befreundeter Mächte zu appellieren, mit ihrem Volke gelungen ist, in eigener Tatkraft gegenüber den bewaffneten Scharen, welche als Friedensstörer in Ihr Land eingebrochen sind, den Frieden wiederherzustellen und die Unabhängigkeit des Landes gegen Angriffe von außen zu wahren.«

Dieses Telegramm des deutschen Kaisers und preußischen Königs Wilhelm II. trug das Datum vom 3. Januar 1896. Auf den ersten Blick erscheint es als ein recht unverfängliches Glückwunschschreiben. Doch noch mehr als im privaten Verkehr kommt es in der Diplomatie darauf an, wer wem in welchem politischen Kontext was für eine bestimmte Nachricht übermittelt, und da hätte der Kaiser keine ungeschicktere Wahl treffen können. Empfänger der kaiserlichen Depesche war ein gewisser Stephanus Johannes Paulus Kruger im fernen Südafrika. Kruger, dessen deutsche Vorfahren sich noch Krüger schrieben, war seit 1882 Präsident der Südafrikanischen Republik – und damit ein Erzfeind des britischen Weltreichs.

Dass der Burenpräsident Ohn Kruger die Briten »in der Pfeife rauchen« könnte, faszinierte auch die Karikaturisten.

Britisch-burischer Dauerkonflikt im Süden Afrikas

Zum besseren Verständnis ist ein kleiner Exkurs in die südafrikanische Kolonialgeschichte vonnöten: 1488 hatten die Portugiesen das Kap der Guten Hoffnung erreicht, dort aber nur einen Stützpunkt für ihre Indien-Fahrer eingerichtet. Eine dauerhafte europäische Besiedlung des Landes am Kap erfolgte erst durch die Holländische Ostindien-Kompagnie ab der Mitte des 17. Jh. Jetzt wurden weitere Siedlungen angelegt und landwirtschaftliche Flächen erschlossen. Dann, gegen 1800, erlangten die Briten die Kontrolle über die von Ihnen nun Cape Province genannte Region.

Mit der nachfolgenden Ansiedlung britischer Auswanderer begann der Dauerkonflikt zwischen den »Afrikaanern« niederländisch-deutscher Abstammung, auch Buren (»Bauern«) genannt, und den britischen Neuankömmlingen. Die Buren entzogen sich schließlich den ständigen Querelen dadurch, dass sie Hab und Gut auf ihre Ochsenkarren packten und mit Kind und Kegel ins Landesinnere zogen – der so genannte »Große Treck« begann. Mitte des 19. Jh. entstanden auf diese Weise die freien Burenrepubliken Transvaal (seit 1856 Südafrikanische Republik) und Oranje-Freistaat.

Die Konflikte mit den Briten hörten aber deswegen nicht auf; angeheizt wurden sie zusätzlich durch die Funde großer Gold- und Diamanten-Lager im Burenland, welche die Habgier britischer Abenteurer und Unternehmer weckten. Treibende Kraft dabei war der Spekulant und Kolonialpolitiker Cecil Rhodes. Ihm schwebte ein durchgehendes britisches Großreich »vom Kap bis Kairo« vor, dem aber die Burenrepubliken im Wege standen.

Das Scheitern eines Putschversuchs

Rhodes war auch die treibende Kraft bei dem Unternehmen, das zu Kaiser Wilhelms Fehlgriff führte: Am 29. Dezember 1895 drangen etwa 500 von dem schottischen Arzt und Kolonialpolitiker Jameson angeführte Freischärler in die Südafrikanische Republik ein. Der als »Jameson Raid« in die Geschichte eingegangene Überfall sollte eine allgemeine Erhebung der in Transvaal lebenden ausländischen Arbeiter (»Uitlanders«) britischer Herkunft gegen die Kruger-Regierung auslösen. Doch nach nur wenigen Tagen brach der Angriff kläglich zusammen; Jamesons Leute wurden aufgerieben oder festgenommen.

Dieses Ergebnis wurde Anlass für des Kaisers Glückwunsch-Telegramm an Kruger. In London war man wenig erfreut über diese bald überall so benannte Krüger-Depesche, enthielt die Botschaften doch eine gezielte Spitze gegen die Briten. Die betrachteten die Burenrepubliken als »kolonialen Unfall« und ihre Territorien als britisches Einflussgebiet; das Scheitern Jamesons war blamabel genug gewesen. Ein Glückwunsch an Kruger, die »Unabhängigkeit des Landes« bewahrt zu haben, war eine offene Ohrfeige für die Außenpolitik Londons, die es ja nur all zu offen auf die Abschaffung genau dieser Unabhängigkeit angelegt hatte.

Der Wortlaut der Depesche blieb auch nicht lange geheim, und in der britischen

Der Burenkrieg

Als »Burenkrieg« wird allgemein der Zweite Burenkrieg (1899 bis 1902) bezeichnet, der offene Konflikt zwischen den Burenrepubliken Oranje-Freistaat und der Südafrikanischen Republik (Transvaal) auf der einen und Großbritannien auf der anderen Seite. Hintergrund war das Bestreben Londons in den Besitz der reichen Bodenschätze beider Länder zu kommen und deren Eingliederung in das Britische Empire zu vollziehen, um ein geschlossenes Kolonialreich in Südafrika zu etablieren. Der britische Sieg war hart erkämpft und verlustreich. Die Briten verloren 22 000 Mann; auf Buren-Seite starben rund 7000 Kämpfer und über 25 000 Zivilisten. Die Auseinandersetzung endete mit dem Frieden von Vereeniging vom 31. Mai 1902 und der Einbeziehung der Burenstaaten in die Südafrikanische Union.

Buren beim Gebet vor dem Kampf. Mit der Kombination von Gottvertrauen und Landeskunde konnten die Buren den Briten lange Widerstand leisten.

WILHELMS PEINLICHKEITEN

Des Kaiser öffentliches Auftreten war wie seine Reden durchzogen von martialischer Theatralik und peinlicher Taktlosigkeit. Das unrühmlichste Beispiel lieferte er mit seiner »Hunnenrede« bei der Verabschiedung des Ostasiatischen Expeditionskorps zur Bekämpfung des chinesischen Boxeraufstands am 27. Juli 1900 in Bremerhaven: »Kommt ihr vor den Feind, so wird derselbe geschlagen! Pardon wird es nicht geben! Gefangene werden nicht gemacht! Wer euch in die Hände fällt, ist euch verfallen! Wie vor tausend Jahren die Hunnen unter ihrem König Etzel sich einen Namen gemacht, der sie noch jetzt in Überlieferung und Märchen gewaltig erscheinen lässt, so möge der Name Deutscher in China auf 1000 Jahre durch euch in einer Weise bestätigt werden, dass es niemals wieder ein Chinese wagt, einen Deutschen auch nur scheel anzusehen!« Die britische Presse griff auch diese Vorlage begeistert aus, und seither heißen die Deutschen dort »the huns« – die Hunnen.

Ein weiteres Beispiel für diplomatische Ungeschicklichkeit lieferte Wilhelm bei seiner Reise 1898 ins Heilige Land, als er sich zum »Schutzherren der Muslime« erklärte. Damit provozierte er nicht nur den Sultan in Konstantinopel, sondern alle Kolonialmächte, die islamische Länder beherrschten.

Presse kam es zu einer wahren Welle deutschfeindlicher Berichte, Kommentare und Schlagzeilen. Im achten Jahr seit des zweiten Wilhelms Thronbesteigung wurde nur allzu deutlich, zu welch fatalen Konsequenzen die Einmischung des impulsiven Monarchen auf dem Feld der Außenpolitik führen konnte.

Machtspiele im Berliner Außenministerium

Das kaiserliche Schreiben hatte jedenfalls einen weiteren Hieb gegen das in jenen Tagen ohnehin angeschlagene deutsch-britische Verhältnis bedeutet. Seit dem Abgang des Reichskanzlers Graf von Caprivi 1894 hatten sich die Beziehungen zum Vereinigten Königreich zunehmend verschlechtert, ungeachtet der engen verwandtschaftlichen Beziehungen der Herrscherhäuser – Queen Victoria war immerhin Wilhelms Großmutter mütterlicherseits. Die Außenpolitik der Reichsregierung verfiel nunmehr in eine »springende Unruhe«, wie es der Historiker Hermann Oncken ausdrückte und wie es der Natur Wilhelms nur allzu genau entsprach. Sie fuhr einen Zickzack-Kurs, der sie »wie hilflos zwischen den maßgeblichen Kräften der Staatenwelt, den Briten und Russen, hin und her« schwanken ließ. In fast allen Regionen der Welt – im Nahen Osten, in Fernost oder in Afrika – geriet die deutsche Diplomatie, meistens durch eigene Ungeschicklichkeit, mit den Interessen der britischen Weltmacht aneinander.

Und nun noch diese Depesche! Premierminister Salisbury zeigte sich »entsetzt« über den »irren Hohenzollern«. Doch der war natürlich gar nicht persönlich der Verfasser des Glückwunsches gewesen; der Kaiser hatte nur seine Unterschrift darunter gesetzt. Man kann aber wohl davon ausgehen, dass

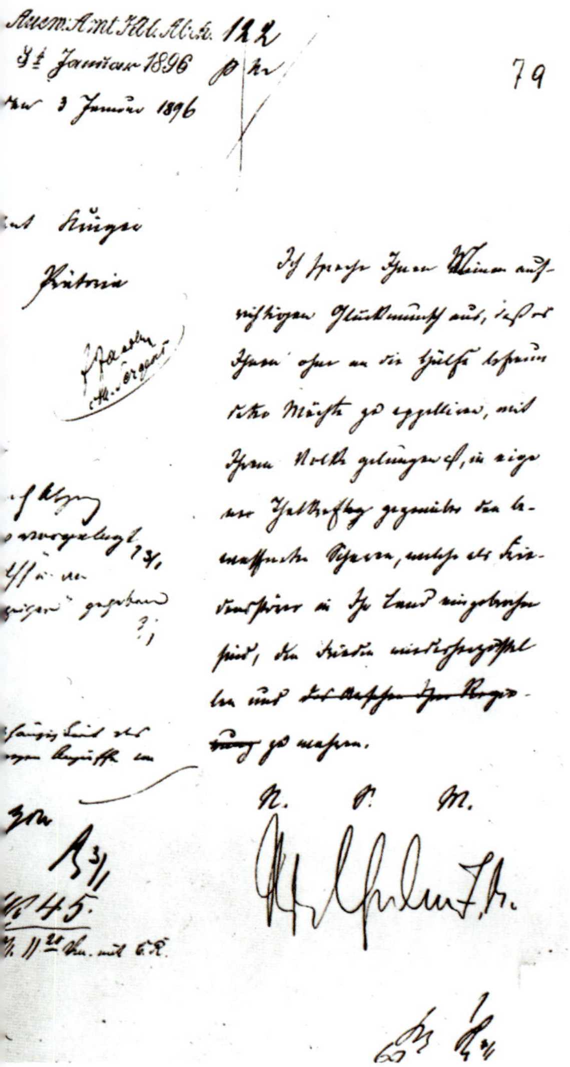
8t Januar 1896
3 Januar 1896
79

Ich spreche Ihnen Meinen aufrichtigen Glückwunsch aus, daß es Ihnen ohne an die Hülfe befreundeter Mächte zu appelliren, mit Ihrem Volke gelungen ist, in eigener Thatkraft gegenüber den bewaffneten Schaaren, welche als Friedensstörer in Ihr Land eingebrochen sind, den Frieden wiederherzustellen und ~~die Achtung der Regierung~~ zu wahren.

N. P. M.

Der Originaltext der Krugerdepesche von 1896 mit eigenhändigen Anmerkungen Wilhelms II.

ihm der forsche Ton des Textes durchaus gefallen haben dürfte, und dass er die Freude über den Nasenstüber, den Kruger dem englischen Konkurrenten erteilt hatte, ehrlich teilte.

Die gezielte Rache eines Ministerialbeamten?

Tatsächlicher Autor des peinlichen Telegramms war Adolf Freiherr Marschall von Bieberstein, seit 1890 Staatsekretär des Auswärtigen Amts. Nun war Bieberstein eigentlich ein Verfechter der Ausgleichspolitik mit Großbritannien im Sinne Caprivis; er war aber zunehmend im Konflikt mit Wilhelm II. aneinander geraten, der versuchte, einen stärkeren Einfluss auf die deutsche Außenpolitik zu gewinnen. Es gab daher durchaus Vermutungen, Bieberstein habe mit der Krüger-Depesche bewusst seinen obersten Dienstherrn blamieren und als Außenpolitiker unmöglich machen wollen. Wahrscheinlicher handelte es sich aber um einen Versuch des Staatssekretärs, sich beim Kaiser durch eine machtvolle, bewusst undiplomatische Wortwahl wieder einzuschmeicheln.

Geholfen hat es Bieberstein aber wenig, denn schon ein Jahr später, nach weiteren Reibereien, entließ ihn der Kaiser und versetzte ihn als Botschafter an die Hohe Pforte zu Konstantinopel. Undank ist der Welt Lohn – in der Politik allemal.

Und als 1899 der Konflikt zwischen Buren und Briten zum offenen Krieg eskalierte, da warteten die militärisch hoffnungslos unterlegenen Buren vergebens auf Hilfe seitens ihres Freundes Wilhelm und der Deutschen, mit der sie nach den lauten Tönen aus Berlin wohl gerechnet hatten. Nach zähem Widerstand und hohen Opfern, auch unter der Zivilbevölkerung mussten sie sich 1902 geschlagen geben.

Kaiser Wilhelms Orientreise 1898 wurde ein weiteres Beispiel seiner undiplomatischen Selbstdarstellung.

Am Ende des Kaiserreichs: zwei deutsche Republiken?

Nach dem Zusammenbruch des Kaiserreichs am Ende des Ersten Weltkriegs stand Deutschland am Scheideweg. Die Frage der künftigen Staatsform war offen. Am 9. November 1918 rief der SPD-Politiker Philipp Scheidemann die Republik aus, zwei Stunden vor dem Sozialisten Karl Liebknecht. Hat Scheidemann damit tatsächlich verhindert, dass aus Deutschland eine Räterepublik nach russischem Vorbild wurde?

»Ich kenne keine Parteien mehr, ich kenne nur noch Deutsche«, hatte Wilhelm II. zu Beginn des Ersten Weltkriegs verkündet. Tatsächlich ging die nationale Begeisterung damals quer durch das ganze Parteienspektrum, und selbst die kritische SPD verweigerte sich nicht, als es um die Zustimmung zu den Kriegskrediten ging. Trotzdem ballten einige Genossen die Faust in der Tasche. Dieser unzufriedene linke Flügel spaltete sich 1917 unter dem Eindruck der russischen Februar-Revolution von der Mutterpartei ab und ging seither als U(Unabhängige)SPD eigene Wege. Unter der maßgeblichen Führung von Karl Liebknecht und Rosa Luxemburg orientierte sich die USPD, Keimzelle der späteren KPD, am revolutionären Russland.

Die Geburt der Republik: Philipp Scheidemann verkündet vom Fenster des Reichstages aus das Ende der Monarchie.

Nach dem militärischen Zusammenbruch im Herbst 1918 stand Deutschland vorübergehend im Zeichen der Revolution. Die ersten Unruhen gab es in Kiel, als die Schlachtschiffe zu einem letzten Angriff gegen England auslaufen sollten, obwohl der Krieg verloren war. Matrosen verweigerten den Gehorsam, Bürger schlossen sich ihnen an. In Kiel wie in anderen Großstädten begann man mit der Bildung von Arbeiter- und Soldatenräten nach russischem Vorbild, die sich anschickten, die Macht »von unten« auszuüben.

Hatte Scheidemann die »Nase vorn«?

Nach der Abdankung Wilhelms II. war es jedoch völlig unklar, wie es weitergehen würde. Die Realisierung einer parlamentarischen Monarchie war kaum noch vorstellbar. Während die USPD-Vertreter, beflügelt vom revolutionären Klima in Deutschland, auf eine sozialistische Republik hinarbeiteten, wünschten sich die meisten SPD-Anhänger eine demokratische Lösung.

Am 9. November 1918 herrschte in Berlin gespannte Erwartung. Menschenmassen drängten sich vor dem Reichstagsgebäude und dem Berliner Schloss. In der ehemaligen

Hohenzollernresidenz hatte sich Karl Liebknecht mit seinen Revolutionären einquartiert, während die Sozialdemokraten im Reichstag die Stellung hielten. Die aufgewühlte Stimmung beschrieb der SPD-Staatssekretär Philipp Scheidemann später in seinen Erinnerungen: »Schon in den Morgenstunden glich der Reichstag einem großen Heerlager, Arbeiter und Soldaten gingen ein und aus. Mit Ebert und anderen Freunden saß ich hungrig im Speisesaal. Es gab wieder nur eine dünne Wassersuppe. Da stürmte ein Haufen von Arbeitern und Soldaten in den Saal, gerade auf unseren Tisch zu. Fünfzig Menschen schrieen sogleich: ›Scheidemann, kommen Sie zu uns – Philipp, du musst hier raus und reden!‹«

Nach anfänglichem Widerstreben ließ sich Scheidemann gegen 14 Uhr dazu drängen, ans Fenster des Reichstags zu treten und vor den Menschenmassen eine Rede zu halten, die mit den Worten endete: »Es lebe die deutsche Republik!« Angeblich war es Scheidemanns Absicht, durch rasches Handeln den Anhängern der Räterepublik zuvorzukommen. Nur zwei Stunden später nämlich forderte Karl Liebknecht vom Berliner Schloss aus: »Wer von euch die freie sozialistische Republik in Deutschland und die Weltrevolution erfüllt sehen will, erhebe seine Hand zum Schwur!«

Doch entschied der Vorsprung von zwei Stunden tatsächlich über Deutschlands Schicksal, wie sich Scheidemann später zu erinnern glaubte? Die Frage kann mit einem eindeutigen »Nein« beantwortet werden. Zum einen war über die künftige Staatsform keine verbindliche Entscheidung gefallen, denn dies fiel der verfassungsgebenden Nationalversammlung zu, die erst im Februar 1919 in Weimar zusammentrat. Zum anderen wollte die überwiegende Mehrheit der deutschen Bevölkerung ohnehin lieber eine demokratische Republik als die »Diktatur des Proletariats«. Um diese zu erreichen, hätte die deutsche Linke mit derselben skrupellosen Brutalität vorgehen müssen, wie sie die Bolschewiki in Russland gezeigt hatten.

Die zerstrittenen Genossen

Aus dem radikalen Flügel der USPD (die 1922 auseinanderbrach) ging am 1. Januar 1919 die KPD hervor, angeführt von Karl Liebknecht und Rosa Luxemburg. Um die anberaumte Wahl zur Nationalversammlung zu verhindern, entfesselten ihre Anhänger vier Tage später den »Spartakusaufstand«, der mit der Ermordung von Liebknecht und Luxemburg ein blutiges Ende fand.

Dieser Fall von Lynchjustiz hatte erheblichen Anteil an der künftigen Feindschaft zwischen KPD und der systemtreuen SPD. Deshalb sind auch alle Spekulationen müßig, ob Hitlers Machtübernahme hätte verhindert werden können, wenn sich SPD und KPD zu einer »Roten Einheitsfront gegen den Faschismus« zusammengeschlossen hätten. Die ideologischen Gräben waren und sind bis heute unüberbrückbar.

»Das deutsche Volk hat auf der ganzen Linie gesiegt! Das Alte, Morsche ist zusammengebrochen, der Militarismus ist erledigt. Die Hohenzollern haben abgedankt. Es lebe die Republik!«

(Philipp Scheidemann am 9. November 1918)

Angehörige und Unterstützer der Arbeiter- und Soldatenräte marschieren am 9. November durch Berlin.

Der Reichstagsbrand – Feuertod der Republik

Am 27. Februar 1933 brach im Berliner Reichstag Feuer aus. Ein junger Mann, der am Tatort festgenommen wurde, gab freimütig zu, den Brand gelegt zu haben – er wollte damit die Arbeiterklasse aufrütteln. Und er habe allein gehandelt, ohne Hintermänner. Doch ihm wurde nicht geglaubt. Die einen mutmaßten, er wäre Handlanger der Kommunisten; für andere stand fest, dass die Nationalsozialisten selbst die Brandstifter waren. Wer hat Recht?

Der Reichstag in Flammen wurde zum Leichenfeuer für die Demokratie in Deutschland. (Die Herkunft des Bildes bleibt unklar, ob ein gestelltes Foto des NS-Regime oder des Boulevardjournalismus.)

Berlin, 27. Februar 1933. Gegen 21 Uhr konnten Augenzeugen beobachten, wie sich ein Unbekannter Zugang zum verlassenen und unbeleuchteten Reichstagsgebäude verschaffte. Nur kurze Zeit später stand das Innere des Baus in hellen Flammen. Feuerwehr und

Polizei waren rasch zur Stelle, konnten aber nur noch eine ausgebrannte Gebäudehülle vor dem Einsturz retten. Der Brandstifter, ein junger Holländer namens Marinus van der Lubbe, ließ sich widerstandslos festnehmen. Zu seinem Motiv befragt, gab er an, er habe mit dem Feuer ein Signal gegen die extreme Notlage der arbeitenden Bevölkerung setzen und diese zum Kampf für ihre Rechte aufstacheln wollen. Gab es irgendwelche Drahtzieher oder Hintermänner? Nein, Marius van der Lubbe versicherte nachdrücklich, er habe alleine gehandelt.

Ein Einzelkämpfer für die unterdrückte Arbeiterklasse?

Die Überprüfung der Personalien van der Lubbes ergab, dass er 1909 im holländischen Leiden geboren wurde und eine Ausbildung zum Maurer gemacht hatte. Durch einen schweren Arbeitsunfall hatte er einen Teil seiner Sehkraft eingebüßt und war seitdem erwerbslos. Van der Lubbes politische Heimat war die Kommunistische Partei der Niederlande, doch hier fiel er nicht gerade als wirklich linientreues Mitglied auf. Anstatt sich gehorsam der Parteihierarchie unterzuordnen, setzte er auf eigenmächtige und spontane Protestaktionen, um seiner Empörung über die verzweifelte Lage der Arbeiterschaft unter den verschärften Bedingungen der Weltwirtschaftskrise Ausdruck zu verleihen. Gleichwohl bewunderte er die Sowjetunion. Er träumte von einer Reise

EINZELTÄTER ODER NAZI-VERSCHWÖRUNG?

Nach 1945 herrschte allgemein die Auffassung vor, dass der Reichstagsbrand auf die Nationalsozialisten zurückging. Doch dann verfasste der »Amateurhistoriker« und Ministerialbeamte Fritz Tobias (1912–2011) im Magazin DER SPIEGEL 1959/60 eine Artikelserie, in der er nachwies, dass van der Lubbe die spektakuläre Aktion tatsächlich allein unternommen haben konnte. »Über den Reichstagsbrand wird nach dieser Serie nicht mehr gestritten werden«, verkündete SPIEGEL-Herausgeber Rudolf Augstein. Das genaue Gegenteil war der Fall. Es kam zu einem erbitterten Streit zwischen verschiedenen Vertretern der historischen Zunft. Während der Münchner Zeithistoriker Hans Mommsen die These vom Alleintäter stützte, wurde 1968 in Luxemburg sogar ein internationales Komitee gegründet, das unter der Führung des Schweizer Geschichtsprofessors Walter Hofer den Gegenbeweis für die Täterschaft der Nationalsozialisten antreten wollte. Doch dann wurden Dokumente, auf die sich das Komitee stützte, als Fälschung enttarnt.

Trotzdem sprach der Historiker Golo Mann davon, der Nachweis der Alleintäterschaft sei »volkspädagogisch unwillkommen«. Wenn dieses Vergehen der Nationalsozialisten in Zweifel gezogen wird, könnten von gewissen Kreisen auch andere Nazi-Verbrechen als Verleumdung dargestellt werden.

Eine Sowjet-Karikatur stellte schon 1933 den Attentäter als Handlanger der Nazis dar.

nach Moskau und machte sich schließlich sogar zu Fuß auf den langen Weg. Doch Marinus van der Lubbe kam nur bis nach Polen, dann kehrte er zurück in die Niederlande.

Ein weiterer Fußmarsch führte den jungen Arbeitslosen im Februar 1933 in die deutsche Reichshauptstadt Berlin. Hier, wo seit wenigen Wochen das »Kabinett der nationalen Erhebung« unter Reichskanzler Adolf Hitler die Regierung stellte, wollte er ein deutliches Zeichen gegen Kapitalismus und Unterdrückung setzen. Nach eigenen Angaben beschloss van der Lubbe am 25. Februar 1933, ein bekanntes Berliner Bauwerk in Brand zu setzen und sich dabei in flagranti festnehmen zu lassen. Der anschließende Strafprozess, so hoffte er, würde ihm Gelegenheit geben, seinen politischen Protest vor der Presse und der Weltöffentlichkeit offiziell zu artikulieren.

Die drei ersten Versuche schlugen allerdings ziemlich kläglich fehl. Die Feuer, die van der Lubbe mittels Kohleanzündern im Wohlfahrtsamt Neukölln, im Roten Rathaus sowie im Berliner Schloss entfacht hatte, wurden rasch gelöscht und richteten keinen nennenswerten Schaden an. Das erhoffte Fanal war ausgeblieben.

Ein Umsturzversuch der Bolschewisten?

Frustriert wollte van der Lubbe Berlin eigentlich schon wieder verlassen, als er spontan beschloss, es noch ein letztes Mal zu versuchen, diesmal im Reichstagsgebäude, gleichermaßen Symbol des alten, konservativen Kaiserreichs wie einer Republik, die sich nun den Nazis ausgeliefert hatte. Dort ging alles ganz schnell. Schwere Stoff-Vorhänge und die Holzvertäfelungen boten dem Feuer of-

Der Prozess gegen van der Lubbe brachte zur Enttäuschung der Nazis keine »roten Hintermänner« ans Licht.

fenbar reiche Nahrung, sodass die Flammen bald hoch aufloderten und die gesamte Inneneinrichtung zerstörten. Menschen kamen nicht zu Schaden, auch wenn der materielle Schaden in die Millionen ging.

Hitlers erfolgreicher Griff zur Macht

Nur einen Tag nach dem Reichstagsbrand, am 28. Februar 1933, erwirkte Hitler von Reichpräsident Hindenburg (Abb.: ihr Händedruck in Potsdam) »zur Abwehr kommunistischer staatsgefährdender Gewaltakte« die »Verordnung zum Schutz von Volk und Staat«. Damit wurden die in der Verfassung garantierten Grundrechte aufgehoben; die Verordnung blieb bis 1945 in Kraft. Diese Notverordnung setzte der rechtsstaatlichen Ordnung in Deutschland ein Ende und begründete den permanenten Ausnahmezustand. So konnten die Nationalsozialisten die Diktatur des »Dritten Reiches« errichten.

Unter normalen politischen Verhältnissen wäre der Reichstagsbrand vermutlich nur eine Randnotiz geblieben. Doch die Zeiten waren nicht normal: Am 30. Januar 1933 war Adolf Hitler zum Reichskanzler ernannt worden; in dem von ihm angeführten »Kabinett der nationalen Erhebung« stellte seine NSDAP jedoch nur eine Minderheit. Hitler hatte deshalb Neuwahlen erzwungen, die auf den 5. März 1933 angesetzt waren. Die Nationalsozialisten konzentrierten sich im Wahlkampf darauf, ihre schärfsten politischen Gegner, die Kommunisten, zu diffamieren und terrorisieren. Unter der Parole »Kampf gegen den Marxismus« starteten sie in ganz Deutschland eine erbarmungslose Hetzjagd auf die »Roten«.

Vorbereitung auf den Putsch von Links?

Andererseits waren sich die führenden Köpfe der NSDAP sicher, dass die Kommunisten den erhofften nationalsozialistischen Wahlsieg keineswegs stillschweigend hinnehmen würden. Mit einem Aufstand sei auf jeden Fall zu rechnen. Am 31. Januar 1933 notierte Joseph Goebbels, der Propagandachef der NSDAP, in sein Tagebuch, dass der »bolschewistische Revolutionsversuch« erst einmal »aufflammen« müsse: »Im geeigneten Moment werden wir dann zuschlagen.«

Tatsächlich konnte man der Öffentlichkeit den Reichstagsbrand als das abgesprochene Fanal für einen Umsturz seitens der »Roten« verkaufen, dem die braune Reichsregierung mit Entschlossenheit entgegentrat. Noch in der gleichen Nacht wurden nach

Marinus van der Lubbe mit der Streichholzschachtel: Gestelltes Pressebild unmittelbar nach der Tat.

längst vorbereiteten Listen Tausende von Kommunisten, aber auch andere politische Gegner jedweder politischer Couleur verhaftet. Triumphierend schrieb Goebbels in sein Tagebuch: »Nun wird die rote Pest mit Stumpf und Stil ausgerottet ... Es ist wieder eine Lust zu leben!«

Während Marinus van der Lubbe hinter Gefängnismauern verschwand und auf seinen Prozess wartete, teilte sich die Öffentlichkeit in zwei Parteien, die dem Reichstagsbrand jeweils ihre eigene politische Bedeutung zuschrieben. Während für die NSDAP-Anhänger ganz eindeutig die Kommunisten dahinter steckten, waren die Gegner der NS-Partei felsenfest davon überzeugt, dass es die Nationalsozialisten selbst gewesen waren, die das Feuer im Reichstag gelegt hatten. Schließlich waren sie die eindeutigen Nutznießer des Infernos, die verdächtig schnell darauf reagieren konnten.

Das Todesurteil lässt die Fragen nicht verstummen

Im September 1933 wurde das Gerichtsverfahren gegen Marinus van der Lubbe eröffnet. Es ergaben sich keinerlei Anhaltspunkte für ein Komplott der Kommunisten, auch wenn das Gericht nicht so recht glauben wollte, dass der Angeklagte den Brand ganz allein gelegt hatte. Der junge Holländer wurde »wegen Hochverrats in Tateinheit mit aufrührerischer Brandstiftung« zum Tode verurteilt und am 10. Januar 1934 im Zuchthaus Leipzig hingerichtet.

Letztendlich hatte er das genaue Gegenteil dessen erreicht, was er eigentlich wollte: Anstatt ein Zeichen für den Aufstand der Arbeiterschaft zu setzen, hatte er den Weg für die NS-Diktatur geebnet. Deshalb hielt sich auch hartnäckig die Meinung, dass die Nationalsozialisten das Feuer selbst gelegt hatten. Es tauchte sogar die Hypothese auf, van der Lubbe sei ein Strohmann der NSDAP gewesen. Schließlich waren einige Fragen noch immer offen: Drei Versuche der Brandstiftung waren zuvor missglückt; warum ging dann ausgerechnet der Reichstag in Flammen auf? War das Gebäude zuvor mit Brandbeschleunigern präpariert worden, dessen »Hausherr« der Reichstagspräsident Hermann Göring war? Und wie konnte es van der Lubbe gelingen, sehbehindert und ortsunkundig wie er war, binnen weniger Minuten den gesamten Plenarsaal in Schutt und Asche zu legen?

Die Widersprüche bleiben. Sie beweisen natürlich nicht, dass die Nationalsozialisten den Brand gelegt haben, aber massive Zweifel an der Alleintäter-These bestehen bis heute fort. Und werden sicherlich auch noch in Zukunft bleiben.

»Das musste doch vorbereitet sein. Sie haben selbst zu erkennen gegeben, dass Sie nur angesteckt haben. Wer hat nun diese Vorbereitungen getroffen, damit sie den Plenarsaal anstecken konnten? Wer hat denn das gemacht?«

(Der Präsident des Reichsgerichts bei der Befragung van der Lubbes)

Eine Besatzungszone für die verspätete Siegermacht

Von den großen Konferenzen der Alliierten während des Zweiten Weltkriegs war Frankreich ausgeschlossen; die »Großen Drei« USA, UdSSR und das Vereinigte Königreich blieben unter sich. Pariser Träume von neuer Großmachtstellung schienen keine Chance zu haben, doch dann wurde Frankreich doch noch zur»Besatzungsmacht« befördert – mit einer merkwürdig geformten Besatzungszone. Wie kam diese nur zustande?

Nur dank der Fürsprache des britischen Premiers Winston Churchill stimmten Franklin D. Roosevelt und Josef Stalin während der Jalta-Konferenz einem Telegramm Churchills zu, in dem dieser dem provisorischen französischen Staatschef de Gaulle am 10. Februar 1945 die Zusage für eine eigene französische Besatzungszone in Deutschland und einen Sitz im »Alliierten Kontrollrat« gab. Frankreich war damit in die Reihen der »Siegermächte« aufgenommen, doch Amerikaner, Briten und Sowjets hatten ihre Ansprüche im besiegten Deutschland bereits abgesteckt – wo sollte da noch Platz für eine französische Zone gefunden werden?

Briten, US-Amerikaner, Russen und Franzosen: Erst kurz vor Kriegsende kam zu den drei Siegermächten eine vierte dazu.

Der Streit der Alliierten um Stuttgart

Am 29. März 1945 befahl de Gaulle dem Oberkommandierenden der 1. Französischen Armee, General Jean de Lattre de Tassigny, den Rhein zu überschreiten. Die französischen Truppen – die offiziell dem Oberbefehl von US-General Dwight D. Eisenhower unterstanden – rückten von Süden her auf Stuttgart zu; gleichzeitig marschierten von Norden die Amerikaner nach Württemberg vor. Die Franzosen waren dabei schneller: Am 21. April 1945 besetzten sie Stuttgart. Nur einen Tag später befahlen die Amerikaner ihren französischen Verbündeten, das Gebiet »östlich der Autobahn« umgehend wieder zu räumen – und damit auch Stuttgart aufzugeben. Doch die Franzosen widersetzten sich der Anordnung; sie begannen vielmehr damit, ihre eigenen Militärregierungen für Stuttgart und Württemberg einzurichten.

Am 10. April 1945 hatte de Gaulle für eine Französische Besatzungszone das linksrheinische Gebiet bis Köln, die alten Länder Hessen-Nassau, Hessen-Kassel und Hessen-Darmstadt sowie Baden und Württemberg gefordert. Die US-Regierung dagegen wollte die badischen Bezirke Karlsruhe und Mannheim in die US-Zone einschließen. Für Württemberg sah Eisenhowers Vorschlag vor, das Gebiet nördlich der A 8 Karlsruhe-Stuttgart-Ulm, einschließlich der Autobahn selbst und alle sie durchschneidenden Landkreise, unter US-Hoheit zu stellen; die Areale

Die Festlegung der Besatzungszonen

Das besiegte Deutschland sollte in drei Besatzungszonen, Groß-Berlin in drei Sektoren geteilt werden. Ein erstes Abkommen vom September 1944 legte die Grenze zwischen der Sowjetischen Zone und den Westmächten fest, das zweite vom November 1944 jene zwischen der Amerikanischen und der Britischen Zone. Die Konferenz von Jalta im Februar 1945 bestätigte dann eine Vierzonen- resp. Vier-Sektoren-Regelung. Doch erst mit einer Zusatzvereinbarung vom 26. Juli 1945 wurde Frankreich endgültig eine eigene Zone zugewiesen. Die Gebiete östlich von Oder und Lausitzer Neiße kamen vorbehaltlich einer endgültigen Friedensregelung unter polnische bzw. sowjetische Verwaltung.

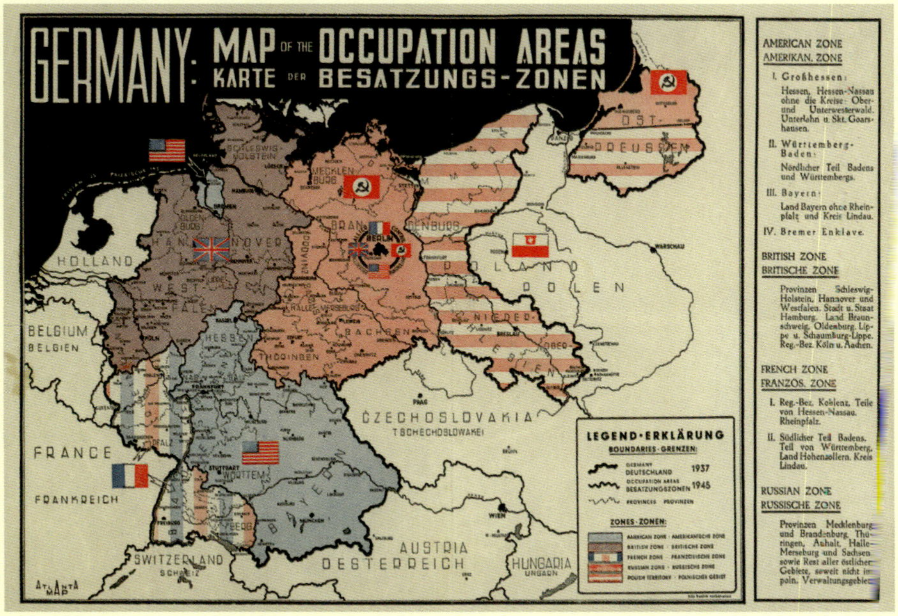

südlich davon sollten der französischen Verwaltung zugeschlagen werden. Dazu kam dann noch der bayerische Landkreis Lindau, damit die Franzosen am Bodensee eine direkte Verbindung zu ihrer österreichischen Besatzungszone in Vorarlberg und Tirol erhielten.

Eine strategische Fernstraße für die USA

Warum aber legten die Amerikaner so viel Wert darauf, die Autobahn unter ihr alleiniges Kommando zu bekommen? Nun, sie betrachteten den Verkehrsweg als strategisch wichtig, um ihre in Bayern stationierten Truppen zu versorgen; die A 8 stellte den direkten und auch schnellen Weg von den Atlantikhäfen nach München her. Es waren also logistische Gründe, dass die Amerikaner so auf »ihre« Autobahn versessen waren. Schon die Nationalsozialisten hatten die »Reichsautobahnen« zunächst unter strategischen Gesichtspunkten, als Versorgungs- und Vormarschwege angelegt und im Kriegsverlauf auch militärisch anders genutzt: In der Endphase des Weltkriegs diente so eine Teilstrecke der A 8 zwischen Augsburg und München als Abstellplatz und Landebahn für Flugzeuge. Auf vehementen Druck Washingtons akzeptierten die Franzosen schließlich die von den USA gewünschte Territorialregelung und zogen aus den geforderten Gebieten wieder ab.

Die Französische Zone blieb mit 40 216 km² und 5,8 Millionen Einwohnern eindeutig die kleinste der Besatzungszonen. Sie bestand aus zwei Teilen – im Norden aus dem Saargebiet und dem späteren Bundesland Rheinland-Pfalz und im Süden aus dem größten Teil Badens und dem südlichen Württemberg. Nur eine Eisenbahnbrücke unterhalb von Karlsruhe stellte die Verbindung her. Auf den 15 Straßenkilometern, die beide Teilstücke trennte, gab es in der Folge erhebliche administrative Hürden.

Allen Widrigkeiten zum Trotz hatten die Franzosen erreicht, dass sie eine eigene Besatzungszone bekamen. De Gaulle machte sich schon über die Zukunft Gedanken. Bei einer Rundreise im Oktober 1945 durch »seine« Zone sagte er zu Offizieren: »Was machen wir am Tage nach unserem Sieg? Unser Einsatz hat das Ziel, Frankreich auf Dauer hier zu etablieren.« Niemand dachte damals an die spätere deutsch-französische Aussöhnung, bei der de Gaulle noch eine bedeutende Rolle spielte.

»Haben wir ein Stück deutschen Boden erst in der Hand, dann kann nicht ohne uns über Deutschlands Zukunft beschlossen werden.«

(General de Gaulle zu General de Lattre de Tassigny im März 1945)

Stalins Angebot – verpasste Chance oder Falle?

Schalmeienklänge aus dem Kreml: Am 10. März 1952 stellte der sowjetische Machthaber Stalin eine Wiedervereinigung Deutschlands und einen Abzug der Besatzungstruppen in Aussicht, wenn das Land neutral bliebe. Doch die drei Westmächte und die Regierung Adenauer lehnten ab mit der Begründung, Stalin meine es nicht ernst, er wolle nur die Westintegration der Bonner Republik verhindern. Haben sie die Falle erkannt oder eine Chance verpasst?

Die diplomatische Offensive Stalins wurde von gezielter Propaganda an die deutsche Öffentlichkeit begleitet.

»Erst wenn der Westen stark war, konnte sich ein wirklicher Ausgangspunkt für Friedensverhandlungen ergeben mit dem Ziel, nicht nur die Sowjetzone, sondern das ganze versklavte Europa östlich des Eisernen Vorhangs zu befreien, und zwar in Frieden zu befreien.«

(Konrad Adenauer in seinen Erinnerungen)

Im Hohen Hause am Bonner Rheinufer ging es hoch her. Am 23. Januar 1958 kam der 3. Deutsche Bundestag zu seiner 9. Sitzung zusammen, um über die Deutschland- und Außenpolitik der Regierung zu debattieren. Eigentlich ein Heimspiel für Bundeskanzler Konrad Adenauer von der CDU, hatte dieser doch bei der Bundestagswahl im Jahr zuvor die absolute Mehrheit erreicht und glaubte nun, mit der Opposition ein leichtes Spiel zu haben.

Frontale Attacke gegen Adenauer

Doch an diesem Abend war alles anders. Ausgerechnet zwei frühere Mitglieder seines Kabinetts, der Freidemokrat Thomas Dehler und der inzwischen zur SPD übergetretene Gustav Heinemann, der erste Innenminister der Bundesrepublik und spätere Bundespräsident, fuhren in der Debatte schwerste Geschütze auf. Sie attackierten Adenauer frontal und rechneten mit seiner Deutschlandpolitik ab. In einer leidenschaftlichen Rede beklagte Dehler, dass Adenauer »zwar von deutscher Einheit und von Wiedervereinigung spricht und sie nicht ernstlich anstrebt.« Und er fragte den Kanzler ganz direkt: »Was haben Sie getan, um dem deutschen Volke das Gefühl, dass diese Spaltung ein Unglück ist, lebendig zu halten?« Die Unterstellung, dass Adenauer die Spaltung keineswegs als Unglück betrachte, war für die Zuhörer offensichtlich.

Auch Heinemann, ein führender Vertreter des deutschen Protestantismus, warf dem Kanzler vor, seit 1950 alle Gelegenheiten versäumt zu haben, um ernsthaft über eine Wiedervereinigung zu verhandeln, obwohl zwei Mal eine Chance dazu bestanden habe. Es sei »die historische Schuld der CDU«, dass die sowjetischen Angebote zu Verhandlungen über eine Lösung der Deutschlandfrage ausgeschlagen worden seien. Adenauer sollte daher die Konsequenzen ziehen und endlich zurücktreten.

Im Plenarsaal am Bonner Rheinufer herrschte atemlose Stille. So aggressiv war Adenauer – inzwischen die personifizierte Nachkriegs-Republik – noch nie angegangen worden. Jeder wusste genau, worauf sich Heinemann bezog, der schon im Herbst 1950 aus Protest gegen die Wiederaufrüstungspläne der Bundesregierung von seinem Ministeramt zurückgetreten war: Es waren die Stalin-Noten aus dem Jahre 1952. Am 10. März 1952 hatte der stellvertretende sowjetische Außenminister Andrej Gromyko den drei westlichen Siegermächten USA, Großbritannien und Frankreich ein Angebot zur einvernehmlichen Lösung der deutschen Frage überreicht.

Gibt es die Einheit für die Neutralität?

Das besiegte, besetzte und seit 1949 geteilte Deutschland, so Stalins Angebot, solle als »einheitlicher Staat« wiederhergestellt werden. Die Besatzungstruppen zögen ab, den Deutschen würden alle demokratischen Freiheiten gewährt. Sie könnten ihre Wirtschaft ohne Einschränkung entwickeln, sogar eine eigene Armee zur Landesverteidigung aufstellen, aber – es gab ein großes Aber: Sie dürften keinem Bündnis beitreten, das sich explizit gegen eine der vier Siegermächte des Zweiten Weltkriegs richte.

So weit war Stalin noch nie gegangen – er schien sogar bereit zu sein, das von ihm

Adenauer und der Berliner Bürgermeister Ernst Reuter (u.) erleben 1952 den Druck der Öffentlichkeit (o.).

installierte SED-Regime in Ost-Berlin fallen zu lassen und die DDR als eigenständigen Staat preiszugeben! Ein ganzes Deutschland, das als neutraler Puffer zwischen den beiden großen Militärblöcken lag, war dem Sowjet-Herrscher auf dem Höhepunkt des Koreakrieges demnach lieber als ein geteiltes Land, in dem sich die hochgerüsteten Armeen der beiden Blöcke an der Elbe direkt gegenüberstanden und wo die beiden poltischen Gebilde zu Frontstaaten des sich zusehends verschärfenden Kalten Krieges werden mussten.

Doch die Reaktionen in Washington, London und Paris sowie in Bonn fielen zurückhaltend aus. Das Angebot sei nichts anderes als eine Finte, um die sich abzeichnende politische wie militärische Integration der jungen Bundesrepublik in den Westen sowie die Bildung der Europäischen Verteidigungsgemeinschaft (EVG) – die eine gemeinsame Armee der westlich orientierten Europäer bilden würde – zu verhindern, so lautete der einhellige Tenor. Bundeskanzler Adenauer – der formal kein Adressat der Note war, da nach der »Potsdamer Konferenz« von 1945 Entscheidungen über »Deutschland als Ganzes« nur die vier Siegermächte treffen konnten – lehnte die Offerte aus Moskau in Bausch und Bogen ab. Die Note sei ein reines Störfeuer mit dem Ziel, »die BRD auf den unfreien Status eines Satellitenstaates herabzuziehen und den Zusammenschluss Europas unmöglich zu machen«, donnerte er. Die Verhandlungen über die EVG sollten jedenfalls fortgesetzt werden, »als ob es die Note nicht gäbe«.

Berlin – Splitter in Stalins Auge

1945 teilten die vier Siegermächte nicht nur das besiegte Deutschland unter sich auf, sondern auch die Hauptstadt Berlin. Als unmittelbare Folge der Währungsreform in den drei Westzonen am 20. Juni 1948 riegelte der sowjetische Diktator Stalin vom 23. auf den 24. Juni alle Zufahrtswege in die Stadt ab, um die Westmächte aus Berlin zu vertreiben. Doch mit einer einzigartigen Luftbrücke (Foto) gelang es den Alliierten, die Bevölkerung in ihren Sektoren zu versorgen. Stalin musste aufgeben; am 12. Mai 1949 hob er die Blockade auf.

Auch nach der Gründung der Bundesrepublik und der DDR 1949 blieb Berlin unter Vier-Mächte-Verwaltung, der Westteil der Stadt wurde ein Stück der westlichen Welt, ein Schaufenster westlicher Kultur und westlichen Lebensstils. Während ab 1952 die innerdeutsche Grenze systematisch abgeriegelt wurde, blieben die Übergänge in Berlin offen; als Folge davon flohen zwischen 1945 und 1961 rund 3,5 Millionen DDR-Bürger in den Westen. Als 1960/61 die Fluchtwelle dramatisch anstieg, errichteten Moskau und Ost-Berlin in der Nacht zum 13. August 1961 eine Mauer zwischen dem Ost- und den drei Westsektoren, die bis zum 9. November 1989 die Stadt teilte.

Ein starker Westen als Option für die Zukunft

Um nach außen nicht den Eindruck zu erwecken, man schlage alle Türen zu und würde jegliche Verhandlungen über die »deutsche Frage« ablehnen, überreichten die drei Westmächte am 25. März 1952 der sowjetischen Regierung ihre Antwort. Sie forderten darin freie Wahlen in ganz Deutschland, die durch die Vereinten Nationen überwacht würden, sowie das Recht einer frei gewählten deutschen Regierung, jegliche Bündnisse im Rahmen der UN-Charta einzugehen. Sie wussten: Für Stalin waren diese Forderungen unannehmbar, da sie eine Westorientierung Gesamt-Deutschlands nicht ausschließen konnten. Entsprechend kühl fiel seine Antwort vom 9. April aus.

Sein strategisches Ziel, die Integration der Bundesrepublik im westlichen Bündnis zu verhindern, erreichte der Kreml-Chef ohnehin nicht. Ende Mai 1952 wurde der EVG-Vertrag unterzeichnet, den Adenauer

»bei weitem das wichtigste historische Ereignis für Europa seit 100 Jahren« nannte, da dadurch zum ersten Mal eine Streitmacht entstehen sollte, die nicht nach nationalen Gesichtspunkten organsisiert war.

Für den Bundeskanzler hatte auch weiterhin die Westintegration Vorrang vor der Wiedervereinigung. Noch nach seinem Ausscheiden aus dem Amt 1963 rechtfertigte er in seinen »Erinnerungen« seinen Kurs: »Erst wenn der Westen stark war, konnte sich ein wirklicher Ausgangspunkt für Friedensverhandlungen ergeben mit dem Ziel, nicht nur die Sowjetzone, sondern das ganze versklavte Europa östlich des Eisernen Vorhangs zu befreien, und zwar in Frieden zu befreien.« Immerhin sah der »Alte« die Notwendigkeit, seine damalige Entscheidung zu verteidigen.

Stalin stellte – wie vom Westen nicht anders erwartet – daraufhin seine Bemühungen um ein neutrales Deutschland ein; im März 1953 starb er. Die Teilung Deutschlands schritt unaufhaltsam voran, 1955 wurden die beiden deutschen Staaten Mitglieder der Militärbündnisse NATO und Warschauer Pakt. (Die EVG-Armee war ironischerweise wegen des französischen Widerstands dagegen nie zustandegekommen; an ihrer Stelle trat der Beitritt der Bundesrepublik zur NATO.)

Das Untergrund-Satiremagazin der DDR sah die Rolle Stalins als »böser Wolf«, der »Rotkäppchen« im eisernen Griff hält.

Die »deutsche Frage« bleibt noch lange ungelöst

Das SED-Regime forcierte den Umbau der DDR zum sozialistischen Staat mit Zwangskollektivierung der Landwirtschaft und Enteignung der Gewerbetreibenden; die innerdeutsche Grenze wurde zur Barriere mit Stacheldraht und Selbstschussanlagen ausgebaut. Ab 1961 durchzog eine Mauer das geteilte Berlin. In all diesen Jahren löste die Frage, ob 1952 eine ernsthafte Chance auf eine Wiedervereinigung bestanden hatte, immer wieder lebhafte Debatten aus; abschließend geklärt wurde sie nicht.

Mit dem Fall der Mauer im November 1989 und dem Kollaps des sowjetischen Imperiums kam die »deutsche Frage« plötzlich wieder auf die Tagesordnung der internationalen Politik – doch unter völlig neuen Voraussetzungen. Der Schlüssel zur deutschen Einheit lag weiterhin in Moskau, doch Adenauers Kalkül von damals ging letztlich auf: Die Sowjetunion erwies sich als zu schwach, um noch irgendwelche Bedingungen diktieren zu können. Kremlchef Michail Gorbatschow stimmte daher nicht nur der Wiedervereinigung Deutschlands zu, sondern akzeptierte ausdrücklich das Recht der Bundesrepublik Deutschland, über ihre Bündniszugehörigkeit frei entscheiden zu können.

Im »Zwei-plus-vier-Vertrag« vom 12. September 1990 erhielt die Bundesrepublik endgültig die volle Souveränität zurück. Dieses Mal wurde die Chance also nicht verpasst, doch hatten Millionen Deutscher 37 Jahre zu lange auf ein Wiedersehen warten müssen? Die abschließende Antwort wird wohl nie eindeutig geklärt werden können.

Todesschuss aus Ost-Berlin? Die DDR und die Studentenrevolte

Am 2. Juni 1967 erschoss der West-Berliner Polizist Karl-Heinz Kurras den Studenten Benno Ohnesorg, einen harmlosen Zuschauer der Demonstration gegen den Schah von Persien. Weil diese Tat nie geahndet wurde, wurde sie zu einem der Auslöser der Studentenunruhen. Als 2009 jedoch herauskam, dass Kurras für die Stasi gearbeitet hatte, fragten sich viele: Schoss er im Auftrag der DDR? Muss jetzt die Geschichte der »68er« neu geschrieben werden?

Die Stimmung war aufgeheizt. Vor der Deutschen Oper in Berlin-Lichtenfelde hatten sich zahlreiche junge Demonstranten versammelt, um gegen den Schah von Persien zu demonstrieren. Reza Pahlewi, der sich zu einem Staatsbesuch in Berlin aufhielt, galt vielen Demokraten als ein brutaler Tyrann, der rücksichtslos gegen die Oppositionellen in seinem Land vorging. Trotzdem wurde der Herrscher über reiche Ölquellen jetzt von den deutschen Politikern hofiert!

Tod in Berlin: Von den Schüssen des Polizisten Kurras getroffen, verblutete Benno Ohnesorg.

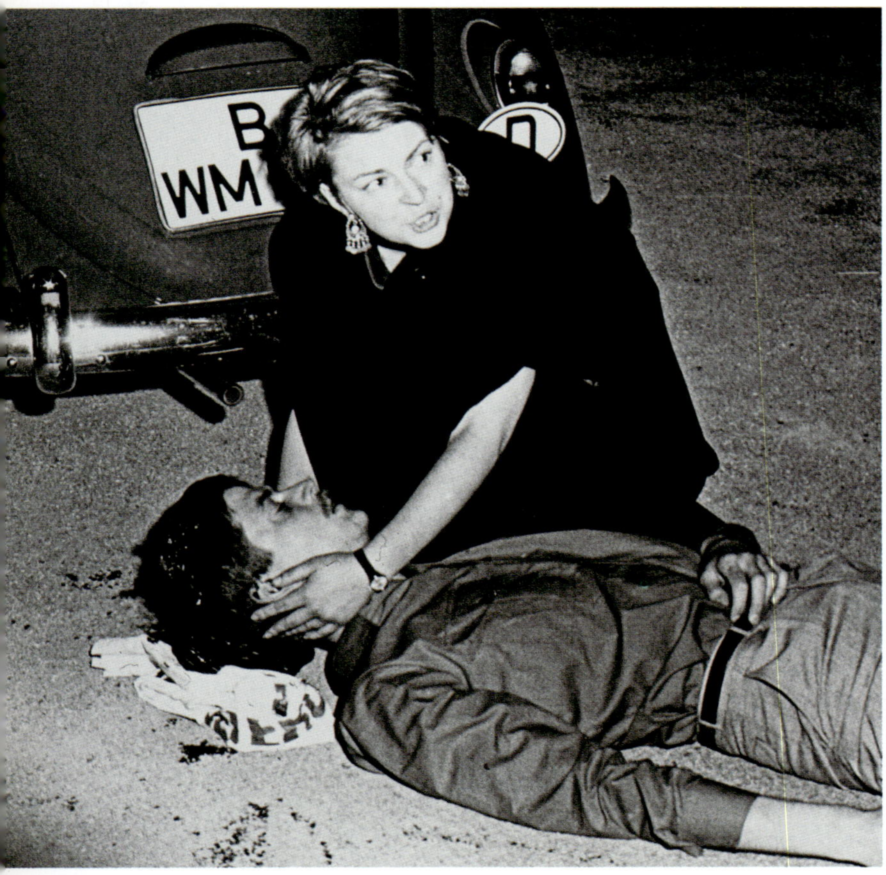

»Mörder, Mörder« skandierte die aufgebrachte Menge vor der Deutschen Oper, vereinzelt flogen Eier und Tomaten in Richtung des Staatsgastes. Die Polizei reagierte mit heftiger Gewalt und knüppelte mit Schlagstöcken auf die Demonstranten ein. Panik brach aus, viele versuchten, sich irgendwie in Sicherheit zu bringen.

Plötzlich fiel im allgemeinen Durcheinander ein Schuss. Ein junger Mann brach blutend zusammen und starb nur wenig später auf der Straße: Benno Ohnesorg, 26 Jahre alt, Student der Germanistik und ein unbeteiligter Zuschauer der Demonstration. Als Todesschütze wurde der Polizist Karl-Heinz Kurras ermittelt. Er gab vor, mit dem Schuss in einer Notwehrsituation gehandelt zu haben; angeblich habe er »ein Messer aufblitzen« sehen.

Deckname: Otto Bohl

Die tödlichen Schüsse vom 2. Juni 1967 wurden zum Auslöser der Studentenbewegung und deren Kampf gegen das ganze »System« der Bundesrepublik, in dem eine solche Bluttat ungesühnt bleiben konnte.

Über 40 Jahre später, im Mai 2009, lief eine sensationelle Nachricht durch alle Medien: Der West-Berliner Polizist Karl-Heinz Kurras hatte nachweislich für die Stasi gearbeitet! Damit erschien die 68er-Zeit plötzlich in einem ganz neuen Licht. War es möglich, dass die Studentenunruhen damals von der DDR gesteuert waren?

Seit 1955 stand Kurras im Dienst der Stasi. Ursprünglich wollte er sogar in die DDR umsiedeln, doch weil man dort befürchtete, er könnte sich möglicherweise als West-Spion entpuppen, bot ihm das Ministerium für Staatssicherheit (MfS) vorsichtshalber an, »drüben« zu bleiben und »den Kampf, den viele auch dort für die Ziele der DDR führen«, von West-Berlin aus zu unterstützen. Kurras willigte ein und lieferte in der Folge der Stasi unter dem Decknamen »Otto Bohl« regelmäßige Informationen über Arbeit und Strukturen der West-Berliner Polizei, auch über seinen geplanten Einsatz bei der Anti-Schah-Demonstration am 2. Juni 1967.

1968 – Aufstand gegen den Muff der Nachkriegsjahre

Mit den Studentenunruhen, die der Tod von Benno Ohnesorg ausgelöst hatte, brach sich der aufgestaute Unmut vieler junger Leute Bahn. Die bundesdeutsche Demokratie war noch jung, und so mancher bezweifelte, ob es 1949 tatsächlich einen Neuanfang gegeben hatte. Das dunkelste Kapitel der deutschen Geschichte war noch nicht aufgearbeitet; nach wie vor saßen ehemalige Nationalsozialisten an den Schalthebeln von Wirtschaft und Politik. Selbst Bundeskanzler Kurt Georg Kiesinger (CDU) war Mitglied der NSDAP gewesen. Die Studenten forderten aber auch mehr Mitbestimmung an den Universitäten, kritisierten den »Muff unter den Talaren« der göttergleichen Professoren sowie den gesellschaftlichen »Mief« der Adenauer-Ära überhaupt. Vorfälle wie der Tod von Benno Ohnesorg trugen dann zu einer zunehmenden Radikalisierung der Protestbewegung bei.

»Bedauerlicher Unglücksfall«

Kurras galt als äußerst pünktlich und zuverlässig. Deshalb wunderte man sich beim MfS, dass er sich nach seinem Einsatz nicht mehr gemeldet hatte. Was war passiert? Als man in Ost-Berlin erfuhr, dass es sich bei dem Todesschützen um Karl-Heinz Kurras handelte, wurde man sofort aktiv und informierte ihn über Funk, dass er seine Tätigkeit für die Stasi mit sofortiger Wirkung einstellen müsse, zumindest vorübergehend. Tatsächlich lässt sich anhand der Stasi-Akten rekonstruieren, dass die Schüsse auf Benno Ohnesorg nicht vom MfS in Auftrag gegeben worden waren: »Wir betrachten das Ereignis als bedauerlichen Unglücksfall«, hieß es. Gleichwohl verfolgte man in Ost-Berlin mit Genugtuung, wie sich das »kapitalistische System« durch die Studentenunruhen offenbar selbst destabilisierte. Deswegen war es auch ratsam, den Kontakt zu Kurras unverzüglich abzubrechen. Aus Stasi-Sicht wäre es höchst unerfreulich gewesen, wäre damals herausgekommen, dass der Todesschütze Kurras in Wirklichkeit für Ost-Berlin arbeitete.

»Es ist zur Zeit noch schwer zu verstehen, wie dieser GM (geheimer Mitarbeiter) eine solche Handlung, auch wenn im Affekt oder durch Fahrlässigkeit hervorgerufen, begehen konnte, da sie doch ein Verbrechen darstellt.«

(Aus dem damaligen Bericht des MfS-Führungsoffiziers von Karl-Heinz Kurras)

Der Besuch des Schahs von Persien in Berlin löste eine Protestwelle aus, gegen die mit großer Härte vorgegangen wurde.

Ein Zettel sprengt die Mauer

»Sofort, unverzüglich ...«, stammelte SED-Politbüromitglied Günter Schabowski unsicher bei einer Pressekonferenz am Abend des 9. November 1989 auf die Frage eines Journalisten, ab wann denn das neue Reisegesetz der DDR gelte. Bereits eine Stunde später meldete das Westfernsehen die Öffnung der Grenzen. Die Ost-Berliner wollten sehen, ob die Meldung auch stimmt. So fiel in der Nacht des 9. November 1989 die Berliner Mauer. Aus Versehen?

Er redete und redete. Fast eine Stunde lang referierte Günter Schabowski, seit kurzem eine Art Regierungssprecher der DDR, am Abend des 9. November auf einer Pressekonferenz über den Verlauf der Sitzung des Zentralkomitees an diesem Tag. Der weithin unbekannte SED-Funktionär verbreitete Worthülsen über das geplante SED-Aktionsprogramm, ein neues Wahlgesetz sowie über eine für Dezember einberufene Parteikonferenz.

Unter dem Jubel der Westberliner überquerten noch in der Nacht die ersten Trabis die Grenze.

Neue Reisefreiheit für die DDR-Bürger

Es war sieben Minuten vor 19 Uhr, als Ricardo Ehrmann von der italienischen Nachrichtenagentur ANSA Schabowski nach dem neuen Reisegesetz fragte, das die neue SED-Spitze schon vor Tagen versprochen hatte. Schabowski kramte in seinen Unterlagen, schließlich zog er einen Zettel hervor. Es sei »soviel ich weiß« heute eine Entscheidung getroffen worden, stammelte er unsicher, »die es jedem Bürger der DDR möglich macht, äh, über Grenzübergänge der DDR, äh, auszureisen.«

Die Journalisten waren elektrisiert. »Ab wann tritt das in Kraft?«, wollte einer wissen. Schabowski zögerte. Dann setzte er seine Brille auf, blätterte wieder in seinen Unterlagen, und las schließlich schnell von einem Blatt: »Privatreisen nach dem Ausland können ohne Vorliegen von Voraussetzungen – Reiseanlässe und Verwandtschaftsverhältnisse –

beantragt werden. Die Genehmigungen werden kurzfristig erteilt ... Ständige Ausreisen können über alle Grenzübergangsstellen der DDR zur BRD erfolgen.«

Unruhe machte sich breit, die Journalisten riefen durcheinander. »Wann tritt das in Kraft?«. Schabowski, noch unsicherer als zuvor, blätterte weiter in seinen Zetteln: »Das tritt nach meiner Kenntnis ..., ist das sofort, unverzüglich.« – »Gilt das auch für West-Berlin?« Schabowski zuckte mit den Schultern, verzog den Mundwinkel nach unten, schaute in seine Papiere: »Also, doch, doch. (liest schnell vor) Die ständige Ausreise kann über alle Grenzübergangsstellen der DDR zur BRD bzw. Berlin-West erfolgen.«

ERICH UND MARGOT HONECKER

»Den Sozialismus in seinem Lauf hält weder Ochs noch Esel auf«, glaubte DDR-Staats- und Regierungschef Erich Honecker noch Anfang 1989. Der am 25. August 1912 im Saarland geborene Dachdecker war von 1935 bis 1945 von den Nationalsozialisten inhaftiert und machte ab 1949 in der DDR Karriere, erst als Chef des Jugendverbandes FDJ, dann als für Militär- und Sicherheitsfragen zuständiges Politbüro-Mitglied. 1971 stürzte er seinen Ziehvater Walter Ulbricht und war bis zu seinem Rücktritt am 18. Oktober 1989 Vorsitzender des Staatsrates der DDR und SED-Generalsekretär.

Seine Frau Margot, mit der er seit 1953 verheiratet war, war von 1963 bis 1989 Ministerin für Volksbildung. Honecker starb im Mai 1994 in Chile, wo Margot heute noch lebt.

Der Sturm auf die fallende Mauer beginnt

Damit löste der eher farblose SED-Funktionär eine Kettenreaktion aus, die nicht mehr zu kontrollieren war und den Lauf der Geschichte änderte. Unverzüglich verbreiteten die Agenturen die Nachricht von der sofortigen Grenzöffnung; um 20 Uhr begann die »Tagesschau« mit der Schlagzeile »DDR öffnet Grenze« . Noch in dieser Nacht, so meldete ein Reporter live aus Berlin, könne die Mauer in der geteilten Stadt »durchlässig werden«.

Das wiederum brachte die Ost-Berliner in Bewegung. Spontan machten sie sich auf den

Wenige Tage vor seinem folgenreichen Versprecher diskutierte Günter Schabowski noch mit DDR-Bürgern über die Lage.

Den klaren Wunsch der Bevölkerung zeigte diese Frau beim 40. Geburtstag der DDR im Oktober 1989.

»Privatreisen nach dem Ausland können ohne Vorliegen von Voraussetzungen – Reiseanlässe und Verwandtschaftsverhältnisse – beantragt werden. Die Genehmigungen werden kurzfristig erteilt.«

(SED-Politbüromitglied Günter Schabowski am 9. November 1989)

Weg zur Grenze, um zu sehen, ob die unglaubliche Nachricht überhaupt stimmte. Vor allem am Grenzübergang Bornholmer Straße zwischen dem Prenzlauer Berg im Osten und dem West-Berliner Bezirk Wedding waren es bald schon Hunderte, dann Tausende, die von ihrem neuen Recht auf Reisefreiheit Gebrauch machen wollten. Doch die zuständigen Grenzsoldaten wussten von nichts; mehrere Nachfragen bei den vorgesetzten Stellen blieben ohne Ergebnis. »Um ein Ventil zu öffnen«, wie der Dienst habende Stasi-Oberst es später nannte, durften ab 21 Uhr die Ersten in den Westen. Noch ging alles seinen bürokratischen Gang; ihre Personalien wurden notiert und in den Ausweis wurde über das Passbild ein Stempel gesetzt – formal waren sie damit aus der DDR ausgebürgert.

»Wir fluten jetzt!«

Doch die Lage beruhigte sich nicht. Angespornt durch Berichte im West-Fernsehen, welche die ersten Ausreisenden zeigten, strömten immer mehr Menschen an den Grenzübergang. »Tor auf, Tor auf!«, schrien sie; die hupende Autoschlange der Trabis war schließlich mehr als zwei Kilometer lang. Um 23.30 Uhr kapitulierten die Grenzsoldaten und öffneten den Schlagbaum. »Wir fluten jetzt«, meldeten sie ihren Vorgesetzten. Die Botschaft von der Bornholmer Straße verbreitete sich wie ein Lauffeuer. Wie Dominosteine fielen auch die anderen Berliner Grenzübergangsstellen; um zwei Minuten nach Mitternacht waren alle Übergänge geöffnet. Auf der Mauer direkt vor dem Brandenburger Tor trafen sich Ost- und Westberliner, die von beiden Seiten auf die Mauerkrone kletterten, miteinander Sekt tranken und lautstark feierten. Auf dem Kurfürstendamm herrschte Volksfeststimmung, vor dem Cafe »Kranzler« wurde die ganze Nacht getanzt.

Dabei war der jähe Fall der Berliner Mauer von den neuen DDR-Machthabern um Egon Krenz weder beabsichtigt noch geplant gewesen, im Gegenteil. Die Mauer war ihr letztes Faustpfand, ihr letzter Trumpf im Ärmel. Harte West-Devisen gegen Reiseerleichterungen, so lautete die Strategie. Doch eine Reihe von Missverständnissen

Dem Fall der Mauer folgte unmittelbar der Wunsch nach der Wiedervereinigung, die nur ein Jahr später Wirklichkeit wurde.

und Zufällen machte diese Taktik zunichte. Das fing schon bei der Wortwahl an. »Ausreise«, das bedeutete nach den Vorstellungen der DDR-Machthaber ständige Ausreise, also die dauerhafte Übersiedelung in den Westen. Dass die eigenen Bürger nur mal so in den Westen reisen und dann wieder zurückkehren würden, erschien den Funktionären völlig undenkbar.

Der Eiserne Vorhang bekommt viele Löcher

Seitdem Ungarn im Sommer 1989 und später auch die Tschechoslowakei ihre Grenzen in den Westen geöffnet hatten, war eine Massenflucht im Gange. Anfang November verlangte die Prager Führung von den Ost-Berliner Genossen ultimativ eine Regelung des Ausreiseproblems. Experten des DDR-Innenministeriums und der Staatssicherheit machten sich daher daran, ein Reisegesetz zu erarbeiten, das ausschließlich die »ständige Ausreise«, also die Übersiedelung in den Westen, regeln sollte. Schnell wurde ihnen aber klar, dass das neue Gesetz auch die privaten Urlaubsreisen, Familienbesuche oder Wochenendausflüge umfassen musste. Ihr Vorschlag: Jeder Bürger könne ungehindert reisen, sofern er einen Reisepass und ein Visum habe. Deren Ausstellung würde allerdings noch immer mehrere Wochen dauern.

Im Glauben, es gehe ausschließlich um die »ständige Ausreise von DDR-Bürgern nach der BRD über die CSSR«, so auch der offizielle Titel des Gesetzes, stimmten die Mitglieder des Politbüros und des Ministerrats im Lauf des 9. Novembers der Vorlage zu. Egon Krenz stellte ihnen den Entwurf in einer Zigarettenpause am Rande der Tagung des Zentralkomitees der SED vor.

Günter Schabowski nahm an der Sitzung gar nicht teil; erst kurz vor der Pressekonferenz steckte ihm Krenz das Papier zu, ohne ihm mitzuteilen, dass der Gesetzentwurf eine Sperrfrist trug. Erst am 10. November um 4 Uhr sollte die amtliche Nachrichtenagentur ADN den Text des neuen Reisegesetzes bekannt geben, ab dem 10. November, so die Idee, sollten die DDR-Bürger bei den zuständigen Volkspolizeikreisämtern die Pässe und Visa beantragen können.

Doch mit den Worten »sofort, unverzüglich« versetzte Günter Schabowski der Berliner Mauer einen Tritt und beendete so quasi nebenbei die Teilung Berlins und Deutschlands. Die Menschen, plötzlich frei, nahmen kurzerhand ein Recht für sich in Anspruch, das ihnen der Staat 40 Jahre lang vorenthalten hatte. Und niemand konnte sie mehr aufhalten. »In dem Augenblick, in dem ich sie verlas, war die Nachricht geboren und verbreitete sich«, sagte Schabowski später. »Niemand konnte die Kugel mehr zurückholen, die in diesem Augenblick den Lauf verlassen hatte.«.

Countdown zum Mauerfall

Sein erstes Loch erhielt der Eiserne Vorhang, der 40 Jahre lang Europa geteilt hatte, am 2. Mai 1989, als ungarische Grenzsoldaten mit dem Abbau des Stacheldrahtzauns zu Österreich begannen. Die Folge war im Sommer 1989 eine Massenflucht von DDR-Bürgern über Ungarn nach Österreich (Foto u.). In der DDR verschärfte sich die Situation, denn die SED-Führung um Staats- und Parteichef Erich Honecker war zu Reformen nicht bereit.

Im September wurde das »Neue Forum« gegründet, in Leipzig versammelten sich immer mehr Menschen zu den Montagsgebeten in der Nikolaikirche. Am 9. Oktober waren es 70 000, obwohl es zuvor Gerüchte gegeben hatte, dass die SED-Führung gegen den friedlichen Protest mit Gewalt vorgehen wolle.

Nun ging es ganz schnell. Am 18. Oktober trat Erich Honecker von allen Ämtern zurück, am 4. November kam es auf dem Berliner Alexanderplatz zur bis dahin größten Massendemonstration in der Geschichte der DDR, wo die Bürger Meinungs- und Reisefreiheit, Demokratie und freie Wahlen forderten. Fünf Tage später war der Weg endgültig frei.

Zu den geheimnisvollen Todesfällen, die bis heute die Menschen bewegen, gehört das Ende von Bayerns König Ludwig II. im Starnberger See (Gedenkkreuz).

Todesfall mit Fragezeichen

Auch die deutsche Geschichte ist nicht arm an spannenden »Krimis«, an Todesfällen, bei denen nicht nur Detektive kritisch die Stirn runzeln. Tatsächlich greift auch die Geschichtsforschung auf die Methoden der modernen Kriminalistik zurück, um – oft noch nach Jahrhunderten – die ungeklärten Fragen zu lösen: War es ein Mord? Ein Unfall? Oder eine Selbsttötung? Wie kam das Opfer ums Leben? Und wer steckt dahinter? Sei es als Täter oder auch als Drahtzieher und Anstifter im Hintergrund ...

Kaiser Barbarossas Tod im Saleph

Mit eisernem Willen führte der greise Friedrich Barbarossa 1190 das Kreuzfahrerheer Richtung Jerusalem. Nichts schien den etwa 68-jährigen Kaiser stoppen zu können: weder die Strapazen des Vormarsches noch die Intrigen der Byzantiner oder die wütenden Angriffe der Türken. Doch das Heilige Land erreichte er nicht; sein jäher Tod wurde im kleinasiatischen Fluss Saleph zum Stoff für Legenden.

Der Kaiser ist tot! Friedrich Barbarossa, der mächtigste Herrscher des Abendlandes, der mächtige Herr über Deutschland, Italien und Burgund, glorreicher Sieger in unzähligen Schlachten lebt nicht mehr! Als sich die schreckliche Nachricht in den glühend heißen Mittagsstunden des 10. Juni 1190 unter den Teilnehmern des Kreuzzuges verbreitete, verfiel das Heer in ein Schockzustand. Manche der Männer dachten an Selbstmord, andere haderten mit Gott. Jerusalem, die heilige Stadt, schien plötzlich in unendlicher Ferne.

Gut ein Jahr zuvor, am 11. Mai 1189, war das kaiserliche Heer mit 15 000 Mann in Regensburg aufgebrochen. Zehn Bischöfe ritten im Heer, darunter die Kirchenfürsten von Regensburg, Würzburg, Lüttich und Basel. Doch die Erzbischöfe des Reichs

Barbarossas Leiche wird aus dem Saleph geborgen (aus einer französischen Sammelbilderserie über die Kreuzzüge).

fehlten genauso wie die meisten der mächtigen Reichsfürsten.

Von Regensburg zog der Tross die Donau herunter. Ungarn empfing die Kreuzritter mit warmer Gastlichkeit: Menschen und Tiere wurde mit Proviant versorgt und König Bela III. überschüttete Barbarossa mit Geschenken und Ehrerbietungen. Doch kaum hatte man östlich von Belgrad den Boden des Byzantinischen Reichs betreten, wurde aus der besinnlichen Pilgerreise ein Kriegszug. Nun befahl der Kaiser strenge Marschordnung, und Kundschafter sondierten sicherheitshalber den Weg.

Unwillkommene Gäste in Konstantinopel

Friedrich kannte die Gefahren, die nun vor seinen Männern lagen, die das Kreuz auf ihren Mänteln trugen. Als junger Mann, gerade einmal 15 Jahre alt, hatte er 1147 seinen Onkel König Konrad III. auf dessen Kreuzzug begleitet und war dabei Zeuge geworden, wie ein großer Teil der Kreuzfahrer bereits auf dem langen Anmarsch ins Heilige Land in Schlachten und Scharmützeln oder an Krankheit starben.

Schon im Balkan wurde es gefährlich, da der schwache byzantinische Kaiser Isaak II. nicht mehr gewillt war, die Kreuzfahrer aus dem Abendland bedingungslos zu unterstützen. Byzanz fürchtete plündernde Franken, wie man die Krieger aus dem Westen allgemein bezeichnete, während die Männer Barbarossas einen Verrat des oströmischen Kaisers witterten. Will man dem Zeitzeugen und Chronisten Ansbert Glauben schenken, so nannte der byzantinische Kaiser Barbarossa stets nur »König von Deutschland« – für Friedrich, der sich als Erbe der römischen Cäsaren sah, ein undiplomatischer Schlag ins Gesicht. Die Saat des Misstrauens ging auf, und bald begegneten sich beide Seiten mit unverhülltem Hass.

In Konstantinopel wurden die Gesandten Barbarossas handgreiflich misshandelt, während die Kreuzfahrer sich für diese Beleidigungen brutal an der Bevölkerung Thrakiens rächten, wie einer der Chronisten offen zugibt: »Aus Wut darüber steckten wir die Kirchen und andere Häuser in Brand, töteten sehr viele mit dem Schwert und verwüstenden das Land mit ungeheuren Beutezügen.«

Unter dem militärischen Druck des Kreuzfahrerheeres kam es dann doch noch zu einem »Friedensschluss«: Aus Angst vor einer Eskalation verzichtete Isaak II. auf jegliche Wiedergutmachungszahlung für die erfolgten Plünderungen und stellte sogar 220 Schiffe für die Überquerung des Bosporus bereit. Erst als Barbarossas Heer das Territorium Kilidsch Arslans II., des Herrschers der türkischen Seldschuken,

Mit seiner Krönung zum Kaiser 1155 verband Friedrich I. Barbarossa den Anspruch als Vorkämpfer des Abendlandes.

KÖNIGLICHE RIVALITÄTEN

Der Tod Barbarossas war nicht nur für die deutschen Teilnehmer am 3. Kreuzzug eine Katastrophe. Durch Rang, Alter und Ansehen wäre der Kaiser der ideale Führer gewesen, und er hätte vielleicht sogar die erbitterten Rivalen Richard Löwenherz von England und Philipp von Frankreich auf die gemeinsame Sache einschwören können. Zunächst kämpften die beiden Könige noch Seite an Seite, und am 12. Juli 1191 gelang ihnen die Einnahme der strategisch wichtigen Hafenstadt Akkon. Dann aber kam es zum Konflikt darüber, wer neuer Herrscher im Königreich Jerusalem werden sollte. Philipp verließ unter einem Vorwand das Heilige Land, sodass nun der unberechenbare Richard Löwenherz die Führungspersönlichkeit des Kreuzzugs war. Trotz einzelner militärischer Erfolge gegenüber Saladin gelang es Richard nicht, Jerusalem wieder zurückzuerobern; alle Opfer waren vergebens gewesen.

Im Mai 1189 war das Heer der deutschen Kreuzfahrer unter Barbarossas Führung in Regensburg aufgebrochen.

erreicht hatte, konnte Isaak aufatmen – die Frankengefahr war vorüber, was blieb, war sein Hass auf die Barbaren aus dem Westen.

Höllenritt durch die Salzwüsten Kleinasiens

Der Vormarsch durch die anatolische Hochebene war ein Höllenritt in einem »Land des Schreckens und der Salzwüste«. Trotz der mörderischen Hitze konnten die Ritter ihre schweren Rüstungen nicht ablegen, denn immer wieder wurden die Kreuzfahrer von Reiterhorden angegriffen, obwohl es eine Abmachung mit Arslan gab, dass die Ritter unbehelligt durch sein Gebiet ziehen dürften. Tatsächlich gingen die Angriffe nicht vom Seldschukenherrscher aus, sondern von regionalen Machthabern, die er nicht kontrollieren konnte.

Doch für diese feinen Unterschiede hatten die Christen kein Verständnis: Erst hatte sie der Kaiser verraten, jetzt offensichtlich auch der Sultan! Barbarossa war nicht der Mann, diese Beleidigung ungestraft hinzunehmen. Sein nächstes Marschziel lautete daher Konya, die Hauptstadt der Seldschuken. Am 18. Mai 1190 standen die Kreuzfahrer vor den Mauern der Stadt. Das Heer der Muslime war zahlenmäßig weit überlegen und vor allem gut genährt, während die Kreuzfahrer sich die letzten Tage mit Suppe aus Tierhäuten begnügen mussten. Trotzdem wählten die Kreuzritter den Angriff.

Ein Gemetzel unter den »Ungläubigen«

Barbarossa teilte sein Heer in zwei Abteilungen, von denen er eine persönlich anführte, während die andere unter dem Kommando seines Sohns Friedrich, des Herzogs von Schwaben, stand. Der Herzog ging sofort zum Angriff über. Das Stadttor wurde eingenommen und mit gezücktem Schwert trieben seine Männer die Verteidiger in die Zitadelle der Stadt zurück. Doch während der junge Friedrich triumphierte, wurde sein Vater von einer Übermacht umzingelt. Barbarossas Männer waren verzweifelt, rechneten mit dem sicheren Tod von der Hand der »Ungläubigen«. Doch der Kaiser gab nicht auf; er stützte sich »wie ein Löwe« auf die Feinde, schlug sie in die Flucht und der Chronist konnte jubelnd verkünden: »Seinesgleichen konnte der ganze Erdkreis nicht finden.«

Nach dem Sieg der Kreuzfahrer ereilte die Bürger von Konya ein erbarmungsloses Blutgericht. Wer es nicht in die Sicherheit der Zitadelle geschafft hatte, wurde in übler Tradition der Kreuzfahrerzeit gnadenlos abgeschlachtet. Dann feierte das Heer den Sieg mit dem Messgesang: »Die Liebe Gottes ist ausgegossen«.

Ausgeruht und mit frischen Pferden ausgestattet, brach das Heer nach neun Tagen von Konya auf. Am 10. Juni lag die Küstenstraße vor ihnen, die Route in den Kreuzfahrerstaat Antiochia, der das Tor zum Heiligen Land darstellte. Schon erschien den Kreuzfahrern »alles lieblich und angenehm«. Doch dann die Schreckensnachricht vom plötzlichen Tod des Kaisers. Eine Intrige der Byzantiner? Eine Rache Arslans?

Barbarossas Bad im tödlichen Strudel

Doch der Kaiser war weder durch Gift noch durch die Klinge eines Mörders gestorben. Ein Fluss, der vom Taurusgebirge zum Mittelmehr hinabstürzte, der Saleph, wurde Barbarossa zum Verhängnis. Was genau passierte, darüber sind sich die Quellen uneinig. Einer der Chronisten spricht davon, dass Friedrichs Pferd beim Überqueren des reißendes Stroms strauchelte und den greisen Kaiser abwarf. Im eiskalten Wasser erlitt dieser einen Schock und ertrank. Hingegen spricht Ansbert von einem Badeunfall: Friedrich soll in den Fluten des Saleph Kühlung gesucht haben: »Obwohl alle ihn zurückzuhalten versuchten, stieg er ins Wasser, versank in einem Strudel – er, der oftmals aus höchster Gefahr entkommen war! – und ging auf elende Weise unter.« Sofort eilten Ritter herbei, um ihren Herrn zu retten, doch zu spät: Sie bargen einen Toten.

Die Odyssee der kaiserlichen Leiche

Herzog Friedrich von Schwaben übernahm nun das militärische Kommando. Seine erste Entscheidung war, was mit seinem toten Vater geschehen sollte. Die Kreuzfahrer wollten ihren geliebten Kaiser jedenfalls nicht in der heidnischen Erde Anatoliens begraben, doch in der Hitze des Orients konnten sie den Leichnam auch nicht über lange Strecken transportieren. So kochten sie die sterblichen Überreste ihres Kaisers stundenlang in Essigwasser, bis sich das Fleisch von den Knochen trennte. Die fleischlichen Überreste bestattete man in Antiochia, während man die kaiserlichen Knochen, in einem Sack eingenäht, weiter auf dem Kreuzzug mitführte, um sie in der Heiligen Erde Jerusalems begraben zu können. Doch dann scheiterten die Kreuzfahrer mit ihrem Vorhaben, die heilige Stadt zurückzuerobern, und so fanden die Gebeine Barbarossas nicht in der Grabeskirche ihre letzte Ruhe, sondern wurden in der Kathedrale der libanesischen Hafenstadt Tyros beigesetzt.

Von den deutschen Kreuzfahrern hatten nur wenige das Heilige Land erreicht, und kaum einer von ihnen kämpfte dort gegen Sultan Saladin. Eine Pestepidemie raffte vor der Festung Akkon viele der Männer dahin Am 20. Januar 1191 starb Herzog Friedrich, dann folgte der Bischof von Passau. Und so endet Ansberts Kreuzzugschronik mit dem Satz: »Die Todestage der anderen Fürsten konnten wir uns nicht alle merken, denn es waren so viele, und ein Todestag folgte auf den anderen.«

Der profane Tod Barbarossas wollte aber für die Menschen nicht zum Leben dieser kraftstrotzenden Kaisergestalt passen. Eine angebliche Prophezeiung, dass »der Menschen Größter« am Saleph sein Ende finden sollte, überhöhte den Unfall zum Schicksal. Im ausgehenden Mittelalter verwandelte sich der Kaiser dann endgültig in eine Sagengestalt. In einem unterirdischen Schloss im Kyffhäuser solle er ruhen, um eines fernen Tages wiederzukehren.

Der Kaiser im Kyffhäuser

»Der alte Barbarossa,
Der Kaiser Friederich
Im unterird´schen Schlosse
Verzaubert hält er sich.«

So dichtete Friedrich Rückert, doch ursprünglich war es gar nicht Barbarossa, sondern sein Enkel Friedrich II., der als Kaiser der Endzeit tief im Berg wartet. Schon kurz nach dessen Tod 1250 hieß es, dass der Stauferkaiser »lebt und nicht lebt« und mit einer wilden Schar Krieger in den Ätna eingeritten sei.

Erst zu Beginn des 16. Jh. verwandelte sich in einer Basler Chronik Friedrich II. zu Friedrich Barbarossa, der unter einem Berg beim thüringischen Frankenhausen auf seine Wiederkehr harren würde. Dabei konnte es sich nur um den Kyffhäuser mit den Ruinen seiner Reichsburg handeln. Das wilhelminische Deutschland verklärte Barbarossa schließlich zu einem mittelalterlichen Vorläufer Kaiser Wilhelms I. und erhob den Kyffhäuser zur nationalen Weihestätte.

Ein Königsmord aus gekränkter Ehre?

Eine Mordtat erschütterte 1208 das Heilige Römische Reich: Pfalzgraf Otto von Wittelsbach hatte König Philipp von Schwaben in der Bamberger Bischofsresidenz mit einem Schwerthieb tödlich niedergestreckt. Während der Täter eindeutig war, blieben seine Motive im Dunkeln. Trieb den Pfalzgrafen nur persönliche Rache oder gab es politische Gründe?

»Als nun eines Tages Philipp ... zurückgezogen in seinem Gemach verweilte, schritt der Pfalzgraf mit entblößtem Schwert scheinbar spielend im Vorzimmer auf und ab. Dann näherte er sich dem Schlafgemach des Königs, klopfte heimlich und trat ein.«

(Bericht des Arnold von Lübeck über die Ermordung Philipps von Schwaben 1208)

Das Reich traf die Mordtat jedenfalls zur Unzeit. Seit der Doppelwahl von 1198 standen sich zwei Könige gegenüber: Der Staufer Philipp, Sohn Friedrich Barbarossas, und der Welfe Otto IV., beide an unterschiedlichen Orten zu Königen gekrönt und von hochrangigen Parteigängern im In- und Ausland unterstützt. Doch gerade als sich die Waagschale zugunsten des Staufers senkte, beendete die Mordtat am 21. Juni 1208 alle Träume der staufischen Partei. Philipp, der »junge, süeze man«, wie ihn die zeitgenössischen Quellen nennen, verblutete mit kaum 31 Jahren auf dem Fußboden seines Schlafzimmers.

Der verhinderte Schwiegersohn

Verletzte Eitelkeit, Enttäuschung und Wut standen wohl Pate, als sich Otto von Wittelsbach am Rande einer Hochzeitsfeier mit bloßem Schwert Zugang zu Philipps Privatgemächern verschaffte. Die Aufforderung des

Der Mord von Bamberg in einer Darstellung des 19. Jh.: Otto tötet König Philipp mit einem Hieb in den Hals.

Königs »Lege dein Schwert ab, denn dafür ist hier nicht der Ort!« quittierte er mit: »Hier ist schon der richtige Ort und du sollst deine Treulosigkeit büßen«. Danach hieb er den König in den Hals und floh. Mit der »Treulosigkeit« verwies der Wittelsbacher auf das Eheprojekt zwischen ihm und einer Tochter Philipps: Während der Kriegszüge 1203/04, als der Staufer jede Unterstützung gegen die Welfen brauchte, hatte er Otto seine damals fünfjährige Tochter Beatrix die Ältere versprochen. Als sich die Lage wieder entspannte, löste er die Verlobung jedoch wieder auf. Beatrix sollte nun den Welfen Otto IV. heiraten. Auch ein zweites Eheprojekt war kurz vor der Mordtat gescheitert. Als Braut waren eine jüngere Tochter Philipps oder die reiche Erbin Gertrud von Andechs-Meranien im Gespräch, doch wiederum lehnte Philipp ab.

Das Taktieren Philipps war im Kontext der Machtpolitik durchaus verständlich. Um Papst Innozenz III., der zunächst die Welfen unterstützt hatte, für sich zu gewinnen, bot der Staufer ihm an, eine seiner Töchter mit dessen Neffen zu verheiraten und diesem Reichslehen in Italien zu übertragen. Auch seinem Kron-Rivalen Otto IV. bot er eine Tochter an, falls dieser auf seine Thronansprüche verzichten würde. Für seine Töchter Kunigunde und Maria gewann er die Söhne des Königs von Böhmen und des Herzogs von Brabant. In diesen illustren Kreis der Heiratskandidaten passte Otto von Wittelsbach offenbar nicht mehr hinein. Nach dem Zeugnis Arnolds von Lübeck spielten auch persönliche Animositäten eine Rolle, denn Philipp soll den Pfalzgrafen für »blutdürstig und grausam« gehalten haben.

Zu den Künstlern, die bei Philipps Hochzeit mit der byzantinischen Prinzessin Irene aufspielten, soll Walter von der Vogelweide gezählt haben.

Das Politische im Privaten

Angesichts dieser hochpolitischen Konstellationen konnte das Private nicht lange privat bleiben. Ob Otto von der antistaufischen Opposition zur Mordtat angestiftet wurde, ist durch die Quellen zwar nicht belegt, doch dass sein Anschlag den Welfen half, ist nicht zu übersehen. Da die Tat am Hof Bischof Eckberts von Bamberg geschah, vermutete man auch Mitglieder von dessen Haus Andechs-Meranien als Drahtzieher. Otto IV. gewann jedenfalls nach dem Tod Philipps allgemeine Anerkennung, musste aber die Verfolgung des Mörders zusagen. So zog der Wittelsbacher keinen Nutzen aus dem Mord: Er wurde für vogelfrei erklärt und schon im Frühjahr 1209 bei Kelheim erschlagen.

Staufer und Wittelsbacher

Im Machtkampf zwischen Staufern und Welfen zählten die Wittelsbacher anfangs zu den treuesten Parteigängern der Staufer im Reich, wofür sie großzügig entlohnt wurden. So bekam Otto I. von Wittelsbach nach dem Sturz Heinrichs des Löwen 1180 von Friedrich I. Barbarossa das Herzogtum Bayern verliehen und schaffte somit für sein Geschlecht den dauerhaften Aufstieg.

Seinem Sohn Ludwig I. gelang es, mit einer cleveren Schaukelpolitik zwischen den rivalisierenden Königen seinen Machtbereich zu festigen und territorial abzurunden. Nach der Mordtat seines Vetters schloss sich Ludwig rasch dem Welfen an und erhielt von diesem den Lehensbesitz des Königsmörders übertragen. Mit einem erneuten Parteiwechsel zum Staufer Friedrich II. sicherte er sich die Pfalzgrafschaft bei Rhein.

Tod eines Unerwünschten – Heinrich der Klammer-Siebte

Um den 1242 vermeldeten Tod des unglücklichen Königs Heinrich (VII.) rankten sich lange die wildesten Gerüchte. Der Hohenstaufer gilt als einer der umstrittensten Herrscher der deutschen Geschichte. Wozu die Geschichtswissenschaftler ihren Teil beitrugen: Heinrich ist der einzige deutsche König, dem sie seine Ordnungszahl aberkannten.

Das Netz der Festungen, die Friedrich II. in Süditalien errichten ließ (re. Castel del Monte), wurde zum Gefängnis des Sohnes.

Die harte Hand Friedrichs II. (Statue aus Capua) bekam auch der Sohn zu spüren.

Wie schon sein Vater wurde der in Sizilien geborene Sohn Friedrichs II. bereits als Zehnjähriger am 8. Mai 1222 zum König gekrönt, eine Schachfigur der Politik. Der zukünftige Heinrich VII. – die Nummer VI. hatte sein Großvater getragen – sollte als Statthalter seines Vaters den deutschen Teil des Reiches regieren und im Sinne der Stauferdynastie kontrollieren, während der Kaiser selbst in Italien gebunden war.

Zum Konflikt kam es, als in Deutschland die Verfolgungen von Ketzern, die von Papst Gregor IX. tatkräftig unterstützt wurden, einen ersten Höhepunkt erreichten. Heinrich, der ohnehin in vielen Fragen, die Deutschland betrafen, mit dem Vater nicht übereinstimmte, war ein entschiedener Gegner dieser Praktiken. Er sah das Wirken der Inquisitoren als Übergriffe Roms. Als hessische Ritter, Gefolgsleute Heinrichs, Konrad von Marburg, den weithin verhassten Großinquisitor für Deutschland, ermordet hatten, verhängte der Papst 1234 den Kirchenbann nicht nur über die Täter, sondern auch über Heinrich selbst – mit ausdrücklicher Zustimmung des Kaisers, dem damals ein gutes Verhältnis mit der römischen Kurie am Herzen lag.

Der Zorn des kaiserlichen Vaters

Friedrich II. machte sich von Italien in sein Nordreich auf, um für Ordnung zu sorgen und seinen Sohn zur Räson zu bringen. Auf diese Nachricht hin schritt Heinrich zur offenen Rebellion. Er verbündete sich mit kaiserfeindlichen Fürsten und Bischöfen, und um dem Vater den Vormarsch über die Alpenpässe zu sperren, tat er sich sogar mit dem Lombardischen Städtebund zusammen, den erbitterten Feinden des Kaisers in Norditalien– das bedeutete Hochverrat! Damit war das »Band zwischen Vater und Sohn zerschnitten«, kommentiert der Historiker Ekkehart Rotter.

Der Kaiser umging jedoch die Lombardei und erreichte unangefochten Worms. Am 4. Juli 1235 hielt er dort mit den Fürsten über Heinrich Gericht. Dieser wollte sich zunächst auf der pfälzischen Burg Trifels verteidigen, warf sich dann aber auf Vermittlung des Deutschordensmeisters Hermann von Salza

seinem Vater zu Füßen und bat den Kaiser weinend um Gnade. Friedrich ließ ihn erst wieder aufstehen, als einige der Fürsten darum baten – ein klares Zeichen verweigerter Versöhnung.

Dass Heinrich die Namen seiner Mitverschwörer preisgab, rettete ihm den Kopf, nicht aber das Amt. Als er sich weigerte, die Insignien des Königtums herauszugeben, ließ der Kaiser ihn kurzerhand absetzen. Heinrich war von nun an Gefangener seines Vaters und wurde Anfang 1236 nach Apulien verbracht, wo er auf verschiedenen Kastellen einsaß.

Die Spuren eines gefürchteten Leidens

Am 12. Februar 1242 starb Heinrich (VII.) in einer Festung beim kalabrischen Martirano. Nur, woran? Hatte er Selbstmord begangen, litt er an einer Krankheit, oder war er etwa verunglückt? Die »amtliche« Version lautete, jedenfalls, dass Heinrich mit seinem Pferd auf einem Ausritt zu Tode gestürzt sei. Hatte der Ex-König etwa einen Fluchtversuch unternommen?

Die Wahrheit konnte erst 1998 gelüftet werden: Ein italienisches Forscherteam von der Universität Pisa öffnete den Sarkophag Heinrichs im Dom von Cosenza und untersuchte die Überreste des Monarchen. Der Befund war ebenso überraschend wie eindeutig: Der Stauferkönig litt an Aussatz (Lepra) und war während seiner Gefangenschaft daran gestorben.

Dabei muss man den Begriff »Gefangenschaft« relativieren: Heinrich befand sich zunächst wegen seiner ansteckenden und allgemein gefürchteten Krankheit in Isolation von den Zeitgenossen. Deshalb war es auch nicht möglich, dass ihn sein Vater begnadigte, was dieser in Betracht gezogen hatte. Der Kaiser betrauerte in einem Schreiben an den sizilischen Klerus jedenfalls »das Schicksal unseres erstgeborenen Sohnes Heinrich«. Ob Friedrichs Trauer echt oder nur vorgeschoben war? Auf jeden Fall ließ der Vaters seinen Sohn mit königlichen Ehren in Cosenza beisetzen.

Doch das Leiden des unglücklichen Staufersprosses setzte sich nach dem Tode fort: Die Historiker beschlossen nämlich Heinrichs Ordnungszahl »VII.« in Klammern zu setzen. Sie vertraten den Standpunkt, Heinrich habe sein Königreich nicht »selbstständig« regiert. Bis heute spricht man, um Verwechslungen mit dem »echten« Heinrich VII. (1308–1313) aus dem Hause Luxemburg zu vermeiden, von »Heinrich, dem Klammer-Siebten«.

Beim Versuch, den Konflikt zu lösen, spielte Hermann von Salza, Großmeister des Deutschen Ordens, eine wichtige Rolle.

»Wir gestehen ein, dass wir, der wir durch den Übermut des lebenden Königs nicht gebeugt werden konnten, durch den Sturz dieses unseres Sohnes gerührt sind.«

(Friedrich II. in einem Schreiben nach dem Tod Heinrichs)

Friedrich II. und seine Kinder

Der Hohenstaufer ging vier Ehen ein und unterhielt zahlreiche außereheliche Beziehungen, sodass die Schar seiner Sprösslinge an die zwei Dutzend zählte – wenn man nur die den Chronisten bekannten und jene zählt, die nicht im Kindesalter starben. Die sieben »legitimierten« Kinder waren:

- Heinrich (VII.) stammte aus seiner ersten, 1209 geschlossenenen Ehe mit Konstanze von Aragon.
- Aus der zweiten Verbindung anno 1225 mit Isabella II. von Jerusalem ging König Konrad IV. (1237–1254) hervor.
- 1235 schloß der Monarch mit Isabella von England die dritte Ehe; ihr entstammten Margaretha und Prinz Carlotus, genannt Heinrich.
- Seine langjährige Geliebte Bianca Lancia die Jüngere heiratete Friedrich 1250 auf dem Sterbebett, um den drei gemeinsamen Kindern Constanza, Manfred und Violanta nachträglich »ein rechter Vater zu sein«.

Trotz dieser kaiserlichen Fruchtbarkeit erlosch das Haus der Hohenstaufen nach nur einer Generation in männlicher Linie; die meisten Staufer starben gewaltsam.

Graf Königsmarck: ein Liebhaber verschwindet

Birgt das Alte Leineschloss in Hannover ein düsteres Geheimnis? Dort nämlich wurde Graf Christoph Philipp von Königsmarck, Liebhaber der Kurprinzessin Sophie Dorothea, Anfang Juli 1694 ein letztes Mal lebend gesehen. Hat ihn der eifersüchtige Ehemann umgebracht und in den Fluten der Leine versenkt? Oder handelte es sich um einen »Mord aus Staatsräson« ?

Der schöne Graf, der das Herz einer Fürstin eroberte: Philipp von Königsmarck.

Im Dezember 1682 waren wieder einmal zwei Fürstenkinder aus rein politischen Gründen verheiratet worden: Erbprinz Georg Ludwig von Braunschweig-Lüneburg musste sich mit seiner Cousine Sophie Dorothea von Celle vermählen, um die beiden niederdeutschen Herzogtümer zu vereinigen. Glücklich wurde die Ehe nicht, auch wenn zwei Kinder daraus hervorgingen: Georg August, geboren 1683, der nachmalige englische König Georg II., und seine 1687 geborene Schwester Sophie Dorothea, die später den preußischen »Soldatenkönig« Friedrich Wilhelm I. heiratete.

Gefährliche Liebschaft in Hannovers Schlössern

Ihre Mutter, die 1666 geborene Sophie Dorothea, war zwar ausgesprochen hübsch, dennoch zog es Georg Ludwig immer wieder ins Bett seiner Mätressen. Doch statt sich klaglos ins Schicksal zu fügen, sah sich die selbstbewusste junge Frau nun ihrerseits nach einem Liebhaber um. Und dabei traf sie den eleganten Grafen Christoph Philipp von Königsmarck, der als Oberst am Hof ihres Schwiegervaters diente. Aus einem spielerischen Flirt wurde alsbald eine leidenschaftliche Affäre.

Zunächst hatte es den Anschein, als könnte die verbotene Liebe geheim bleiben. Aber mit heimlichen Treffen und Liebesbriefen wollten sich die beiden nicht begnügen. Sophie Dorothea und ihr Graf planten, Hannover zu verlassen und irgendwo ein neues Leben zu beginnen.

Im Alten Leineschloss wusste man allerdings längst Bescheid, und die Affäre sorgte nicht nur beim gehörnten Ehemann für Empörung. Noch weitaus mehr regte sich Sophie Dorotheas Schwiegervater auf. Ernst August hatte lange dafür gekämpft, Kurfürst von Hannover zu werden, was ihm 1692 endlich gelungen war. Dafür hatte er gegen heftigen Widerstand der eigenen Familie das

Die Affäre seiner Mutter Sophie Dorothea (ganz li.) warf einen langen Schatten auf das Leben Georgs I. (li.), der 1714 den englischen Thron bestieg.

alleinige Erbrecht des Erstgeborenen durchgesetzt.
Eines Tages sollte also Georg Ludwig den Kurhut tragen, doch jetzt drohte die unselige Affäre alles wieder zunichte zu machen. Wurde nämlich bekannt, dass Sophie Dorothea einen Liebhaber hatte, dann war die Legitimität ihrer Kinder in Frage gestellt, und es bestand die Gefahr, die Kurwürde wieder zu verlieren! Da gab es nur einen Ausweg – der Liebhaber musste für immer zum Schweigen gebracht werden.

Regierte in England das »Haus Königsmarck«?

Seitdem Graf Königsmarck am 1. Juli 1694 seine Geliebte ein letztes Mal besucht hatte, fehlt von ihm jede Spur. Höchstwahrscheinlich wurde er von Gefolgsleuten des Kurfürsten überwältigt und umgebracht. Dafür sprechen jedenfalls hohe Summen, die an die mutmaßlichen Mörder gezahlt wurden. Königsmarcks Leiche wurde allerdings nie gefunden. Gerüchten zufolge hatte man sie in einen mit Steinen beschwerten Sack gesteckt und an der tiefsten Stelle der Leine versenkt.

Die Ehe des Kurprinzen Georg Ludwig wurde im Januar 1695 wegen böswilligen Verlassens aufgelöst; es sollte auf keinen Fall bekannt werden, dass die Prinzessin fremdgegangen war. Und doch ließen sich entsprechende Gerüchte nicht vermeiden, erst recht nicht, nachdem Georg Ludwig 1714 als Georg I. den englischen Thron bestiegen hatte. So glaubten damals nicht wenige spöttische Engländer, dass sie in Wirklichkeit vom »Haus Königsmarck« regiert würden. Das ist allerdings wenig wahrscheinlich, denn Sophie Dorotheas Liebesaffäre begann nachweislich erst nach der Geburt ihrer Kinder.

»Ich kann noch nicht einmal meine Begeisterung meistern, wenn ich nur Ihren Namen höre!«

(Sophie Dorothea in einem Brief an Königsmarck)

LEGITIMITÄT UND DOPPELMORAL

Dass die männlichen Mitglieder eines Fürstenhauses vor und auch während der Ehe verschiedene Sexualpartnerinnen hatten, galt lange Zeit als selbstverständlich. Blieben diese Affären nicht ohne Folgen, dann wurden Mutter und Kind gewöhnlich großzügig finanziell abgefunden. Fürstliche Damen hingegen genossen keinerlei sexuelle Freiheiten; schließlich musste sichergestellt sein, dass in den Adern ihrer Kinder auch das »richtige« blaue Blut floss und nicht möglicherweise sogar das eines Bürgerlichen.

Deshalb wurden fürstliche Ehebrecherinnen wie Sophie Dorothea schleunigst vom Hof verbannt und meist lebenslang unter Hausarrest gestellt, selbst wenn sie keinen »Bastard« zur Welt gebracht hatten.

Kaspar Hauser – das Rätsel von Ansbach

Seit ein gewisser Kaspar Hauser im Mai 1828 wie aus dem Nichts in Nürnberg aufgetaucht war, rätselten die Zeitgenossen über die wahre Identität des seltsamen Findelkinds. Bis heute streiten sich die Fachleute, wer Kaspar Hauser wirklich war: ein Verwirrter, ein dreister Betrüger oder womöglich doch der Erbprinz von Baden, der nach seiner Geburt mit einem sterbenden Kind vertauscht worden war?

Das Schicksal des rätselhaften Kaspar Hauser war die Mediensensation der 1830er-Jahre, so auch für die Bänkelsänger.

Sein Erscheinen war eine Sensation gewesen, und auch sein gewaltsamer Tod sorgte für Schlagzeilen in ganz Europa: Am 17. Dezember 1833 starb Kaspar Hauser an einer schweren Stichverletzung, die ihm angeblich ein Unbekannter drei Tage zuvor im Ansbacher Schlosspark beigebracht hatte. Damit endete jäh das Leben des jungen Mannes, der fünf Jahre zuvor urplötzlich in Nürnberg aufgetaucht war und nur wenig über sich und seine Herkunft aussagen konnte – oder wollte. Angeblich war er als Findelkind »an der bayerischen Grenze« aufgewachsen und nun von seinem Ziehvater nach Nürnberg geschickt worden, um als Rekrut dem dort stationierten Reiterregiment beizutreten.

Mehr war aus dem etwa 16-jährigen Knaben nicht herauszubekommen, denn er war kaum der Sprache mächtig und schien große Mühe zu haben, die an ihn gerichteten Fragen überhaupt zu verstehen.

Kaspar Hauser wurde von den ratlosen Behörden bei einem Nürnberger Lehrer, Georg Friedrich Daumer, untergebracht, der sich um den merkwürdigen Jüngling kümmerte und ihm auch Unterricht gab. Kaspar machte rasche Fortschritte und konnte somit nach und nach ein paar Einzelheiten über seine Vergangenheit mitteilen. Allem Anschein nach hatte er sein bisheriges Leben überwiegend als Gefangener in einem engen, dunklen Verlies verbringen müssen und kaum Kontakt zu anderen Menschen gehabt. Das erklärte nicht nur seine sprachlichen und motorischen Defizite, sondern auch seine anfängliche Weigerung, normale Nahrung zu sich zu nehmen. Zunächst hatte sich Kaspar Hauser nämlich nur von Wasser und Brot ernährt.

Mordanschlag auf einen Unbequemen

Der »Fall Kaspar Hauser« erregte große Neugier unter den Zeitgenossen. Zahlreiche Besucher kamen extra nach Nürnberg, um den mutmaßlichen »Wolfsjungen« mit eigenen Augen zu sehen und über seine Identität und Herkunft zu spekulieren. Und Kaspar gab seinen Mitmenschen weiterhin neue Rätsel auf: Im Oktober 1829 wurde er im Keller von Daumers Wohnhaus mit einer heftig blutenden Stirnwunde aufgefunden. Er gab an, auf dem Weg zum Abort von einem Unbekannten attackiert worden zu sein, der versuchte, ihn umzubringen. Die Stimme habe ihn jedenfalls an jenen Mann erinnert, der ihn nach Nürnberg gebracht habe. Warum Kaspar dann aber in den Keller geflüchtet war und sich nicht gleich an die Familie seines Betreuers gewandt hatte, die sich im zweiten Stock aufhielt, blieb rätselhaft. Der Anschlag – wenn er denn einer war – wurde nie aufgeklärt; er verstärkte jedoch das öffentliche Interesse an Kaspar Hauser, der jetzt sicherheitshalber in einer anderen Nürnberger Familie untergebracht wurde.

Nur mit einem Zettel zur Identifikation war der weitgehend sprachlose junge Mann 1828 in Nürnberg aufgetaucht.

Auch der Engländer Lord Stanhope, ein Neffe des britischen Premierministers William Pitt, interessierte sich brennend für den Fall. Er kam 1831 persönlich nach Nürnberg und schloss bald enge Freundschaft mit Kaspar Hauser. Stanhope unterstützte den rätselhaften jungen Mann nicht nur finanziell, er unternahm auch verschiedene Reisen, die ihn bis nach Polen und Ungarn führten, um dessen wahre Herkunft zu ermitteln.

Die vielen Todesfälle im Hause Baden

Kaspar Hauser hatte inzwischen in Ansbach ein neues Zuhause gefunden, dem Wohnort des Gerichtspräsidenten Anselm von Feuerbach. Der wollte unbedingt wissen, wer Kaspar Hauser in Wirklichkeit war. Wie konnte es sein, dass ihn scheinbar niemand

Der bekannte Jurist Anselm von Feuerbach war einer der vielen, die sich um die Aufklärung des Rätsels Kaspar Hauser bemühten.

vermisste? Feuerbachs Recherchen führten schließlich nach Karlsruhe, ins Schloss des Großherzogs von Baden. Dort war 1812 der kleine Erbprinz wenige Wochen nach seiner Geburt gestorben. Tatsächlich? Die Gerüchte wollten nicht verstummen, im Karlsruher Schloss sei manches nicht mit rechten Dingen zugegangen ...

Alles fing damit an, dass Großherzog Karl Friedrich (1728–1811) nach dem Tod seiner Gemahlin ein zweites Mal geheiratet hatte. Es handelte sich jedoch nur um eine Ehe »zur linken Hand« mit der jungen Hofdame Luise Geyer von Geyersberg, die er später zur Gräfin Hochberg erhob. Wie in solchen Fällen üblich, waren die Kinder, die aus dieser Verbindung hervorgingen, nicht erbberechtigt. Aus seiner ersten Ehe hatte Karl Friedrich hingegen drei legitime Söhne – Karl Ludwig, Friedrich und Ludwig – sodass die Thronfolge auf jeden Fall gesichert schien. Trotzdem verfügte er für den – unwahrscheinlichen – Fall, dass das Haus Baden in männlicher Linie aussterben würde, dass der älteste Sohn der Hochberg neuer Großherzog werden sollte.

Und dann schlug das Schicksal zu: Erbprinz Karl Ludwig kam 1801 bei einem Kutschenunglück in Schweden ums Leben, sodass nach dem Tod des alten Großherzogs 1811 der Enkel Karl (1786–1818) den Thron erbte. Auf Betreiben des siegreichen Napoleon hatte Karl dessen Adoptivtochter Stephanie de Beauharnais geheiratet. Im September 1812 brachte Stephanie ihren ersten Sohn zur Welt, einen kräftigen Knaben, der aber nur wenige Wochen später starb, an Gehirnblutungen, wie das Obduktionsergebnis lautete. Da Stephanie, die nach der schweren Geburt selbst um ihr Leben kämpfte, ihr Kind nie gesehen hatte, mochte sie womöglich glauben, man habe ihr den Sohn nur weggenommen, und er sei noch am Leben.

Noch musste man sich in Baden keine Sorgen machen. Das Großherzogspaar war schließlich jung und würde noch viele Kinder bekommen. Dann aber starb auch der zweite Sohn kurz nach seinem ersten Geburtstag. Prompt kamen Gerüchte auf, womöglich habe man den kleinen Prinzen vergiftet! Die Vermutungen wurden zur vermeintlichen Gewissheit, als auch der Großherzog selbst mit nur 32 Jahren das Zeitliche segnete, ein Jahr nach seinem Onkel Friedrich, dessen Ehe kinderlos geblieben war. Jetzt wurde Ludwig, der dritte Sohn Karl

Aktenzeichen Kaspar Hauser ungelöst

Seit dem Tod des rätselhaften Findlings war dessen blutbefleckte Unterhose in Ansbach aufbewahrt worden, und damit verfügte man über einen »genetischen Fingerabdruck«. Deshalb beauftragte das Nachrichtenmagazin DER SPIEGEL im Jahr 1996 Genforscher mit der Untersuchung des vorhandenen Erbmaterials. Da das Haus Baden den Zugang zur Familiengruft und jede andere Form der Zusammenarbeit verweigerte, suchte man nach Nachfahren aus der direkten Linie von Stephanie de Beauharnais.

Zwei Damen stellten sich zur Verfügung, und der Genabgleich ergab: keine Verwandtschaft! Kaspar Hauser war offensichtlich nicht der vertauschte Erbprinz von Baden. Doch wieder gab es Skeptiker, die behaupteten, das Blut auf der Unterhose stamme womöglich gar nicht von Hauser selbst. Deshalb starteten ZDF-Redakteure der Reihe »Sphinx« 2002 einen neuen Versuch mit Haar- und Kleidungsproben. Doch das Ergebnis blieb erneut unbefriedigend; die »Erbprinzentheorie« konnte weder bestätigt noch entkräftet werden. Es darf also weiter gerätselt werden.

War er das wahre »Findelkind«: Großherzog Leopold von Baden, Sohn der Gräfin Hochberg?

Friedrichs, neuer Großherzog – der letzte legitime Thronerbe aus dem Hause Baden. Und 1830 trat tatsächlich ein, was niemand für möglich gehalten hätte: Ludwig I., der unverheiratet geblieben war, starb, und den Thron erbte Leopold, der älteste Sohn der Gräfin Hochberg.

Erbprinz oder Betrüger?

Drei Jahre später lag Kaspar Hauser im Ansbacher Schlossgarten in seinem Blut, und manche Zeitgenossen glaubten nur noch zwei und zwei zusammenzählen zu müssen: Die inzwischen verstorbene Gräfin Hochberg, so ihre Behauptung, habe es von Anfang an darauf angelegt, ihrem Leopold den Weg auf den Thron zu ebnen und deshalb alle anderen Kandidaten eiskalt aus dem Weg geräumt. Sie sei es auch gewesen, die den kleinen Erbprinzen 1812 mit einem sterbenden Kind vertauscht und beiseite geschafft habe. Und dann sei der wahre Erbprinz als Kaspar Hauser wieder aufgetaucht! Lord Stanhope, der so großes Interesse an dem jungen Mann zeigte, dass er ihn sogar mit nach England mitnehmen wollte, war für diese Verschwörungstheoretiker ein Agent, der im Auftrag des Hauses Baden handelte.

Diese Hypothese war jedenfalls Wasser auf die Mühlen der Republikaner, die den Fürstenhäusern alle Gemeinheiten zutrauten. Aber auch in Adelskreisen hielt man die Geschichte nicht für ausgeschlossen: Als die Tochter des späteren Kaisers Wilhelm I. 1854 Friedrich von Baden heiratete, empörte sich Englands Queen Victoria, die Hohenzollern ließen sich mit den Mördern Hausers ein!

Doch es gab auch Skeptiker, die Kaspar Hauser für einen Betrüger hielten. Selbst Lord Stanhope kam zu dieser Ansicht. Er war 1832 aus Ansbach abgereist, um nie mehr wiederzukommen. Die Obduktion des Leichnams von Kaspar Hauser war ebenfalls nicht eindeutig. Es schien immerhin möglich, dass er sich die tödliche Verletzung selbst beigebracht hatte, zu einer Zeit, da das öffentliche Interesse an ihm spürbar nachließ. War etwa der Versuch, eine neue Schlagzeile zu produzieren, fatal danebengegangen? Für den Nachruhm blieb jedenfalls gesorgt mit der Frage: Erbprinz oder Betrüger? Das Rätsel »Kaspar Hauser« ließ sich bis heute nicht lösen, auch nicht mit den modernen Methoden der DNA-Analyse.

»Das Gefängnis, in dem ich bis zu meiner Befreiung leben musste, war ungefähr sechs oder sieben Schuh lang, vier breit und fünf hoch. Auf den Boden war Stroh gelegt, worauf ich zu sitzen und zu schlafen pflegte.«

(Aus: Über Kaspar Hausers Leben – Von ihm selbst geschrieben, 1829)

Im Schlosspark zu Ansbach erinnert ein Denkmal an die Stelle, wo der sterbende Kaspar Hauser aufgefunden worden war.

Der Tod des »Märchenkönigs«

Was geschah am Abend des 13. Juni 1886 tatsächlich am Starnberger See? Bis heute ist ungeklärt, wie der bayerische König Ludwig II. und sein Psychiater Bernhard von Gudden ums Leben kamen. War es Mord, ein Unfall oder Selbstmord? Das Rätsel Ludwig bleibt.

Es waren nur 20, 25 Schritte, die vom flachen Ufer aus zu den Leichen im See führten. Ein Suchtrupp hatte zuvor einen Mantel und einen Hut mit Diamantenagraffe entdeckt, so wie sie der bayerische König trug. Etwas Schlimmes musste geschehen sein.

Die Uhr zeigte etwa 23 Uhr an diesem Abend des 13. Juni 1886 an. Der Regen fiel in Strömen. Gegen Mitternacht erklärte dann der herbeigerufene Arzt Dr. Müller: »Herr Oberstleutnant, ich konstatiere den Tod seiner Majestät und den des Oberarztes von Gudden. Alle Wiederbelebungsversuche sind vergebens.« Offiziell hieß es, der geistig verwirrte Monarch aus dem Hause Wittelsbach habe Selbstmord begangen. Sein Psychiater Bernhard von Gudden sei im Kampf umgekommen, als er Ludwig bei seinem Freitod aufhalten wollte. Kratzspuren in seinem Gesicht und blaue Flecken dienten dafür als Beweis. Was aber wirklich geschehen war, weiß niemand.

Die Entmündigung eines Herrschers

Auch in der Nacht vom 11. auf den 12. Juni, als die rätselhafte Geschichte ihren Anfang nahm, regnete es stark. König Ludwig II. weilte auf Schloss Neuschwanstein, als eine Gruppe von Männern Einlass verlangte. Ihr Anführer, Dr. Bernhard von Gudden, erklärte: »Majestät sind in sehr weit vorgeschrittenem Grade seelengestört und zwar leiden Allerhöchstdieselben an jener Form von Geisteskrankheit, die den Irrenärzten aus Erfahrung wohlbekannt mit dem Namen Paranoia bezeichnet wird.« – »Wie können sie mich

Mit der Bergung der Leichen König Ludwigs und des Dr. von Gudden begann das Rätselraten um den Tod im Starnberger See.

Die feierliche Aufbahrung des toten Monarchen konnte die vielen Zweifel um seinen Tod nicht vertreiben.

für geisteskrank erklären, Sie haben mich ja vorher gar nicht angesehen und untersucht«, antwortete der Wittelsbacher dem Münchner Psychiater. Aber die Indizien, das Verhalten des Königs gegenüber seinem Personal und der finanziell unkontrollierbare Bau seiner Märchenschlösser reichten für das Gutachten aus, das empfahl, Ludwig II. zu seiner eigenen Sicherheit zu arretieren.

Fünf Irrenwärter, zwei Ärzte, ein Gendarm und ein Stallmeister begleiteten Ludwig auf seiner Fahrt von Füssen nach Berg am Starnberger See, damals noch Würmsee genannt. Die Kutsche war für den »verrückten« Fahrgast präpariert worden und nur von außen zu öffnen. Hätte sich der Patient gewehrt, so wären Fußfesseln zur Hand gewesen. Aber der »Irre« wütete nicht, schlug nicht um sich oder halluzinierte, wie bei der Diagnose zu erwarten gewesen wäre. Auch auf Schloss Berg blieb der König ruhig. Zu seiner Überraschung waren die Türklinken abmontiert, die Fenster verriegelt, und Gucklöcher gaben den Blick des Personals auf den Gefangenen frei. Vielleicht hatte Ludwig ja Fluchtgedanken?

Was geschah in der Todesnacht?

Als sich der König und sein Psychiater dann gegen Abend des 13. Juni zu einem Spaziergang aufmachten, nahm die Tragödie ihren Lauf. Gudden hatte die Pfleger gebeten, sie nicht zu begleiten, war doch ein Spaziergang ein paar Stunden zuvor noch zur vollen Zufriedenheit des Arztes verlaufen; der König sei brav »wie ein Kind« gewesen. Jetzt, um 20 Uhr war es Zeit für die Abendmahlzeit, und man begann sich Sorgen zu machen. Wo blieben die beiden?

Spätestens hier beginnen die Widersprüchlichkeiten. Warum hatte von Gudden eine Begleitung abgelehnt? Musste er nicht davon ausgehen, dass der König »unberechenbar« sei? Warum zeigten die stehen gebliebenen Uhren der beiden Toten unterschiedliche Zeiten? Waren sie nicht zusammen umgekommen? Warum durfte der Pfarrer den toten König angeblich nicht am Rücken salben? Was hatten die frischen Wagenspuren am Schloss zu bedeuten? Warum starben einige der beteiligten Personen unter mysteriösen Umständen? Warum weilte der Chef der preußischen Abwehr in Berg? Und warum hielt sich die österreichische Kaiserin Sisi ebenfalls am Starnberger See auf? War sie etwa eine Fluchthelferin?

Der eigenwillige Musikfreund auf dem Bayernthron lieferte den Karikaturisten reiches Material.

DER »KINI« LEBT!

Bis heute lässt Ludwig II. die Menschen nicht los – zu mysteriös waren sein Leben und sein Sterben. So treffen sich regelmäßig zu seinem Todestag die Mitglieder des Verbandes der Königstreuen und gedenken an der Votivkapelle am Starnberger See ihres »Kini«. Unter Ihnen auch eine besondere Gruppe von »Fans«: die Guglmänner. Mit ihren schwarzen Kutten und den Kapuzen kämpft die Geheimgesellschaft für Gerechtigkeit. Denn ihr König beging auf keinen Fall Selbstmord und nahm sogar noch einen anderen Menschen mit in den Tod. Nein, für die Guglmänner steht fest: König Ludwig II. wurde ermordet! Alles andere ist Geschichtsfälschung, die Ehrenrettung des Bayernkönigs ist oberstes Prinzip. Deswegen fordern sie auch die Öffnung seines Grabes, damit der Leichnam genauer untersucht werden kann. Bis jetzt ohne Erfolg.

Die lange Reihe der Verdächtigen

All diese und weitere Fragen bleiben unbeantwortet. Sie machen den Bayernkönig zum Mythos, der nie untergehen wird, solange Autoren und Königstreue auf der Suche nach der Wahrheit sind – manchmal allzu fanatisch, manchmal aber auch mit erstaunlichen Erkenntnissen. Einige Theorien gehen davon aus, dass Ludwig ermordet wurde. Ob zuerst betäubt und dann ertränkt oder mit einem Schuss in den Rücken getötet – in jedem Fall wäre Gudden ein Zeuge gewesen, der zum Schweigen hätte gebracht werden müssen.

Ein Interesse an des Königs Tod hätten beispielsweise der spätere Regent Luitpold gehabt oder der Staatsminister von Lutz. Beide quälte die Sorge, dass der König seine Bauwut nicht in den Griff bekommen könnte und das Land in den Ruin treiben würde. Es musste schnell gehandelt werden, denn immerhin begingen die Auftraggeber mit ihrem Gutachten Hochverrat! Bereits am 10. Juni übernahm Luitpold die Regentschaft und anerkannte die Diagnose seines Neffen. Ludwig wusste wohl um die Verschwörung und sorgte sich um sein Leben. Er schrieb Briefe an vertraute Personen und bat um Hilfe. Sie empfahlen ihm, sich der Öffentlichkeit in München zu zeigen, um so die negativen Gerüchte aus der Welt zu schaffen. Aber Ludwig folgte den Ratschlägen nicht und blieb auf Neuschwanstein. Der ersten Kommission, die zusammengestellt wurde, um den König am 10. Juni gefangen zu nehmen, konnte er noch entgehen, da die Wachen die Herren nicht einließen. Aber eine zweite folgte.

Zweimal König Ludwig II.: links bei seiner Thronbesteigung 1864, rechts 22 Jahre später kurz von seinem Sturz und Tod.

Zweifelhafte Zeugen berichten von Mord

Der abgesetzte König sagte selbst am 10. Juni 1886 zu seinem Lakai Alfons Weber: »Luitpold, ein schöner Verwandter, der sich die Herrschaft anmaßt und mich gefangen setzen lässt. Das ist kein Prinzregent, das ist ein Prinzrebell!« Und Cousine Sisi dichtete nach dem Tod ihres Seelenverwandten: »Seht den heuchlerischen Alten! Drückt ihn sein Gewissen nicht? Thut so fromm die Hände falten, Sauersüss ist sein Gesicht.« Selbst Bismarck kommt für einige Verschwörungstheoretiker als Auftraggeber in Betracht.
Zeugenaussagen werden auf der Suche nach der Wahrheit bemüht: Einige berichten von einem durchschossenen, blutigen Hemd, dass in Schloss Nymphenburg verbrannt worden sein soll. Der Fischer Lidl, der an der Suche nach Ludwig beteiligt war, soll berichtet haben, dass zwei Schüsse Ludwig trafen, während dieser in seinem Boot war. Die

Leiche soll dann in einer Bootshütte aufgebahrt worden sein. Wenig später wurde sie abgerissen. Auch soll der Fischer beauftragt worden sein, künstliche Fußspuren in den Seegrund einzudrücken. Dass er irgendwie an den Geschehnissen beteiligt war, glaubten die Bewohner von Berg gern, denn plötzlich war der arme Lidl zu Haus und Geld gekommen. Selbst der Zeitpunkt des Aufbruchs zum Spaziergang ist nach Zeugenaussagen nicht eindeutig festzustellen.

Die Bewohner von Berg bemerkten ganz genau, dass etwas in dieser Todesnacht nicht stimmte: Auf höhere Weisung gingen Telegramme erst drei Stunden später hinaus.

Auch durften die Bürger nicht in der Nacht auf die Straße gehen oder am Tag dem Schloss zu nahe kommen. Sie taten es trotzdem. Ein früher Liedtext macht deutlich, was das Volk dachte: »Und geheime Meuchelmörder / deren Namen man nicht kennt, / haben ihn in d'See 'neingstessen/ indem sie ihn von hinten angerennt.« Der Kini lässt nicht kalt, und darin liegt sein Geheimnis.

Exzentriker oder verrückt?

Doch war er verrückt gewesen? »Es ist schade, dass er Schrullen hat, es steckt viel in ihm. Er versteht das Regieren heute noch besser als alle seine Minister.«, sagte Otto von Bismarck 1883 über Ludwig II. Es war im Reich bekannt, dass sich der Bayernkönig ein wenig »komisch« verhielt. Ließ er doch viel Raum für Spekulationen, da er sich immer weiter von der Öffentlichkeit zurückzog. Seine nächtlichen Fahrten mit dem Schlitten zum Beispiel konnten sich die Bauern aus der Umgebung nicht erklären. Das Schlosspersonal wunderte sich über die nächtlichen Diners, an denen imaginäre Gäste teilnahmen. Einige Geschichten waren natürlich übertrieben worden, denn es musste ja ein Gutachten her, dass den König für verrückt erklärte. Das einzige, was Ludwig wohl in der Tat vorzuwerfen war, ist, dass er sich in Bauwut flüchtete.

Sonnenkönig mit moderner Technik: In Schloss Herrenchiemsee ließ Ludwig II. sich einen versenkbaren Speisetisch installieren.

»Dass man mir die Krone nimmt, könnte ich verschmerzen, aber dass man mich für wahnsinnig erklärt hat, überlebe ich nicht.«

(Ludwig II.)

Märchenschlösser mit modernster Technik

Nachdem sein geliebtes Bayern im Deutschen Reich aufgegangen war und sich die Intrigen in München immer enger sponnen, suchte Ludwig Zuflucht in den Bergen. Seine Leidenschaft galt der Architektur. Er selbst plante an den Schlössern mit und ließ hinter den Bühnenbild-Fassaden neueste Technik für die Erfüllung seiner Träume einsetzen.

Etwa in Schloss Linderhof, in dessen Grotte die Beleuchtung alle zehn Minuten ein anderes Farbspiel inszenieren kann. Die Illumination wurde möglich durch chemische Farben, die vorher nicht existierten. Oder die batteriebetriebene Glühbirne auf den Kutschschlitten, die für Licht bei den nächtlichen Fahrten sorgte – fünf Jahre bevor Edison sein Patent anmeldete.

Heute sind Schloss Linderhof, Schloss Herrenchiemsee und Schloss Neuschwanstein (Abb.) Publikumsmagneten. Allein das »Märchenschloss« bei Füssen, Vorbild für Cinderellas Residenz in Disneyland, zieht jährlich 1,3 Millionen Besucher an. So haben die Bayern auch heute noch etwas von ihrem »irren König«.

Ein Habsburger verschwindet

Die Zeremonie verlief mit allem Pomp des Kaiserhauses. Vor dessem Oberhaupt legte Erzherzog Johann Salvator von Österreich-Toskana 1890 den »Renunziationseid« ab, mit dem er auf alle Titel, Ehren und Ansprüche verzichtete. Als er die Hofburg verließ, war aus ihm der bürgerliche Johann Orth geworden. Wenig später war er verschollen.

Der jüngste Sprössling der in der Toskana regierenden Seitenlinie der Habsburger war 1852 in Florenz geboren worden. 1859 fiel die Kunstmetropole an das Königreich Italien; die Herrscherfamilie zog zur Verwandtschaft nach Wien. Johann Salvator fand sich in der leidvollen Rolle der vielen Erzherzöge wieder, welche die Hofburg bevölkerten: Randfiguren auf der Suche nach einer Aufgabe, ohne aber das tun zu dürfen, was sie gerne getan hätten.

»Bin zu stolz um einen fürstlichen Müßiggänger abzugeben.«

(Johann Orth 1890 nach Aufgabe seiner Titel)

Der Erzherzog, der zum einfachen Bürger wurde: Lithografie-Porträt von Johann Salvator alias Orth.

Prinzenverschwörung am Kaiserhof

Johann Salvator suchte seine Zukunft in der Uniform der königlich und kaiserlichen Armee. Er machte rasch Karriere, sich aber auch unbeliebt ob seiner unkonventionellen Ideen. Hier fand er einen Seelenverwandten im gut fünf Jahre jüngeren Kronprinzen Rudolf, der sich immer mehr von seinem in starren Konventionen gefangenen Vater Franz Joseph I. entfremdete. Die jungen Erzherzöge steckten die Köpfe zusammen und entwarfen Pläne für eine liberalere Donaumonarchie, sollte Franz Joseph die Augen für immer schließen. Der dachte aber gar nicht daran, den Erbfall zugunsten Rudolfs herbeizuführen; vielmehr wurden der Thronfolger und dessen Freunde mehr und mehr vom politischen Tagesgeschehen isoliert.

Frustriert spielte Johann Salvator mit dem Gedanken, die Krone des neugeschaffenen Königreichs Bulgarien anzunehmen, was der offiziellen Wiener Politik in den Rücken fiel und dem Toskaner die Allerhöchste Missbilligung einbrachte – im Habsburgerreich ein politisches Todesurteil. Johann Salvator trat in der Folge aus der Armee aus, blieb aber mit Rudolf in engem Kontakt, der mit dem Gedanken spielte, sich gegen den Willen seines Vaters zum König von Ungarn ausrufen zu lassen. Das Scheitern dieser unausgegorenen Putschpläne trug mit dazu bei, dass der depressive Rudolf am 30. Januar 1889 in Schloß Mayerling zuerst die junge Gräfin Mary Vetsera und dann sich selbst erschoss.

Eine junge Geliebte hatte auch Johann Salvator: Sie war eine Ballettelevin, hieß

Milli Strubl und war nicht einmal von Adel! Rudolfs Tod und die Entschlossenheit, Milli gegen alle Widerstände zu heiraten, ließen Johann Salvator auf alle Titel und Ansprüche verzichten. Seinen neuen Namen bezog er von einem Schloss am Traunsee. Dann kaufte er sich ein Frachtschiff, die »Santa Margherita«, um damit in Südamerika ein neues Leben zu beginnen. Im Juli 1890 geriet die »Santa Margherita« vermutlich vor Kap Horn in einen schweren Sturm und versank. Nur ein Jahr später, am 6. Juli 1911, wurden Johann Orth und seine Ehefrau vom Kaiserhaus offiziell für tot erklärt; die persönlichen Besitztümer wurden im Lauf des folgenden Jahres versteigert.

Das lange Leben eines toten Habsburgers

Diese pietätlose Eile, das peinliche Kapitel möglichst rasch abzuschließen, hat von Anfang an Spekulationen sprießen lassen. Wiederholt machten Gerüchte die Runde, Johann Salvator sei lebendig gesehen worden – einmal in Südamerika, dann wieder in Japan oder sogar als General im Russischen Bürgerkrieg.

2007 behauptete ein junger Norweger namens Henrik Danielsen, sein 1945 verstorbener Urgroßvater Hugo Köhler sei Johann Orth alias Habsburg gewesen – als Beweis legte er persönliche Unterlagen Johanns vor, darunter einen handschriftlich geführten Kalender, die aus einem Schließfach Hugo Köhlers stammen sollen. Auf Grund dieser Belege – die allerdings auch auf anderen Wegen in dessen Besitz kommen konnten – erklärte ein norwegisches Gericht Hugo Köhler zum echten Johann Orth und ordnete eine Exhumierung der Leiche an, um DNA-Proben entnehmen zu können.

Diese Exhumierung ist inzwischen erfolgt, und der norwegische Ahnenforscher Jan Frode Johansen triumphierte: »Wir sind jetzt wirklich froh, dass wir uns der Antwort Schritt für Schritt nähern«. Henrik Danielsen und seine Familie warten aber immer noch auf die Zustimmung des Hauses Österreich, Gegenproben von Angehörigen entnehmen zu dürfen, und das Rätsel um Johann Orth/Johannes Köhler bleibt ungeklärt.

Johanns Freund, Kronprinz Rudolf (mit seiner Braut Stephanie von Belgien), endete 1889 durch Selbstmord.

Das traurige Los der Erzherzöge

Unüberlegte Schritte und exzentrisches Verhalten, das war die Reaktion der jüngeren Habsburger auf den goldenen Käfig, in den sie Etikette und Konvention, aber auch das Misstrauen des Kaisers sperrten. (Foto re.: Franz Joseph, 2. v. li., mit seinen Brüdern Ludwig Viktor, Karl Ludwig und Maximilian).

Tragisches Opfer wurde so Franz Josephs Bruder Maximilian, der als Kaiser von Mexiko vor einem Erschießungs-Peloton endete. Der jüngste der Brüder, Ludwig Viktor, sorgte als bisexueller »Prinz Luzivuzi« ebenso für peinliche Schlagzeilen wie Neffe Otto, der auch einmal nackt im Hotel Sacher auftrat und an Syphilis starb.

Die ärgste Sünde in des Kaisers Augen war aber die »nicht standesgemäße« Ehe. Ihrer machten sich neben Johann Salvator auch Ottos Brüder Ferdinand Karl und Franz Ferdinand schuldig. Letzterer hatte als Thronfolger mit Sophie Chotek von Chotowka »nur« eine Gräfin zur Gattin. Als beide 1914 in Sarajewo erschossen worden waren, wurde der Sarg Sophies einen halben Meter tiefer aufgebahrt – Standesordnung musste sein, auch im Tode!

Rätselhafter Tod im Ärmelkanal: Rudolf Diesel

Als sie Rudolf Diesels Nachlass sichteten, entdeckten die Angehörigen in seinem Notizkalender ein von Hand eingetragenes Kreuz hinter dem Datum 30. September 1913 – der Tag, an dem der deutsche Ingenieur und Erfinder im Alter von 55 Jahren auf rätselhafte Weise starb, als er auf dem Weg nach England war. Was stand dahinter?

Dass der geniale Erfinder Rudolf Diesel unter so mysteriösen Umständen ums Leben kam, heizte sogleich Spekulationen an.

Als Passagier einer Fähre vom belgischen Antwerpen nach Harwich war Diesel verschwunden. Erst Wochen später fand die Besatzung eines niederländischen Lotsenbootes angeblich seinen Leichnam im Ärmelkanal treibend. Seither rätselt die Nachwelt: War es ein Unfall gewesen? Suizid? Oder gar Mord?

»Dampfmaschinen verschwenden Energie. Ich will diesen Missstand aus der Welt schaffen.«
(Rudolf Diesel in seinem Kollegheft)

Für die Zeitgenossen war allerdings sofort klar: Letzteres muss der Fall gewesen sein! Uneinigkeit herrschte lediglich über Täter und Motive. Wahlweise kamen britische Geheimdienst-Agenten, deutsche Militärs, Auftragskiller aus der Industrie, halbseidene Gläubiger und neidische Konkurrenten in Frage.

Eine Erfolgsgeschichte mit Schattenseiten

Deutsche Zeitungen formulierten Schlagzeilen wie »Diesel ermordet, um U-Boot Geheimnisse zu sichern« oder »Diesel von Agenten der Öltrusts ermordet« und, weil es in die aufgeheizte Atmosphäre vor dem Ersten Weltkrieg passte: »Englischer Geheimdienst beseitigt Diesel«.

Rudolf Diesel war zum Zeitpunkt seines Todes jedenfalls eine Berühmtheit. Umso mehr bewegte sein Tod die Öffentlichkeit. Mit der Fähre war er unterwegs, um in England eine neue Motorenfabrik einzuweihen, eine Fabrik für Dieselmotoren. Man kannte und schätzte ihn auf der ganzen Welt. Der von ihm erfundene selbst zündende Motor hatte seinen Siegeszug angetreten; in ganz Europa und auch in den Vereinigten Staaten schossen die Fabriken, die seinen Motor herstellten, wie Pilze aus dem Boden. Mit den Lizenzen verdiente Diesel Millionen.

Ein Unfall kam als Todesursache nicht in Frage. Es war windstill, als die Überfahrt in Antwerpen begann. Der Ärmelkanal breitete sich flach und ölig wie eine Dieselpfütze im lauen Spätsommerwetter aus.

Die Umstände des Verschwindens mussten die Fantasie der Sensationspresse anregen: Diesels Bett in seiner Kabine war unberührt; seinen Mantel und seinen Hut fand man an Deck. Die niederländische Lotsenmannschaft, die später Diesels Kleider, seine Armbanduhr, sein Taschenmesser, sein Brillenetui und sein Portemonnaie bei den Behörden ablieferte, behauptete, sie habe die

Leiche im Wasser treibend gefunden, zwei Wochen nach dem Verschwinden. Man habe aber den Leichnam nicht an Bord nehmen wollen, dies sei »nicht üblich«, und ihn deshalb dem Meer überlassen.

Das Ableben eines Lebemannes

So etwas musste Verschwörungstheorien produzieren! Steckte Diesel nicht in endlosen Patentprozessen? Störte seine Erfindung nicht den Erfolg der Öltrusts? War der Dieselmotor für Unterseeboote nicht ein Militärgeheimnis? Alles schien möglich.

Ein Motor für alle Fälle

1892 erhielt Rudolf Diesel ein Patent für den von ihm entwickelten Verbrennungsmotor. Gezündet wird das Kraftstoffgemisch durch hochkomprimierte und dadurch erhitzte Luft. Die Motoren erreichen hohe Effizienz und können mit unterschiedlichen Kraftstoffen betrieben werden. So brachte Diesel auf der Weltausstellung 1900 in Paris einen Motor mit Erdnussöl zum Laufen.

90 Prozent aller größeren Handelsschiffe weltweit fahren heute mit Dieselmotoren, Dieselkraftwerke erzeugen Strom, viele Eisenbahnlokomotiven fahren mit Dieselantrieb, und Millionen von LKW und PKW sind mit der Benzinalternative Diesel unterwegs.

PATENT-URKUNDE

№ 67207

AUF GRUND DER ANGEHEFTETEN BESCHREIBUNG UND ZEICHNUNG IST DURCH BESCHLUSS DES KAISERLICHEN PATENTAMTES

an Rudolf Diesel, Ingenieur, in Berlin

EIN PATENT ERTHEILT WORDEN.

GEGENSTAND DES PATENTES IST:

Arbeitsverfahren und Ausführungsart für Verbrennungskraftmaschinen.

v. 7. APRIL 1891

ANFANG DES PATENTES: 28. Februar 1892.

DIE RECHTE UND PFLICHTEN DES PATENTINHABERS SIND DURCH DAS PATENTGESETZ VOM 7. APRIL 1891 (REICHS-GESETZBLATT FÜR 1891 SEITE 79) BESTIMMT.

ZU URKUND DER ERTHEILUNG DES PATENTES IST DIESE AUSFERTIGUNG ERFOLGT.

Berlin, den 23. Februar 1893.

KAISERLICHES PATENTAMT.

Beglaubigt durch Frank

Bureau-Vorsteher des Kaiserlichen Patentamtes.

Das Patent, das Technikgeschichte machte: Die an Diesel ausgestellte Urkunde für seinen Motor von 1892.

Dabei gibt es auch eine ganz banale Erklärung, auf die sich die Wissenschaft und die Biografen geeinigt haben: Rudolf Diesel beging Selbstmord, weil er seinen sich abzeichnenden wirtschaftlichen Ruin als Schande empfand und nicht ertragen konnte. Der Kassensturz der Angehörigen förderte nämlich auch zutage, dass der geniale Erfinder in zweierlei Hinsicht fast völlig ruiniert war: gesundheitlich und wirtschaftlich. Er hatte zwar beachtliche Einnahmen aus seinen in aller Welt verkauften Lizenzen, aber er lebte vollkommen über seine Verhältnisse. Er leistete sich eine bombastische Villa in München-Bogenhausen, unterhielt Mietkutschen, Gouvernanten, Ölporträtisten, verspekulierte sich grandios bei Grundstücksgeschäften und mit Wertpapieren, besaß falsche Freunde, die sich von ihm aushalten ließen, und saß auf Schuldenbergen, die immer weiter wuchsen. Seine Geldgeber wurden ungeduldig und saßen ihm im Nacken.

So entfloh er der Schande, indem er seinem Leben selbst ein Ende setzte. Der ideellen Unsterblichkeit konnte er dadurch jedoch nicht entfliehen. Denn seine geniale Erfindung hat sich durchgesetzt und ist bis heute ein wichtiger Motor der Mobilität.

Ein Jahr vor Diesels Tod auf See ging das erste Motorschiff mit seinem Antriebssystem, die »Christian X«, auf Probefahrt.

Horst Wessel: der fragwürdige Nationalheld

Ein Problem der Nationalsozialisten waren ihre nicht sehr eindrucksvollen Führungspersönlichkeiten. Nur so ist es auch zu erklären, dass ein einfacher »Parteigenosse« mit mäßigem poetischen Talent und dubiosen Einkünften zur gefeierten Kultfigur der NSDAP aufstieg: Horst Wessel, Verfasser des nach ihm benannten Kampflieds – allerdings erst nach seinem gewaltsamen Tod 1930, um den sich viele Fragen ranken.

»Horst Wessel starb für die Gemeinschaft seines Volkes.«

(Joseph Goebbels am 24. März 1930)

»Die Fahnen hoch, die Reihen fest geschlossen! SA marschiert mit ruhig festem Schritt ...« Mit diesen Zeilen beginnt das berühmt-berüchtigte Horst-Wessel-Lied, das in NS-Deutschland die Funktion einer zweiten Nationalhymne hatte, zu singen nach dem »Deutschland über alles«. Wer aber war der Verfasser dieses banalen Kampflieds, dem – posthum – die Ehre zuteil wurde, gleichsam »in aller Munde« zu sein? Und was hat er getan, um auf diese Weise »unsterblich« zu werden?

Kein Juden-Arzt für den SA-Mann

Sein Anspruch auf Ruhm im Nazi-Staat beruhte schlicht auf dem Umstand, dass er gestorben war, und zwar mit nur 22 Jahren. Die Umstände seines Todes waren dubios, aber typisch für die Zeit, in der die Weimarer Republik dem Untergang entgegentaumelte. Offenbar hatte der schneidige SA-Mann Wessel die Miete nicht gezahlt, sodass seine Hauswirtin, Witwe eines aktiven Kommunisten, ein paar Genossen bat, auf den säumigen

Der SA-Mann Wessel führt seinen Zug beim Parteitag 1929 in Nürnberg an. Ein halbes Jahr später starb er in Berlin.

Das Horst-Wessel-Lied

Das Horst-Wessel-Lied stammt nicht vollständig aus der Feder seines Namensgebers. Zwar hat er den Text verfasst, nicht aber die Melodie komponiert. Dafür bediente er sich großzügig aus älteren Weisen volkstümlicher Lieder. Zum ersten Mal soll das Horst-Wessel-Lied am 26. Mai 1929 in Berlin von SA-Einheiten gesungen worden sein. Nach dem Tod seines Verfassers und vor allem ab 1933 erhielt es immer mehr die Funktion einer Parteihymne der NSDAP, die regelmäßig nach dem Deutschlandlied gesungen und gespielt wurde.

Zahler Druck auszuüben. Die waren natürlich sofort bereit, dem verhassten Nazi eine Abreibung zu verpassen. Es kam zu einem Gerangel vor der Wohnungstür, und dabei wurde Horst Wessel von einer Pistolenkugel schwer verletzt. Möglicherweise hätte er gerettet werden können, doch ein SA-Führer, der nur wenige Minuten später zum Unglücksort kam, verhinderte, dass ein in der Nähe wohnender jüdischer Arzt Erste Hilfe leistete. Horst Wessel wurde in ein Berliner Krankenhaus eingeliefert; dort erlag er am 23. Februar 1930 den Folgen einer Blutvergiftung.

Fleißiger Parteiarbeiter oder Zuhälter?

Damit endete das kurze Leben eines fanatischen Nationalsozialisten, der bereits 1926 in die NSDAP eingetreten war, um eine »rücksichtslose Opposition gegen Weimar« zu betreiben. Der 1907 in Bielefeld geborene Jura-Student Horst Wessel hatte nach längerer Suche endlich seine politische Heimat in der NSDAP gefunden und brannte vor Ehrgeiz, der »völkischen Bewegung« zum Sieg zu verhelfen.

Das erkannten auch die Verantwortlichen der Berliner Parteiführung und übertrugen ihm 1929 die Leitung der SA-Truppe des Bezirks Friedrichhain. Wessels politische Aktivitäten spielten sich jetzt vorzugsweise in obskuren Kneipen und Kaschemmen ab, in denen die Berliner »Halbwelt« verkehrte. In diesem Milieu lernte Horst Wessel auch die Prostituierte Erna Jaenichen kennen, mit der er zusammenzog. Ob er jedoch ihr Zuhälter war, während sie weiter »anschaffen« ging, ist unklar. Dagegen spricht zumindest, dass er sein Jurastudium aufgab, um auf dem Bau oder als Taxifahrer Geld zu verdienen. Nicht auszuschließen ist, dass Horst Wessel einfach nur dem Wunsch der Partei nachkam, auf diese Weise seine »bürgerliche Herkunft« völlig abzustreifen und Kontakte zur Arbeiterschaft aufzubauen.

»Heldenfeiern« im ganzen Reich

Viel mehr ist über Horst Wessel nicht zu sagen. Weil er sein Leben jedoch »im Kampf« mit den verfeindeten Kommunisten verloren hatte, wurde er von der NSDAP zum Märtyrer stilisiert. Joseph Goebbels nannte ihn sogar einen »Christussozialisten«, der sein Blut für Deutschland hingegeben habe.

Seit 1933 wurden vom Regime alljährlich Horst-Wessel-Gedenkfeiern abgehalten. Die erste große Veranstaltung dieser Art fand am 22. Januar 1933 in Berlin statt. Rund 20000 Angehörige der SS, SA und HJ zogen in einem Sternmarsch durch die Innenstadt; Adolf Hitler hielt eine flammende Rede über die symbolische Bedeutung Wessels. Dann wurde ein Gedenkstein enthüllt, bevor die gesamte SA an seinem Grab vorbeizog. Bei einer weiteren Gedenkveranstaltung anlässlich seines 26. Geburtstags wurde sogar Wessels Sterbezimmer im St. Joseph-Krankenhaus »als historische Stätte der nationalsozialistischen Bewegung« der Öffentlichkeit übergeben. Parallel zu den Veranstaltungen in Berlin gab es Horst-Wessel-Feiern im ganzen Reich.

Dabei ging es vorrangig längst nicht mehr um den jungen »Parteigenossen«, der so unglücklich zu Tode gekommen war. Vielmehr dienten die Gedenkfeiern der Propaganda und Selbstdarstellung der NSDAP mit den üblichen Attributen wie Fahnen, Standarten, Trommelwirbel und Marschmusik. Vor allem aber sollte jedem »Volksgenossen« unterschwellig klar gemacht werden, dass das Regime auch von ihm »Treue zum Führer« bis in den Tod erwartete.

Der Hellseher, der seinen Tod nicht kommen sah

Regisseur Simon blieb nichts anderes übrig, als vor den Vorhang zu treten: Der Hellseher Erik Jan Hanussen, Star des Abends, falle wegen einer »plötzlichen, ganz unerwarteten Erkrankung« aus. Die Eintrittskarten könne das Publikum gegen Gutscheine für eine andere Vorstellung eintauschen. So begann 1933 einer der mysteriösesten Kriminalfälle aus der Frühzeit der NS-Herrschaft.

Erik Jan Hanussen kam nach jenem 24. März 1933 jedenfalls nie mehr in das bekannte Varieté-Theater Scala in Berlin. Am 8. April wurde in einem Wald von Straßenarbeitern eine verstümmelte Leiche gefunden und als die seine identifiziert.

Die Szene in der Scala beschrieb der Schriftsteller PEM (Paul Marcus), ein Bekannter von Hanussen, später aus seinen Erinnerungen, in denen er auch weitere Informationen über den mysteriösen Kriminalfall festhielt. Der letzte, der den Trickkünstler vor seinen Mördern lebend sah, war demnach der Portier von Hanussens Wohnhaus am Kurfürstendamm gewesen. Dieser berichtete, dass Hanussen am Nachmittag mit zwei Männern vorgefahren und eine Viertelstunde später mit diesen wieder weggefahren sei. Die Männer seien wohl von der SA gewesen. Doch darüber hinaus schweigen die Akten. Eine offizielle Aufklärung des Kriminalfalls hat es jedenfalls nie gegeben, und niemand

Hanussen liebte den großen öffentlichen Auftritt – hier eine Demonstration seiner Hellseher-Fähigkeiten 1929 in Berlin

wurde wegen des Mordes angeklagt, geschweige denn verurteilt. Hanussens Tod liefert seither unbegrenzten Stoff für Spekulationen.

Dafür gab es genügend Ansatzpunkte: Mit der Führung der SA in Berlin hatte Hanussen jedenfalls sehr enge Beziehungen unterhalten. Die Nationalsozialisten unterstützte er aktiv, und an seinem Wagen wehte die Hakenkreuz-Fahne. Er war förderndes Mitglied der SA. Laut »Völkischem Beobachter« war Hanussen aber kurz vor seinem gewaltsamen Ende wegen Einschleichens in die NSdAP mit falschen Papieren verhaftet worden. Der Presse wurde verboten, über den Fall zu berichten und die Ermittlungen wurden ohnehin einen Monat nach dem Fund der Leiche eingestellt.

Ein »nordischer« Künstler aus Wien

Einige Monate vor dem Verschwinden war nämlich bekannt geworden, dass der Bühnenkünstler in Wirklichkeit jüdischer Herkunft war: Hanussen war 1889 als Hermann Chaim Steinschneider in Wien-Ottakring geboren worden und spielte durch seinen Künstlernamen eine nordische Abstammung vor. Der Vater war bereits ein Varietékünstler gewesen, und so kam Steinschneider frühzeitig mit der Bühne in Berührung. Der junge Mann schlug sich als Kunstreiter und als Zauberkünstler in verschiedenen Varietés und Tingeltangel-Buden durch. Vorübergehend verdiente er sein Geld mit einem »elektrischen Karussell« – das in Wirklichkeit von Kindern, die unter einer Plane versteckt waren, in Gang gehalten wurde. Vom Militär ließ er sich als Wünschelruten-Gänger beschäftigen.

Später spezialisierte sich Hanussen auf Hypnose und Hellsehen. Als »Telepath« verstand er es geschickt, die Grenze zwischen Schein und Sein verschwimmen zu lassen. Seine Tourneen führten ihn schließlich durch ganz Europa, den Orient und selbst in die USA. Einen Teil seines »geheimen« Wissens erschlich er sich beispielsweise im Ersten Weltkrieg durch das Abfangen und Zurückhalten von Feldpost. Seine Biografen haben inzwischen nachgewiesen, dass sich Hanussen durch Informanten immer wieder gezieltes Hintergrundwissen über Personen beschaffen konnte, denen er dann vorgab, ihre Gedanken lesen zu können. Er war kein echter Hellseher, aber wie kein anderer verstand er es, Zuschauer massenhaft in seinen Bann ziehen.

Die Zukunft aus den Handlinien zu lesen war eine der eher traditionellen Wahrsage-Methoden des Hellsehers Hanussen.

1928 kam Hanussen im böhmischen Leitmeritz wegen Betrugs in Dutzenden von Fällen vor Gericht. Der Vorwurf lautete: Er habe Kunden aufgrund angeblicher paranormaler Erfahrungen beraten und deren Gutgläubigkeit ausgenutzt. Nach etlichen Monaten Dauer endete der Prozess mit einem Freispruch, und das Gericht bescheinigte in seinem Urteil sogar, dass der Angeklagte über »gewisse rätselhafte Geisteskräfte« verfüge. Der Prozess machte ihn berühmt – sogar die »New York Times« berichtete darüber. Hanussen standen nun alle Karrieretüren offen.

»Wer Jude ist, bestimme ich!«

(Angeblicher Anspruch Hermann Görings 1933)

Der Prophet des Nationalsozialismus

In Wien füllte er zunächst mit einem »Wunder der Telepathie« die Theaterkassen: Ein schönes, zartes Mädchen namens Martha Farra stemmte die schwersten Gewichte,

»Hitler setzte auf Hellsehen in der Politik, Hanussen auf Politik im Hellsehen«

(Der Schriftsteller PEM)

zerbrach Ketten und ließ kolossale Steine auf ihrem Körper zertrümmern. Doch dann flog der Schwindel auf: Die Requisiten waren präpariert gewesen. Hanussen verstand es aber, sogar aus diesem Desaster Kapital zu schlagen – für seinen Geldbeutel, aber auch für seine Reputation. Er verfasste eine Autobiografie mit dem Titel »Meine Lebenslinie«.

DIE KÜNSTLER UND DER NS-STAAT

Das Regime des Nationalsozialismus setzte auf eine eigene »Volkskultur«. Ihr hatten sich alle Künstler anzupassen. Wer das nicht wollte, wurde mit seinen Arbeiten »ausgemustert«. In »12 Thesen wider den undeutschen Geist« wurden am 12. April 1933 die Ziele vorgegeben. Die Vermittlung sozialdemokratischer, liberaler und pazifistischer Ideen passte nicht ins Konzept – ebenso wenig wie abstrakte Kunst oder »abartiger Niggerjazz«. So wurden aus Museen und Galerien rund 20 000 Werke von 1400 Künstlern als »entartet« entfernt und Bücherverbrennungen inszeniert. Eine am 22. September 1933 gegründete Reichskulturkammer sorgte unter der Leitung von Joseph Goebbels dafür, dass Kunst und Kultur in den Dienst einer nationalistischen und rassistischen Blut- und Bodenideologie gestellt wurden. Jüdische Künstler wurden kategorisch aus dem Kulturbetrieb ausgeschlossen, und auch »arische« Künstler mit jüdischen Ehepartnern sahen sich zunehmender Repression ausgesetzt. Vielen konnten sich nur durch Emigration retten, andere begingen Freitod oder wurden ermordet.

Darin gab er viele Tricks der Magierzunft preis und enttarnte sich dadurch selbst als Hochstapler. An seiner Fähigkeit, hellsehen zu können, hielt er aber fest und galt nun erst recht als glaubwürdig.

Hanussen verstand es zudem, seine »Marke« zu fördern. So verlegte er auch mehrere Zeitungen, mit denen er seine Erkenntnisse und Ratschläge unter die Leute brachte. In Wien war es »Der Blitz«; in Berlin wies seine »Hanussen-Zeitung« auf ihrem Höhepunkt eine Auflage von nicht weniger als 140 000 Exemplaren aus. Darin prophezeite er auch den kommenden Sieg Hitlers. »Der endgültige Sieg der NSDAP kann unter keinen Umständen aufgehalten werden«, verkündete Hanussen Anfang Januar 1933. Hitlers Machtübernahme feierte das Blatt überschwänglich. Hanussen sah sich als »Hellseher des Dritten Reiches« auf dem Höhepunkt seiner Karriere. Kurz vor seinem Verschwinden versuchte er, auch noch das »Berliner Tageblatt« an sich zu reißen.

Hanussen unterhielt neben seinen Auftritten in Berlin einen eigenen »Palast des Okkultismus«. Außerdem hielt er »Sprechstunden« ab – so gelangte Hanussen zu beachtlichem Wohlstand. Dazu kamen die Einnahmen aus dem Verkauf okkulter Waren einschließlich Kosmetika. Berichte sprechen auch von Sex-Orgien auf Hanussens Yacht – in Berlin nannte man sie die »Yacht der sieben Sünden«. Damit soll Hanussen einige NS-Größen in der Hand gehabt haben. Auch der SA-Führer Ernst Röhm soll dort gesehen worden sein; Mutmaßungen gehen von Erpressung aus. Hanussen selbst hatte 20 Jahre zuvor beim »Blitz« Geschäftsleute mit der Drohung negativer Berichte erpresst.

Zu Hanussens angeblichen Talenten gehörte es, die Herkunft unbekannter Gegenstände zu erkennen.

Der Mann, der zu viel wusste?

Zum Kreis der Kunden Hanussens zählte auch Wolf-Heinrich Graf von Helldorf, der spätere Polizeipräsident von Berlin. Der adlige Herr hatte sein ererbtes Rittergut verloren und sich hoffnungslos durch Wetten und ein Leben in Luxus verschuldet. In den besseren Berliner Kreisen bestand kein Zweifel daran, dass Hanussen dem Grafen durch großzügige Darlehen aus der Patsche half – ebenso wie anderen SA-Führern. Dadurch entstand allerdings für Hitlers Schergen eine gefährliche Abhängigkeit. Nach Überzeugung von Geschichtsforschern soll von Helldorf Hanussen auch Hitler vorgestellt haben. Dass er jenen auf seinem Weg zur Macht aber praktisch beraten habe, bleibt dagegen eine Legende. Immerhin hatte schon im August 1932 der kommunistisch ausgerichtete »Berlin am Morgen« die jüdische Herkunft von Hanussen publik gemacht, und damit war jede öffentliche Verbindung zwischen Hitler und Hanussen inopportun geworden.

Viele Führer des Nationalsozialismus waren allerdings prinzipiell für Okkultismus empfänglich, dessen bekanntester Vertreter Hanussen war. Eine Ausgabe der »Hanussen-Zeitung«, in der Forscher einen Bericht über den Kontakt zu Hitler vermuten, ist allerdings in keinem Archiv aufzufinden. Der Schriftsteller PEM kommentiert als Zeitzeuge: »Hitler und Hanussen hatten eins gemeinsam: Sie setzten ihre Karriere auf die Suggestion großer Versprechungen. Der eine setzte auf Hellsehen in der Politik, der andere auf Politik im Hellsehen«.

Von seinen Bekannten aus der SA bezog Hanussen wohl auch internes Wissen über die politischen Pläne der Nationalsozialisten. Hanussen wird unter anderem zugeschrieben, den Brand des Reichstagsgebäudes 1933 vorhergesagt zu haben. Er hatte am 26. Februar einige Journalisten zur Einweihung seiner neuen Wohnung eingeladen und ein Medium in Trance versetzt, das seine Prophezeiungen übermitteln sollte. Helldorf war ebenfalls zugegen. »Aber da ist Feuer ... Flammen ... Verbrecher sind am Werke«, erinnerte sich später ein Teilnehmer der Séance an die Vorhersage des Mediums. Nach anderen Versionen war von »Flammen aus einem großen Haus« die Rede. Hanussen beschwor alle Anwesenden, nichts darüber zu berichten. Einen Tag später brannte der Reichstag.

Nach seiner nie aufgeklärten Ermordung wurde Hanussen auf dem Friedhof von Stahnsdorf beigesetzt.

Auf Wunsch des »Führers« zum Schweigen gebracht?

Den Befehl, Hanussen zu beseitigen, soll Karl Ernst gegeben haben. Dieser hatte am 1. März kurzfristig Helldorf als Gruppenführer der SA in Berlin-Brandenburg abgelöst und war Sonderbevollmächtigter der Obersten SA-Führung. Später wurde er beschuldigt, eigentlicher Drahtzieher beim Brand des Reichstagsgebäudes gewesen zu sein – also jenes Ereignisses, das Hanussen vorausgesagt hatte. Karl Ernst soll ebenfalls an den Orgien auf Hanussens Yacht teilgenommen haben. Eine Mutmaßung besagt, Hitler selbst habe die Liquidation des Hellsehers befohlen. Nach den Recherchen von Forschern war Hanussen zur Zeit seiner Ermordung auf dem Sprung, um ab April 1933 ein Engagement in Wien anzunehmen. In Österreich war damals seine befristete Ausweisung abgelaufen, und in Wien wäre er außer Reichweite von Hitlers Schergen gewesen.

Wer immer als Gläubiger von ihm abhängig gewesen sein mag, er war jedenfalls durch den Tod des Künstlers seine Schulden losgeworden. Und niemand war mehr der Gefahr einer Erpressung ausgesetzt durch den Mann, der (zu) viel wusste.

Im Fadenkreuz der Stasi – Lutz Eigendorf

Man nannte ihn den »Beckenbauer der DDR«. Lutz Eigendorf galt als begnadeter Fußballer und als Beweis für die Überlegenheit des DDR-Systems. Deshalb kam es einem Hochverrat gleich, als der damals 22-jährige Nationalspieler von Dynamo Berlin in die Bundesrepublik flüchtete. Auf Hochverrat stand Todesstrafe – wurde sie von der Stasi ausgeführt?

Am 5. März 1983, vier Jahre nach der Flucht aus der DDR, stieg Lutz Eigendorf, inzwischen Profi beim Bundesligaclub Eintracht Braunschweig, mit einem Alkoholpegel von 2,2 Promille in seinen Sportwagen und fuhr auf einer regennassen Landstraße heimwärts. An einer gefährlichen Kurve verlor er die Kontrolle über sein Fahrzeug und prallte gegen einen Baum. Zwei Tage später erlag er seinen schweren Kopfverletzungen.

Der Journalist und Filmautor Heribert Schwan hat den Fall recherchiert und minutiös nachgewiesen, dass Eigendorf in einer Gaststätte bei Braunschweig von Stasi-Spitzeln Alkohol mit einer giftigen Substanz eingeflößt wurde, und dass er an der späteren Unfallstelle gezielt geblendet wurde. Skeptische Stimmen, die dieser Mordtheorie entgegenhalten, Eigendorf sei als »Bruder Leichtfuß« bekannt gewesen, der auch gerne einmal einen über den Durst getrunken habe – »So war er, der Lutz« –, stellte Schwan einen ganzen Berg von Indizien, Zeugenaussagen und Schlussfolgerungen entgegen. Der These etwa, Eigendorf habe sich an jenem Abend aus Frust über die Nichtnominierung für ein Spiel absichtsvoll betrunken, widersprach Trainer Jörg Berger: »Das war zu 95 Prozent Mord, das ist die Handschrift der Stasi«. Berger stammte selbst aus der DDR; er war nur wenige Tage nach Eigendorf in den Westen geflohen.

Das Wrack des Sportwagens, mit dem Lutz Eigendorf tödlich verunglückte – nur ein Verkehrsunfall?

In seinem Buch »Tod dem Verräter« führt Schwan ein auf September 1983 datiertes handschriftliches Dokument aus dem Ministerium für Staatssicherheit an, das sich mit diversen Tötungsmethoden beschäftigt, die als Unfälle getarnt werden können. In diesem Dokument ist namentlich von Lutz Eigendorf die Rede. Trainer Berger hatte keine Zweifel hinsichtlich der Motive: »Wir waren für die DDR schon deshalb Staatsfeinde, weil wir die Flucht geschafft hatten, erst Recht aber, weil wir prominent in der Öffentlichkeit standen.« Bei Lutz Eigendorf sei erschwerend hinzu gekommen, dass er das System ständig mit Interviews provoziert habe. Berger will den Fußballer mehrfach

Nach seiner Flucht spielte Lutz Eigendorf zunächst im Trikot des 1. FC Kaiserslautern.

vor Interviews gewarnt haben, »die Erich Mielke reizen könnten«, doch Eigendorf habe sich mit der ihm eigenen Sturheit nicht daran gehalten. Wenige Tage vor seinem Tod gab er ein DDR-kritisches Interview direkt vor der Berliner Mauer. Wenn Eigendorfs ehemaliger Verein BFC Dynamo Berlin im Westen spielte, reiste Eigendorf hinterher und versuchte, Kontakt zu den Spielern aufzunehmen. Jörg Berger: »Da fuhr er dann mit seinem West-Sportwagen vor und zeigte sich nach dem Motto: Hey Jungs, seht her, ich habe es geschafft!«

Die verschwundenen Akten

Unbestritten ist, dass das Ministerium für Staatssicherheit auf vielfältige Weise versuchte, den zunächst nach Kaiserslautern geflüchteten einstigen »Beckenbauer der DDR« unter Kontrolle zu bekommen. Ein Stasi-Spitzel aus Duisburg kundschaftete Eigendorfs Leben in Kaiserslautern aus, seine Ehefrau Gabriele wurde rund um die Uhr überwacht, ein smarter Agent wurde auf sie angesetzt, der sie schließlich verführte und dazu brachte, sich von Eigendorf scheiden zu lassen. Den Stasi-Akten, die nach der »Wende« von der Gauck-Behörde gesichtet und ausgewertet wurden, ist zu entnehmen, dass bis zu 50 hauptamtliche Stasi-Mitarbeiter auf Eigendorf und seine Familie angesetzt worden sein sollen. Den Mord- und Verschwörungstheorien gibt dabei der Umstand neue Nahrung, dass ausgerechnet die Jahre 1980 bis 1983 der Stasi-Akten über Lutz Eigendorf fehlen.

Zusätzliche Nahrung bekam die Mordtheorie nach dem Fall der Mauer durch die Aussage eines ehemaligen inoffiziellen Mitarbeiters der Stasi, der erklärte, er habe von der Stasi einen Mordauftrag für Eigendorf erhalten. Man habe ihn in den Westen ausreisen lassen und er habe im Gegenzug schriftlich den Mordauftrag angenommen. Dies habe er aber nur deshalb getan, um auch seiner Lebensgefährtin die Ausreise zu ermöglichen. Viele halten jedoch diese Aussage für nur bedingt glaubwürdig, stammt sie doch von einem wegen Raubes zu sechs Jahren Haft verurteilten Kriminellen mit einem langen Vorstrafenregister.

Nach der »Wende« fand die Gauck-Behörde einen sogenannten Zentralen Operativen Vorgang (ZOV) beim Ministerium für Staatssicherheit, in dem als Sonderfall der Westspionage Buch über insgesamt 63 sogenannte »Sportverräter« geführt wurde. In mindestens fünfzig Fällen soll die Stasi dabei einen Mordversuch gegen Oppositionelle oder Flüchtlinge unternommen haben. Laut ZOV-Statistik sind von 1950 bis 1989 insgesamt 615 DDR-Leistungssportler in die Bundesrepublik geflüchtet.

Über 40 Jahre lang leitete Erich Mielke (1907–2000) die Staatssicherheitsbehörde der DDR (Foto 1971).

Uwe Barschel, der Tote im Beau Rivage

Im Oktober 1987 ging das Foto rund um die Welt: Schleswig-Holsteins ehemaliger Ministerpräsident Uwe Barschel lag tot im Wasser einer Badewanne. Nachdem der CDU-Politiker über eine Verleumdungskampagne gestolpert war, hatte er sich ganz offensichtlich in einem Genfer Hotel das Leben genommen. Eindeutig ist das freilich nicht. Manche glauben bis heute, dass Uwe Barschel ermordet wurde.

Zwei Reporter entdeckten den toten Uwe Barschel im Genfer Hotelbadezimmer und dokumentierten den Fund der Leiche.

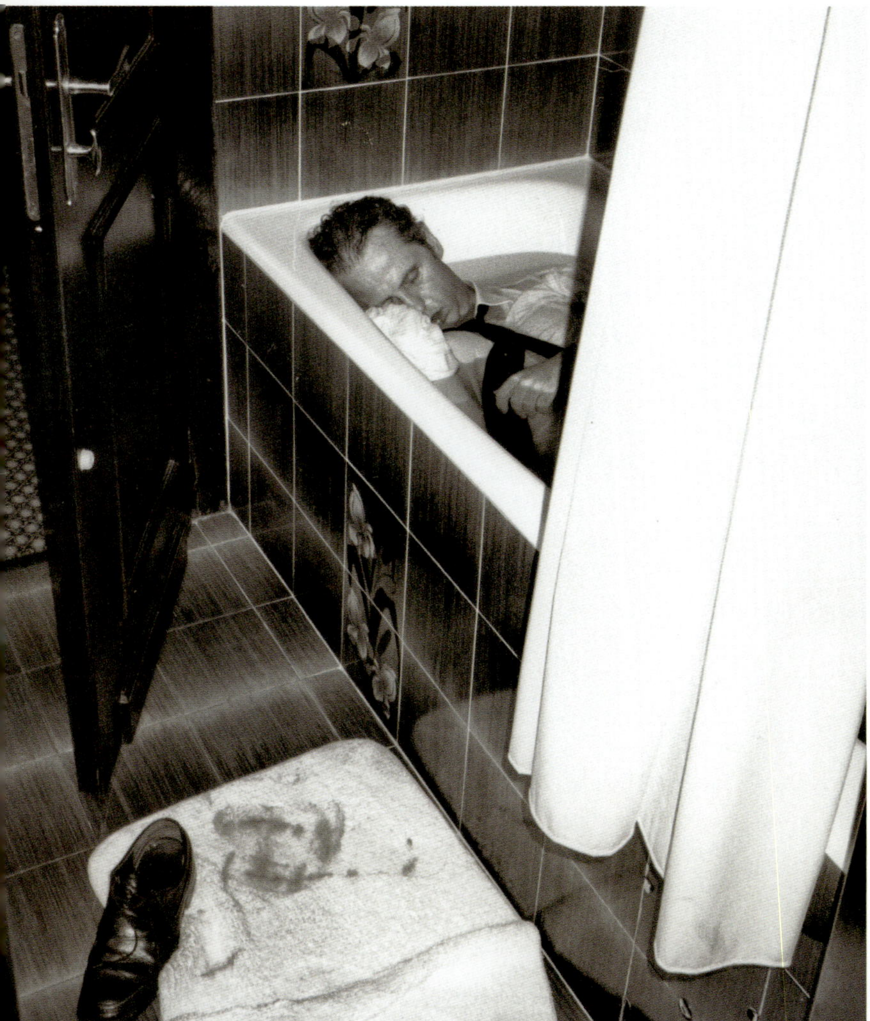

Zwei Reporter der Zeitschrift »Stern« waren im Oktober 1987 eigens nach Genf gekommen, um ein Interview mit Uwe Barschel zu führen, dem unlängst zurückgetretenen Ministerpräsidenten von Schleswig-Holstein.

Sie hatten einige unbequeme Fragen im Gepäck, mit denen sie den Politiker konfrontieren wollten: Was war dran an den schweren Vorwürfen, die gegen ihn erhoben wurden? Hatte er tatsächlich vor den Landtagswahlen 1987 eine bösartige Verleumdungskampagne in Auftrag gegeben, um den Ruf seines Konkurrenten, des SPD-Politikers Björn Engholm, zu ruinieren? Warum hatte er auf der Pressekonferenz vom 18. September »der gesamten deutschen Öffentlichkeit« trotzdem sein Ehrenwort gegeben, alle gegen ihn erhobenen Vorwürfe seien haltlos? Und was wollte er jetzt in Genf? Gab es hier tatsächlich ein Treffen mit jenem geheimnisvollen Zeugen, der ihn angeblich von allen Vorwürfen entlasten konnte?

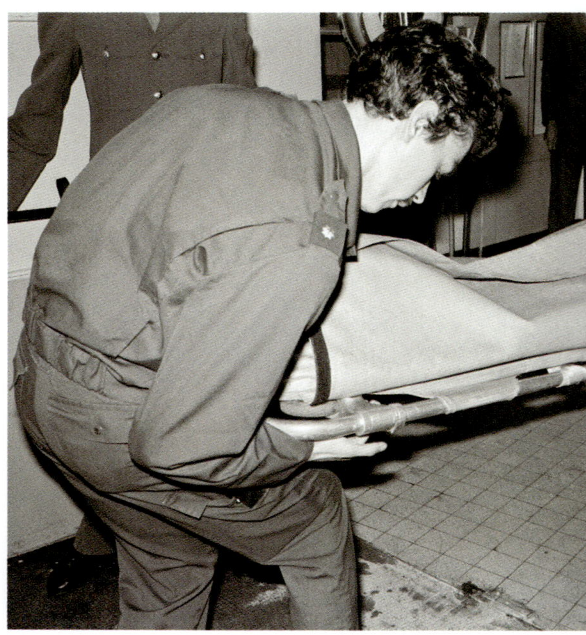

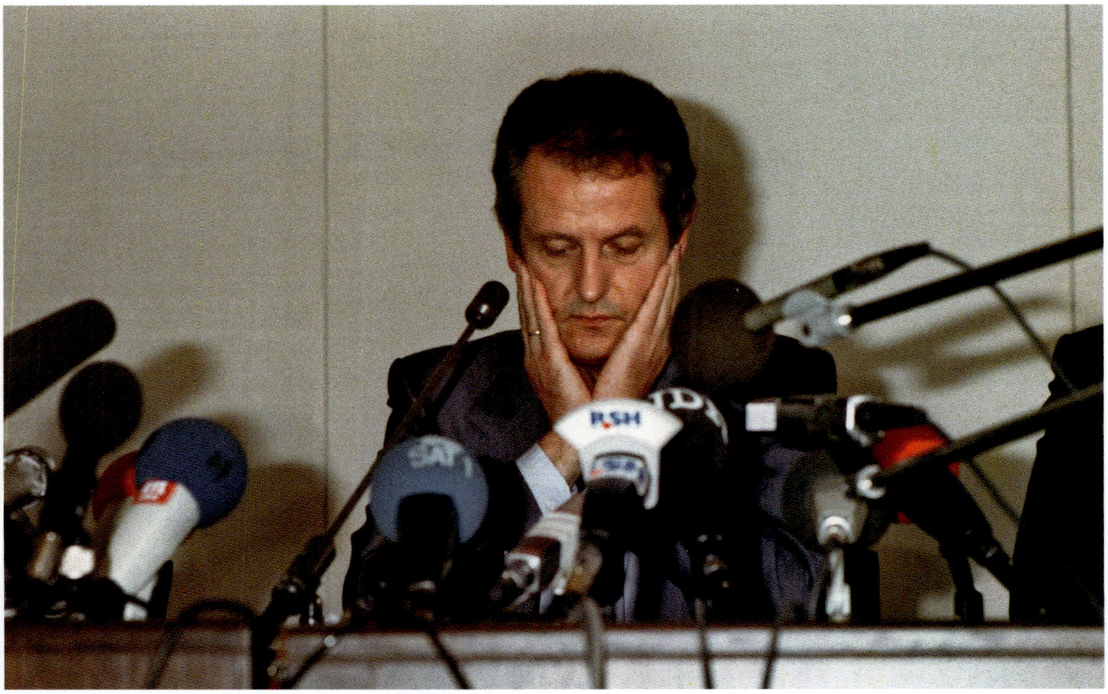

Mit der »Ehrenwort-Pressekonferenz« ritt sich Uwe Barschel noch tiefer in die Wahlkampf-Affäre.

»Ich gebe Ihnen, den Bürgerinnen und Bürgern des Landes Schleswig-Holstein und der gesamten deutschen Öffentlichkeit mein Ehrenwort, ich wiederhole, ich gebe Ihnen mein Ehrenwort, dass die gegen mich erhobenen Vorwürfe haltlos sind.«

(Uwe Barschel auf der Pressekonferenz vom 18. September 1987)

Tod in der Badewanne

Das waren die Fragen, die Barschel den beiden Reportern Sebastian Knauer und Hanns-Jörg Anders beantworten sollte. Doch bislang hatten sie den CDU-Politiker im Hotel Beau Rivage, in dem er am 10. Oktober abgestiegen war, noch nicht zu Gesicht zu bekommen. Als Barschel am nächsten Morgen auch nicht zum Frühstück erschien, versuchten sie vergeblich, ihn telefonisch auf seinem Zimmer zu erreichen. Merkwürdig. War er etwa heimlich abgereist? Knauer und Anders beschlossen, der Sache auf den Grund zu gehen.

An der Tür des Zimmers 317 hing wie schon am Vorabend das rote Schild »Bitte nicht stören«. Dabei ging es schon auf Mittag zu, fast 12 Uhr. Aber auch keiner der Hotelangestellten hatte etwas von Barschel gesehen oder gehört. Sebastian Knauer klopfte. Keine Antwort, kein Geräusch. Dann drückte er die Klinke hinunter – und die Tür ging auf. Der Raum lag im Dämmerlicht, die Vorhänge waren zugezogen, das Bett schien unbenutzt. Abgereist war Barschel aber offenbar nicht, denn seine Sachen lagen noch da. Niemand antwortete auf die Hallo-Rufe der beiden Reporter. Knauer hatte ein mulmiges Gefühl, aber dann öffnete er doch die Tür zum Bad: Im Wasser der gefüllten Wanne lag Uwe Barschel leblos in der Badewanne – vollständig bekleidet, die Haut blass und aufgedunsen, die rechte Hand mit einem Frotteehandtuch umwickelt.

Reflexartig drückte Sebastian Knauer auf den Auslöser seiner Kamera – und der »Stern« veröffentlichte das Sensationsfoto vom toten Uwe Barschel in der Badewanne auf seiner nächsten Titelseite.

Tabletten und Theorien

Noch am selben Nachmittag verbreiteten die Nachrichtenagenturen die Meldung, dass Barschel »nach Angaben der Polizei in einem Hotel in Genf tot aufgefunden« wurde. Ohne näheren Angaben zur Todesursache, doch alles schien auf Selbstmord hinzudeuten. Tatsächlich wurden bei der Obduktion in Barschels Blut fünf verschiedene Arznei-Substanzen in einer tödlichen Gesamtdosis festgestellt.

Trotzdem schossen sogleich die Spekulationen ins Kraut. Vor allem Barschels Ehefrau Freya und sein Bruder waren fest davon überzeugt, dass es sich nicht um Selbstmord handeln konnte. War Barschel womöglich ermordet worden, und wenn ja, von wem und warum? Steckte vielleicht die Waffen-Mafia dahinter oder irgendein Geheimdienst?

Der schleswig-holsteinische Landtagswahlkampf 1987 brachte Barschels CDU deutliche Stimmverluste.

Tatsächlich gab es in dem Fall etliche Ungereimtheiten. Am Abend des 10. Oktober hatte der Etagenkellner Barschel noch eine Flasche Rotwein aufs Zimmer gebracht. Diese Flasche war ebenso unauffindbar wie die Verpackungen der Medikamente, an denen Barschel gestorben war. Das warf natürlich allerhand Fragen auf. Barschels Angehörige glaubten jedenfalls fest daran, der Politiker sei »Opfer eines Komplotts« geworden. Schließlich sei er nach Genf gekommen, um die gegen ihn erhobenen Vorwürfe zu entkräften. Er habe sich deswegen mit einem gewissen »Roloff« treffen wollen.

Der geheimnisvolle »Herr Roloff«

Nun hatten die beiden »Stern«-Reporter in Barschels Hotelzimmer 317 wirklich Notizen entdeckt, die diese Vermutung zu bestätigen schienen: »Treffen mit R. R. hat geklappt. Gespräch dauerte ca. 20 Minuten. Spaziergang in Flughafennähe.« Recherchen ergaben jedoch, dass Barschel direkt nach seiner Ankunft am Genfer Flughafen in ein Taxi gestiegen und zum Hotel Beau Rivage gefahren war und dort eingecheckt hatte. Danach wurde er nicht mehr lebend gesehen.

Bis heute ist ungeklärt, ob es diesen ominösen »Roloff« tatsächlich gab, oder ob es sich nur um eine von Barschel ausgedachte Fantasiefigur handelt. Sollte das der Fall sein, dann würden sich auch die Ungereimtheiten in Nichts auflösen. Demnach wäre der Tod in der Badewanne nichts anderes als ein als Mord inszenierter Selbstmord gewesen. Nach dem Meineid, den Barschel auf der Pressekonferenz vom 18. September geschworen hatte, sah er wohl keinen anderen Ausweg mehr.

Schmutzkampagne in Schleswig-Holstein

Als Mensch und Politiker war er mit dem Rücken zur Wand gestanden, seitdem das Nachrichtenmagazin »Der Spiegel« eine unglaubliche Verleumdungskampagne aufgedeckt hatte: Angesichts sinkender Umfragewerte für die schleswig-holsteinische CDU hatte sich Barschel entschlossen, zu härteren Bandagen zu greifen, weil er unbedingt Ministerpräsident bleiben wollte. Er stellte den zwielichtigen Journalisten Reiner Pfeiffer für den Wahlkampf als Medienreferenten ein, mit dem Auftrag, ein paar dunkle Flecken auf der »weißen Weste« des SPD-Kandidaten Björn Engholm ausfindig zu machen. Der erste Versuch zielte darauf ab,

Engholm Steuerhinterziehung nachzuweisen. Als sich dann aber herausstellte, dass dieser alles auf Heller und Pfennig bezahlt hatte, verfiel Barschel auf die Idee, seinem Konkurrenten sexuelle Verfehlungen zu unterstellen und ihm sogar die Krankheit AIDS anzuhängen. Schließlich wurde das Ganze selbst Pfeiffer zu viel, und er wandte sich an die Kollegen des »Spiegel«, um reinen Tisch zu machen. Zunächst wurden die Enthüllungen, die am 13. September 1987 veröffentlicht wurden, von vielen angezweifelt. Gerade in CDU-Kreisen konnte man nicht glauben, dass ein honoriger Mann wie Dr. Uwe Barschel zu solchen schmutzigen Mitteln fähig sein sollte. Stattdessen wurde vermutet, es handele sich um eine Schmutzkampagne der SPD, um den amtierenden Ministerpräsidenten zu diskreditieren. Bei den Landtagswahlen am nächsten Tag verlor die CDU die absolute Mehrheit und fiel auf 42,6 % zurück. Doch Barschel blieb Ministerpräsident.

Als dann aber immer mehr schmutzige Details der Wahlkampagne ans Tageslicht kamen, geriet Barschel zusehends unter Beschuss. Zuletzt trat er die Flucht nach vorn an und gab sein öffentliches Ehrenwort, unschuldig zu sein. Seine Körpersprache drückte für Experten hingegen etwas anderes aus. Unter der drückenden Last des Beweismaterials sah er sich jedenfalls gezwungen, am 2. Oktober 1987 vom Amt des Ministerpräsidenten zurückzutreten. Anschließend verabschiedete er sich mit seiner Familie in den Urlaub auf Mallorca. Dort bestieg er am Morgen des 10. Oktober ein Flugzeug nach Genf, angeblich, um sich mit R. R. zu treffen.

Raffinierte Inszenierung eines Selbstmords?

Insofern wäre es nahe liegend, dass Barschel seinem Leben selbst ein Ende setzte. Weil er aber nicht wollte, dass sein Freitod als Schuldeingeständnis gewertet wurde und er auch seiner Familie keine Schwierigkeiten bereiten mochte – und nicht zuletzt, damit die Lebensversicherung ausgezahlt wurde –, entschloss er sich, alles sorgsam zu inszenieren. In diesem Fall wird er die Rotweinflasche wohl entsorgt und die Medikamentenpackungen die Toilette heruntergespült haben. Schließlich schrieb er noch die Notizen über das Treffen mit »R. R.« nieder, das vermutlich niemals stattgefunden hat.

Aber auch das sind nur Spekulationen. Barschels Familie hält bis heute an der Mord-These fest und plant ernsthaft, den mysteriösen Fall neu aufrollen zu lassen. Mit Hilfe der DNA-Analyse soll Barschels Kleidung noch einmal überprüft werden. Vielleicht wird sich dann herausstellen, dass es sich doch um einen »perfekten Mord« gehandelt hat. Sehr wahrscheinlich ist das allerdings nicht.

Aufstieg und Fall des Uwe Barschel

Der promovierte Jurist Uwe Barschel (1944–1987), seit 1962 Mitglied der CDU, machte eine steile Parteikarriere. Seit 1971 saß er als Abgeordneter im Kieler Landtag. Nachdem Gerhard Stoltenberg, der langjährige Ministerpräsident von Schleswig-Holstein, im Oktober 1982 als Finanzminister ins Kabinett Kohl nach Bonn gewechselt war, wurde der 38-jährige Barschel zu seinem Nachfolger gewählt. Bei den Landtagswahlen im folgenden Jahr erreichte die CDU mit 49 % die absolute Mehrheit. Während des Wahlkampfs 1987 waren die Umfragewerte jedoch wesentlich schlechter.

Um den Sieg der SPD zu verhindern, initiierte Barschel eine Verleumdungskampagne gegen Björn Engholm, die ihn schließlich das Amt kostete. Am 11. Oktober 1987 wurde er im Genfer Hotel Beau Rivage tot in der Badewanne aufgefunden.

Mit seinem »Zauberlehrling« schuf der Dichter Goethe eine bleibende Warnung, was einem Hochstapler passieren kann, wenn er die geforderte Technik nicht beherrscht.

Von Erfindern, Dichtern und Betrügern

Ein technisches Gerät, eine praktische Erfindung, ein gedrucktes Buch, ein Meisterwerk der Kunst – das sind höchst greifbare Zeugnisse der Kulturgeschichte, Fakten und Tatsachen, die ebenso anschaulich wie nachvollziehbar sind. Aber auch auf diesem Gebiet unserer Vergangenheit und Traditionen gibt es so manches ungelöste Rätsel, das die Neugier der Geschichtsdetektive weckt.

Der Kaiser und das Morgenland

Elefanten sind nur in Asien und Afrika heimisch. Wann immer sich solche »exotischen« Tiere nach Europa verirrten, mussten sie großes Aufsehen erregen. So auch das Tier, das am 8. Juli 802 in Aachen auftauchte. Wie kam der weiße Elefant namens Abul Abbas als Geschenk des Kalifen aus Bagdad an Karl den Großen?

Die Gesandtschaft aus dem sagenhaften Morgenland beschäftigte Zeitgenossen und spätere Künstler gleichermaßen.

Viele Legenden ranken sich um diesen indischen Elefanten. Er war der erste urkundlich und namentlich belegte Elefant nördlich der Alpen. Nach dem »Vater der Abbasiden« war das gewaltige Tier benannt, dem Gründer der Dynastie, die zu jener Zeit im Orient regierte. Der Gesandte Karls, der Abul Abbas nach fünfjähriger Reise nach Aachen brachte, war ein jüdischer Kaufmann und Dolmetscher namens Isaak. Im Oktober des Vorjahres waren sie in Italien am Lago Maggiore vorbeigekommen. Seine zwei Elefanten-Begleiter hatten die Reise da schon nicht überlebt.

Sonderlich alt wurde auch Abul Abbas nicht; er lebte noch acht Jahre im Frankenreich. Den fränkischen Reichsannalen zufolge starb er nach einer Rheinüberquerung. Eine Legende erzählt, dass er sich dabei eine Lungenentzündung zugezogen habe. Nach einer anderen Version sei der Elefant im Rhein ertrunken, nachdem er als Kriegselefant gegen den dänischen König Gudfred eingesetzt worden war. Anfang des 18. Jh. tauchten angeblich Abul Abbas' Knochen aus einem Acker im Rheingebiet auf. Oder waren es prähistorische Funde?

Ein Botschafter der Diplomatie

Die Botschaft, die sich mit dem weißen Elefanten verband, wird unterschiedlich interpretiert. Die einen sehen Abul Abbas als Symbol für Toleranz, als Botschafter zwischen Aachen, Jerusalem und Bagdad und den drei Religionen, die an den einen Gott glaubten: Die Herrscher aus Morgen- und Abendland suchten das Gespräch. Karl war zu Weihnachten 800 von Papst Leo III. zum Kaiser gekrönt worden; Harun ar-Raschid war als Kalif Oberhaupt des Islam. In Bagdad hielt auch der jüdische Exilarch Hof, der zuständig war für alle Juden außerhalb Jerusalems. Sowohl Karl als auch Harun bemühten sich um gute Beziehungen zu Jerusalem. So hatte sich auch Isaak mit seinem Elefanten dort aufgehalten. Später sollen sogar gemeinsame Delegationen des »Perserkönigs« und des Patriarchen von Jerusalem ins Karolinger-Reich gereist sein.

Jerusalem gilt allen drei Religionen als heilige Stadt. Noch während der Jude Isaak mit dem Elefanten Richtung Aachen unterwegs war, ließ der Patriarch von Jerusalem Karl dem Großen angeblich das Banner der Stadt und die Schlüssel der Grabeskirche übergeben – als Zeichen der Machtübergabe. Entsprechend wird darüber spekuliert, welche Rolle Karl der Große in Palästina gespielt haben mag: Wurde ihm die Rolle einer Art Schutzmacht des Landes übertragen? Oder wurde ihm »nur« die Verfügungsgewalt über das Heilige Grab geschenkt – vom Kalifen Harun?

Andere meinen, der Kalif sah den König der Franken als Vasallen an – das habe er auch mit dem Elefanten-Geschenk bewiesen. Denn Haruns Reich erstreckte sich vom Atlantik über Nordafrika bis zum Blauen Nil, über die gesamte Arabische Halbinsel und Persien bis zum Indus und zum Tienschan-Gebirge in Zentralasien. Harun ar-Raschid

»Der Kalif Harun ar-Raschid war der hochherzigste Fürst seiner Zeit und der prächtigste dazu.«

(1001 Nacht)

HARUN AR-RASCHID, DER GAR NICHT MÄRCHENHAFTE SULTAN

Unter Harun »dem Rechtgeleiteten« erreichte das gewaltige Abbasidenreich Ende des 8. Jh. seine größte Blüte. Seine Untertanen waren Araber, Perser, Afrikaner, Berber und Türken. Der Kalif stärkte innerhalb seines Reiches den Islam, die Wissenschaften und die Künste. Begabte Musiker, Dichter und Gelehrte überhäufte er mit Gold und Kostbarkeiten. Die Landbevölkerung dagegen litt unter überhöhten Steuern. Wer nicht zahlen konnte, wurde bisweilen gefoltert; Aufstände und Landflucht waren die Folge. Außenpolitisch dagegen hatte Harun keine Feinde zu fürchten. Byzanz war fern und durch Krisen und Komplotte geschwächt.

Seine Macht stützte der Kalif auf die persische Familie der Barmakiden, die wichtige Verwaltungsaufgaben übernahm. Seine engsten Vertrauten kamen aus dieser Familie – bis der Monarch in einem Anfall von Verfolgungswahn ein grauenvolles Massaker anrichtete: Über 1 000 Angehörige der Barmakiden, deren Freunde und Diener wurden ermordet. Danach ging es mit dem Reich bergab. Der Kalif verlor die Kontrolle über Nordafrika; und im Kerngebiet des Reiches herrschten Unruhen. Zudem teilte Harun ar-Raschid sein Reich bereits 802 zwischen seinen Söhnen auf, was nach seinem Tod 809 eine schwere Staatskrise herbeiführte.

Orientalisches in der karolingischen Kunst

So wie Karl der Große sich politisch bemühte, das Römische Reich zu erneuern, besann sich auch die Kunst seiner Zeit auf die Antike zurück. Karl förderte dies; an seinem Hof verkehrten Künstler der unterschiedlichsten Traditionen und Stilrichtungen. Daraus entwickelte sich eine eigene Kunstrichtung, die Karolingische Kunst. Während in Byzanz bildliche Darstellung zeitweise verboten war, blühten im Fränkischen Reich die Malerei und auch die Buchkunst (Abb.: Buchdeckel aus Elfenbein). Durch Karl nahm sie viele verschiedene Einflüsse in sich auf – neben antiken, byzantinischen, italienischen und angelsächsischen auch orientalische Elemente.

Der Orient steuerte zu dieser Synthese vor allem Bildmotive der Miniaturmalerei bei. Die karolingische Architektur lehnte sich im Wesentlichen an die spätantike und byzantinische Bauweise an. Dennoch sind in Karls Bauten auch orientalische Vorbilder zu finden: Der Aachener Dom entspricht mit seinem achteckigen Grundriss einem im Orient weit verbreiteten Bautyp; das berühmteste Beispiel dafür ist der im 7. Jh. erbaute Felsendom in Jerusalem. Wie bei diesem liegt die Kuppel des Aachener Doms nicht auf den Umfassungsmauern auf, sondern auf Pfeilern im Inneren.

war der mächtigste Mann seiner Zeit; seinen fernen Nachbarn Karl den Großen stellte er weit in den Schatten. Während Bagdad bereits die größte Metropole der damaligen Welt war, zählte Aachen gerade einmal 400 Einwohner.

Ein Bündnis gegen die gemeinsamen Feinde

Wie aber kam es zu einem solch aufwendigen diplomatischen Austausch? Weshalb war er für beide Seiten notwendig? Harun war der fünfte Kalif seiner Dynastie. Deren Gründer, Abu al-Abbas, hatte die konkurrierende Familie der Omayyaden, die damals von Damaskus aus über die islamische Welt herrschte, weitgehend ausgelöscht. Nur ein Prinz war entkommen: Abd al-Rahman, dem es gelang, nach Andalusien zu fliehen und dort ein neues Reich aufzubauen. 756 ernannte er sich zum Emir, die Iberische Halbinsel lag ihm zu Füßen. Seine Nachfolger errichteten das Kalifat von Córdoba und machten damit den Abbasiden die Herrschaft über die Muslime streitig.

Als Harun ar-Raschid 786 an die Macht kam, war dieses zweite Reich der Omayyaden in Andalusien jedenfalls gefestigt, und dieses Kalifat von al-Andalus stellte einen gemeinsamen Feind für Karl und Harun dar. Für das angrenzende Frankenreich war es eine ständige Bedrohung; für Harun war es zwar außer Reichweite; dennoch fürchtete er, der ferne Konkurrent könne sich mit einem anderen, sehr viel näheren Feind verbünden – mit Byzanz. Der Kalif hatte die Pläne nicht aufgegeben, das Byzantinische Reich zu erobern und Konstantinopel zu besetzen. Dort wurde Nikephoros I. in jenem Jahr Kaiser, in dem der weiße Elefant aus Bagdad in Aachen ankam, und damals hatte auch Karl der Große Konflikte mit Byzanz: Nikephoros erkannte Karls Kaiserwürde nicht an, und überdies kam es zu Gebietsstreitigkeiten. Daher hatten bereits Pippin, der Vater Karls, und Haruns Großvater al-Mansur Kontakte aufgenommen.

Friedenspakt mit Fragezeichen

Angesichts gemeinsamer Gegner musste beiden Monarchen – trotz aller religiöser Unterschiede – an guten Beziehungen gelegen sein; eine Zusammenarbeit der Araber und der Franken gegen die Omayyaden und Byzantiner lag nahe. Karl der Große und Harun ar-Raschid hätten damit quasi das erste Friedensabkommen zwischen Orient und Okzident in der Geschichte geschlossen, wie es in den Reichsannalen überliefert ist: Sie vereinbarten, Christen im islamischen Reich sowie Muslime in Europa zu dulden, sofern sie sich als Andersgläubige zu erkennen gaben. Wäre da nicht der Schönheits-

Arabische Astronomen beherrschten Geräte wie das Astrolabium.

fehler, dass zu diesem Pakt keine einzige arabische oder griechische Quelle bekannt ist. Ausschließlich lateinische Berichte erzählen von Gesandtschaften zwischen den beiden Herrschern – manche Forscher zweifeln daher an ihrem historischen Kern. Entstand die Legende vom weißen Elefanten gar erst nach dem Jahr 1229, als der Sultan Malik al-Kamil Kaiser Friedrich II. einen Elefanten schenkte?

Den fränkischen Quellen zufolge war Abul Abbas nicht das einzige Geschenk, das Karl aus dem Orient erhielt; beide Seiten sandten weitere Delegationen aus. Harun ar-Raschid schickte 807 eine gigantische Wasseruhr nach Aachen – modernste Technik der Epoche. Das machte Eindruck. Überhaupt kamen viele Luxuswaren aus dem Orient, und das Fränkische Reich und die Abbasiden führten rege Handelsbeziehungen. Die Handelswege reichten bis nach Indien und China. Von dort gelangten teure Gewürze, Räucherwaren, Stoffe und andere edle Waren nach Europa.

Angesichts dieser exotischen Güter ist es kein Wunder, dass Harun ar-Raschid als Märchenkalif ins historische Gedächtnis des Westens einging. Doch während Harun ar-Raschid im Westen als idealer Herrscher und glorreiche Märchengestalt aus 1001 Nacht verklärt wird, ist er bei Muslimen sehr umstritten. Dennoch ist sein Vermächtnis an Orient und Okzident von unschätzbarem Wert: Indem er die Wissenschaften förderte und Bagdad zum kulturellen Zentrum erhob, legte er den Grundstein für das Goldene Zeitalter der arabischen Wissenschaften, ohne deren Erbe auch die kulturelle Entwicklung Europas nicht vorstellbar gewesen wäre.

»Es ist unmöglich, ohne Zerstreuung zu leben, und für einen Herrscher gibt es keine bessere als das Schachspiel.«

(Harun ar-Raschid, überliefert nach Mas'udi)

Der Elefant behielt seine Faszination über die Jahrhunderte: Skizze Raffaels.

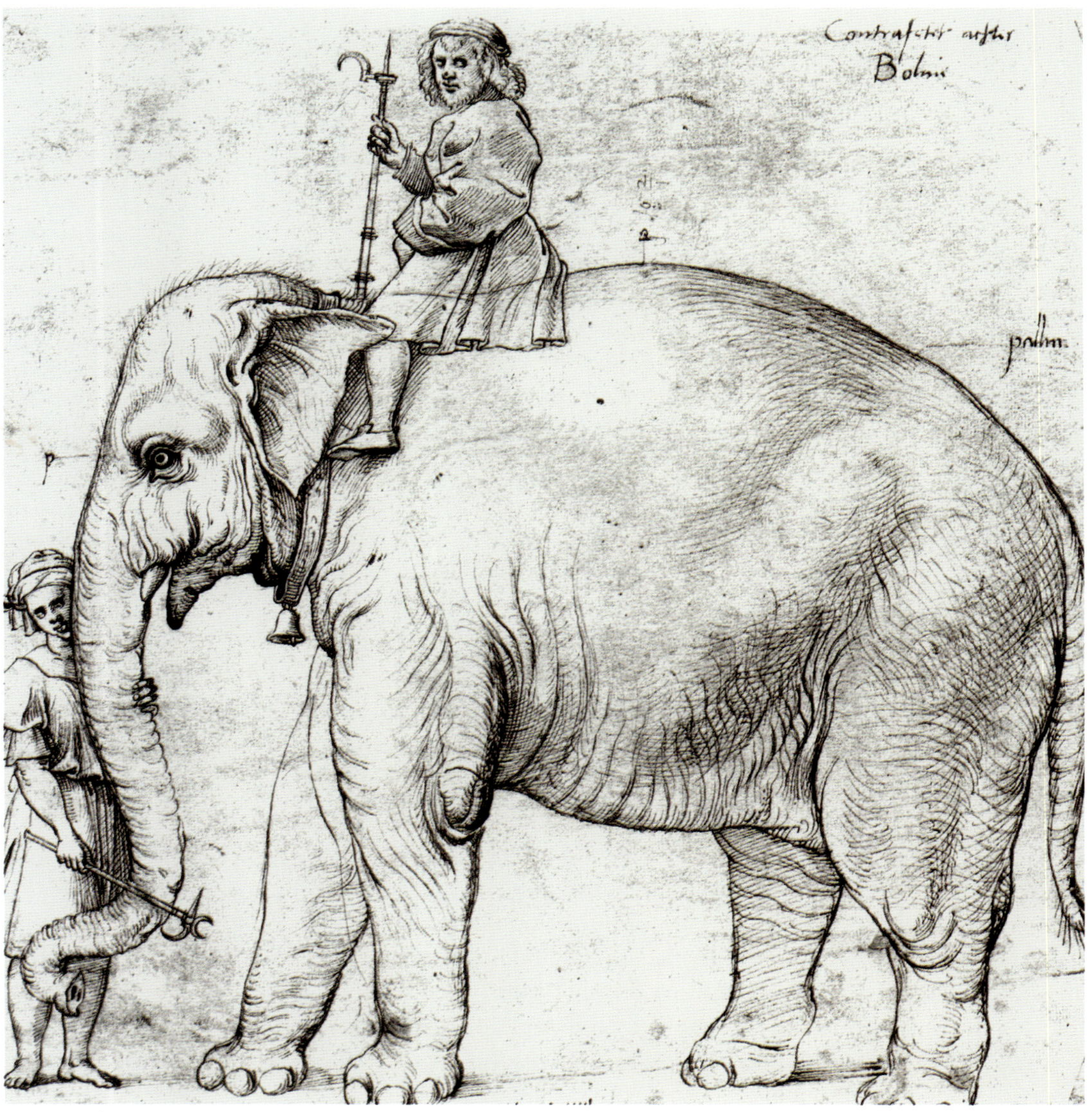

Rätselhaftes Heldenepos – das Nibelungenlied

Es ist eine Geschichte von blutiger Grausamkeit, von Verrat, Liebe, Tod und Leidenschaft: Das Nibelungenlied lässt keinen menschlichen Abgrund aus, um das Schicksal der Burgunderprinzessin Kriemhild, den Mord an ihrem Gatten Siegfried und den Untergang ihres Hauses am Hofe des Hunnenkönigs Etzel zu beschreiben. Der Stoff führt tief hinab in die dunklen Zeiten der Völkerwanderung und birgt viele Rätsel.

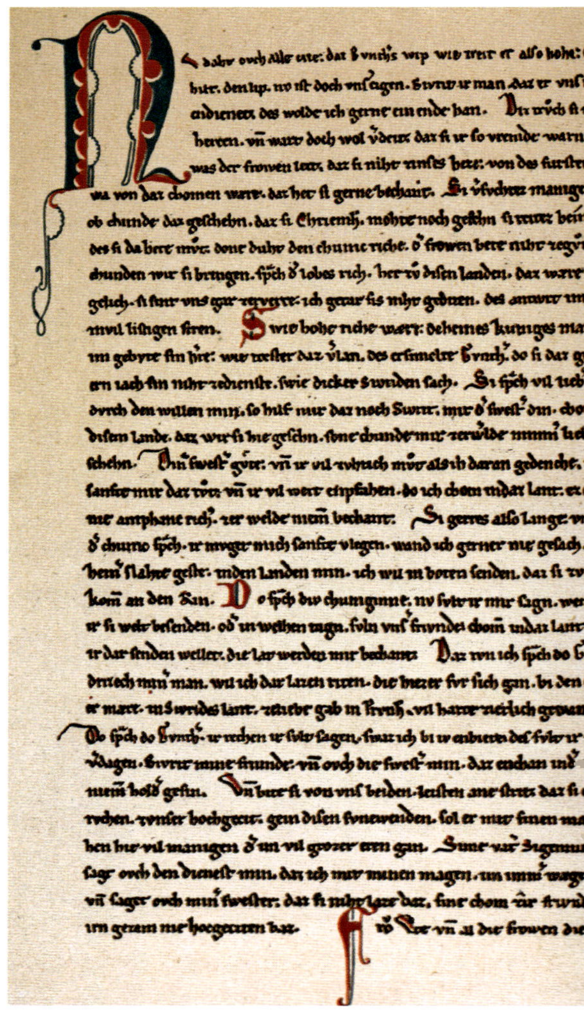

Eines der zahlreichen Manuskripte des Nibelungenliedes, heute zu sehen im Landesmuseum in Karlsruhe.

Wer hat ihn aufgezeichnet und aus welchem Anlass? Und lassen sich unter dem Dickicht des Sagengewirrs noch historische Bezüge oder reale Personen ausmachen?

Sicher ist nur, dass das Epos vor rund 800 Jahren durch einen unbekannten Autor erstmals schriftlich festgehalten wurde. In rund 2 300 vierzeiligen Strophen brachte er eine wundersame Erzählung zu Pergament, die sich um die tragische Liebe der burgundischen Königstochter Kriemhild und ihres mit übernatürlichen Kräften ausgestatteten Gatten Siegfried drehte. »Viel Wunderdinge melden die Mären alter Zeit«, beginnt er seine Komposition, mit der er einen Bestseller schuf, der in 36 mehr oder weniger vollständig erhaltenen Abschriften überliefert ist.

»Zu Worms am Rheine wohnten / die Herrn in ihrer Kraft. / Von ihren Landen diente / viel stolze Ritterschaft / mit rühmlichen Ehren / all ihres Lebens Zeit, / bis jämmerlich sie starben / durch zweier edler Frauen Streit.«

(Aus dem Beginn des Nibelungenlieds, Handschrift C, in der Übersetzung von Karl Simrock)

Der große unbekannte Dichter

Die Wiederentdeckung des Liedes in der Zeit der Romantik machte seine Helden auch für die Neuzeit populär. Siegfried, der Drachentöter, Hagen von Tronje, sein finsterer Mörder, der listige Burgunderkönig Gunther, der nur mit Hilfe des unsichtbaren Siegfrieds die Hand der kampferprobten Brünhild erobern kann – sie alle feierten fröhliche Auferstehung, dienten gar als Projektionsflächen für patriotische Anwandlungen. Das Nibelungenlied stieg zum »Nationalepos« der Deutschen auf und gehört auch heute noch zu den weithin bekannten Sagenstoffen.

Leider nannte sich der Autor des Heldenepos im Text kein einziges Mal. So hält bis heute die Suche nach dem Verfasser an. Allerdings geben Sprachfärbung, Ortsnamen und die Herkunft des Handschriftenmaterials Hinweise auf Entstehungszeit und -ort. Die höfischen Rituale und die politischen Strukturen sowie die Bezüge zur zeitgleichen Dichtung weisen eindeutig auf die Zeit zwi-

Kriemhild klagt an Siegfrieds Leiche Hagen des Mordes an (Gemälde von Emil Lauffer).

schen 1190 und 1210 hin. Die Fülle an Ortsnamen aus dem niederbayerisch-österreichischen Raum macht eine Entstehung im Gebiet von Passau äußerst wahrscheinlich. Mit dem Passauer Bischof Wolfger von Erla (1191–1204) hätte man hier auch einen Kandidaten, der als Mäzen einer solchen Dichtung in Frage käme. Denn Bischof Wolfger unterstützte nachweislich auch den Dichter Walther von der Vogelweide. Vermutlich entstand das Nibelungenlied also am bischöflichen Hof von Passau, verfasst von der Hand eines gebildeten Mannes, der unter den Klerikern und adligen Laien des Hofes sein dankbares Publikum fand. Mehr ist über ihn allerdings nicht zu erfahren.

Ein Strom aus vielen Quellen

Der Stoff, den der Unbekannte verarbeitete, kursierte in der mündlichen Tradition schon seit vielen Jahrhunderten. Die wesentlichen Personen des Nibelungenliedes, Siegfried, Brünhild, Kriemhild und Hagen, geisterten bereits mit abgewandelten Namen und Handlungsmotiven durch die nordische Sagenwelt, tauchen sowohl in der »Edda« als auch in der so genannten »Völsunga-Saga« auf. Der starke Bezug zur heidnischen Vorzeit unterscheidet denn auch das Nibelungenlied von den anderen zeitgenössischen Werken wie den Artus-Romanen, die in viel höherem Maß auf ihr christlich-höfisches Umfeld zurückgreifen und Grundfragen der

Die Ehe mit dem Hunnenkönig Etzel ebnete Kriemhild den Weg zur Rache.

Tödliche »Nibelungentreue«: der letzte Kampf der Burgunder in Etzels Halle (Darstellung um 1900).

Gottsuche, der individuellen Erlösung und des christlichen Ritterideals aufwerfen. Demgegenüber nimmt sich das Nibelungenlied archaisch und vorchristlich aus: Drachen, Zwerge und Riesen bevölkern das Epos, mit magischen Kräften ausgestattetes Personal wie Brünhild und Siegfried tummeln sich in den abenteuerlichen Geschichten. Siegfried kann sich mit Hilfe einer Tarnkappe unsichtbar machen, er gilt bis auf eine winzige Stelle an der Schulter als unverwundbar, weil er in Drachenblut gebadet hat. Die kampferprobte Brünhild, die sich ihren Freiern im sportlichen Wettkampf stellt, zeigt dagegen Züge einer Walküre, einer der Kriegerinnen des germanischen Schlachtengottes Odin.

Der Untergang der Burgunder

Darüber hinaus spiegelt die Erzählung vor allem in ihrem zweiten Teil, der den Untergang der Burgunder am Hofe König Etzels beschreibt, die Erinnerung an historische Begebenheiten der Völkerwanderungszeit wider. Denn tatsächlich gab es zu Beginn des 5. Jh. ein burgundisches Reich am Mittelrhein mit dem Hauptsitz Worms. Unter ihrem König Gundahar versuchten die Burgunder, den vordringenden Hunnen auszuweichen und in die römische Provinz Belgica einzurücken. Der römische Heermeister Aetius stoppte sie aber 436 in einer großen Schlacht, in der nahezu der gesamte Kriegeradel der Burgunder fiel. Aetius bediente sich dabei auch hunnischer Krieger. Diese gewaltige Schlacht gab offenbar die Szenerie für das Nibelungenlied ab, in dem ebenfalls Burgunder und Hunnen in einem blutigen Gemetzel aufeinandertreffen.

DER SCHATZ DER NIBELUNGEN

Der von Hagen im Rhein versenkte Nibelungenschatz (Gemälde von P. von Cornelius) gab immer wieder Anlass zu Spekulationen. Die Angaben im Epos bleiben vage. An einer Stelle, genannt »ze loche«, soll Hagen Kriemhilds Erbe versenkt haben, um sie davon abzuhalten, Kämpfer anzuwerben. Gerne lokalisierte man die vage Ortsangabe mit Lochheim, einer Rheinschleife etwa 15 km von Worms entfernt. Das sagenhafte »Rheingold« wurde zwar nie gefunden, dafür gab der Rhein so manch anderen Schatz preis. So gelang 1980 in Neupotz, rund 70 km südlich von Worms, die Bergung eines völkerwanderungszeitlichen Schatzes – Waffen, Münzen, Geschirr, zusammen etwa 700 kg schwer –, der wahrscheinlich im 3. Jh. von Alemannen jenseits des Limes geraubt worden war und bei der Überfahrt über den Rhein verloren ging; vielleicht ein Vorbild für das berühmte Gold der Nibelungen.

Die überlebenden Burgunder siedelte Aetius um Genfer und Neuenburger See an und machte sie zu Verbündeten Roms. In dieser Eigenschaft kämpften sie 451 erneut – diesmal auf den Katalaunischen Feldern in der Nähe von Troyes in Mittelfrankreich – gegen die einfallenden Hunnen, deren König Attila in der Sage unter dem Namen Etzel erscheint. Während die Hunnen diesmal entscheidend geschlagen wurden, gelang den Burgundern ein erstaunliches Comeback. Sie konnten ihr Siedlungsgebiet erweitern und ein neues blühendes Königreich schaffen. Die überlieferten Namen ihrer Könige erinnern an die Namen in der Nibelungensage: Gundahar, Gislahar und Gundomar.

Erst 532 wurden die Burgunder von den Franken besiegt und ihr Reich aufgelöst. Der unterlegene Attila fand dagegen 453 ein pikantes Ende. In der Hochzeitsnacht mit der Germanin Ildico starb er durch einen Blutsturz. Gerüchte machten die Runde, die Frau habe ihn ermordet, um ihre Verwandten zu rächen. Da Ildico gemeinhin als »Hildchen« übersetzt wird, könnte hier ein fernes Vorbild für die rachsüchtige Krimhild vorliegen.

Das »Nationalepos« der Deutschen

Wie aber konnte es geschehen, dass eine so schaurige Geschichte um den Untergang des Burgunderreiches, das sich lange vor dem Beginn der deutschen Geschichte ereignete, zum Nationalepos der Deutschen aufstieg? Die Neubewertung des Liedes fiel in die Zeit der Napoleonischen Kriege, als das Heilige Römische Reich 1806 unterging und die Deutschen eine neue nationale Identität suchten. Nun sah man im Nibelungenlied, das 1782 erstmals wieder vollständig veröffentlicht worden war, ein »Werk von kolossalem Charakter, nicht nur von unerreichbarer sinnlicher Energie, sondern von erstaunenswürdiger Hoheit in den Gesinnungen«, wie es der Dichter August Wilhelm Schlegel ausdrückte. Mit dem Aufwallen patriotischer Gefühle und der Beschwörung nationaler Tugenden sah man in Siegfried, Hagen und Gunther Prototypen deutscher Heldenhaftigkeit, die Vorbilder für Treue und Tapferkeit bis zum Tod. Gerade im schlimmen Ende der Burgunder, die von der Rache Kriemhilds in den Tod getrieben werden und in der brennenden Festhalle an Etzels Hof bis zum letzten Mann kämpfen, fand man »die herrlichsten männlichen Tugenden«, so der Jurist Friedrich Heinrich von der Hagen 1807, »Treue und Freundschaft bis in den Tod, Menschlichkeit, Milde und Großmut in des Kampfes Not, Heldensinn, unerschütterlicher Standmut, übermenschliche Tapferkeit, Kühnheit und willige Opferung für Ehre, Pflicht und Recht.« Der Stoff fand durch Historiengemälde und Theaterstücke, vor allem aber durch die Opern Richard Wagners weite Verbreitung.

Der Appell an die »willige Opferung« für die »deutschen Ehre« fiel zur Zeit der Weltkriege auf fruchtbaren Boden. Galt es im Ersten Weltkrieg noch den »welschen Drachen« zu bezwingen, wähnte man sich nach verlorenem Waffengang von einer verräterischen Heimat hinterrücks erstochen wie dereinst Siegfried von Hagen. Die Nationalsozialisten beschworen erst recht blinde Gefolgschaftstreue und Kampf bis in den Untergang als »deutsche« Charaktereigenschaften.

Von solch politischer Inanspruchnahme des Stoffes ist man heute weit entfernt. Von seiner Faszination hat das Nibelungenlied aber trotzdem nichts eingebüßt; noch 2004 wurde es zum beliebtesten Buch der Deutschen gewählt.

Auf den Spuren der Nibelungen

Nur ganz vage tauchen im Nibelungenlied reale Personen und Ereignisse auf. Unschwer ist der Hunnenkönig Attila zu erkennen, der unter dem mittelhochdeutschen Namen »Etzel« auftritt. Seine Residenz hatte der Hunnenfürst in der Ebene zwischen Donau und Theiss, aber auch der Budapester Stadtteil Obuda kommt in Frage, in dem im Mittelalter eine Festung namens »Ecilburgu« stand. Das Nibelungenlied beschreibt denn auch den Zug der Burgunder in die Donauebene bis Wien besonders detailgetreu mit vielen realen Ortsnamen. Weitere Sagengestalten wie Dietrich von Bern oder Rüdiger von Bechelaren zeigen Züge zu historischen Personen. So gab der Ostgotenkönig Theoderich, der sich in Italien ein großes Reich schuf, das Vorbild für Dietrich von Bern ab; für den Markgrafen Rüdiger von Bechelaren könnte ein in Pöchlarn an der Donau residierender Rutker oder Rudiger Pate gestanden haben.

Die Feme – Gericht im Geheimen

Die Feme (»Bund«, »Vereinigung«) ist einer jener Begriffe der Geschichte, dem bis heute ein Schauer anhängt. Viele denken dabei zunächst an die Fememorde der Weimarer Republik, doch mit Lynchjustiz und Anschlägen aus dem Hinterhalt hatte die Feme des 14. und 15. Jh. nichts zu tun. Was war der wahre Zweck dieser Gemeinschaft?

Darstellung eines Femegerichts unter freiem Himmel in der Vorstellung des 19. Jh.

Eigentlich war die Herstellung einer gerechten Friedensordnung die wichtigste Aufgabe des Königs. Doch mit dessen Macht ging es im Heiligen Römischen Reich seit 1250 steil bergab. Damals begann eine dunkle Epoche, in der marodierende Strauchdiebe und Raubritter zu einer Landplage wurden und das Fehdewesen völlig außer Kontrolle geriet. Dass das Reich der Deutschen im späten Mittelalter nicht ganz im Chaos versank, lag nur daran, dass jetzt zunehmend die Landesherren – Herzöge, Bischöfe und Grafen – die Friedenswahrung übernahmen. Das mochte zwar gut für das Reich und die jeweiligen Untertanen sein, war allerdings nicht im Sinne der Könige. Die wollten sich nicht so einfach an den Rand drängen lassen; daher erklärten sie die Friedenswahrung auch weiterhin zur Aufgabe der Krone.

Vor diesem Hintergrund entstanden im 14. Jh. die berühmt-berüchtigten Femegerichte. In Konkurrenz zu den Landesherren übernahmen jetzt königstreue Männer die Überwachung des Landfriedens – als Mitglieder eines nicht näher bekannten Geheimbunds, der sich selbst als »Die Wissenden« bezeichnete. Diese »Freigrafen« oder »Freischöffen« – in der Regel jeweils sieben an der Zahl – erhielten vom König den Gerichtsbann, also die Berechtigung, in einem Territorium in seinem Namen zu richten. Die Femegerichte traten nur bei schweren Delikten wie Mord und Diebstahl, Eidbruch oder Rechtsverweigerung zusammen. Meist tagten sie im Freien, oft nach altgermanischer Sitte, im Schatten mächtiger Bäume.

Freispruch oder Tod

Und doch gab es einige Dinge, die die Femegerichte so unheimlich machten. Zum einen fällten sie nur zwei Arten von Urteil: entweder Freispruch oder den Tod durch den Strang. In diesem zweiten Fall knüpften die Freischöffen den Verurteilten ohne großes Federlesen am nächsten Baum auf. Um keinen Zweifel zuzulassen, wer hier seines Amtes gewaltet hatte, stießen sie ein besonders gekennzeichnetes Messer in die Rinde.

Der Arm der Feme reichte weit, und es war kaum möglich, ihr zu entkommen. Sobald einer der Freischöffen von einer nicht geahndeten Missetat erfuhr, war er verpflichtet, sie dem Femegericht anzuzeigen. Leistete der Angeklagte der daraufhin folgenden Vorladung keine Folge, so war er »verfemt«. Das bedeutete, dass jeder Freischöffe, wo immer er den Beklagten auch aufspürte, auf der Stelle am nächsten Baum aufknüpfen konnte, ja dazu verpflichtet war. Diese geheime Wirksamkeit der Feme, das oft unerwartete Zuschlagen mitten in der Nacht, trugen ebenfalls zum unheimlichen Ruf der Gerichte bei. Hinzu kam, dass die Anklagen nicht immer schlüssig erschienen.

Auf Dauer konnten sich daher die geheimen Gerichte nicht durchsetzen. Zum einen wehrten sich die mächtig gewordenen Landesherren immer wieder erfolgreich gegen diese Eingriffe in ihre Kompetenzen. Zum anderen aber sank auch das Ansehen der Freischöffen, als sich herausstellte, dass viele von ihnen keineswegs seriös und unparteiisch urteilten, sondern ihr Amt in erster Linie als sprudelnde Geldquelle betrachteten. Immerhin lud die Geheimhaltung der Prozesse regelrecht dazu ein, sich durch Korruption und Bestechung die eigenen Taschen zu füllen! Um 1500 waren die Femegerichte jedenfalls weitgehend verschwunden.

FEME KONTRA DEMOKRATEN

Im Gegensatz zur mittelalterlichen Feme handelte es sich bei den »Fememorden«, die sich in den Anfangsjahren der Weimarer Republik häuften, tatsächlich um Lynchjustiz mit dem Ziel, die so genannten »Novemberverbrecher« zu bestrafen. Deutschnationale Feinde der jungen Republik und Vertreter der »Dolchstoßlegende« waren überzeugt, dass etliche Politiker Deutschland Ende des Ersten Weltkriegs »verraten« und damit das Kaiserreich in den Abgrund gestürzt hatten. So fiel 1921 Matthias Erzberger einem politisch motivierten Mord zum Opfer, weil er im November 1918 den Waffenstillstand von Compiègne mit unterzeichnet hatte. Der Politiker und Industrielle Walther Rathenau wurde 1922 von Antisemiten ermordet, um einen angeblichen »Vertreter des Weltjudentums« zu treffen.

Nach ihrer Machtergreifung verspotteten die Nazis die mordenden Femegruppen als Erfindung der Republik.

Ein Kontinent wird fehlgetauft

Für umgerechnet 81000 Euro wechselte im Juni 2005 ein Kartenblatt beim Londoner Auktionshaus »Christie's« den Besitzer. Es war der bisherige Weltrekord für ein einziges Stück Papier – kein Wunder, handelte es sich dabei doch um die »Geburtsurkunde« Amerikas. Bei der Namensgebung des neuen Kontinents war aber einiges schiefgelaufen, und die Spur führt nach Lothringen.

Das Dokument war eines von heute vier bekannten Exemplaren einer aus dem Jahre 1507 stammenden Globussegmentkarte des deutschen Kartografen Martin Waldseemüller. Waldseemüller wurde zwischen 1470 und 1475 in Wolfenweiler nahe Freiburg im Breisgau als Sohn eines Zunftmetzgers geboren. Über seine Studienzeit an der Freiburger Hochschule und sein berufliches Wirken vor 1507 ist wenig bekannt. In jenem Jahr zog er in die lothringische Bischofsstadt Saint-Dié (Sankt Didel) in den Vogesen, wo er mit Unterbrechungen bis zu seinem Tode 1522 lebte.

Über Lothringen herrschte seinerzeit Herzog René II. (1473–1508). Der Regent war der Kunst und den neuen Wissenschaften sehr zugetan. Er eiferte als Mäzen italienischen Fürstenhöfen nach, und seinem Ruf war Waldseemüller gefolgt.

In diesem Nachdruck der Weltkarte des Martin Waldseemüller hat der neue Kontinent seinen bleibenden Namen gefunden.

Humanisten-Hort im Vogesenwald

Der Domstift von Saint-Dié gründete nach humanistischem Vorbild eine »Gesellschaft für Wissenschaft und Kunst«. Teil dieser Gemeinschaft war die Gelehrtengruppe »Gymnasium Vosagense«. Neben Waldseemüller gehörten ihr unter anderem die Gelehrten Walter Ludd und Matthias Ringmann an; letzterer nannte sich »Philesius Vogesigena«. Auch Waldseemüller gab sich einen Humanistennamen: »Martinus Ilacomilus«, eine Verbindung aus hyle = griechisch »Wald«, lacus = lateinisch »See« und mylos = griechisch »Mühle«. Arbeitsschwepunkt des Kreises war die Herausgabe geografischer Abhandlungen und Karten.

1507 gestaltete Waldseemüller eine gewaltige, drei Quadratmeter große Weltkarte mit zwölf Holzschnittblättern. Zu der Karte verfasste Matthias Ringmann ein Begleitbuch namens »Cosmographiae Introductio«, »Einführung in die Kosmographie«. Dieses Werk nun enthält folgende Geschichte machende, hier aus dem Lateinischen übersetzte, Passage: »… ein anderer vierter Erdteil ist durch Americus Vesputius … entdeckt worden. Ich wüsste nicht, warum jemand mit Recht etwas dagegen einwenden könnte, diesen Erdteil nach seinem Entdecker Americus, einen Mann von Einfallsreichtum und klugem Verstand, Amerige, nämlich Land des Americus oder America zu nennen …« So sollte dem Namen des Entdeckers ewiger Ruhm gesichert werden.

Ein Irrtum setzt sich durch

Das gewaltige Original war lange verschwunden und tauchte erst wieder 1901 im Schloss Wolfegg in Württemberg auf. Heute befindet es sich in der US-amerikanischen Kongressbibliothek. Parallel zu den Holzschnittblättern schuf Waldseemüller aber auch Verkleinerungen seiner Großkarte, nicht weniger als 1 000 Stück im A-3-Format. Sie muten heute unscheinbar an, sind aber dennoch von welthistorischer Bedeutung, da auch auf ihnen der Erdtteilname »America« verzeichnet ist. Um eine Kugel gewickelt, ergaben diese Segmentkarten einen Globus.

Die Reisen des Amerigo Vespucci

Der Florentiner verzeichnet in seinen Erlebnisberichten vier Atlantiküberquerungen (1497, 1499, 1501, 1503), doch die Historiker nehmen an, dass der gelernte Buchhalter die Zahlen »schönte« – des Ruhmes und der größeren Glaubwürdigkeit wegen. Tatsächlich hat Vespucci wohl nur zwei Reisen unternommen, 1499 und 1501. Die erste führte ihn nach Trinidad und an die Nordküste Südamerikas, die zweite an die Ostküste Südamerikas, hinunter bis zum Río de la Plata. Seine Aufzeichnungen darüber waren wertvoll (Abb.: Illustration zu einem Nachdruck), und im Gegensatz zu Kolumbus, der zeitlebens darauf beharrte, Indien erreicht zu haben, war sich Vespucci der Sonderstellung Amerikas stets bewusst.

Es waren diese Segmentkarten, die den Namen »Amerika« rasch in ganz Europa verbreiteten. »Taufpate« war der italienische Seefahrer Amerigo Vespucci (1451–1512) gewesen, der in den Diensten des Handelshauses der Medici stand, der mächtigsten Familie seiner Heimatstadt Florenz. Ein cleverer Florentiner Geschäftsmann hatte 1501 unter dem Titel »Mundus Novus« (»Neue Welt«) die Reiseberichte Vespuccis an die Medici veröffentlicht. Sie gelangten nach Saint-Dié, wo sie Waldseemüller und Ringmann als Quelle für ihre Arbeiten nutzten – und der Täuschung unterlagen, dass Vespucci der Entdecker des »neuen« Kontinents war. Waldseemüller versuchte bei späteren Auflagen diesen Fehlgriff zu korrigieren – vergeblich: der Name »Amerika« war in die Welt gesetzt und blieb.

»Man muss in der Tat einen anderen Teil der Erde ausmachen, welchem gebührt, eine ›Neue Welt‹ genannt zu werden.«

(Amerigo Vespucci in einem seiner Reiseberichte mit Bezug auf Amerika)

Die große Hexenjagd

Auf kaum einem anderen Gebiet der Geschichte gibt es so viele Irrtümer, Missverständnisse und Fehlinformationen wie beim Thema »Hexen«. Es fängt schon damit an, dass viele glauben, die Hexenverfolgungen hätten im »finsteren Mittelalter« stattgefunden. Dabei brannten die meisten Scheiterhaufen erst zu Beginn der Neuzeit, vor allem zwischen 1580 und 1650. Und waren die Hexen immer nur Frauen?

Es mag überraschen, dass die Hochphase der Hexenverfolgung ausgerechnet in eine Zeit fällt, in der die menschliche Vernunft zum wichtigsten Kriterium für wahre Erkenntnis erhoben wurde: »Ich denke, also bin ich«, wie es der französische Philosoph René Descartes (1596–1650) knapp formulierte.

Die Schrecken einer Hexenjagd in der fantasievollen Darstellung eines Zeichners des 19. Jh.

Auf den ersten Blick scheint der Hexenglaube allem logischen Denken zu widersprechen. Doch sieht man genauer hin, dann ist tatsächlich eher das Gegenteil der Fall. Der Mensch in der Frühen Neuzeit war durchaus bemüht, das Weltgeschehen rational zu begreifen. Zu den Erklärungsversuchen dessen, »was die Welt im Innersten zusammenhält«, wie es Goethes Faust formuliert, gehörte auch die Möglichkeit von Magie, was aber nichts mit Hokuspokus zu tun hatte.

Auch Gelehrte glauben an magische Mächte

Die Magie galt damals als hohe Kunst und Wissenschaft. Die Gelehrten waren der festen Überzeugung, dass es jenseits von Verstand und alltäglicher Sinneswahrnehmung noch etwas anderes geben musste, nämlich das Einwirken starker spiritueller Mächte auf das sichtbare Geschehen. So schrieb etwa der Universalgelehrte Agrippa von Nettesheim (1486–1535): »Die magische Wissenschaft ... umfasst die Betrachtung der verborgenen Dinge ... und die Kenntnis der ganzen Natur.« Wenn es gelingen würde, diese »verborgenen Geheimnisse« zu ergründen, dann wäre es auch möglich, Macht über jene okkulten (unsichtbaren) Kräfte zu gewinnen, die auf die Welt einwirkten. Ausführliche Abhandlungen über die so genannten Geheimwissenschaften waren daher auch die Bestseller der Epoche; Traumdeutung und Wahrsagerei, Alchemie, Astrologie und die jüdische Zahlenlehre Kabbala hatten Hochkonjunktur.

Aber auch die einfache Bevölkerung bediente sich magischer Praktiken. Schließlich lebte man in einer Welt, die von einer unberechenbaren Natur beherrscht und stets durch Seuchen, Missernten, Krieg und Hungersnöte bedroht war. Mit der Anwendung magischer Mittel – Rituale, Zaubersprüche oder Amulette – glaubte man, das drohende Schicksal beeinflussen, vielleicht sogar abwenden zu können.

Die allgegenwärtigen Verführungen des Teufels

Im Volksglauben waren Magie und Religion durchaus miteinander vereinbar, doch die Kirchenväter hatten eine ganz andere Meinung. Berühmte Theologen wie Augustinus (354–430) und Thomas von Aquin (1225 bis 1274) sprachen sich strikt gegen magische Praktiken aus, sahen sie darin doch die Überreste heidnischen Brauchtums. Magie galt in ihren Augen als Ausdruck eines Dämonenkults und damit als strafwürdige Ketzerei. In der damaligen Vorstellungswelt waren Satan und seine Dämonen unablässig bemüht, die Menschen zu verderben und in die ewige Verdammnis zu locken. So glaubte man, dass sich vor allem Frauen, also das so genannte »schwache Geschlecht«, bereitwillig vom Teufel verführen ließen, um dann mit seiner Hilfe »schwarze Magie«, also Schadenszauber auszuüben. Aber auch Männer konnten den Verlockungen des Bösen erliegen.

Ab Mitte des 14. Jh. verdammten jedenfalls christliche Theologen sowohl die gelehrte als auch die volkstümliche Magie als gotteslästerlich und stuften sie als strafwürdiges Verbrechen ein, als Teufelswerk. Das blieb nicht ohne Folgen. Bei Missernten und Schicksalsschlägen, bei Unfruchtbarkeit, Krankheit und Tod suchte man den »Sündenbock« nun nicht mehr bei einer okkulten kosmischen Macht, sondern vielmehr in der menschlichen Nachbarschaft. So gerieten oftmals die allzu neugierige »Frau von nebenan« oder der eigenbrötlerische Schäfer in den Verdacht, im Bund mit dem Teufel ihre üblen »Hexenkünste« angewandt zu haben. Hexen, also mit Zauberkräften ausgestattete Personen beiderlei Geschlechts, hatte es im Volksglauben schon immer gegeben. Hin und wieder wurden sie für ihre Praktiken auch bestraft, aber nur selten mit dem Tode. Das änderte sich jetzt grundlegend.

Der Hexenhammer

In Heinrich Kramers »Hexenhammer« von 1486 stehen vor allem Frauen im Verdacht, mit dem Teufel im Bunde zu sein. Der Dominikanermönch beschreibt ausführlich die magischen Praktiken der Hexen wie Hexenflug, Teufelsbuhlschaft und Schadenszauber. Dank des in dieser Zeit aufkommenden Buchdrucks fand das Werk eine rasche Verbreitung; bis 1523 wurden 29 Auflagen verkauft. Kramers Ziel war es, regionale und lokale Autoritäten in geistlichen und weltlichen Ämtern zu Protagonisten der Hexenverfolgung zu machen. Er hatte Erfolg. Nach der Lektüre warnten zahlreiche Pfarrer und Prediger geradezu enthusiastisch vor dem verderblichen Treiben der Hexen und trugen so zur weiteren Verbreitung der neuen Hexenlehre bei.

Mit magischen Praktiken wie einem Tieropfer manipulieren Hexen das Wetter (Holzschnitt des 15. Jh.).

»Man sah früher niemals in Deutschland die Leute so sehr dem Teufel ergeben und verschrieben.«

(Der Jesuit Petrus Canisius, 1563)

Ein Handbuch für Hexenjäger

Im Jahr 1484 erließ Papst Innozenz VIII. die verhängnisvolle Bulle »Summis desiderantes affectibus«, in der er Klage über eine zunehmende »Hexenzauberei« im deutschen Reich führte. Gleichzeitig erhielt der aus dem Elsass stammende Dominikanerpater Heinrich Kramer den Auftrag, energisch gegen das Hexenunwesen vorzugehen. 1487 veröffentlichte dieser mit dem »Hexenhammer« eine offizielle Anleitung zur Entlarvung all jener Übeltäter – für ihn waren das hauptsächlich Frauen –, die sich mit dem Teufel verbündet und Schadenszauber betrieben hatten. Daneben lieferte er genaue Regeln zur Verfolgung, Verhör und Vernichtung der Hexen.

Zunächst hieß es dennoch nur vereinzelt in deutschen Landen: »Die Hex' muss brennen!« Doch dann begann die so genannte »Kleine Eiszeit«, die etwa ab 1560 durch Kälteeinbrüche, Hagelschläge, verregnete Sommer und häufige Missernten zu einer drastischen Verschlechterung der Lebensbedingungen führte. Diese Wirtschaftskrise verband sich mit der geistigen Verunsicherung, die das Reformationszeitalter ausgelöst hatte, und dieses Kombination gab der Hexenjagd den entscheidenden Auftrieb, ließ sie zum Massenwahn werden.

Die Zahl der Opfer

Aufgrund der schwierigen Quellenlage ist es kaum möglich, die exakte Anzahl der Opfer der Hexenverfolgungen zu ermitteln. Die Zahl von neun Millionen, die immer wieder genannt wird, lässt sich auf keinen Fall halten. Schätzungsweise wurden in der Frühen Neuzeit in ganz Europa etwa 50 000–60 000 Personen beiderlei Geschlechts als Hexen hingerichtet, davon etwa die Hälfte im Heiligen Römischen Reich Deutscher Nation. Zum Vergleich: In ganz Skandinavien gab es nur etwa 1100 Hinrichtungen.

Nicht belegen lässt sich aus den Dokumenten die Theorie, dass vor allem Hebammen und andere »weise Frauen« einer gezielten Verfolgung durch das »Patriarchat« ausgesetzt gewesen wären (Illustation des 19. Jh. u.). Nur etwa 200 Opfer lassen sich eindeutig dieser Gruppe zuordnen, die von den Hexengerichten eher als Expertinnen zu Rate gezogen wurde.

Ein Fürstbischof wütet als Hexenbrenner

Allerdings brannten die Scheiterhaufen keineswegs flächendeckend; im deutschen Reichsgebiet gab es enorme Unterschiede zwischen den einzelnen Territorien. Während etwa die Herrscher der Kurpfalz Hexenjagden generell verboten, kam es im dünn besiedelten Mecklenburg zu rund 2 000 Hinrichtungen.

Nicht weniger schrecklich war die Bilanz im fränkischen Hochstift Bamberg. Unter Fürstbischof Johann Georg II. Fuchs von Dornheim (1623–1633), der den bezeichnenden Beinamen »der Hexenbrenner« trug, loderten zwischen 1626 und 1630, also mitten in den Wirren des Dreißigjährigen Kriegs, mehr als 300 Scheiterhaufen, wobei keineswegs nur Frauen starben. Der Fürstbischof nutzte den Vorwand der Hexerei ganz gezielt zur Ausschaltung politischer Gegner und ließ den ganzen Bamberger Stadtrat und auch zahlreiche Mitglieder seines eigenen Domkapitels hinrichten.

Es waren also vor allem die unsicheren politischen Verhältnisse, die der Hexenjagd immer wieder Vorschub leisteten. Überall da, wo es eine stabile Regierung mit gut funktionierenden staatlichen Institutionen gab, waren optimale Voraussetzungen für die Kontrolle und Unterdrückung der Hexenanklagen gegeben.

Mit der Glaubensspaltung hatte sich die Verdammung magischer Praktiken noch einmal ganz erheblich verstärkt. Die Protestanten betrachteten nämlich die Heiligen- und Reliquienverehrung als »papistischen Aberglauben« und somit als Hexerei.

Aus »Zauberern« werden »Zauberinnen«

Andererseits gab es keine signifikanten Unterschiede bei der Hexenverfolgung in protestantischen und katholischen Regionen. Auffallend ist lediglich eine höhere Hinrichtungsquote von Frauen in den protestantischen Ländern. Das lag offensichtlich an Luthers Bibelübersetzung. Während es in der »Vulgata« (Exodus 22, Vers 7) heißt »Die Zauberer sollst du nicht leben lassen«, übersetzte Martin Luther das fragliche Wort mit »Zauberinnen«. Für bibeltreue Protestanten schien es daher logisch zu sein, dass Hexerei grundsätzlich von Frauen ausging.

Zwar mehrten sich schon im 16. Jh. kritische Stimmen, die sich gegen die Hexenverfolgung aussprachen. Doch langfristig trugen erst stabilere wirtschaftliche, politische und soziale Verhältnisse sowie das Gedankengut der Aufklärung dazu bei, dem Hexenglauben den Nährboden zu entziehen. In Deutschland wurde die letzte »Hexe« 1775 im Hochstift Kempten angeklagt und verurteilt. Der Fürstabt ließ die Hinrichtung aber aussetzen; die Angeklagte starb sechs Jahre später im Gefängnis.

Ging bei der Wasserprobe die Verdächtige nicht unter, war sie als Hexe überführt.

»Die Zauberer und Hexen, das sind die bösen Teufelshuren, die Milch stehlen, Wetter machen, die Leute schießen, lähmen, verdorren, die Kinder in der Wiege martern ...«

(Martin Luther, 1522)

Die Fantasien rund um ein großes Treffen der Hexen inspirierten auch die Maler, hier den Flamen Hieronymus Francken d. Ä.

Der Kaiser und das geheimnisvolle Manuskript

Es ist eines der großen Rätsel der Kulturgeschichte, und rätselhaft waren auch die Wege, die das »Voynich-Manuskript« im Lauf der Jahrhunderte zurücklegte. Dass zu den Besitzern – und ratlosen Betrachtern – des Buches Kaiser Rudolf II. zählte, trägt zum Geheimnisvollen des Buches bei, war der 1612 gestorbene Habsburger doch selbst ein Mysterium.

Rätselhafte Zeichnungen und eine unentschlüsselbare Schrift: Das Voynich-Manuskript ist eines der großen Geheimnisse der Kulturgeschichte.

Rudolf, dem »Einsiedler von Prag«, sagt man eine gestörte Persönlichkeit nach. Sein Interesse galt weniger der Politik als der Kunst und den Wissenschaften: Er förderte Malerei und Bildhauerei ebenso wie Mathematik, Astronomie, Astrologie und Geschichtsschreibung – aber auch die Alchemie und andere okkulte Praktiken. Dass sich das Buch in Rudolfs Besitz befand, wissen wir aus dem Begleitbrief, den Johannes Marcus Marci, Leibarzt Kaiser Leopolds I., 1666 verfasste, als er das Manuskript seinem alten Freund, dem Jesuiten und Universalgelehrten Athanasius Kircher schickte. Marci erklärte dem Freund, Rudolf II. habe die Schrift für 600 Dukaten gekauft.

Die Entdeckung des Antiquars

Ob die Sendung je bei Kirchner ankam, ist umstritten. Das Buch blieb verschwunden und tauchte erst Anfang des 20. Jh. wieder auf: Wilfrid Michael Voynich war als Mitglied der polnischen Arbeiterbewegung nach London geflohen, wo er ein Antiquariat eröffnete. 1912 entdeckte er in einer Jesuiten-Bibliothek in Italien die mysteriöse Schrift, die seither nach ihm benannt ist. Sie bestand ursprünglich aus 232 Seiten in unbekannter Sprache. Unter den verwendeten 30 Buchstaben mischen sich lateinische und arabische mit völlig unbekannten Schriftzeichen.

MYSTERIÖSE SCHRIFTEN IN ALLER WELT

Ein weiteres Beispiel unentzifferter Schriften ist der »Codex Rohonczi« (nach der österreichischen Stadt Rechnitz). Das Buch ist von rechts nach links geschrieben, lässt aber keinerlei Schlüsse auf Herkunft oder Sprache zu. Es besteht aus 448 Seiten und weist etwa zehnmal so viele Schriftzeichen auf wie die bekannten Alphabete.

Entziffert wurde inzwischen der »Codex Copiale«, ein Buch aus der zweiten Hälfte des 18. Jh., in dem lateinische Buchstaben mit Fantasiezeichen vermischt waren. 2011 erkannten Computerlinguisten, dass nur die erfundenen Symbole für Buchstaben standen; der Text enthüllte sich als Regelwerk einer Geheimgesellschaft.

Das wohl älteste Rätsel geben die 6000 bis 8000 Jahre alten »Vinča-Symbole« auf. Sie wurden in ganz Südost-Europa gefunden. Ob es sich tatsächlich um Schriftzeichen handelt, ist umstritten – genau wie bei den »Indus-Hieroglyphen«, die vor 4000 Jahren auf dem indischen Subkontinent benutzt wurden.

Bislang nicht entschlüsselt blieben auch die beiden Schriftsysteme der minoischen Kultur auf Kreta: die »Kretische Hieroglyphenschrift« und die »Linearschrift A«. Zwar konnten bisher 50 Silbenzeichen bestimmt werden; die dazugehörige Sprache aber entzieht sich noch dem Verständnis.

Ebenfalls unentziffert ist die »Rongorongo-Schrift« der Osterinsel, vermutlich eine Nachahmung der europäischen Schrift. Vergleichsweise simpel war dagegen die »Verschlüsselungstechnik«, die Leonardo da Vinci praktizierte, indem er die Kommentare in seinen Skizzenbüchern in Spiegelschrift festhielt (Beispiel u.).

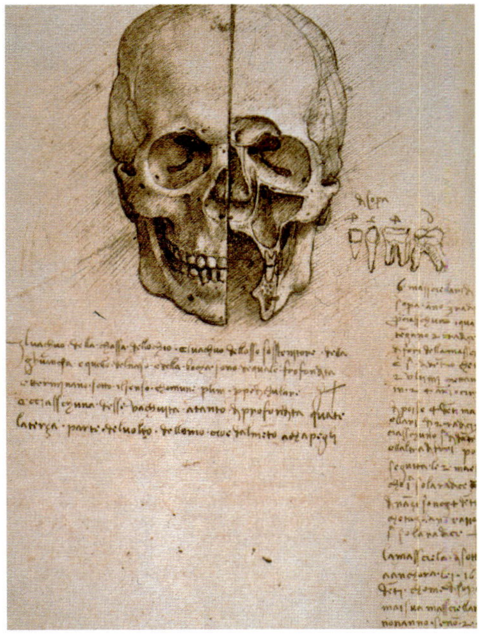

Über Inhalt, Herkunft und Verfasser des Textes kann bis heute nur spekuliert werden. Da das Manuskript noch immer niemand entziffern konnte und die Herkunft unklar bleibt, wurde sogar spekuliert, die Handschrift stamme von Voynich selbst – ein Schwindel? Bisher erschien auch eine Fälschung aus dem 16. Jh. möglich. Der Historiker Gordon Rugg verdächtigte Zeitgenossen Rudolfs II. Andere Erklärungsversuche reichen von ketzerischen Inhalten, die vor der Neugier der Inquisition geschützt werden sollten, bis hin zu einer Kunstsprache oder einer Nachricht Außerirdischer.

Die These, es handle sich um eine vergessene fernöstliche Schrift, scheint ebenso unwahrscheinlich: Die Illustrationen des Manuskripts sind klar dem europäischen Kulturkreis zuzuordnen. Doch sie geben weitere Rätsel auf: Gruppen badender Frauen oder Pflanzen, die sich in auffälligen Details von bekannten Arten unterscheiden. Immerhin lassen die Abbildungen eine vage thematische Einteilung zu: Das Buch transportiert medizinisches, biologisches sowie astronomisch-astrologisches Wissen.

Erst 2009 ließ der heutige Besitzer, eine Bibliothek in den USA, eine wissenschaftliche Altersbestimmung zu. Demnach kann das Alter des Manuskripts auf die Jahre 1404 bis 1483 festgelegt werden. Daher vermutet der Kryptologe Klaus Schmeh den Verfasser im Umkreis italienischer Universalgelehrter. Die beschäftigten sich hingebungsvoll mit der Kryptologie, der Verschlüsselungstechnik. Nur: Die bekannten Kryptologie-Bücher der Renaissance entstanden später. Wurden bereits früher derart geniale Methoden entwickelt? Oder war der Autor dazu noch nicht in der Lage und das Manuskript nur Übung ohne Inhalt? Diese Nonsens-Theorie verficht der Physiker Andreas Schinner aus Linz, der 2007 den Text statistisch untersuchte. Er fand Aneinanderreihungen identischer oder leicht veränderter Worte sowie andere bizarre Details. Schinner folgert daraus, dass der Text durch ein willkürliches Verfahren generiert wurde und keinerlei Sinn ergibt.

Gelobtes Land an der Spree – das Rätsel von Moabit

Berlins Stadtteile haben gewöhnlich verständliche, nachvollziehbare Namen: Neukölln, Friedrichshain, Schöneberg, Charlottenburg, Prenzlauer Berg, auch Wedding oder Köpenick klingen irgendwie heimisch. Doch dann gibt es jenes Viertel mit dem exotisch klingenden Namen Moabit. Wie gelangte dieser an die Spree, und welche Bewandtnis hat es damit?

Bibelkenner lässt der Name allerdings aufhorchen. Da gab es doch im alten Palästina ein Land Moab, und seine Bewohner, die Moabiter, spielten im Alten Testament keine kleine Rolle: In ihrem Territorium östlich des Jordan verbrachten die Israeliten die lange Wartezeit, ehe sie in ihrem »Gelobten Land« einziehen konnten; in Moab schloss der Herr seinen zweiten Bund mit dem auserwählten Volk, und von Moab aus blickte der sterbende Moses auf die zukünftige Heimat. Und als das Reich Juda Babylon zum Opfer gefallen war, wird Moab unter den Ländern aufgelistet, die den Juden Aufnahme gewährten.

Flucht vor dem Sonnenkönig

Es ist wohl die Rolle als Zufluchtsort, die hinter dem Namen des Stadtviertels steht. Es waren aber nicht Juden, denen hier Exil gewährt wurde, sondern die französischen Protestanten, die als Hugenotten bekannt

Friedrich Wilhelm I. gewann den Beinamen »der Große Kurfürst« auch, weil er sein Land den Hugenotten öffnete (Historiengemälde von Hugo Vogel, 1885).

wurden. Nach blutigen Religionskriegen hatten die Reformierten in Frankreich mit dem Edikt von Nantes 1598 freie Religionsausübung zugestanden bekommen. Diese religiöse Vielfalt war dem bigotten »Sonnenkönig« Ludwig XIV. jedoch ein Dorn im Auge, und so hob er 1685 das Edikt von Nantes kurzerhand auf. Die Hugenotten sahen sich nunmehr vor die Wahl gestellt, zum katholischen Glauben überzutreten oder auszuwandern.

Zu Hunderttausenden entschieden sie sich für die zweite Option. Dem »Großen Kurfürsten« Friedrich Wilhelm, der damals über Brandenburg regierte, kam das gerade recht. Sein Land hatte unter dem Dreißigjährigen Krieg schlimm gelitten. Die Bevölkerungsverluste waren erheblich gewesen, und so hinkte Brandenburg in Handel, Handwerk und Landwirtschaft hinterher. Neue Bürger brauchte das Land, und wenn diese gut ausgebildet waren, wie die Hugenotten, umso besser! So breitete der Kurfürst weit die Arme aus, um sie willkommen zu heißen: »(Befehlen Wir) … so bald einige von erwehnten Evangelisch-Reformierten Französischen Leuten daselbst ankommen werden/ daß alßdan dieselben wol auffgenommen/ und zu allemdem so zu ihrem établissement nöthig/ihnen aller Müglichkeit nach verholffen werden soll.«

Und die Glaubensflüchtlinge folgten der Einladung gerne. Rund 20 000 von Ihnen fanden in Brandenburg-Preußen eine neue Heimat; die meisten in und um Berlin, wo bald die Muttersprache jedes fünften Einwohners Französisch war. Denn auch die Erben des Großen Kurfürsten folgten dessen gutem Beispiel, und wann immer die französische Krone die Schraube der Unterdrückung härter anzog, zogen neue Auswandererströme nach Osten.

So auch im Jahr 1717, als König Friedrich Wilhelm I. einen Teil des Tiergartens für die Ansiedlung freigab. Dort unterhielt seit 1698 ein Hugenotte namens Ménardie einen Weinberg mit Gastwirtschaft, was den Neusiedlern sicher Trost verschaffte. Der war auch nötig, denn die Hoffnung des »Soldatenkönigs«, seine neuen Untertanen könnten die Seidenraupenzucht einführen, scheiterte am märkischen Klima.

Toleranz in Preußen

Dass in seinem Land »jeder nach seiner Fasson selig werden« dürfe, gehört zu den berühmtesten Staatsprinzipien Friedrichs des Großen (Manuskript re.). Dass der Wert eines Bürgers für den Staat wichtiger war als sein Glaube, hatte sich schon seit 1613 durchgesetzt. Damals trat Kurfürst Johann Sigismund vom lutherischen zum reformierten Bekenntnis über, bestand aber – entgegen der damaligen Praxis und um Konflikte zu vermeiden – nicht darauf, dass ihm seine Untertanen folgten.

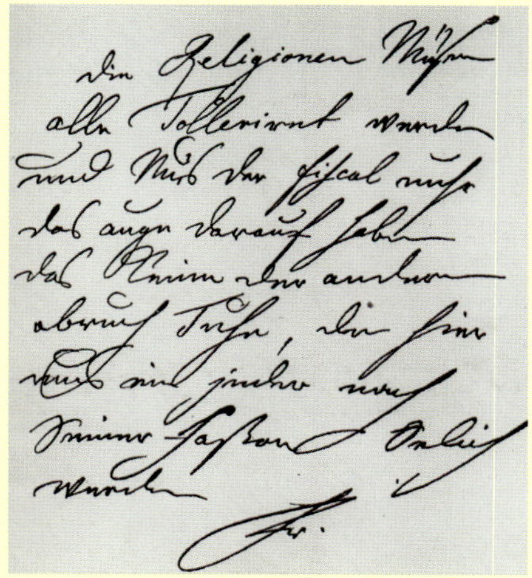

Biblische Gastgeber mit Schwächen

Warum der neuen Vorstadt der Name »Moabit« verliehen wurde, hat zu mancher Spekulation Anlass gegeben. Schließlich waren die Moabiter im Alten Testament Nachfahren des inzestuösen Verhältnisses Lots mit seinen Töchtern gewesen. Und auch die Beziehung der Israeliten zu ihren Gastgebern war nicht ungetrübt. Die Moabiter verfolgten nämlich eine recht moderne Politik der kulturellen Assimilation: Sie »luden das Volk zu den Opferfesten ihrer Götter« und hatten nichts dagegen, wenn ihre Weiblichkeit sich mit Juden verband (»…begann das Volk Unzucht mit den Töchtern der Moabiter zu treiben«). Prompt sandte der Herr eine schlimme Seuche.

Standen also die Hugenotten ihren Exilgebern mit so viel Skepsis gegenüber, dass sie sich mit den Juden in Moab verglichen? Das wäre undankbar gewesen. Ein anderer Aspekt wäre, dass der Aufenthalt der Juden in Moab jeweils nur eine begrenzte Zeit dauerte, dass die Exilanten also ihre Hoffnung auf baldige Rückkehr ausdrücken wollten. Nun, die Fontanes, de Maizières und wie sie alle hießen, sind geblieben und unverzichtbarer Teil der preußisch-deutschen Kultur geworden.

»Unseren Evangelisch-Reformierten Glaubens-Genossen Französischer Nation … soll alle Hülffe, Freundschafft, Liebes und Gutes erwiesen werden.«

(Aus dem Potsdamer Edikt des Großen Kurfürsten, 1685)

Goldmacher – die Stunde der Alchemisten

Schon seit der Spätantike suchten die Alchemisten nach dem Stein der Weisen, mit dessen Hilfe man unedles Metall in pures Gold verwandeln konnte. Allerdings wurde mit diesem Wunschtraum auch allerlei Schindluder getrieben. Raffinierte Betrüger gaben vor, Gold herstellen zu können. Warum fielen gerade viele Fürsten des 17. und 18. Jh. nur allzu gerne auf die falschen Versprechungen herein?

Kurfürstin-Witwe Sophie von Hannover hatte in den über 70 Jahren ihres Lebens viel gesehen, und da sie eine kluge Frau war, auch viel gelernt. Mit gutem Grund zeigte sie sich besorgt. Schon mehrfach hatte sie es beobachten müssen, dass sich Herrscher von vermeintlichen Goldmachern an der Nase herumführen ließen, nur weil in der Staatskasse gähnende Leere herrschte. Deshalb beschloss die resolute Dame, ihren Schwiegersohn König Friedrich I. von Preußen eindringlich vor solchen Gaunern zu warnen: »Eure Majestät werden sich doch hoffentlich nicht von einem Goldmacher betrügen lassen, wie es die Kurpfalz getan hat«, schrieb sie am 27. Januar 1706 nach Berlin; wohl wissend, in welch prekärer Lage sich Preußens Finanzen befanden.

Der Alchemist auf der Suche nach dem Stein des Weisen, Gemälde von Joseph Wright of Derby, um 1770.

Ein falscher Graf zeigt seine Tricks am Preußenhof

Nur wenige Tage später bekam sie Post von ihrem Enkel, dem Kronprinzen Friedrich Wilhelm von Preußen, welche ihre Befürchtungen nur allzu genau bestätigte. Der später als »Soldatenkönig« bekannte Prinz schrieb: »Was man Euch über den Goldmacher berichtet hat (der sich Graf Caetano nennt), ist sehr wahrscheinlich. Ich war selbst dabei, als man ihm in Gegenwart des Königs ein Pfund Quecksilber hat holen lassen, das er in einen Tiegel tat und durch den Zusatz von einem Tropfen einer roten Tinktur in Feingold verwandelte, welches alle Proben bestand. Obgleich ich wenig davon überrascht war, traute ich ihm doch nach wie vor sehr wenig.«

Aber längst nicht alle Fürsten waren so skeptisch wie der junge Kronprinz und seine lebenskluge Großmutter. So konnte der vagabundierende Hochstapler Domenico Manuel Caetano (geboren um 1670 in oder bei Neapel), der auch unter dem klangvollen Namen Graf von Ruggiero auftrat, vielen arglosen Kunden mit einfachen Taschenspielertricks das Geld aus der Tasche ziehen. Er gab vor, den Stein der Weisen zu besitzen und damit Quecksilber in Gold verwandeln zu können. In einer theaterreifen Vorführung demonstrierte Caetano seinem staunenden Publikum eine vermeintlich erfolgreiche Transmutation (Metallverwandlung), wie sie der preußische Kronprinz miterlebt und geschildert hatte. War denn nicht tatsächlich edles Gold aus dem unedlen Quckesilber entstanden?

Die vielen Tricks der Goldverwandlung

Tatsächlich arbeiteten »Goldmacher« wie Caetano mit raffinierten Tricks. Der angebliche Stein der Weisen war in der Regel ein obskures Gemisch aus Asche und zermahlenen Kalkstückchen, was aber offenbar niemanden wirklich interessierte, noch dass es eine Rolle spielte. Die eigentliche Täuschungsmethode bestand darin, echtes Gold unbemerkt in das Gefäß zu schmuggeln, in dem das Edelmetall entstehen sollte. Es gab für diesen Trick gleich mehrere Möglichkeiten: Entweder bediente man sich eines doppelten Tiegelbodens, oder man versteckte das Gold in ausgehöhlten Kohlestückchen, wie sie zum Erhitzen des Quecksilbers benötigt wurden. Wenn die Kohle verbrannte, erschienen wunderbarerweise echte Goldklümpchen im Tiegel. Dann gab es noch die Version mit dem hohlen Rührstab, der zunächst mit Gold gefüllt und dann mit Wachs verschlossen wurde. Während die erhitzte Materie umgerührt wurde, schmolz das Wachs, sodass nach und nach zur Verblüffung des Publikums pures Gold zum Vorschein kam.

Der bedauernswerte Kurfürst Johann Wilhelm (Jan Wellem) von der Pfalz soll nach so einem Auftritt dem raffinierten Caetano 200000 Taler gegeben haben, in der Hoffnung, den Pfälzer Kassen eine unerschöpfliche Goldquelle erschlossen zu haben. Die hatten es bitter nötig, waren Jan Wellems Lande doch durch französische Truppen verwüstet worden; sogar sein schönes Schloss zu Heidelberg hatten sie angesteckt! Den folgenden Wiederaufbau konnte der Fürst jedenfalls nicht mit Caetanos Zauber-Gold bezahlen.

Der Stein der Weisen

Unter dem Stein der Weisen verstanden die Alchemisten eine Substanz, mit deren Hilfe unedles Metall in Gold verwandelt werden konnte, und zwar durch die Verbindung der eigentlich unvereinbaren Elemente Feuer und Wasser, Schwefel und Quecksilber. Dahinter steckte die philosophische Idee, etwas Niederes zu Höherem, etwas Unedles zu etwas Edlem zu machen. Man träumte sogar vom ewigen Leben. Tatsächlich handelte es sich bei dem »Stein« wohl um ein rotes Pulver. Eine kleine Portion wurde auf eine größere Menge siedenden Quecksilbers geworfen, anschließend der Schmelztiegel verschlossen. Die erhoffte Umwandlung in Gold stellte man sich wie eine Fermentation vor, so wie Hefe aus Fruchtsäften Alkohol macht.

Bei seinen Experimenten wollte Böttger dieses Gold und Silber (oben) auf alchemistischem Weg erzeugt haben.

Der Goldmacher in der bayerischen Klemme

Als der Schwindel aufflog, war der angebliche Goldmacher längst weitergezogen, vom Rhein an die Isar. Dort, in München regierte Kurfürst Max Emanuel von Bayern, ebenfalls knapp bei Kasse, allerdings schon vorgewarnt, als der bekannte Abenteurer auch ihm seine Künste zur Verfügung stellen wollte. Der Wittelsbacher wollte sich daher nicht so leicht an der Nase herumführen lassen. Sicherheitshalber ließ der Kurfürst Caetano unter scharfe Bewachung stellen, sodass der seine üblichen Taschenspielertricks nicht anwenden konnte.

Was tun? Um nicht enttarnt zu werden und Zeit zu gewinnen, ließ Caetano kurzerhand sein ganzes Laboratorium in die Luft fliegen, sodass die Explosion die kostbare Einrichtung zerstörte. Und ohne seine »wissenschaftlichen Apparaturen« könne er zu seinem größten Bedauern leider keine Ergebnisse erzielen ...

Doch Max Emanuel war nicht so einfach zu hintergehen. Der Fürst stellte Caetano auf Burg Grünwald kurzerhand ein neues Alchemistenlabor zur Verfügung und befahl verärgert, endlich das versprochene Gold herzustellen – vor versammeltem Hofstaat als Augenzeugen! Als das erwartungsgemäß misslang, ließ der Fürst Caetano festnehmen und in seinem ehemaligen Labor einsperren, nicht mehr als Gast, sondern als Gefangener. Nun, Caetano hätte gewarnt sein müssen, war doch gut hundert Jahre zuvor, im April 1591, ein anderer gescheiterter Goldmacher, de italienische Hochstapler und Wunderdoktor Marco Bragadino auf dem Münchner Weinmarkt geköpft worden, nachdem er mehrere Jahre lang Herzog Wilhelm V. an der Nase herumgeführt hatte.
Dieses bittere Ende blieb dem falschen Grafen in München noch erspart; doch musste Caetano mehrere Jahre im bayerischen Kerker schmachten, bis dem Gauner in den Wirren des Spanischen Erbfolgekriegs doch noch die Flucht gelang. Er zog zunächst nach Wien weiter, wo ihn aber rasch sein schlechter Ruf erreichte und zur überstürzten Flucht aus der Kaiserresidenz zwang.

Das Ende am goldenen Galgen

So kam der »Goldmacher« 1705 nach Berlin, die Residenz des Prunk liebenden Preußenkönigs Friedrich I. Der benötigte weiterhin dringend Geld, viel Geld, nachdem er vergeblich auf die vorgeblichen Künste des Alchemisten und späteren Porzellan-Erfinders Johann Friedrich Böttger gesetzt hatte.
Wie wir wissen, war der König von seiner Schwiegermutter vorgewarnt worden und verweigerte Caetano den finanziellen Vorschuss, den dieser von ihm gefordert hatte. Als der Betrüger daraufhin kalte Füße bekam, ergriff er wie üblich die Flucht. Er wurde jedoch gefasst und auf die Festung Küstrin gebracht, damit er dort »ungestört arbeiten« konnte.

Ein Jahr Zeit räumte der Preußenkönig dem Alchemisten ein, um aus Kupfer und anderen unedlen Metallen, Gold zu schaffen. Doch das Jahr verging, und der Erfolg ließ noch immer auf sich warten. Jetzt wurde es sogar dem gutmütigen Preußenkönig zu viel. Caetano wurde wegen Betrugs vor dem preußischen Kammergericht als Betrüger angeklagt, zum Tode verurteilt und am 23. August 1709 gehängt – stilgerecht an einem vergoldeten Galgen.

DAS ›WEISSE GOLD‹ – PORZELLAN ALS NEBENPRODUKT DER ALCHEMIE

Johann Friedrich Böttger (1682–1719) beschäftigte sich als Apothekergehilfe schon früh mit Alchemie, wobei er

freilich von eher obskuren Goldmachern unterwiesen wurde. Angeblich soll er 1701 von einem Griechen den Stein der Weisen erhalten haben, mit dem er in Berlin vor zahlreichen Zeugen eine »erfolgreiche« Transmutation durchführte. Als weitere Erfolge ausblieben und seine Verhaftung drohte, floh Böttger nach Dresden, wo ihn August der Starke schließlich zwang, an seinem Hof als Alchemist zu arbeiten. Die Aufsicht über den »Goldmacher« hatte der Physiker Ehrenfried von Tschirnhaus, der schon seit mehreren Jahren das Geheimnis der chinesischen Porzellanherstellung zu ergründen suchte. Er band Böttger in seine Tätigkeit ein. Zusammen mit Tschirnhaus entwickelte dieser 1708 zunächst eine Rezeptur für braunes Feinsteinzeug, Abb. re.), 1709 schließlich diejenige für das begehrte weiße Porzellan aus gebranntem Kaolin, Quarz und Feldspat. Da Tschirnhaus im Herbst 1708

starb, konnte Böttger die Erfindung des Porzellans für sich reklamieren.

In die Anfänge der Blütezeit der Alchemie reicht dieser Holzschnitt aus dem frühen 16. Jh. zurück.

Cagliostro und das »Elixier des Lebens«

Das traurige Ende dieser Betrügerkarriere hielt andere Hochstapler freilich nicht davon ab, in Caetanos Fußstapfen zu treten. Jahrzehntelang reiste ein gewisser Giuseppe Balsamo alias Graf Alessandro Cagliostro durch Europa und gab sich als Goldmacher aus. Giuseppe war 1743 in einem Armenviertel von Palermo auf Sizilien geboren und in einem Kloster aufgewachsen. Dort hatte er schließlich als Gehilfe des Klosterapothekers gearbeitet. So erwarb er sich nützliche Kenntnisse über Salben und Pülverchen, die er bald in klingende Münze zu verwandeln wusste, zumal er seine Biografie durch weite Reisen und ausführliche Studien durch den geheimnisvollen Orient aufbesserte, wo er der Schüler namhafter Alchemisten gewesen sein wollte.

Eine Zeitlang konnte Cagliostro mit dem vermeintlichen Wissen um die Goldherstellung einen aufwendigen Lebensstil finanzieren, und er wurde in den höchsten Kreisen empfangen. Europaweit rühmte man seine angeblichen Wundergaben und Zauberkräfte, zumal er behauptete, das Elixier des Lebens entdeckt zu haben und selbst mehrere hundert Jahre alt zu sein. Doch auch dieser falsche Graf wurde letzten Endes als Betrüger enttarnt und von der Inquisition in den Kerker von San Leo geworfen, wo er 1795 eines unrühmlichen Todes gestorben ist, vermutlich an der Syphillis.

Dass die Menschen immer wieder auf die falschen Goldmacher hereinfielen, lässt sich wohl nur mit der unglaublichen Gier nach Geld und Reichtum erklären. Bis heute finden Anlagebetrüger zahlreiche willige Opfer für ihre windigen Produkte, auch wenn jedem nüchtern Denkenden klar sein muss, dass die versprochenen Renditen illusorisch sein müssen.

Auch vor 300 Jahren behielten nur wenige einen solch kühlen Kopf wie Kronprinz Friedrich Wilhelm, der am 2. Februar 1706 in einem Brief an seine Großmutter das überzeugendste Argument gegen die Goldmacherei schrieb: »Ich habe noch nie gehört, dass jemand bei diesem Gewerbe reich geworden wäre, sondern im Gegenteil, dass mehrere dergleichen gemacht haben und doch arm und elend gestorben sind. Ich kann nur annehmen, dass ein Mensch, der von Hof zu Hof irrt, um die Kenntnis des Goldmachens zu verbreiten, und der sich selber mehr Geld verschaffen könnte als das, was er von den Fürsten bekommt, entweder ein Narr oder ein Schelm ist …«

»Die Alchemie ist niemals etwas anderes als Chemie gewesen; ihre beständige Verwechslung mit der Goldmacherei des 16. und 17. Jh. ist die größte Ungerechtigkeit.«

(Justus Liebig, Chemische Briefe, 1865)

Gewagte Prophezeiung: Bengel und die Apokalypse

Johann Albrecht Bengel (1687–1752) rechnete es 1740 aus: 1836 sollte sich die Johannes-Offenbarung erfüllen. Der Theologe aus Schwaben war überzeugt, das genaue Datum der Apokalypse zu kennen. Seine Glaubensbrüder hatten über drei Generationen hinweg keinen Zweifel daran – was faszinierte die Menschen nur so am Untergang?

Darstellung der Apokalypse auf einem Flugblatt aus dem frühen 17. Jh.

Den verfolgten Ur-Christen im Römischen Reich wollte die Offenbarung des Johannes Mut machen. In dem Brief wird Gottes Sieg über seine Feinde, ein Tausendjähriges Reich und die Wiederkunft Christi am Jüngsten Tag vorhergesagt: »Ich sah die Toten vor dem Thron stehen, die Großen und die Kleinen ... Die Toten wurden nach ihren Werken gerichtet, nach dem, was in den Büchern aufgeschrieben war.« (Offenbarung 20, 12) Danach werde eine neue Zeit beginnen, ohne Mühsal, Schmerz und Krieg.

Bengels exakte Berechnungen der Zeit vom Beginn der Schöpfung bis zum Weltende beruhten ausschließlich auf der Bibel. Später fügte er astronomische Erkenntnisse hinzu. Demnach sollte am 18. Juni 1836 mit dem Sieg über Satan das erste Tausendjährige Reich beginnen – oder besser: um dieses Datum herum. Denn: »Die Historie selbst ist bisher nicht eben an diese Tage gebunden, sie bleibet aber doch nahe genug bey denselben.« Einschneidende Veränderungen, so Bengels Überzeugung, würden sich ergeben: Der Vatikan würde abgeschafft, Juden und Heiden würden sich bekehren lassen, und eine neue Glaubensgemeinschaft würde entstehen.

Endzeit-Visionen in Zeiten der Krise

Ein zweites, anschließendes Tausendjähriges Reich sollte nach Bengels Vorstellung durch eine erste Auferstehung der »Gerechten« eingeleitet werden. Aber auch Satan würde für etwa 100 Jahre wieder auftreten und viele Menschen vom Glauben abbringen. Das Wiedererscheinen Christi erwartete Bengel erst am Jüngsten Tag. Dann würden das Weltende und Gottes ewiges Reich in vollkommener Liebe kommen.

Bengel fand rasch viele Anhänger. Im Herzogtum Württemberg hatte der Spanische Erbfolgekrieg (1701–1714) starke Spuren hinterlassen, Hunger und Elend mit sich gebracht. Die Masse der verarmten Bevölkerung musste dennoch den verschwenderischen Lebensstil und die offene Mätressenwirtschaft des Herzogs Eberhard Ludwig erleben und finanzieren. Die Pietisten, die »frömmelnden« Protestanten, forderten dagegen eine Rückbesinnung zu einer wahrhaft christlichen Lebensführung. Bei Bengel hieß das später: »Die Bibel ist ein Brief, den mein Gott mir hat schreiben lassen, wonach ich mich ausrichten soll und wonach mein Gott mich richten wird.« Mit seiner Neuübersetzung des Neuen Testaments begründete er zugleich die wissenschaftliche Textkritik.

Pietismus kontra Amtskirche

Der Pietismus gilt als wichtige Reformbewegung im Protestantismus, die allerdings von den etablierten evangelischen Kirchen ausgegrenzt und auch verfolgt wurde. In Württemberg hatte der Pietismus zu Anfang etwas weniger mit dem Widerstand der Amtskirche zu kämpfen, umso mehr Einfluss konnte Bengel gewinnen. Als Lehrer des evangelischen Klosters Denkendorf prägte er zahlreiche spätere Theologen. Seine Schüler verbreiteten Bengels Theorien immer weiter, nahmen sich aber auch die Freiheit heraus, in vielen Punkten eigene Ideen einzubringen. Die Grundbotschaft blieb jedoch erhalten, und so setzte sich unter den Pietisten immer mehr die Überzeugung durch, 1836 sei mit einer Christuserscheinung zu rechnen. Die zahlreichen Missernten zu Beginn des 19. Jh. wurden als ein weiteres Vorzeichen gedeutet. Und war nicht selbst der Antichrist, den es zuvor zu besiegen galt, aufgetreten: Man sah ihn in Napoleon Bonaparte!

Die Pietisten gingen damals durch eine schwierige Zeit. In Bedrängnis gerieten sie nicht nur durch die Vertreter der wissenschaftlich orientierten Aufklärung, sondern auch durch absolutistische Herrscher, die auf dem Dogma der jeweiligen Landeskirche bestanden, in Württemberg das Bekenntnis zu Luthers Lehren. Als die Landeskirche Ende des 18. Jh. Reformen durchführte, die aus Sicht der Pietisten mit dem Geist des Christentums unvereinbar waren, kam es zu Unruhen und dann, Anfang des 19. Jh., zu Auswanderungen. Christi Wiedererscheinen erwartete man in Jerusalem. Da das Heilige Land aber unter osmanischer Herrschaft und damit unerreichbar war, wählte man den Kaukasus als Zufluchtsort – dort habe schon Noah nach der Sintflut Schutz gefunden.

Wie wir heute wissen, ging die Geschichte unserer Welt nach 1836 weiter. Bengel war damals schon seit 44 Jahren tot. Einmal soll er geäußert haben: »Mancher, der sich vor dem Gericht Gottes zu sehr gefürchtet hat, wird sich in der Ewigkeit ein klein wenig schämen müssen, dass er dem Herrn nicht noch mehr Gnade zugetraut hat.« Gott wird ihm seinen (Rechen-)Fehler also verzeihen!

Die Endzeit und ihre Propheten

Chiliastische Vorstellungen (von griechisch »chilia«, tausend) von der Wiederkunft Christi und einem tausendjährigen Gottesreich (Illustation des 19. Jh., u.) sind so alt wie das Christentum: Als Grundlage diente neben der Offenbarung des Johannes vor allem das Buch Daniel. Vor dem Jahr 1000 herrschte so regelrechte Weltuntergangs-Panik. Im Mittelalter erlebte die Prophetie eine Blütezeit, auch durch den Einfluss arabischer Wissenschaften wie der Astrologie.

Das ging so weit, dass die Kirche auf dem 5. Laterankonzil (1512 bis 1517) Weissagungen verbot; Vorhersagen des Weltendes galten bis in Bengels Zeit als Gotteslästerung. Dennoch glaubten breite Bevölkerungsschichten an Prophezeiungen, und sie glauben es bis heute – siehe die Aufregung über das angeblich im Maya-Kalender vorhergesagte Weltende 2012, was von den Maya bestritten wird.

Richtschwert und Feder – Goethes wahres Gretchen

»Heinrich! Mir graut's vor dir.« Das sind die letzten Worte der verzweifelten Margarete, genannt Gretchen. Weil sie ihr neugeborenes Kind getötet hat, muss sie sterben. Die »Gretchentragödie« ist die zentrale Geschichte in Goethes »Faust – Der Tragödie erster Teil«. Sie findet sich schon im »Urfaust« von 1775 findet. Gab es für die Kindsmörderin ein historisches Vorbild?

In der Schlussszene des Ur-Faust wendet sich Gretchen von ihrem Verführer und dem Teufel ab und akzeptiert ihr Schicksal (Illustration von Joseph Fay).

»Der Satan habe sie verblendet und ihr gleichsam das Maul zugehalten, dass es ihr nicht möglich gewesen, etwas zu gestehen.«

(Susanna Margaretha Brandt auf die Frage, warum sie niemandem von der Schwangerschaft erzählt habe)

Ganz Frankfurt war auf den Beinen. Tausende Schaulustige fanden sich am 14. Januar 1772, einem Dienstag, vor der Hauptwache ein. Seit Wochen war der Fall der Kindsmörderin Susanna Margaretha Brandt, die am 1. August 1771 ihren neugeborenen Sohn getötet hatte, das Gesprächsthema Nummer eins in der reichen Messestadt. Nun war der Tag ihrer Hinrichtung gekommen. Gegen zehn Uhr schritt der älteste Sohn des Scharfrichters, der 25-jährige Johann Heinrich Hoffmann, zur Tat. Er führte sie zum Richtstuhl, »setzte sie darauf nieder, band sie in zweyen Ort am Stuhl fest, entblöste den Hals und Kopf, und unter beständigem zurufen der Herren Geistlichen wurde ihr durch einen Streich der Kopf glücklich abgesetzt«, so das Protokoll.

Nach Wein »in die Hitze gekommen«

Kurz und freudlos war ihr Leben. Susanne Margaretha Brandt war das achte Kind eines Soldaten und wuchs als Waise auf. Sie konnte weder lesen noch schreiben und verdingte sich als Magd in dem eher drittklassigen Gasthaus »Zum Einhorn« nahe der Stadtmauer. Im Dezember 1770 quartierte sich dort ein wandernder Kaufmannsdiener aus Holland ein. Der habe ihr, so gab sie später zu, »etliche Gläser Wein zu trinken gegeben, wodurch sie dergestalten in die Hitze gekommen, dass sie seinen Ausfällen nicht widerstehen« konnte, »sodass er sie auf das Bett gezerrt und daselbst die Unzucht mit ihr getrieben« habe. Nach sechs Tagen reiste der Mann nach Russland weiter; die Magd kannte nicht einmal seinen Namen. Nach der Ostermesse des Jahres 1771 habe sie »das Leben des Kindes in ihrem Leib gespürt«. Brandt verschwieg die Schwangerschaft. In der Waschküche des Gasthofes brachte sie das Kind zur Welt. Es fiel mit dem Kopf auf den Steinboden; danach erstickte sie es und versteckte es im Stall unter Heu und Stroh.

In Panik floh die 24-Jährige nach Mainz, doch schon am nächsten Tag kehrte sie nach Frankfurt zurück, wo sie festgenommen wurde. Die Fakten waren eindeutig. Als man ihr den Leichnam des Kindes vorlegte, brach sie zusammen und gestand die Tat. Am 12. Oktober verurteilte sie das Stadtgericht nach einem viertägigen Prozess zum Tode, am 9. Januar 1772 wurde das Urteil bestätigt – »zur wohlverdienten Strafe und anderen zum abscheulichen Exempel« –, ein Gnadengesuch ihres Verteidigers wurde abgelehnt. Ihre Hinrichtung am 14. Januar 1772 geriet zum Spektakel, die Sargträger erhielten sogar Geld von Schaulustigen, die einen Blick auf die Geköpfte werfen wollten.

Der junge Anwalt Goethe studiert die Akten

Die tragische Geschichte der Susanna Margaretha Brandt wäre längst in Vergessenheit geraten, wäre nicht ein junger Mann Zeuge der Hinrichtung geworden, der gerade sein Studium der Rechte in Straßburg abgeschlossen hatte und nun in seiner Vaterstadt als Rechtsanwalt arbeitete: Johann Wolfgang Goethe. Er verfolgte interessiert den Fall, ließ sich Abschriften der Prozessakten anfertigen. Mehr noch, der Gerichtsschreiber Johann Heinrich Thym war einst sein Hauslehrer gewesen, sein Onkel wirkte bei den Verhören mit und die beiden Ärzte, die die Täterin behandelten, waren die Hausärzte der Familie Goethe.

Die »Mater gloriosa« rettet die Sünderin

So beeindruckt war der junge Jurist, dass er noch im gleichen Jahr zur Feder griff. Aus Susanna Margaretha wurde Gretchen, die wie ihr historisches Vorbild von einem ihr unbekannten Mann, dem Wissenschaftler Heinrich Faust, verführt und geschwängert wird, das Kind nach der Geburt umbringt und deswegen zum Tode verurteilt wird. Und glaubte die »echte« Kindsmörderin noch, der Satan habe bei all dem die Hand im Spiel gehabt, so wurde in Goethes »Faust« daraus Gewissheit. Schließlich war es der Teufel Mephistopheles persönlich, der Faust anstachelte, das Mädchen zu verführen – weswegen sie am Ende von Goethes Alterswerk von der »Mater gloriosa« in die »höheren Sphären« gehoben und gerettet wird.

Goethe und die Jurisprudenz

Er hätte sich lieber den Altertumswissenschaften gewidmet, doch sein Vater bestand darauf, dass er Jura studierte. So besuchte Johann Wolfgang ab Herbst 1765 die Universität Leipzig. Doch die Jurisprudenz langweilte ihn, lieber besuchte er Poetikvorlesungen oder Theateraufführungen. Ab 1770 setzte er sein Jura-Studium in Straßburg fort und eröffnete dann in seiner Vaterstadt Frankfurt eine Anwaltskanzlei und skizzierte die Gerichtsszene unten. 1772 ging er als Praktikant an das Reichskammergericht in Wetzlar. 1774 erschien sein Werk »Die Leiden des jungen Werther«, das ihn schlagartig berühmt machte. Damit endete Goethes Ausflug in die ungeliebte Jurisprudenz, und er wandte sich der Schriftstellerei zu.

Der glücklose Erfinder – Philipp Reis

Der Physiker, Lehrer und Tüftler Johann Philipp Reis hat das Telefon erfunden, die Inlineskates, das Mikrofon, das Fahrrad und Solaranlagen, aber keine dieser Erfindungen machte ihn berühmt und reich. Was stand Reis im Wege, um von seinen Ideen zu profitieren?

Am 26. Oktober 1861 strömten die zahlreichen Mitglieder des Physikalischen Vereins Frankfurt zu einem Vortragsabend mit dem verheißungsvollen, wenn auch etwas langatmigen Titel: »Über die Fortpflanzung von Tönen auf beliebige Entfernungen durch Vermittlung des galvanischen Stromes«. Vortragsredner war Johann Philipp Reis, geboren 1834 in Gelnhausen und inzwischen als Physik- und Mathematiklehrer an einer Knabenschule im hessischen Friedrichsdorf tätig. In seiner Freizeit bastelte er seltsame Geräte und experimentierte mit Elektrizität. Höhepunkt des Vortrages war die Demonstration eines Apparates, der aussah wie eine Kaffeemühle, die jemand mit Kupferdrähten mit einer Mausefalle verbunden hat. Tatsächlich erlebten die Zuhörer eine Weltsensation: Reis stellte den ersten funktionierenden Prototyp eines Fernsprechers vor. Er selbst gab ihm – in Anlehnung an die gebräuchliche Bezeichnung des Telegrafen – den Namen »Telefon«. Ein Gast aus dem Publikum sprach außerhalb des Vortragssaales den ihm spontan durch den Kopf gehenden Satz: »Das Pferd frisst keinen Gurkensalat« in den Apparat; Reis lauschte in die Ohrmuschel und gab den Satz im Vortragssaal korrekt wieder – sein Erfindung funktionierte also, zumindest in eine Richtung.

Ein Illustrator rekonstruierte im Nachhinein den Augenblick, an dem Reis zum ersten Mal seine Erfindung benutzte.

Ein einfallsreicher Bastler

Reis war Autodidakt, seine naturwissenschaftlichen Studien trieb er von früher Jugend an neben der Ausbildung zum Kaufmann. Dabei zeigte es sich, dass er ein geniales Gespür für einfache Lösungen komplexer Probleme besaß. Beispielsweise baute er das Holzmodell einer Ohrmuschel, wobei er mit Naturdarm das Trommelfell simulierte, um auszuprobieren, wie Schallwellen dieses »Trommelfell« in Schwingungen versetzen. Sein Empfänger für die so weitergeleiteten Impulse war eine Kupferdrahtspule, die er um eine Stricknadel wickelte.

Im Zuge seines Experimentierens erfand Reis auch das Kontaktmikrofon, erkannte aber den eigentlichen Nutzwert dieser Erfindung nicht. Ähnlich erging es ihm mit den Rollschlittschuhen, einer Frühform der Inlineskates, und mit dem »Veloziped«, einem Fahrrad, das nicht getreten, sondern mit

Reis' Fernsprecher von 1861 ist im Berliner Museum für Kommunikation zu sehen.

Handhebeln fortbewegt wurde. Reis experimentierte sogar mit Solarenergie, fand aber keine praktische Anwendung.

Das Publikum beim Vortragsabend der Physikalischen Gesellschaft war zwar begeistert, aber das wissenschaftliche Establishment schenkte Reis nicht die erhoffte Beachtung. Bezeichnend ist ein späteres Zitat von Werner von Siemens, der damals unter den Zuhörern war: »Wir Esel haben zwar das Wunder des Verstehens auf 60 Fuß und mehr angestaunt, aber die Sache nicht verfolgt.« Neben der zögerlichen Haltung der Vertreter der Wirtschaft war es vor allem die Ignoranz der Wissenschaftler, die Reis entmutigte. Er hoffte auf Unterstützung und Anerkennung der Koryphäen der Physik in Deutschland – vergebens.

Eine Idee geht um die Welt

Immerhin bekam Reis im Jahr 1863 sogar Gelegenheit, seine Erfindung dem Kaiser Franz Josef von Österreich vorzuführen, der sie als schöne »Spielerei« lobte. Doch während der Erfinder noch selbst an der Weiterentwicklung seines Gerätes bastelte und um wissenschaftliche Anerkennung in der Heimat buhlte, nahmen andere die Vermarktung mit wesentlich mehr Geschick in die Hand.

Reis hatte sich von einem Frankfurter Handwerker einige Exemplare seiner Maschine nachbauen lassen und sie als wissenschaftliches Demonstrationsobjekt für 8 bis 12 Taler international weiterverkauft. Damit stieß er aber eine ganze Reihe von anderen Erfindern, wie etwa Antonio Meucci, David Edward Hughes oder Alexander Graham Bell auf die von ihm mühsam gefundenen physikalischen Lösungen und lud sie geradezu zum Abkupfern ein. Alexander Graham Bell sah eines der Reis'schen Demonstrationsmodelle bereits 1862 in Edinburgh. Gemeinsam mit seinen Brüdern verbesserte er den Prototyp und meldete ihn 1876 zum Patent an. Die weitere Erfolgsgeschichte des Telefons und der »Bell Telephone Company« sind bekannt; Bell wurde Multimillionär, und die von ihm gegründete Firma ist heute der weltweit größte Telefonkonzern.

Johann Philipp Reis hingegen blieb, was er war – ein genialer, aber weitgehend verkannter Tüftler, dem es nicht vergönnt war, die Ernte seiner Mühen einzufahren. Er erkrankte an Tuberkulose und starb, erst vierzig Jahre alt, am 14. Januar 1874. Erst jetzt, da er keine eigenen Forderungen mehr stellen konnte, wurden ihm die Erfinder-Ehren zuteil, die ihm zustanden.

»Während mein Vater stets bemüht war, meine geistigen Kräfte durch Belehrung über die Umgebung auszubilden, wendete der Großmutter Tätigkeit auf die Gemütsbildung und die Entwicklung des religiösen Sinns, wozu sie durch die Erfahrung eines langen Lebens, ihre Belesenheit und besonders durch die Gabe zu erzählen, sehr befähigt war.«

(Philipp Reis über seine Kindheit)

Alexander Graham Bell

Der schottische Taubstummenlehrer Alexander Graham Bell (1847 bis 1922) schlug aus der Erfindung des Telefons Kapital, indem er die Erfindung von Reis 1876 zum Patent anmeldete und dann mit seiner Firma Bell Telephone Company ein Monopol zum Aufbau eines Fernsprechnetzes in den USA begründete. Konkurrenten und die Erfinder und Ingenieure, die das Telefon bis zur Marktreife entwickelt hatten, boxte er in fast 600 Prozessen vom Markt. Bell avancierte dadurch zum Multimillionär. Als er 1922 starb, ruhte zu seinem Gedenken überall in den USA für eine Minute der gesamte Telefonverkehr.

Das erste Automobil – Benz oder Daimler?

Wer hat das Automobil erfunden? War es Carl Benz gewesen oder doch Gottfried Daimler? Die zwei genialen schwäbischen Tüftler brachten 1886 fast zeitgleich die ersten verkehrstauglichen Automobile auf die Straße, sie revolutionierten die Mobilität, sie legten die Grundsteine für einen der erfolgreichsten Automobilkonzerne der Welt – und sind sich kein einziges Mal persönlich begegnet.

Carl Benz fand in seiner Ehefrau Bertha eine engagierte Mitstreiterin; oben beide im Modell »Viktoria« von 1894.

Auf vierrädrige »Benzinkutschen« setzte von Anfang an Gottfried Daimler, rechts im Fond des ersten Modells.

Der heimliche Wettlauf begann in den 1870er-Jahren. Der junge Ingenieur Carl – ursprünglich: Karl – Benz gründete in Mannheim die »Carl Benz Eisengießerei und mechanische Werkstätte«. Im kaum 130 Kilometer entfernten Stuttgarter Vorort Cannstatt (damals noch ohne Bad) tüftelte unterdessen der Ingenieur Gottlieb Daimler zusammen mit seinem Partner Wilhelm Maybach an einem Benzin-Verbrennungsmotor. Während Carl Benz von Anfang an die Idee verfolgte, ein neues Fortbewegungsmittel zu schaffen, unabhängig von Dampf, Elektrizität oder Pferden und Ochsen, ging es Gottlieb Daimler eher um die Verbesserung des Ottomotors. Nicolaus August Otto hatte 1886 in einem spektakulären Prozess sein Patent für den Viertakt-Verbrennungsmotor verloren. Damit war der Weg frei für Erfinder wie Benz oder Daimler, sich dieses Otto-Motors für eigene Anwendungen zu bedienen und ihn weiterzuentwickeln.

Dreirad oder Vierrad-Kutsche?

1886 waren beide so weit, obwohl sie voneinander nichts wussten. Im Schuppen von Carl Benz stand ein dreirädriges Vehikel, das er am 29. Januar 1886 als »Tricycle« patentieren ließ. Seine heimlichen Fahrversuche endeten zunächst an der Hofmauer oder nach wenigen hundert Metern auf einem Feldweg. Doch auch, als sein Dreirad halbwegs zuverlässig längere Strecken meisterte, interessierte sich niemand dafür. Ein »Wagen ohne Pferd«, so spotteten die Zeitgenossen und verlachten Carl Benz, als er das Fahrzeug zum Verkauf anbot.

Die Firmen Daimler und Benz

Die von Carl Benz 1883 in Mannheim gegründete Motoren- und Automobilfirma »Benz & Co« verbesserte den »Benz Patent-Motorwagen Nummer 1« laufend. Bis zur Jahrhundertwende verkaufte sie 1709 Fahrzeuge und beschäftigte 430 Mitarbeiter. In Gaggenau und Waldhof entstanden die ersten Zweigwerke.

1926 vollzog Benz die Fusion mit dem langjährigen Konkurrenten, der 1890 gegründeten »Daimler-Motoren-Gesellschaft«, zur Daimler-Benz AG mit Sitz in Untertürkheim. Drei Jahre später starb Carl Benz.

Neben dem technischen Know-how, den Marktanteilen und der 1902 einverleibten »Berliner Motorfahrzeug- und Motorenfabrik« brachte der neue Partner als wohl wertvollste Mitgift den patentamtlich geschützten Namen »Mercedes« mit in die Ehe ein. Von Daimler stammt auch der Dreizackstern, bis heute das Symbol des Unternehmens. Gottfried Daimler erlebte all diese Entwicklungen nicht mehr, er war bereits 1900 gestorben.

Nahezu zeitgleich rüstete Gottfried Daimler eine herkömmliche Pferdekutsche mit einem stark verbesserten 1,5 PS-Ottomotor aus, nachdem er zuvor bereits ein hölzernes Motorrad, den »Daimler-Reitwagen« erfolgreich mit Motorkraft angetrieben hatte. Daimler brachte somit den ersten vierrädrigen Kraftwagen auf die Straße.

An einem Sommertag im Jahre 1886 kam er den Spaziergängern mit einer Kutsche entgegen, die sich wie von Geisterhand bewegte. Es waren keine Pferde vorgespannt, trotzdem rollte das Fahrzeug in ansehnlichem Tempo auch Steigungen hinauf. Und es knatterte und qualmte fürchterlich. Diese öffentlichkeitswirksame Fahrt bedeutete den Durch-

Carl Benz erlebte noch den Siegeszug des Automobils: Foto 1928 oben mit dem aktuellen Benz-Modell.

Daimler und Maybach entwickelten den Benzinmotor zur technischen Reife, links ihr Modell von 1883.

DIE NAMENSPATIN EINER WELTMARKE

Der österreichische Diplomat Emil Jellinek war einer der Pioniere des jungen Motorsports. Er lebte mit seiner Familie in Nizza und meldete sich 1899 für ein Tourenrennen an, wie damals üblich unter einem Pseudonym. Er wählte dafür Mercédès, den Rufnamen seiner damals neunjährigen Tochter. Jellinek gewann dieses Rennen mit einem 16 PS starken Daimler-Wagen. Im Jahr darauf bestellte er als Zwischenhändler 36 Daimler-Fahrzeuge aus der laufenden Produktion sowie ein neues Sportwagenmodell, das den Namen »Mercedes« tragen sollte. Mit diesem Modell gewann Jellinek weitere Rennen, und 1902 ließ die Daimler Motoren Gesellschaft den Markennamen schützen.

Die schöne Mercedes Jellinek, die zwei Mal heiratete, stand Modell für mehrere Kunstwerke, starb allerdings schon mit 39 Jahren an Knochenkrebs in Wien. Sie hatte selbst nie ein Auto besessen.

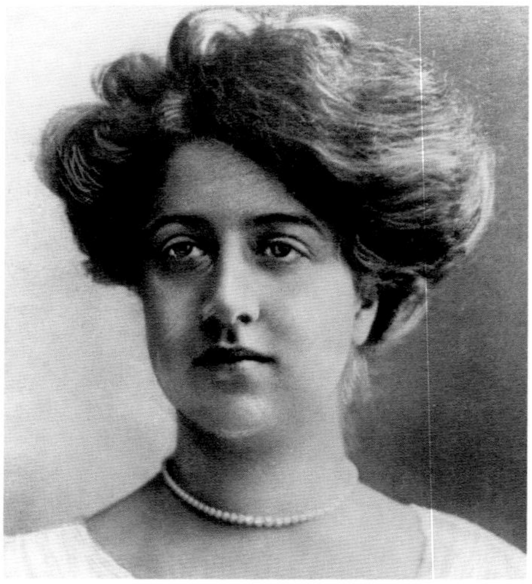

bruch. Gottfried Daimler und Wilhelm Maybach konnten die Produktion aufnehmen.

Ihr Mannheimer Konkurrent Carl Benz machte mit seinem dreirädrigen Fahrzeug zwei Jahre später die gleichen Erfahrungen. Der Ladenhüter in seinem Schuppen kam erst ins Rollen, als Bertha Benz, die Frau des Erfinders, zusammen mit zwei Söhnen eine spektakuläre Werbefahrt unternahm. Sie setzte sich am Freitagmorgen, 5. August 1888, selbst hinter das Steuer und fuhr auf Feld- und Schotterwegen mit 0,8 PS und einer Höchstgeschwindigkeit von 16 km/h zu ihren Eltern im 106 Kilometer entfernten Pforzheim, wo sie am Abend ankam, staubbedeckt, nach Öl und Ruß stinkend, aber überglücklich. Lange hielt sich die Legende, sie hätte diese Fahrt auf eigene Faust unternommen. Heute sind sich die Benz-Biografen ziemlich einig, dass die Fahrt ein ausgemachter Werbegag war. Er erfüllte jedenfalls seinen Zweck. Der Benz'sche Motorwagen war von diesem Tage an ein Begriff; er wurde 1889 auf der Pariser Weltausstellung gezeigt und gewann sogleich eine Silbermedaille. Die ersten Käufer ließen nicht auf sich warten.

Auf der Pariser Weltausstellung präsentierten auch Gottlieb Daimler und Wilhelm Maybach ihr »Motor-Quadricycle«. Das Gefährt wurde mit dem von ihnen entwickelten Viertakt-Benzinmotor angetrieben, der 1,5 PS

Carl Benz (ganz li., 1844–1929) erlebte noch den Zusammenschluss der Firmen.

Der zehn Jahre ältere Gottlieb Daimler starb bereits 1900.

Die »Kutsche ohne Pferd« war die Sensation der Staße – hier der Benz-Patentmotorwagen von 1888 mit einer Leistung von 1,5 PS auf einer zeitgenössischen Zeichnung.

Leistung brachte und auf 18 Stundenkilometer beschleunigte.

Es war vor allem der leistungsstarke Verbrennungsmotor mit seiner Vielseitigkeit, der die beiden schwäbischen Tüftler faszinierte. Daimler suchte so nach immer neuen Einsatzmöglichkeiten für die zukunftsweisende Kraftmaschine. 1886 konstruierte er das erste Benzin-Motorboot der Welt. Dann baute er einen Motor in eine Transportkutsche ein – der erste Lastkraftwagen. 1887 fuhr eine Straßenbahn mit einem Daimlermotor, und ein Jahr später brachte der Tüftler einen Motor an der Gondel eines Ballons an – Daimler gehört also auch zu den Miterfindern des Luftschiffs. Diese dreifache Anwendung der Motorkraft – zu Lande, zu Wasser und in der Luft – soll das Motiv hinter dem dreizackigen Stern sein, der zum weltweit bekannten Symbol der Automarke wurde.

»Es ist nicht zu bezweifeln, dass dieses Motorenvelociped sich bald zahlreiche Freunde erwerben wird, da es sich voraussichtlich für Ärzte, Reisende und Sportsfreunde usw. als äußerst praktisch und brauchbar erweisen wird.«

(Aus einem Artikel der Neuen Badischen Landeszeitung vom 4. Juni 1886)

Ein bescheidener Geburtsort des Automobils: Daimlers Gartenwerkstatt mit den Modellen von 1890/91 und 1935

Pionier oder Scharlatan? Flugpionier Weißkopf

Bis heute gelten die amerikanischen Brüder Wilbur und Orville Wright als Väter des Motorflugs. Aber der deutschstämmige Bastler Gustav Weißkopf alias Whitehead will schon 1901, zwei Jahre vor den Wrights, erstmals mit Motorkraft geflogen sein. War er ein Hochstapler, ein Genie oder ein Tiefflieger? Der Streit schwelt bis heute.

Anlass zu der Annahme, es handele sich bei dem aus dem fränkischen Leutershausen stammenden Gustav Weißkopf (1874–1927) um einen Scharlatan und Hochstapler, gibt es genug. Zum einen versäumte er es, ein derart weltbewegendes Ereignis wie den ersten Motorflug der Menschheit von einem Fotografen festhalten zu lassen. Zum anderen sät aber auch sein ganzer Lebensweg einige Zweifel an der Version vom genialen Tüftler, der weitgehend autodidaktisch das erste funktionstüchtige Motorflugzeug der Welt gebaut und geflogen haben will.

Ein Leben voller Fragezeichen

Als 13-jähriger Vollwaise lernte Gustav immerhin das Schlosserhandwerk in Hamburg. Doch dann beginnen die Zweifel: Als 14-Jähriger wurde er angeblich von der Besatzung

Das erste Flugzeug der Technikgeschichte? Gustav Weißkopf (re.) mit Helfern vor seinem Modell Nr. 21.

eines Segelschiffs gewaltsam rekrutiert und fuhr anschließend ein Jahr zur See. Dann wanderte er nach Brasilien aus und arbeitete erneut, diesmal freiwillig, als Matrose. Ab 1894 lebte er in den Vereinigten Staaten. Bewiesen ist, dass er dort bei einer Spielzeug- und Sportartikelfirma angestellt war, gleichzeitig soll er sich für die Boston Aeronautical Society an der Konstruktion von Segelflugzeugen beteiligt haben. Ab 1899 arbeitete er in einem Kohlebergwerk bei Pittsburg.

In all dieser Zeit, so behaupten seine Biografen, habe er beständig den Vogelflug studiert, sich für Luftfahrttechnik und Motoren interessiert. Selbst in seiner Zeit als Kohlekumpel in Pennsylvania habe er nach anstrengender Bergwerksschicht bis tief in die Nacht hinein an Flugzeugentwürfen gebastelt und Motoren gebaut. Auf diese Weise und mit der finanziellen Hilfe eines rätselhaften Unbekannten habe er bis 1901 bereits etliche »Hüpfer« mit ersten Prototypen gemacht.

Im August 1901 sei es schließlich zum historisch ersten Motorflug mit dem Modell »Nr. 21« gekommen, in der Nähe von Bridgeport/Connecticut. Augenzeugen waren Richard Howell, der Zeitungsverleger des »Bridgeport Herald«, dessen Mitarbeiter James Dickie und Andrew Celli sowie Weißkopfs Assistent Junius Harworth. Ärgerlicherweise versäumte es die Zeitungsredaktion, einen Fotografen mitzubringen. Sie veröffentlichte später eine nachträglich angefertigte Zeichnung.

DER VORREITER – OTTO LILIENTHAL

Bereits im Jahr 1891 segelte der deutsche Ingenieur Otto Lilienthal (1848–1896) mit einem selbst konstruierten Gleitflugzeug über Strecken von 20 bis 25 Metern einen Hang bei Berlin-Lichterfelde hinunter. Er experimentierte dabei ebenso mit starren Flügelkonstruktionen wie auch mit beweglichen Flügeln, mit denen er den Flügelschlag der Störche zu imitieren versuchte. Aus seiner Beobachtung der Vögel schloss er, es müsse möglich sein, ohne Motorkraft in die Lüfte zu kommen.

Bis 1894 schaffte der Pionier des Gleit- und Muskelkraftfluges auf diese Weise Strecken von bis zu 250 Metern. Am 9. August 1896 stürzte Otto Lilienthal bei einem solchen Flugversuch ab und verletzte sich dabei so schwer, dass er einen Tag später im Krankenhaus verstarb.

Der vierfache Luftsprung von Bridgeport

Harworth bezeugte jedenfalls unter Eid, Weißkopf habe entlang eines Gaswerksgeländes mehr als eine halbe Meile (etwa 800 m) in 50 Fuß (knapp 20 m) Flughöhe zurückgelegt und sei problemlos nach etwa vier Minuten gelandet. Anschließend habe man den Flugapparat einfach umgedreht und, ebenfalls im Fluge, den Rückweg angetreten. Auf diese Weise seien am 14. August 1901 insgesamt vier erfolgreiche Flüge absolviert worden. Dies, so heißt es in den Verteidigungsschriften zugunsten Weißkopfs, sei auch der Grund, warum es unterschiedliche und teilweise widersprüchliche Zeugenaussagen über den ersten Flug gebe.

Die Verteidiger von Weißkopfs Pionierleistung haben auch eine Erklärung dafür, warum Weißkopf selbst zu Lebzeiten nicht spektakulärer in die Öffentlichkeit drängte. Er sei völlig unzufrieden mit seinen Flugergebnissen gewesen. Einmal soll er gesagt haben: »Diese Flüge taugen alle nichts, weil sie nicht lange genug anhalten. Hinfliegen können wir noch nicht überall. Das Fliegen wird erst dann eine Bedeutung erhalten, wenn wir jederzeit an jeden beliebigen Ort fliegen können.« Das widerspricht allerdings

»Aeronaut«

(Von Gustav Weißkopf für sich selbst gewählte Berufsbezeichnung)

einem anderen, ebenfalls authentischen Zitat, wonach Weißkopf über seinen gelungenen ersten Flug gesagt haben soll: »Dies war der glücklichste Moment meines Lebens, denn ich hatte gezeigt, dass die Maschine, an der ich jahrelang gearbeitet hatte, leisten würde, was ich von ihr behauptet hatte.«

Wenn so viele Widersprüche und Zweifel an Weißkopfs Pionierleistung im Raume stehen, wie ist es dann zu erklären, dass er sich so hartnäckig in der Ruhmeshalle der Flugzeugerfinder hält? Das Problem ist und bleibt: Es gibt ebenso viele glaubwürdige Indizien, wie es Zweifel gibt. Und auch die Indizien begegnen uns schon in der frühen Jugend Weißkopfs. So bekam er in seinem fränkischen Geburtsort Leutershausen schon als Kind Ärger mit der Polizei, weil er Vögel einfing und sie an den Füßen mit langen Bindfäden festband, um so besser ihren Flug studieren zu können.

Die Flugmaschinen der Wrights und Weißkopfs

Der »Flyer« der Gebrüder Wright aus dem Jahre 1903 war bei einem Gewicht von 340 Kilogramm 12,3 Meter lang und hatte eine Spannweite von 6,4 Meter. Der Pilot lag, Kopf voraus, auf der unteren von zwei Tragflächen (Zeichnung unten).

Von Gustav Weißkopfs Eindecker sind die exakten Maße nicht bekannt, lediglich die Flügelspannweite von 36 Fuß und die Länge von 16 Fuß sind überliefert. Weißkopfs Konstruktion bestand aus Bambus und Seide, bestückt mit zwei Propellern und zwei Motoren, einem von 10 PS als Starthilfe und einem 20 PS-Flugmotor. Augenzeugen berichten vom Bild einer »Fledermaus mit Badewanne«. Die Flügel waren zum leichteren Transport einklappbar.

Die Gebrüder Wright arbeiteten mit nur einem Propeller und einem 77 Kilogramm schweren Vierzylinder-Viertakt-Benzinmotor von 12 PS. Allerdings verfügten die Wrights bereits über ein selbst entwickeltes aerodynamisches Steuerungssystem, bestehend aus Seiten-, Quer- und Höhenruder sowie einer Tragflächenverwindung, während Weißkopfs Flugzeug lediglich über eine in der Höhe verstellbare »Schwanzflosse« bedingt manövrierbar war. Dass sein Modell flugfähig war, wurde inzwischen experimentell bewiesen.

Ein Fluggerät mit Dampfmaschine?

Ein früherer Arbeitskollege aus dem Bergwerk bei Pittsburg gab 1934 zu Protokoll, er habe Weißkopf bereits 1899 als Kesselheizer geholfen, seine von einem Dampfmotor angetriebene Flugmaschine zu starten. Das Gerät habe sich acht Meter in die Luft erhoben, sei aber dann gegen ein dreistöckiges Gebäude geflogen und abgestürzt. Dabei habe er, der Heizer, sich schwere Verbrennungen am heißen Dampf zugezogen, was einige Wochen Krankenhaus zur Folge gehabt habe. Für die Flüge von 1901 verbürgten sich mehrere Zeugen, vor allem der Zeitungsverleger Howell. In seinem »Bridgeport Herald« veröffentlichte er am 19. August 1901, dem Sonntag nach dem Flug, einen ausführlichen Augenzeugenbericht und Details über die Finanzierung des Projektes sowie über Geschäftspläne, die Weißkopf angeblich mit seinem Partner »Mr. Custead« schmiedete, der 100 000 US-Dollar von Investoren aus den Südstaaten mitbrachte.

Der Bankrott der Whitehead-Werke

Unstrittig ist, dass Gustav Weißkopf, der sich in den USA Gustave Withehead nannte, ab 1900 in Bridgeport eine Werkstatt betrieb und 1901 die erste Flugzeugfabrik der Welt gründete. Dort baute er die verbesserte Flugmaschine »Nr. 22«, mit der ihm 1902 angeblich sogar ein elf Kilometer langer Rundflug über Long Island gelang – ein Jahr vor dem historischen 36-Meter-Hüpfer der Gebrüder Wright.

Aber auch von diesem Flug, mit dem Weißkopf in einer amerikanischen Zeitung

Durch Fotoaufnahmen eindeutig belegt sind die Flugversuche der Gebrüder Wright, hier mit Wilbur am Steuer.

prahlte, gibt es keine Fotos – laut Weißkopf, weil zu schlechtes Wetter geherrscht habe. Die Überprüfung der meteorologischen Aufzeichnungen ergab jedoch strahlenden Sonnenschein für den fraglichen Tag.

Weißkopf verkaufte Motoren und wohl auch einige seiner Flugmaschinen, allerdings unter dem Selbstkostenpreis. 1911 ging er daher mit seiner hoffnungslos überschuldeten »Withehead Motor Company« in Konkurs. Verarmt und vergessen starb Weißkopf 1927 in seinem letzten amerikanischen Heimatort Bridgeport.

Bemühungen, ihn als Pionier des ersten Motorfluges zu rehabilitieren, scheiterten an vielen Gründen: An den fehlenden Fotos, an Weißkopfs Ruf als Hochstapler, aber auch an den zwei Weltkriegen, in deren Umfeld ein Erfinderheld aus Deutschland nicht opportun war. Vor allem aber leistet bis heute das einflussreiche Smithsonian Institut Widerstand, das hartnäckig die Gebrüder Wright als Erstflieger anerkennt. Die hatten diesem Institut ihr erstes Flugzeug unter der Auflage gestiftet, dass das Smithsonian kein früheres Flugzeug anerkenne …

»Dann standen der Zeitungsmann und die Assistenten sprachlos da und beobachteten das Luftschiff mit Verwunderung … wie es etwa 50 Fuß über dem Boden dahin flog …«

(Aus dem Zeitungsbericht des Bridgeport Herald über Gustav Weißkopfs ersten Motorflug von 1901).

Die Wrights begannen ihre Flugexperimente mit Segelgleitern – hier eine Aufnahme vom Oktober 1902.

Phantom im Dschungel – das Rätsel B. Traven

Die detektivische Suche nach der wahren Identität des geheimnisumwitterten »Mystery Man« der modernen Literatur fesselt die Leser seiner sozialkritischen Abenteuerromane bis heute. Der Gejagte tarnte sich mit falschen Namen und erfand Legenden über seine Vergangenheit. Erst auf dem Sterbebett lüftete der weltberühmte Autor eine der vielen Masken. Doch was war das wahre Gesicht?

Die spannenden Erzählungen B. Travens lieferten ideale Drehbuchvorlagen.

Im Sommer 1924 ging im Golf von Mexiko ein amerikanischer Ingenieur namens Traven Torsvan an Land und mietete sich im Hinterland des Hafens von Tampico eine Hütte. Er arbeitete als Tagelöhner auf Erdölfeldern und Baumwollplantagen oder verdingte sich als Viehtreiber auf den umliegenden Haziendas. Mit den mühsam verdienten Pesos finanzierte er seine eigentliche Berufung: das Schreiben. Sechs Jahre später betrieb er eine Obstfarm mit Gastwirtschaft in Acapulco, bis er 1957 unter dem Namen Hal Groves die Offizierstochter Rosa Elena Luján heiratete und sich mit der schwarzäugigen Schönheit bis zu seinem Lebensende in der Landeshauptstadt niederließ.

Spekulationen über einen Schreibkünstler

Bekannten gegenüber gab sich der distinguierte Herr, der 1890 in Chicago geboren sein wollte, als bevollmächtigter Agent von B. Traven aus. Unter diesem Pseudonym sorgte in Deutschland seit den 1926 erschienenen Romanen »Die Baumwollpflücker« und »Das Totenschiff« sowie seit dem Bestseller »Der Schatz der Sierra Madre« (1927) ein Schriftsteller für Furore, über dessen wahre Herkunft die absonderlichsten Spekulationen ins Kraut schossen. Die wildesten Gerüchte kursierten, beispielsweise, dass der Verfasser ein illegitimer Sohn Kaiser Wilhelms II. sei oder auch ein Inkognito Jack Londons. Andere vermuteten in ihm einen millionenschweren amerikanischen Reeder oder gar einen Sträfling der berüchtigten Teufelsinsel in Französisch-Guyana.

Traven Torsvan alias Hal Groves alias B. Traven betrieb nicht ohne heimliche Lust am Bluff das Verwirrspiel; er verwendete Postlageradressen und andere Verschleierungstaktiken. Solange die Journalisten den falschen Fährten folgten, blieben seine deutsche Vergangenheit und der wahre Grund seines Exils unentdeckt!

Von München nach Mexiko

München, 1. Mai 1919: In einem blutigen Kampf zerschlugen Reichswehrverbände und paramilitärische Freikorps die linke Räterepublik. Die Weißgardisten verhafteten Ret Marut, den sozialistischen Chefzensor, wegen Hochverrats. Ihm drohte die standesrechtliche Erschießung; in einem unbeobachteten Augenblick konnte der Revolutionär jedoch entkommen. Der steckbrieflich gesuchte Flüchtling führte jahrelang ein Leben im europäischen Untergrund, bis sich seine Spuren 1924 in London verloren.

Mexico City, 26. März 1969: Kurz vor seinem Tod gestattete Traven seiner Frau, der Öffentlichkeit zu enthüllen, dass er niemand anderer als dieser Ret Marut gewesen sei: Ein erfolgloser Bühnenschauspieler und Literat, ab 1917 Herausgeber der anarchistischen Zeitschrift »Der Ziegelbrenner«, später Funktionär des Rätesystems, der 1924 nach Mexiko emigrierte, das »Gelobte Land« radikaler Pazifisten.

Die Offenbarung des Sterbenden warf jedoch mehr Fragen auf, als sie beantwortete. Ret Marut ist nur der Künstlername eines Theaterangestellten, der 1907 aus dem Nichts aufgetaucht war; woher er kam und was er vorher tat, blieb völlig im Dunkeln. Die Forschung vermutet aufgrund sprachlicher Eigentümlichkeiten, dass Traven aus Norddeutschland stammte. Des Weiteren scheinen seine einschlägigen Kenntnisse des Matrosenlebens auf eigenen Erfahrungen zu beruhen. Er dürfte also einmal zur See gefahren sein.

Das Totenschiff – ein Stück Autobiografie?

Viele B. Traven-Forscher sehen in seinem Erfolgsroman »Das Totenschiff« (1926) autobiografische Elemente. Er schildert das Schicksal eines Seemanns, der durch den Verlust seiner Papiere zur Nicht-Person, zum »lebenden Toten« wird und sich engstirnigen Bürokraten und ausbeuterischen Unternehmern hilflos ausgeliefert sieht. Das Schicksal der Staatenlosigkeit würde zur Geschichte des Flüchtlings Ret Marut passen; die genaue Schilderung des Lebens auf Schiffen lässt eine entsprechende Fachkenntnis des Autors vermuten.

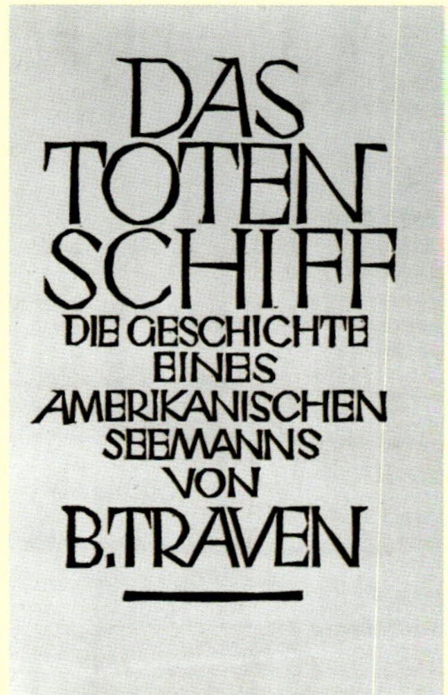

Warum aber die Tarnung als Marut, warum das dauerhafte Schweigen des Romanciers zu Familie und Jugend? Es ist durchaus denkbar, dass er als Heranwachsender in ein Verbrechen verwickelt worden war, die Flucht ergriff und dann auf einem Seelenverkäufer die Weltmeere befuhr, bis Gras über die Sache gewachsen war. Es ist aber auch möglich, dass er seine Eltern und damit seine Herkunft selber gar nicht kannte und daher erfinden musste. In jedem Fall liebte B. Traven die Freiheit, sich immer wieder neu zu erfinden, ungreifbar zu sein. Der Rätselhafte hat sein letztes Geheimnis mit ins Grab genommen.

»Die Biografie eines schöpferischen Menschen ist ganz und gar unwichtig.“

(B. Traven)

Filmszene aus »Der Schatz der Sierra Madre«. B. Traven fand in Mexiko seine neue Heimat.

Die Sensation des Konrad Kujau: die Hitler-Tagebücher

Im Gegensatz zu anderen bunten Blättern galt der »Stern« in der Bundesrepublik als seriöses und durchaus kritisches Magazin. Das änderte sich im Frühjahr 1983 schlagartig. Die laut herausposaunte Entdeckung der »Hitler-Tagebücher« erwies sich als die peinlichste Zeitungs-Ente des Jahrhunderts. Wie konnte dem Verlag nur ein solcher Fehlgriff unterlaufen?

Am 25. April 1983 überraschte der »Stern«, das stolze Flaggschiff des Gruner & Jahr-Verlags, nicht nur ganz Deutschland mit einer sensationellen Neuigkeit: »Hitlers Tagebücher entdeckt« verkündete die Schlagzeile auf dem Titelbild, und die Blattmacher waren sich ganz sicher, dass die Geschichte des Dritten Reichs jetzt »in weiten Teilen neu geschrieben« werden müsse. Doch dazu kam es bekanntlich nicht, denn die angebliche »Sternstunde« des deutschen Journalismus erwies sich nur wenige Tage später als erbärmliche Schmierenkomödie, mit zwei höchst dubiosen Akteuren in den Hauptrollen.

Da war zum einen der »Stern«-Reporter Gerd Heidemann (* 1931), ein Mann mit großem Faible für Devotionalien aller Art aus der NS-Zeit, aber auch massiven finanziellen Problemen. Einige Jahre zuvor hatte er für

Die Sensation, die zur Farce wurde: »Stern«-Reporter Gerd Heidemann präsentiert die »wiederentdeckten« Tagebücher Hitlers.

viel Geld Hermann Görings Luxusjacht »Carin II« erworben, die er jetzt wieder loswerden wollte, um die klammen Kassen aufzufüllen. Auf der diskreten Suche nach einem potentiellen und potenten Käufer geriet Heidemann »zufällig« an einen Militaria-Sammler, der etwas ganz Besonderes sein Eigen nannte: ein »Tagebuch« von Adolf Hitler höchstpersönlich! Das war natürlich eine Sensation, zumal die Historikerzunft bislang davon ausgegangen war, dass der eher schreibfaule »Führer« gar kein Tagebuch zu führen pflegte.

Die verschlungenen Wege eines Sensationsfundes

Heidemann aber hatte Blut geleckt. Er fand rasch heraus, wer das kostbare Stück verkauft hatte und machte sich auf den Weg nach Stuttgart, um dort einen gewissen Konrad Fischer zu treffen, der hier einen florierenden Handel mit NS-Souvenirs betrieb.

Fischer alias Konrad Kujau (1938–2000) wurde der zweite Hauptdarsteller der medialen Schmierenkomödie. Jedenfalls konnte er Heidemann eine scheinbar plausible Erklärung dafür liefern, wie er in Besitz des Hitler-Tagebuchs gekommen war: Am 25. April 1945, kurz bevor die Rote Armee die Reichshauptstadt Berlin erreichte, habe Hitler seine wichtigsten geheimen Aufzeichnungen ausfliegen lassen. Doch dann sei die Maschine in Börnersdorf nahe Dresden abgestürzt. Das unzerstörte Material aus Hitlers Bunker aber konnte geborgen und mehr als 30 Jahre lang versteckt werden, angeblich von Fischer/Kujaus Bruder, der inzwischen als Offizier der Volksarmee der DDR diente. Und dieser Bruder besitze noch weitere Hitler-Tagebücher, die man, mit den notwendigen Mitteln, ebenfalls in den Westen schmuggeln könne ...

»Spürnase« Heidemann, der schon beim Anblick der Kladde die Story des Jahrhunderts gewittert hatte, fand bei seinen Recherchen heraus, dass es den Flugzeugabsturz bei Börnersdorf tatsächlich gegeben hatte. Das reichte ihm. Mehr Beweise brauchte er nicht. Auch die Kollegen vom »Stern« ließen sich sofort von seinem Enthusiasmus anstecken und waren schnell davon überzeugt, dass dies »der größte Knüller seit Watergate« werden könne.

Konrad Kujau genoss das Rampenlicht, in das ihn seine Fälschungen der »Hitlertagebücher« stellten.

Neun Millionen DM für Hitlers Tagebücher

Das ließ man sich natürlich gerne etwas kosten. Heidemann wurde mit einem »Handgeld« von 200 000 DM losgeschickt, um mit Kujau ins Geschäft zu kommen. Die beiden waren sich rasch handelseinig: Zum stolzen Preis von zwei Millionen DM (abzüglich einer üppigen Provision von zehn Prozent für den Vermittler Heidemann) versprach Kujau, weitere Tagebücher zu beschaffen, zunächst sechs Stück, später weitere 21. Und die lieferte er auch prompt und zuverlässig.

»Die drei fraglichen Originalunterschriften sind mit einer an Sicherheit grenzenden Wahrscheinlichkeit echt.«

(Landeskriminalamt Rheinland-Pfalz)

Kritische Stimmen, die die Echtheit der Hitler-Tagebücher in Zweifel zogen, stießen beim »Stern« auf taube Ohren, denn dort fieberte man nur noch dem großen Tag entgegen, an dem die Zeitschrift mit der Jahrhundert-Sensation aufwarten konnte. Immerhin hatte selbst ein renommierter

»Wer an den Tagebüchern zweifelt, befindet sich beim falschen Blatt.«

(Stern-Chefredakteur Felix Schmidt)

Historiker wie der Engländer Hugh Trevor-Roper (1914–2003) nach einer eher oberflächlichen Begutachtung bestätigt, dass es sich zu 99,5 Prozent tatsächlich um die Tagebücher Adolf Hitlers handele. Trevor-Roper war einer der ersten alliierten Historiker gewesen, die die Unterlagen im Führerbunker auswerten konnten und hatte 1947 den weltweit anerkannten Bestseller »Hitlers letzte Tage« veröffentlicht. Wenn einer die Tagebücher beurteilen konnte, dann dieser Brite!

Warnungen von anderen NS-Experten, es gäbe keinen Beleg und keine Hinweise dafür, dass Hitler je ein Tagebuch geschrieben habe, wurden ebenso in den Wind geschlagen wie die begründete Skepsis eines SS-Veteranen. Insgesamt orderten die Herren vom »Stern« 59 »Hitler-Tagebücher«, für die sie neun Millionen DM hinblätterten.

Eine »grotesk oberflächliche Fälschung«

Doch schon am 6. Mai 1983 platzte die Bombe, und die »Sensation des Jahrhunderts« endete in einer völligen Blamage. Eine Überprüfung der »Tagebücher« durch das Bundesarchiv hatte ergeben, dass es sich tatsächlich um eine »grotesk oberflächliche« Fälschung« handelte. Unter UV-Licht wurde sehr schnell klar, dass die meisten Kladden optisch aufgehelltes Papier enthielten, das nicht vor 1950 hergestellt worden sein konnte. Auch die Bindfäden der Hefte erwiesen sich als Nachkriegsproduktion, und die roten Siegelkordeln aus Baumwollzwirn waren mit einem Stoff gefärbt worden, der erst 1956 auf den Markt gekommen war.

Auch inhaltlich war man auf eine ganze Reihe gravierender Fehler gestoßen. Ein Eintrag vom 18. März 1933 lautete zum Beispiel: »Besuch bei meiner Leibstandarte. Es sind prächtige Männer.« Doch die »Leibstandarte Adolf Hitler« wurde erst drei Monate später gebildet. Ohnehin war der »Erkenntniswert« der vermeintlichen Tagebuchaufzeichnungen gleich null. Wegen Peinlichkeiten wie den ständigen Verdauungsschwierigkeiten des »Führers« oder den außerehelichen Affären von Joseph Goebbels hätte man die Geschichte des Dritten Reiches jedenfalls nicht neu schreiben müssen.

Warum beim »Stern« angesichts dieser Banalitäten nicht sämtliche Alarmglocken klingelten, wird wohl für immer ein Geheimnis bleiben. Die simple Erklärung des Ressortleiters Thomas Walde lautete: »Wir wollten, dass es echt ist.« Und das wollte offenbar auch der hinzugezogene Historiker Hugh Trevor-Roper, vor allem, nachdem eine Handschriftenprobe die Echtheit der Tagebücher bestätigt hatte. Was der Professor nicht wusste, war, dass Kujau die Vergleichsprobe zusammen mit den Kladden abgeliefert hatte.

DAS GESCHÄFT MIT NAZI-MEMORABILIA

Schon nach dem Zweiten Weltkrieg waren NS-Symbole wie das Hakenkreuz oder die SS-Runen beliebte Souvenirs der alliierten Soldaten. Noch heute scheint eine seltsame Faszination von ihnen auszugehen. Obwohl in Deutschland und anderen Ländern ihre Verbreitung und Verwendung verboten ist, blüht der illegale Handel mit NS-Devotionalien. In der Regel erfolgen die Käufe »diskret« übers Internet, doch man wird auch auf Flohmärkten fündig. In Wien hat ein Händler 2009 sogar ganz offen von Kindern getragene Judensterne für 320 Euro angeboten.

Aber man wird auch auf legalem Wege fündig. So hat eine Versteigerung von Bildern, die Hitler zwischen 1908 und 1914 gemalt hat, Höchstpreise erzielt. Für keine der 13 Skizzen wurde weniger als 100 000 Euro geboten.

Konrad Kujau war ein geübter Imitator von Hitlers Handschrift, wie diese Probeseiten belegen.

Die rätselhaften Initialen F und H

Kujau gestand schließlich, wie die »grotesk oberflächliche Fälschung« entstanden war. Nach eigenem Bekunden hatte er sich über die »Unfähigkeit« der Historiker geärgert, Sachverhalte chronologisch wiederzugeben. Und so setzte er sich eines Tages an die Schreibmaschine, um ein Elaborat mit dem Titel »Der Tagesablauf von Adolf Hitler« zu verfassen. Nach wenigen Seiten jedoch seien ihm Zweifel gekommen, ob so etwas wohl je gedruckt werden würde. Und plötzlich hatte er die zündende Idee: »Menschenskind, das musst du in der Handschrift von Adolf machen!« Schließlich hatte er im Fälschen von Handschriften genügend Übung, und die »Original-Hitler-Dokumente« fanden bei seinen Kunden reißenden Absatz. In Kujaus Keller befanden sich etliche »Berichtshefte für Berufsschüler«, die er aus der DDR mitgebracht hatte. So war das erste »Hitler-Tagebuch« entstanden, dem weitere folgten.

Doch sonderlich viel Mühe hatte sich Kujau bei seiner »Jahrhundert-Fälschung« nicht gegeben. Selbst das (vermeintliche) Initial A für Adolf auf dem Einband mehrerer Kladden war falsch. Als er die Buchstaben nach eigenen Angaben in Hongkong erstanden hatte, war ihm ein Fehler unterlaufen: Anstatt der »A«s hatte er »F«s mitgenommen. In der Filmkomödie Schtonk mit Götz George und Uwe Ochsenknecht, in der 1992 der Reinfall mit den Hitler-Tagebüchern filmisch aufs Korn genommen wurde, gibt es dazu eine amüsante Szene, die im Büro des Verlagsleiters spielt. Darin rätseln die Anwesenden ganz aufgeregt, was wohl die goldenen Initialen FH auf dem Einband der Tagebücher bedeuten sollen. Sie kommen zu dem Schluss, es müsse wohl »Führer Hitler« heißen – oder vielleicht auch »Führers Hund«. Tatsächlich stand das F wohl für – Fälschung.

Für die Hauptakteure nahm die Schmierenkomödie ein unrühmliches Ende. Konrad Kujau wurde 1985 vom Landgericht Hamburg wegen Betrugs in Tateinheit mit Urkundenfälschung zu viereinhalb Jahren Gefängnis verurteilt. Gerd Heidemann, dem vom Stern fristlos gekündigt wurde, saß wegen Mithilfe vier Jahre und acht Monate hinter Gittern. Ein Geheimnis bleibt der Verbleib von mehr als vier Millionen DM. Das Gericht war davon überzeugt, dass Heidemann das Geld für sich abgezweigt hat, was dieser bis heute nachdrücklich bestreitet.

»Da müssen wir durch.«

(Stern-Redakteur Heiner Bremer zum Prozess-Auftakt 1984)

Als stolzen Kriegsherren hat Tizian Karl V. nach dessen Sieg bei Mühlberg 1547 porträtiert. Wenig später plante der Kaiser seine Abdankung.

Wer war es? Das Rätsel um Persönlichkeiten

Bedeutende Gestalten der Geschichte haben gewöhnlich sehr genaue Vorstellungen davon, wie sie von der Nachwelt – und schon auch von den Zeitgenossen – gesehen werden möchten. So sind Schlösser und Bildgalerien voller heroischer Porträts, die Chroniken voller anrührender oder mitreißender Legenden, die nicht immer einer kritischen Überprüfung standhalten. Die Frage: »Wer war ich wirklich?« zieht sich so als roter Faden durch die Geschichtsforschung und Geschichtsdarstellung.

Das verschwundene Grab des großen Kaisers Karl

Er gilt als eine der größten Kaisergestalten des Mittelalters, als »Vater Europas« und Begründer der abendländischen Kultur: Karl der Große. Tief hat er sich in die kollektive Erinnerung eingegraben, besonders in Aachen, seiner Residenz, wo seine Gebeine in einem Schrein aufbewahrt werden. Doch die Stelle seines ursprünglichen Grabes von 814 ist unbekannt. Bis heute bleibt die Frage ungeklärt: Wo wurde der große Karl begraben?

Nach den Quellen über die Graböffnung durch Kaiser Otto III. rekonstruierte der Maler Alfred Rethel das Aussehen des toten Kaisers Karl.

»Es freue sich also und frohlocke in unsagbarem Jubel dieses Aachen, das Haupt der Städte, dass es … sich jenes einzigartigen und körperlich anwesenden Patrons Karl erfreuen darf«.

(Aus der Barbarossa-Urkunde vom 8.1.1166 über Karls Heiligsprechung)

Die Enttäuschung war groß, als nach drei Jahren intensiver Sucharbeit der Aachener Stadtarchäologe Andreas Schaub 2010 bekannt geben musste, dass das Grab Karls des Großen, das man in der Vorhalle des Aachener Doms vermutete, unauffindbar geblieben sei. Wieder zerstob eine Hoffnung auf Auffindung der Kaisergruft, zu deren Lokalisierung es schon viele Theorien gab. War der große Kaiser vor dem karolingischen Chor im östlichen Gewölbejoch in einem Erdgrab bestattet worden? Teilte er seine letzte Ruhestätte mit Kaiser Otto III., der Karl zutiefst verehrt hatte? Handelte es sich womöglich gar nicht um ein Erdgrab, sondern um ein Nischengrab im Sechzehneck der Marienkirche, das später zugemauert wurde? Lag er unter der reich geschmückten Heinrichskanzel oder in der Vorhalle der Kirche? Nachdem die Suche im Innern der Kirche vergeblich geblieben ist, rückt nun der Domhof ins Visier der Forscher. Dass Karl der Große irgendwo in oder an seiner geliebten Marienkirche begraben wurde, ist sicher, nur wo genau bleibt ein Geheimnis.

Das Schweigen der Chronisten

Die Unsicherheiten bezüglich der genauen Lage der Ruhestätte resultieren aus dem Schweigen der mittelalterlichen Chronisten, die sich dazu nicht äußerten. Nach Einhard, dem Biografen Karls des Großen, wurde der Kaiser noch an seinem Todestag, dem 28. Januar 814, in der von ihm gegründeten Marienkirche, dem heutigen Dom, bestattet.

Zunächst habe man nicht so recht gewusst, wohin mit dem Leichnam. Karl hatte in jungen Jahren den Wunsch geäußert, in St. Denis bei Paris an der Seite seiner Eltern begraben zu werden, doch nach Ratschluss des Hofes und der Töchter Karls gelangte man zu der Auffassung, dass kein Platz besser geeignet und angemessener sei als die von ihm gestiftete und reich ausgestattete

Marienkirche. »Sein Leichnam wurde nach herkömmlicher Sitte gewaschen und aufgebahrt, dann in die Kirche gebracht und unter großem Klagen des ganzen Volkes begraben«, so beschrieb Einhard die schlichte Beerdigungszeremonie.

Ein schlichtes Grab für den mächtigen Kaiser

Der »Vater Europas« wurde ganz ohne Gepränge, ohne Staatsakt und Festreden zu Grabe getragen; nicht einmal sein Sohn und Nachfolger Ludwig der Fromme war zugegen. Danach habe man, so Einhard, die Begräbnisstelle mit einem goldenen Bogen geschmückt, der das Bildnis des Kaisers und eine Inschrift trug: »In diesem Grab ruht Karl, der große und rechtgläubige Kaiser, der das Reich der Franken ruhmvoll vergrößert und siebenundvierzig Jahre lang erfolgreich regiert hat. Er starb als Siebziger, in der siebten Indiktion, am 28. Januar im Jahre des Herrn 814«.

Von diesem Bogen, wo immer er gestanden haben mag, ist nichts übrig geblieben. Zur Zeit der Wikingerüberfälle im 9. Jh. taten die Aachener Chorherren jedenfalls alles, um das Grab vor Räubern und Frevlern zu schützen und beseitigten alle äußeren Hinweise. Ihre Furcht war nicht übertrieben: 881 überfielen die Wikinger tatsächlich Aachen und machten die Marienkirche zum Pferdestall.

Einhard berichtet leider auch nicht, in welchem Behältnis der Kaiser der Erde übergeben wurde. Allgemein nimmt man an, dass Karl in dem spätrömischen Proserpina-Sarkophag bestattet wurde, der bis heute in der Aachener Domschatzkammer zu sehen ist. Der Raub der Proserpina durch den Unterweltsgott Pluto konnte als ein Sinnbild für den Kreislauf von Tod und Wiederauferstehung gelesen werden. Doch ein so kostbarer Marmorschrein war kaum für eine Erdbestattung vorgesehen, sondern als Schauobjekt zur freien Aufstellung, und so erscheint es fraglich, ob Karl in ihm begraben wurde. Auch andere zeitgenössische Quellen berichten nichts von dem kunstvoll verzierten Sarkophag.

Unter den Staufer-Kaisern wurde der goldene Schrein für die Gebeine Karls des Großen erstellt.

Ein weiterer Kaiser, Karl IV., stiftete 1349 die Karlsbüste, die ebenfalls Teil des Aachener Domschatzes wurde.

Kaiser Karl als Idealherrscher des Mittelalters: Darstellung aus der Verdener Chronik.

Ein Traumgesicht weist dem Nachfolger den Weg

Offenbar hatten die Aachener Domgeistlichen ganze Arbeit geleistet, denn das Karlsgrab geriet vollkommen in Vergessenheit. Als Kaiser Otto III. jedenfalls im Jahr 1000 dem Grab des verehrten Vorgängers huldigen wollte, musste er es erst suchen lassen. Ein Traumgesicht, so weiß es die Chronik des Ademar von Chabannes, wies ihm schließlich den Weg zur Begräbnisstelle. Nach dreitägigem Fasten hatte man das Grab gefunden. Nach Thietmar von Merseburg machte sich der junge Kaiser in aller Heimlichkeit daran, den Kirchenboden zu durchwühlen, was manchen Zeitgenossen als glatter Grabfrevel erschien. Was dann geschah, berichtet der italienische Pfalzgraf Otto von Lomello, der bei der Graböffnung persönlich anwesend war, und dessen Bericht in die Chronik von Novalese eingegangen ist: »Wir traten bei Karl ein. Denn er lag nicht wie die Körper anderer Verstorbener, sondern er saß auf einem Hochsitz, als lebe er. Er war mit goldener Krone gekrönt, hielt das Zepter in den Händen mit angezogenen Handschuhen, durch die bereits die Fingernägel durchbohrend herausgekommen waren«. Beim Eintritt in die Gruft, so berichtet der Pfalzgraf weiter, sei ihnen ein starker Geruch entgegengeschlagen. Sofort hätten alle Beteiligten ihre Knie gebeugt und dem verstorbenen Kaiser die Reverenz erwiesen. Otto III. habe daraufhin den Leichnam mit weißen Gewändern neu eingekleidet, die Fingernägel beschnitten und die fehlende Nasenspitze mit einer goldenen Nachbildung ergänzt. Nach der Mitnahme eines Zahnes verschlossen die Eindringlinge wieder die Gruft.

Die sonderbare Sitzbestattung überliefert auch Ademar von Chabanne. »In einer Gruft unterhalb der Marienkirche wurde er auf einem goldenen Thron sitzend und von einer mit Edelsteinen besetzten goldenen Krone gekrönt gefunden; er hielt ein Zepter und ein Schwert aus purem Gold und der Körper selbst wurde unversehrt gefunden.«

Doch was ist davon zu halten? Diese Berichte weisen alle Merkmale einer Heiligenfindung auf: Das Traumgesicht zur Auffindung des Grabes, die Unversehrtheit des Körpers, die Bekleidung des Leichnams mit weißen Gewändern – das alles findet sich in Legenden über die Entdeckung von Heiligengräbern. Offenbar bereitete Otto III. mit der Graböffnung die Heiligsprechung Karls des Großen vor, die aber wegen des frühen Ablebens des Ottonen nicht zustande kam. Ein heilig gesprochener Karl hätte zweifelsohne das Ansehen und die Legitimation des amtierenden Kaisers erhöht, der sich ganz auf die karolingische Tradition berief. Nicht umsonst ließ sich Otto III. nach seinem eigenen frühen Ableben ebenfalls im Chor der Aachener Marienkirche zur letzten Ruhe betten. Als Faktenberichte und Anleitung zur Hilfe bei der Lokalisierung des realen Karls-Grabes taugen die Berichte des 11. Jh. daher nicht.

Ein heiliger Vorgänger für die Stauferkaiser

Nach der Wiederverschließung der Gruft geriet das Grab erneut in Vergessenheit. Denn über 150 Jahre später, als Kaiser Friedrich Barbarossa daran ging, seinen karolingischen Vorgänger zum Reichsheiligen zu machen, musste er das Grab erneut suchen lassen. Wiederum bedurfte es einer göttlichen Eingebung, um es aufzufinden. Danach wurden die sterblichen Überreste Karls geborgen und am 29. Dezember 1165 »in Anwesenheit zahlreicher Fürsten und einer großen Menge von Geistlichen und Laien unter Hymnen und frommen Gebeten« zur Verehrung an den Altären erhoben. Diese Heiligsprechung fiel in eine Zeit, in der es zwei Päpste gab und die Christenheit gespalten war. Insofern konnte man den Heiligsprechungsakt, der von Barbarossas Papst Paschalis III. gebilligt wurde, auch als Affront gegen Frankreich und den von ihm anerkannten Papst Alexander III. lesen. Ein Karlskult kam über die Tagespolitik hinaus der staufischen Kaiseridee grundsätzlich zugute: Die von Gott zur irdischen Herrschaft berufenen Kaiser besaßen nun einen heiligen Vorgänger, der als Sachsenbekehrer und Glaubenskämpfer ein gottgefälliges Werk verrichtet hatte.

Karls Gebeine wurden nun in eine hölzerne Lade umgebettet, bis der 1182 in Auftrag gegebene prächtige Karlsschrein fertig gestellt war. Im Jahr 1215 vollendete Kaiser Friedrich II., der Enkel Barbarossas, mit einem symbolischen Hammerschlag diesen golden verzierten Schrein, in dem seitdem die Gebeine Karls ruhen. Anthropologische Untersuchungen zeigten, dass die 94 Knochenfragmente von einem einzigen männlichen und ziemlich hoch gewachsenen Individuum stammten. Während es also sehr wahrscheinlich ist, dass Karl der Große in seinem goldenen Gehäuse in der Chorhalle seiner Marienkirche ruht, bleibt sein ursprüngliches Grab der Nachwelt ein Rätsel.

Die deutschen Kaisergräber

Trotz seiner Bedeutung wurde der Aachener Dom nicht zur bevorzugten Grablege deutscher Herrscher. Diese Funktion übernahm zunächst der im 11. Jh. von den salischen Kaisern erbaute Dom zu Speyer. In ihm ruhen alle Salier von Konrad II. bis Heinrich V., dazu die Kaisergattinnen Gisela und Bertha. Auch Staufer liegen dort begraben. Friedrich Barbarossas Sohn Philipp von Schwaben, seine Tochter Agnes und seine Gattin Beatrix fanden ihre letzten Ruhestätten in dem romanischen Monumentalbau.

Die Nähe seiner Vorgänger suchte auch der Begründer der Habsburgerdynastie, König Rudolf I. Auch zwei Gegenkönige, Albrecht von Österreich und Adolf von Nassau, ruhen im Speyerer Dom. Doch wie es im mittelalterlichen deutschen Reich nie eine zentrale Hauptstadt gegeben hat, so gab es auch nie einen einheitlichen Begräbnisort der Kaisergeschlechter. So liegt Otto der Große in Magdeburg begraben, Otto II. in Rom, Heinrich II. fand in Bamberg mit seiner Frau Kunigunde seine letzte Ruhe (Abb. oben: das von Tilman Riemenschneider gestaltete Grabmal), Karl IV. wurde in seiner Heimatstadt Prag begraben, Ludwig IV. der Bayer in München.

Vermutlich wurde Karl nach seinem Tod 814 zunächst im spätrömischen Proserpina-Sarkophag beigesetzt.

Heinrich von Sachsen – der König vom Vogelherd

Zu den bekanntesten Legenden um deutsche Herrscher gehört jene, dass Herzog Heinrich von Sachsen anno 919 »am Vogelherd« von Dinklar bei Hildesheim mit Netzen und Leimruten Singvögel einfing, als er von den Boten überrascht wurde, die ihm die Berufung zum König überbrachten. Was ist dran an der Geschichte vom ahnungslosen Thronkandidaten?

Herr Heinrich saß am Vogelherd,
Recht froh und wohlgemut;
Aus tausend Perlen blinkt und blitzt
Der Morgenröte Glut ...

Welch ein Bild ländlichen Friedens, das hier der Dichter Johann Nepomuk Vogl in der ersten Strophe seiner »Ballade von Heinrich dem Vogler« malt, die Carl Loewe kongenial vertonte. In dieser Idylle soll dem Sachsenherzog Heinrich die deutsche Königswürde angetragen worden sein.

»Der Staub wallt auf, der Hufschlag dröhnt«, so erzählt Vogl weiter, und die Großen des Ostfrankenreichs rufen, vor Heinrich kniend, »'s ist deutsches Reiches Will«, dass er den Antrag annimmt. Noch in der Baumkrone sitzend, stimmte Heinrich der Erhebung in den Königsstand zu, mit der Bescheidenheit eines frommen Christen: »Herr Gott, wie dir's gefällt«.

Die Berufung Herzog Heinrichs am Vogelherd in einer idyllischen Darstellung des 19. Jh.

Eine Szene, die zu romantisch ist, als dass sie der Wahrheit entsprechen könnte. Und so ist es auch: Denn gemäß den beiden großen Chronisten jener Zeit – Widukind von Corvey und Thietmar von Merseburg – ist Heinrich im Frühjahr 919 im hessischen Fritzlar von Franken und Sachsen nach ausführlicher Diskussion gemeinsam als Heinrich I. zum Monarchen erkoren worden, auf Vorschlag des gerade verstorbenen Königs Konrad I., und dieser hatte Heinrich im Vorfeld sehr wohl über seine Absichten informiert.

Konflikte zwischen Sachsen und Franken

Nach den verschiedenen Teilungen des Frankenreichs im 9. Jh. hatte sich im Ostfrankenreich eine Mischform zwischen Wahlkönigtum und Erbmonarchie entwickelt. Die Könige wurden zwar von den Herzögen gewählt, konnten aber auch eigene Nachfolgewünsche geltend machen.

Weitab von den alten fränkischen Herrschaftszentren hatten sich die sächsischen Herzöge im 9. Jh. eine bedeutende Machtstellung in Nord- und Mitteldeutschland erkämpft – so bedeutend, dass König Konrad I. (911–918), ein Franke aus dem Geschlecht der Konradiner, nicht umhin kann,

den Sachsen Heinrich zu seinem Nachfolger zu bestimmen, auch wenn dieser sich stets als entschiedener Gegenspieler König Konrads erwiesen hatte.

Die angesprochene Rivalität hatte bald nach der Inthronisation Konrads I. eingesetzt. Obwohl – oder gerade weil – dieser den Großen der deutschen Stämme seine Krone verdankte, versuchte er ihre Macht zurückzudrängen. Dem Herzog Heinrich von Sachsen verweigerte der neue König den Besitz großer Reichslehen, die traditionsgemäß mit dem Tod des alten Herzogs, Heinrichs Vater Otto, genannt »der Erlauchte«, erloschen waren. So kam es, dass Heinrich in Hessen und Thüringen einfiel, während Konrad in Lothringen an der Westgrenze des Reiches kämpfte. In der Folge blieben der Sachse und der Franke Erzfeinde, bis Konrad im Dezember 918 auf dem Totenbett lag.

Die Krone für den Fähigsten

Als Konrad sein Ende nahen fühlte, sah er ein, dass er versagt hatte. Statt alle Kräfte des Reichs zum Kampf gegen äußere Feinde zu vereinen, hatte er sich in zahlreiche Fehden verzettelt und so die Sicherheit und Einheit des Reichs aufs Spiel gesetzt. Da Konrad keinen eigenen Sohn und Erben hatte, bat er seinen Bruder Eberhard, auf seine Ansprüche zu verzichten und die Königsinsignien dem

Heinrich trieb auch die Ausweitung des Reichsgebiets ins Slawenland voran (Angriff auf Brandenburg).

König Heinrich I. in der Darstelllung des Kaisersaals im Frankfurter Römer, um 1840.

zu überbringen, »dem das Glück mit edelsten Sitten« folgt – und das war niemand anderer als sein Erzrivale Heinrich von Sachsen. Heinrich musste als der Thronkandidat erscheinen, der das Reich politisch wie militärisch am ehesten zusammenhalten konnte. Konrad I. starb am 23. Dezember 918 und wurde in Fulda beigesetzt.

Über den neuen König urteilte der Chronist Widukind von Corvey euphorisch als den Mann, »den die ganze Welt benötigte«. Und Heinrich wurde in der Tat ein großer Herrscher und zum eigentlichen Gründungsvater des Reichs der Deutschen.

Der erste Schritt dazu war, die Vormachtstellung des Königs gegen die Herzöge der Stammesverbände durchzusetzen, also genau das zu erreichen, was er selbst König Konrad verweigert hatte. Mit der ihn auszeichnenden Mischung aus harter Hand und geschmeidiger Diplomatie brachte Heinrich bald nach seiner Thronbesteigung die mächtigen Herzöge Burkhart von Schwaben und Arnulf von Bayern dazu, seine Oberhoheit anzuerkennen, wobei es der König vermied, ihnen in ihre Stammespolitik hineinzuregieren. Aus Gegnern wurden so Heinrichs »treue und geliebte Herzöge«. Heinrichs Ansehen stieg weiter, als es ihm gelang, das strategisch wichtige Herzogtum Lothringen, um das sich West- und Ostfranken generationenlang gestritten hatten, endgültig zum Teil des Reichs der Deutschen zu machen. Die Westgrenze war damit gesichert.

Die gefürchteten Feinde aus dem Osten

An der Ostgrenze sah es dafür umso schlimmer aus, denn dort hatten sich das Reich und der König der Deutschen mit einem weithin gefürchteten Gegner auseinanderzusetzen – den Ungarn. Dieses asiatische Reitervolk hatte um 900 seine Zelte in der Tiefebene zwischen Donau und Theiss aufgeschlagen, und von dort aus brachen sie in böser Regelmäßigkeit zu Raubzügen auf, die Schneisen der Zerstörung und der Not durch weite Teile Mitteleuropas schlugen. Die flinken Reiter fügten den deutschen Heeren schwere Niederlagen zu; nichts schien die Ungarn aufhalten zu können.

Auch nicht König Heinrich, als die Ungarn in den 920er-Jahren erneut plündernd durchs Land zogen. Dass dabei einer ihrer Anführer den Deutschen in die Hand fiel, schien nur ein kleiner »Betriebsunfall«, doch Heinrich wusste ihn zu nutzen: Gegen die Freilassung des Ungarn erhandelte er einen neunjährigen Waffenstillstand. Der Tribut, den der König zusätzlich aufzubringen hatte, erwies sich als gute Kapitalanlage, denn der König ergriff die Atempause, um in bislang unbekanntem Maße aufzurüsten: Überall im Lande entstanden auf seinen Befehl Fluchtburgen, die der Bevölkerung Schutz boten. Mochten sie zunächst auch nur Erdwälle mit Palisaden sein, so begründeten sie doch das Netz von Festungen, auf dem die Herrschaft späterer Könige aufbaute.

Der König als Jäger

In Europa war schon im frühen Mittelalter das Jagen königlicher Sport; ihn betrieben Karl der Große ebenso wie die Sachsenkaiser seit Heinrich I., aber auch die Herrscher Englands und Frankreichs. Ausgedehnte, speziell dem Herrscher und dem Adel vorbehaltene Waldgebiete wurden als Jagdreviere angelegt und unterhalten.

Beliebteste Beute waren Hirsche und Wildschweine. Eine Besonderheit bildete der Vogelfang; die Tiere wurden weniger gegessen als in Volieren gesteckt und dienten so in erster Linie dem adligen Amüsement. Einen hohen Stellenwert nahm die Falkenjagd ein. Kaiser Friedrich II. schrieb darüber das grundlegende Werk: »Über die Kunst mit Vögeln zu jagen«.

Ein toter Hund und ein großer Sieg

Gleichzeitig ließ Heinrich seine Ritterheere im Reiterkampf trainieren, und als 932 die ungarische Gesandtschaft an den Königshof kam, um den jährlichen Tribut einzufordern, soll ihnen Heinrich der Überlieferung nach einen toten Hund vor die Füße geworfen haben. Prompt fiel im Jahr darauf ein großes Räuberheer der Ungarn nach Mitteldeutschland ein. Dank des Burgenbauers Heinrich hielten sich die Opferzahlen in Grenzen, und als die Ungarn bei Riade an der Unstrut von einem Ritterheer gestellt wurden, erlitten sie eine vernichtende Niederlage – solange Heinrich lebte, ließ sich kein ungarischer Reiter mehr in seinem Reich blicken.

Genauso wichtig wie der militärische Sieg war aber, dass, wie die Chronisten berichten, bei Riade alle Stämme der Deutschen gemeinsam kämpften. Sachsen und Franken, Bayern und Schwaben, Lothringer und Thüringer hatten sich unter einem von allen anerkannten König dem Feind entgegengestellt. Widukind preist ihn daher als »Vater des Vaterlandes« und – in Vorgriff auf die Würde, die Heinrichs Sohn errang – als »Imperator« (Kaiser).

Durch die Festigung seiner Stellung und die des Reichs nach innen und außen besaß Heinrich, der 936 etwa 50jährig starb, ein »großes, weites Reich, errungen durch eigene Kraft«, wie Widukind von Corvey resümierte. Heinrich regierte unangefochten über jenes Land, das spätere Geschichtsschreiber mit dem Anfang des »Regnum Teutonicorum«, dem (König-)Reich der Deutschen, gleichsetzten, und wurde der Stammherr der ersten großen Kaiserdynastie des Reiches.

»Mit großer Klugheit und Weisheit verband sich bei König Heinrich eine herrliche Gestalt, eine wahrhaft königliche Erscheinung«.

(Widukind von Corvey)

Nachdem die militärische Vorbereitung abgeschlossen war, kündigte Heinrich den Ungarn die Tributzahlungen.

Das Staunen der Welt – Kaiser Friedrich II.

Mit dem jungen Stauferkönig Friedrich II. trat ein Herrscher an, der wie ein Kennedy des Mittelalters auf seine Mitmenschen wirkte: Jung, blond, dynamisch und völlig anders als alles bisher Dagewesene. Statt mit geistlichen und adeligen Ratgebern umgab er sich mit gelehrten Experten, darunter auch »Ungläubige« wie Juden und Muslime. Konnte so jemand Kaiser des christlichen Abendlandes sein?

Friedrich empfängt an seinem Hof zu Palermo eine arabische Gesandtschaft.

Die Menschen im Stauferreich nördlich der Alpen sahen nicht viel von ihrem Herrscher. Friedrich hielt sich vorzugsweise im Süden auf, in Italien, wo er aufgewachsen war. Schon als Dreijähriger war er 1198 zum König von Sizilien proklamiert, als 14jähriger 1208 tatsächlich gekrönt worden. Als der deutsche Kaiser Otto IV. noch im selben Jahr der Versuchung nicht widerstehen konnte, über das vermeintlich wehrlose sizilisch-apulische Reich herzufallen, bannte ihn Papst Innozenz und forderte die deutschen Fürsten auf, einen neuen König zu bestimmen. Innozenz' Favorit: Der junge Staufer Friedrich, der selbst zuerst nichts von diesem politischen Himmelfahrtskommando wissen wollte.

In den Kreis der Thronkandidaten gehörte er aber allemal kraft seiner hohen Geburt, denn er war ein Enkel des Kaisers Friedrich I. »Barbarossa« und der Sohn des Kaisers Heinrich VI. Aber was hatte ihn ins ferne Sizilien verschlagen?

Jugend in einer multikulturellen Umwelt

Als Friedrich 1194 als erster und einziger legitimer Sohn Heinrichs VI. zur Welt kam, war seine Mutter Konstanze bereits vierzig Jahre alt und von allen Hofastrologen längst als unfruchtbar abgeschrieben. Darum wurde Friedrichs legitime Geburt auch immer wieder von interessierten Kreisen angezweifelt. Die Mutter habe die Geburt nur vorgetäuscht und einen fremden Säugling als ihren eigenen Sohn präsentiert, so lautete eine der Geschichten, die noch lange in ganz Europa kursierten. Konstanze war die Tochter des sizilianischen Königs Roger II., und so kam es, dass der Spätgeborene im Jahr 1197 nach

Der kaiserliche Falkner und Naturforscher: Porträt Friedrichs II. aus dem von ihm selbst verfassten Buch über die Falknerei.

dem frühen Tod des Vaters als Dreijähriger nach Sizilien kam, wo er Federico Roger gerufen wurde. Dort starb ein Jahr später auch die Mutter, auf deren letzten Willen hin Friedrich II. unter die Vormundschaft des Papstes Innozenz III. gestellt wurde.

Der Knabe wurde in der Folge unter sizilianischen, normannischen und deutschen Adligen herumgereicht, geriet zum Zankapfel dieser rivalisierenden Gruppen, die um die Macht im Königreich Sizilien stritten. Dabei lernte der junge Staufer viele Städte, viele Kulturen, viele Religionen kennen. Sizilien war zu jener Zeit ein Schmelztiegel der gegensätzlichsten Einflüsse: Sarazenische Händler, byzantinische Kaufleute, normannische Ritter, deutsche Höflinge, katholische Priester, afrikanische Sklaven, Barone, Bauern und Bettler – Friedrich kannte sie alle, Christen, Juden und Heiden. Als gelehriger und wissbegieriger Schüler lernte er von allen diesen Gruppen, diskutierte mit orthodoxen Rabbinern ebenso wie mit muslimischen Gelehrten. Sein Weltbild weitet sich. Er stellt Fragen, die man an den Höfen nördlich der Alpen niemals zu stellen gewagt hätte: Wie groß ist die Erde? Wie viele Himmel gibt es? In welchem davon sitzt Gott? Was ist die Seele? Wieso geht die Sonne auf und unter?

Der Triumph des »Kindes aus Apulien«

Nördlich der Alpen zerfleischten sich indessen die Parteien der Welfen und der Staufer im Bürgerkrieg. Es obsiegte nach Mord, Totschlag und Intrigen der Welfensprössling Otto IV., der mit Hilfe Englands und mit Unterstützung des Papstes zum Kaiser gewählt wurde. An seinem Hof nahm man den jungen Friedrich nicht wirklich ernst – ein »Kind in Apulien«, ein »Freund der Bettler und Heiden«. Was spielte es für eine Rolle, dass er der letzte Spross der Stauferlinie und damit erster Anwärter auf den Kaiserthron war? Diesen Thron sahen die Welfen fest in ihrer Hand, war doch Otto IV. von den deutschen Fürsten gewählt und in Rom vom Papst zum Kaiser gekrönt worden.

Otto IV. beging jedoch den Fehler, dass er nach Italien marschierte, um sich auch Sizilien einzuverleiben. Das provozierte einen Gegenschlag des Papstes. Dieser brachte den deutschen Fürstentag 1211 dazu, den inzwischen 17jährigen Friedrich zum neuen Römischen (Gegen-)König zu wählen. Friedrich nahm, gegen den Rat seiner Umgebung, die Wahl an. Entschlossen, um des Vaters Thron zu kämpfen, zog er nordwärts, vorerst mehr bei Nacht und Nebel als im Triumph.

Doch kaum hatte er die Alpen überquert und sich um eine Nasenlänge früher als Otto IV. in der wichtigen Festungsstadt Konstanz eingefunden, da eroberte er die Herzen der Menschen im Sturm. Er trat so völlig anders auf als all die Herrscher, die das Volk bis dahin kannte: jung, charmant, weltoffen, geistreich und temperamentvoll. Darüber hinaus zeigte er sich, ganz anders als sein geiziger Gegenspieler Otto IV., freigiebig und großherzig. Wo er erschien, da flogen ihm die Sympathien entgegen. Der »Knabe aus Apulien«, rotgelockt, von anmutiger Gestalt, umgeben vom Glanz seines Namens und seiner Jugend und Schönheit, faszinierte die Menschen mit seinem fremdländischen Zauber und südländischem Charme. In den Städten und Burgen feierte man ihn begeistert, vor allem aber bestaunte man ihn. »Stupor mundi«, das »Staunen der Welt«, nannten ihn deshalb bald die Zeitgenossen.

»Die Bekämpfung und Vernichtung des Staufers übertrifft alle Werke der Frömmigkeit.«

(Papst Innozenz IV. über Friedrich II.)

Die Königskrone fiel ihm nun geradezu in den Schoß, denn sein Gegenspieler Otto IV., an den Rand des deutschen Spielfeldes gedrängt, suchte sein Heil in einem Kriegszug gegen Frankreichs König Philipp II. Bei Bouvines wurde Otto IV. vernichtend geschlagen. Damit war der Weg für Friedrich II. frei. Ein Jahr später, 1215, wurde er in Aachen mit allen traditionellen Ritualen zum König gekrönt, 1220 in Rom zum Kaiser.

Ein Kaiserhof wie aus 1001 Nacht

Zur Verklärung und Bewunderung, die ihm bereits zu Lebenszeiten entgegengebracht wurden, trug wohl auch bei, dass Friedrich II. sich nach seiner Kaiserkrönung wieder nach Sizilien zurückzog, von wo er während seiner bis 1250 dauernden Regierungszeit lediglich zweimal für wenige Jahre nach Deutschland zurückkehrte. Er regierte also aus der Ferne, aber auf eine Art und Weise, die reichsweit nur Staunen erregte. Er baute prächtige Burgen, schuf eine nie da gewesene effiziente Zentralgewalt, modernisierte Verwaltung und Gesetzeswesen und interessierte sich offen für den Islam. Er ließ arabische Werke ins Lateinische übersetzen, auch, um sie selbst lesen und anschließend mit islamischen Gelehrten darüber diskutieren zu können. Außerdem umgab er sich mit einer sarazenischen Leibwache und integrierte auch sonst ohne Berührungsängste Araber,

Bei seinem Kreuzzug 1228 setzte Friedrich II. auf Diplomatie statt auf militärische Machtdemonstration.

Juden, Griechen, Sarazenen und sonstige Orientalen in seinen Hofstaat.

In Neapel gründete er die Universität und versammelte dort Rechtsgelehrte aus dem ganzen Reich. Aus diesem Kreis gingen herausragende Gelehrte wie Thomas von Aquin hervor, oder auch Leonardo von Pisa, der das umständliche römische Zahlensystem durch arabische Ziffern ersetzte. Friedrich förderte Wissenschaftler, Dichter und Troubadoure, ließ arabische Ärzte ihr Wissen vermitteln, griechische Philosophen den Aristoteles übersetzen und beschäftigte sogar einen syrischen Astrologen, den Magister Theodorus. An der von ihm begründeten anatomischen Fakultät in Salerno ließ der Kaiser zum Studium Leichen anliefern. Die Feste an seinem Hof kannten keine fromme Steifheit, sondern waren weltoffen und multikulturell. Unter anderem ließ er gerne orientalische Tänzerinnen auftreten. Die vier Ehefrauen, die er nacheinander heiratete, ließ er nach Art der osmanischen Sultane in strenger Abgeschiedenheit von Eunuchen bewachen.

Der Antichrist auf dem Kaiserthron?

Seine gesamte Lebensweise sowie alle seine Beziehungen zu Sultanen, Kalifen und islamischen Gelehrten ließen den Kaiser als den »Antichristen« erscheinen. Die Lage zwischen Kurie und Kaiserhof war geprägt von Misstrauen und Spannungen. Der Papst sprach über Friedrich II. sogar den Bann aus, weil dieser den zugesicherten Kreuzzug immer wieder verschob. Als Friedrich II. auf dem Verhandlungswege die Rückgabe christlicher Pilgerstätten in Jerusalem erreichte, hob der Papst den Bann 1230 wieder auf, verhängte ihn aber erneut 1237, als Friedrich II. versuchte, alte Reichsrechte in Oberitalien durchzusetzen. »Es steigt aus dem Meer die Bestie voller Namen der Lästerung, die ... ihren Mund zu Lästerungen des göttlichen Namens öffnet und nicht aufhört, auf Gottes Zelt und die Heiligen im Himmel ihre Speere zu schleudern«, so hieß es in einem päpstlichen Pamphlet über Friedrich II. 1245 eskalierte der Streit gegen den »ruchlosen Babylonier« in der Absetzung des Kaisers und der Wahl von Gegenkönigen. Mitten im Machtkampf mit Papst Innozenz IV. starb Friedrich II. 1250 an einer Ruhrerkrankung.

1219 konnte Friedrich die Reichsinsignien aus der Hand der Welfen entgegennehmen.

»Dieser Papst hat mich abgesetzt und mir meine Krone geraubt. Woher nimmt er diese Frechheit?«

(Friedrich II. über Papst Innozenz IV.)

Das Ende des Stauferhauses

Nach Friedrichs Testament sollte sein Sohn Konrad Kaiser werden, der dritte Sohn Manfred Sizilien bekommen. Doch dem neuen König Konrad IV. gelang es nicht, die Unruhen in Italien zu beenden. Mitten im Kriegszug nach Sizilien, wo er seinem bedrängten Bruder zu Hilfe eilen wollte, starb er 1254 an der Malaria.

Manfred ließ sich 1258 zum König krönen, fiel aber 1266 im Krieg gegen den Franzosenkönig Ludwig IX., dem der Papst Sizilien zu Lehen versprochen hatte. Der letzte Staufer mit legitimen Ansprüchen war nun Konradin, der Sohn Konrads IV. Gerade einmal 16jährig marschierte er nach Italien, wo ihn Karl von Anjou, der Bruder des französischen Königs, in der Schlacht bei Tagliacozzo schlug und gefangen nahm.

Zusammen mit seinen wenigen verbliebenen Verbündeten wurde Konradin 1268 auf dem Marktplatz von Neapel als Verräter enthauptet (Abb.). Damit endeten das Geschlecht und der Kaiseranspruch auf dem Schafott in Süditalien, und der Papst frohlockte: »Der Gottesfürst ... hat den modernden Leichnam des Teufelsfürsten in seiner Gewalt!«

Der Schädel des Piraten

»Gottes Freund und aller Welt Feind!« Mit diesem Schlachtruf verbreiteten die »Vitalienbrüder« genannten Seeräuber im letzten Viertel des 14. Jh. an Nord- und Ostsee Furcht und Schrecken. Ein Name hat die Zeiten überlebt: Klaus Störtebeker, um den sich zahlreiche Legenden ranken und die Frage: Ist es sein Schädel, der in Hamburg ausgestellt ist?

Eine riesige Menge Schaulustiger pilgerte am 20. Oktober 1401 auf die kleine Insel Grasbrook vor den Mauern der Stadt Hamburg. Auf der dortigen Richtstätte war ein Spektakel der besonderen Art angekündigt: die Hinrichtung von 73 Seeräubern, einschließlich ihres Anführers, Klaus Störtebeker.

Der Legende nach soll Störtebeker von Bürgermeister Kersten Miles zugesagt worden sein, dass all jene seiner Männer überleben dürften, an denen er nach seiner Enthauptung noch vorbeilaufen könne. Schon knöcheltief stand »Meister Rosenfeld«, der Scharfrichter, im Blut der Hingerichteten, als das Haupt Störtebekers fiel – und der rannte kopflos voran. Als er aber den elften Gefährten erreicht hatte, stellte ihm der Scharfrichter ein Bein. Die Schädel der Hingerichteten wurden auf Pfählen zur Schau gestellt.

Gefangen vor Helgoland

Zu ihrer Karriere waren die »Vitalienbrüder« in den wirren Kämpfen um die Vereinigung der drei skandinavischen Königreiche gelangt, wobei auch die Hanse und die nord-

1400 endete die Karriere Störtebekers und seiner Männer mit ihrer Festnahme durch die Hamburger.

deutschen Fürsten kräftig mitmischten. Alle Mächte bedienten sich angeheuerter Seeräuber, um ihren Interessen Nachdruck zu verleihen. So waren auch die Vitalienbrüder mehr Seesöldner denn »freie« Seeräuber. Doch sie entwickelten eine Eigendynamik, sodass sie selbst ihren Auftraggebern zu gefährlich wurden.

Am 22. April 1400 konnte die Besatzung einer hamburgischen Flotte vor Helgoland nach erbittertem Kampf Dutzende von Seeräubern festnehmen, darunter auch Klaus Störtebeker. Der um 1360 geborene Pirat, dessen plattdeutscher Name »Sturzbecher« bedeutet, stammte wohl aus Wismar und wurde erstmals in einer englischen Klage des Jahres 1394 namentlich genannt. Über Leben, Taten und Tod des Piraten verweben sich Gewissheiten, Mutmaßungen und Legenden zum wirren Geflecht. Und das setzte sich auch nach seinem Tod fort.

Das Rätsel des durchbohrten Schädels

Denn 1878 fand man bei Grabungsarbeiten auf dem Grasbrook, heute Teil von Hamburgs schicker Hafencity, einen von einem Nagel durchbohrten Schädel – und ordnete ihn schnurstracks Klaus Störtebeker zu, auch wenn vom 14. bis zum 18. Jh. auf dem öden Eiland Hunderte von Seeräubern einen Kopf kürzer gemacht worden waren.

Heute ist der »Störtebeker-Schädel« vielbestauntes Ausstellungsstück im »Hamburgischen Museum für Geschichte«. »Wir sind sicher, dass es sich bei dem Schädel um den Kopf eines Freibeuters handelt, eines etwa 30-jährigen, kräftigen Mannes, der schon einige Blessuren hatte, als er vor gut 600 Jahren starb«, sagt der Hamburger Archäologe Dr. Ralf Wiechmann. »Alles andere ist Spekulation«.

Um die Wahrheit zu erfahren, hatte der Archäologe keine Mühen gescheut. 2004 reiste er bis nach Kanada, den Totenschädel im Gepäck. Doch auch die überseeischen Forensik-Experten konnten aus dem alten Knochenmaterial kein verwertbares Erbgut gewinnen. Dr. Wiechmann wollte die Genproben mit denen möglicher Nachkommen Störtebekers vergleichen. Doch, so der Forscher: »Klar ist jetzt nur, dass wir das Rätsel nicht lösen können.«

Eine Legende kann allerdings definitiv widerlegt werden: Rechtsmediziner sind sich einig, dass es unmöglich ist, ohne Kopf zu laufen.

Ob nun echt oder nicht, der Piratenschädel übt weiterhin auf Besucher Hamburgs seine Faszination auf. Auch auf Diebe: Anfang 2010 erfuhren die Hanseaten tief bestürzt, dass die Reliquie der Hamburgischen Geschichte samt rostigem Haltenagel verschwunden war.

Wenige Wochen später war der Fall gelöst: Zwei Obdachlose hatten den kaum gesicherten Totenkopf entwendet. Eigentlich wollten sie die Museumskasse plündern, doch als sie diese nicht fanden, nahmen sie den schaurig-schönen Schädel mit.

Zur Wiedersehensfeier spendierte die Museumsleitung zwei Tage freien Eintritt. Die Hamburger kamen zu Tausenden, um dem Totenschädel ihre Reverenz zu erweisen – und ihnen war es egal, ob er nun einst Klaus Störtebeker gehört hatte oder nicht. Hauptsache, »der Pirat ist wieder da«, wie es ein begeisteter 12-jähriger Seeräuber-Fan ausdrückte.

Vitalienbrüder und Likedeeler

Die Seeräuber und Seesöldner in Nord- und Ostsee am Ende des 14. Jh. nannten sich selbst »Vitalienbrüder« und »Likedeeler«. Der Begriff »Vitalien« führt auf das lateinische *victus* (»Lebensmittel, Vorräte«) zurück; er entstand, als Klaus Störtebeker und seine Spießgesellen das durch die Dänen belagerte Stockholm mit lebenswichtigen Waren versorgten.

Noch heute gibt es in einigen Städten Wochenmärkte, die als »Viktualienmärkte« firmieren; der bekannteste ist der in München. Das niederdeutsche »Likedeeler« bedeutet »Gleichteiler« und verweist auf die »genossenschaftliche Gewinnausschüttung« der Piraten.

»Störtebeker is'n feiner Kerl: Arm Lüd het he wat gewen, rieck Lüd wat namen.«

Zeitgenössischer Volksmund (Hochdeutsch: »Störtebeker ist ein guter Mann: Armen Leuten hat er was gegeben, Reichen was genommen«)

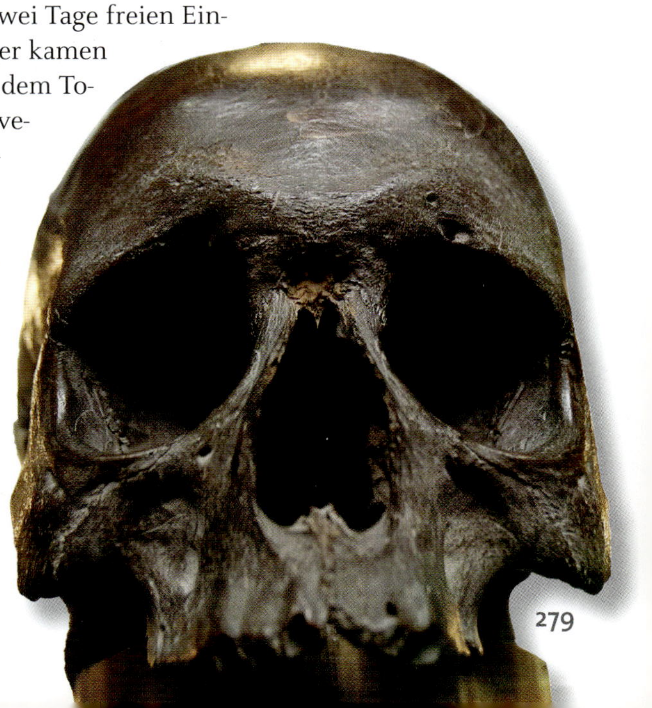

Der angebliche oder echte Schädel Störtebekers fasziniert ebenso Museumsbesucher wie Diebe.

Der Gotteskönig von Münster

Die Geschichte des Täuferreichs von Münster ist eine Geschichte von religiösem Wahn, von Gottes- und Gewaltherrschaft, von einem Schneider, der zum König wurde und von einem Bischof, der als Heerführer seine eigene Stadt belagerte. Was aber ist Mythos, was ist Wahrheit?

Die Käfige hoch oben am Turm der Lambertikirche sind eine ureigene Münsteraner Attraktion. Jahrhunderte und selbst den Neubau des Turms haben sie überdauert. Kein Tourist, der die Universitätsstadt besucht und nicht einen Blick nach oben riskiert. Denn dort hängen die massiven Eisenkäfige mahnend in luftiger Höhe. In

Jan Bockelson alias Jan van Leiden mit den Insignien seiner »himmlischen« Königswürde.

ihnen wurden die geschundenen Leichname der drei Täuferführer Jan Bockelson alias van Leiden, Bernd Knipperdolling und Bernd Krechting zur Schau gestellt. Mit glühenden Eisenzangen hatte der Henker ihnen die Haut vom Körper gerissen, bevor er ihnen mit einem glühenden Eisen Herz und Kehle durchstach. Es war ein Ende mit Schrecken. Doch zurück zum Anfang.

Katholisch – lutherisch – täuferisch

Das 16. Jh. war eine Zeit des Aufruhrs. Ein Mönch aus Wittenberg hatte die religiöse und weltliche Ordnung ins Wanken gebracht. Die vor Wien lagernden Türken stellten das christliche Überlegenheitsgefühl in Frage, und der Mitte der 1520er-Jahre tobende Bauernkrieg stürzte das Reich ins Chaos. Dazu grassierten Pest und Hunger. Kein Wunder, dass in dieser religiös höchst aufgeladenen Zeit apokalyptische Visionen Hochkonjunktur hatten.

Vor diesem Hintergrund schickte Jan Matthys, Bäcker, Täuferführer und selbsternannter Prophet aus dem holländischen Haarlem, Anfang des Jahres 1534 seine Apostel nach Münster. Er hoffte dort das »Neue Jerusalem« zu finden, wo die Gerechten das Ende der Welt erwarten konnten. Die Zeit drängte, das Ende der Welt sollte laut seinen Visionen schon Ostern kommen. Nur warum ausgerechnet Münster?

Dort hatten sich die meisten Bürger von der katholischen Kirche abgewandt und sich – vornehmlich aus politischen Gründen – zum Luthertum bekannt. Der charismatische Prediger Bernhard Rothmann, der Kopf der Münsteraner Reformation, entwickelte sich indes zu einem Befürworter der Erwachsenentaufe und mit ihm viele seiner Anhänger. Weder der katholische Bischof, Franz von Waldeck, noch der inzwischen überwiegend lutherische Rat hatten dem religiösen Eifer Rothmanns etwas entgegenzusetzen. Und so tauften die Abgesandten des Bäckers Matthys innerhalb einer Woche 1400 Münsteraner – knapp ein Viertel der damaligen Bevölkerung. Darunter befanden sich Handwerker, reiche Kaufleute und Tagelöhner –

Das »Königreich Gottes« zu Münster endete in einem grauenhaften Massaker an den besiegten Täufern.

das Täufertum war ein übergreifendes Phänomen. Es ist ein Mythos, dass sich allein die Armen von den Heilsversprechen angezogen gefühlt hätten.

Die Täufer übernehmen die Stadt

Am 13. Januar 1534 betrat Jan Bockelson die Bühne der Münsteraner Ränkespiele – der zukünftige König. Zweifellos war der ehemalige Schneider, Schankwirt und Schauspieler eine schillernde Persönlichkeit. Bei seiner Ankunft war Bockelson – nach seinem Heimatort auch Jan van Leiden genannt – jedoch vor allem ein Apostel, der das Eintreffen seines Propheten vorbereiten sollte. Mit Erfolg: Immer mehr friesische und niederländische Täufer strömten in die Stadt.

Was sollte der Rat tun? Bat er Bischof von Waldeck um Hilfe, gefährdete er die mühsam erkämpften bürgerlichen Rechte. Ende Januar 1534 erließ er ein Toleranzedikt und widersetzte sich damit einem zuvor vom Bischof erlassenen Befehl, die Täufer auszuweisen. Die Zeichen standen auf Krieg, für den sich nun beide Seiten rüsteten. Derweil wuchs der Einfluss der Täufer innerhalb der Stadtmauern. Was konnte ein Bischof schon ausrichten, wenn die Wiederkunft des Heilands kurz bevorstand?

»Ach, was soll ich doch wieder von diesen elenden Leuten zu Münster schreiben? Muss man's doch an der Wand greifen, dass der Teufel daselbst leibhaftig Haus hält, und gewisslich ein Teufel auf dem anderen wie Kröten sitzen.«

(Martin Luther)

Die Täufer

Die Anfänge der Täuferbewegung sind im Umfeld des Zürcher Reformators Zwingli zu suchen. Ihre oberste Handlungsmaxime war die Heilige Schrift. Die Täufer glaubten an eine Geistkirche, die nur wenigen Auserwählten Erlösung verhieß. Ausgehend von der Bibel waren sie davon überzeugt, dass nur die Taufe von Erwachsenen, die Glaubenstaufe, dem Willen Gottes entsprach.

Doch Religion war im 16. Jh. nicht einfach Privatsache. Die Taufe, und damit die Aufnahme in die Kirche, war das Bindeglied zwischen Individuum und Staat. Weil die Täufer durch ihr Bekenntnis zur Erwachsenentaufe – auch als »Wiedertaufe« verunglimpft – diese Einheit in Frage stellten, wurden sie im ganzen Reich verfolgt und hingerichtet.

Bei der Ratswahl am 23. Februar siegte die täuferische Fraktion mit überwältigender Mehrheit. Nur einen Tag später hielt Jan Matthys, der selbsternannte Prophet, Einzug in Münster. Der Fremde übernahm die Herrschaft. Eine Gütergemeinschaft wurde errichtet, die Türen der Häuser durften nicht länger verriegelt werden, Schuldscheine und Besitzurkunden wurden demonstrativ verbrannt, ebenso alles, was dem Vergnügen dienen konnte wie Kartenspiele, Noten, Instrumente und alle Schriften außer der Bibel. Lutheraner und Katholiken wurden vor die Entscheidung gestellt: Taufe oder Flucht.

Die Täufer-Käfige am Lamberti-Turm sind bis heute eine Sehenswürdigkeit Münsters.

Lange Zeit ging die Überlieferung davon aus, der Prophet Matthys habe vorgeschlagen, alle Nichtgetauften zu töten; ein Mordplan, der nach neueren Forschungen in das Reich der Legenden gehört. Doch nicht alle, die sich fürs Bleiben entschieden, waren überzeugte Anhänger der Glaubensgemeinschaft. Ein Schmied unterschrieb sein Todesurteil, als er seinem Ärger Luft machte: »Mag ihn für einen Propheten halten, wer da will; ich aber bin der Meinung dass er ein scheißender Prophet ist!« Kritik am Propheten, das war Kritik an Gott – und die konnte nicht geduldet werden.

Die Schreckensherrschaft des Königreichs

Der 5. April 1534 war gekommen und damit Ostern. Doch der Weltuntergang blieb aus. Man weiß bis heute nicht, was ihn genau dazu bewogen hat, aber Jan Matthys zog mit einer kleinen Schar von etwa zehn Getreuen vor die Stadt. Lauthals predigend, ritt er auf einem Schimmel seinem Untergang entgegen. Die Söldner des Bischofs zerstückelten den Propheten buchstäblich, sodass seine Anhänger die Leichenteile in Körben aufsammeln mussten.

Noch am Abend gelang es Jan van Leiden, die verstörte Gemeinde davon zu überzeugen, dass er der rechtmäßige Nachfolger des Propheten sei. Eine neue politische Ordnung musste her. Der Prophet berief zwölf Älteste, die von nun an alle Entscheidungen trafen. Auf der Grundlage der Bibel wurde ein strenger Gesetzeskatalog erlassen. Hurerei und Ehebruch, aber auch Murren und Aufruhr standen unter Todesstrafe.

Dabei blieb es nicht: Jan van Leiden führte die Mehrfrauenehe ein. Welch ein Skandal – der bis heute das Bild vom Täuferreich prägt. Wieder bemühte Bockelson das Alte Testament: Haben nicht schon die Väter Israels mehr als eine Frau geheiratet? Er selbst vermählte sich mit Divaria, der Witwe seines

DIE SANFTEN ERBEN – MENNONITEN, AMISCHE & CO.

In Mennoniten, Amischen und Hutterern lebt die Tradition der Täufer-Lehre weiter. Nach Angaben des Mennonitischen Weltkongresses bekennen sich heute weltweit 1,6 Millionen Menschen zum Täufertum. Weil sie in Europa zur Auswanderung gezwungen waren, leben Amische, Hutterer und Mennoniten heute größtenteils in Nordamerika (re. Foto aus Pennsylvania), letztere auch zu über 50 Prozent in den Ländern der Dritten Welt, insbesondere in Afrika. In den Gemeinden wird häufig ein altdeutscher Dialekt gesprochen. Bei allen Unterschieden ist den Gruppen das Festhalten an der Glaubenstaufe und die Ablehnung von Eid und Militärdienst gemeinsam. Vor allem Amische und Hutterer, aber auch Alt-Mennoniten zeichnen sich durch eine von der modernen Zivilisation abgewandte Lebensweise aus – der Amisch mit dem Pferdebuggy gehört zum Stereotyp. Allerdings gibt es von Gemeinde zu Gemeinde große Unterschiede, was erlaubt ist und was nicht.

Vorgängers Matthys – und ehelichte anschließend 15 weitere Frauen. Allerdings lässt sich die Vielehe auch pragmatisch begründen: 5 000 Frauen lebten in der Stadt, aber nur noch 2 000 Männer. Eine Frau, die keinem Mann untersteht, passte nicht in die Weltsicht der männlichen Täuferführung. Glaubt man den katholischen – zugegeben tendenziösen – Quellen, wurden selbst Elfjährige zwangsverheiratet. Einige Frauen, die sich der Zwangsehe oder der Unterordnung unter den Willen ihres Mannes widersetzten, wurden hingerichtet oder landeten im Gefängnis, und ja: Es gab auch Männer, die gegen die Vielehe aufbegehrten. Ihr Aufstand konnte nur mühsam niedergekämpft werden; 47 dieser »Ketzer« wurden auf dem Domplatz hingerichtet. Das Täuferregime zeigte sein hässliches Gesicht.

Nach dem zweiten erfolgreich abgewehrten Sturm des Bischofs schwang sich Johann Bockelson zum König des »Neuen Jerusalems« auf. Und der ehemalige Schauspieler wusste seine Rolle zu spielen. Der Domplatz wurde zum Berg Zion, ein Hofstaat von 148 Bediensteten umgab ihn. Ebenso prunkvoll war die äußere Erscheinung des Königs, der sich mit goldenem Geschmeide und Edelsteinen schmückte und auf einem seidenbehangenen Thron Hof hielt.

Ungeachtet dieser Pracht spitzte sich die Lage zu. Der Bischof zog den Belagerungsring enger; die Lebensmittel wurden knapp. Pferde wurden geschlachtet; Hunde, Katzen und Mäuse endeten in den Kochtöpfen. Wer meuterte, riskierte seinen Kopf. Jan soll sogar eine seiner 16 Gattinnen eigenhändig geköpft haben. Der Wahrheitsgehalt solcher Aussagen lässt sich nur schwer überprüfen; die Quellen sind tendenziös und Geständnisse wurden unter Folter erpresst. Ohne Frage war das »Gottesreich« ein Zerrbild der täuferischen Lehre, die Gewalt ablehnt und nicht nach weltlicher Macht strebt. Als die Stadt in der Nacht zum 25. Juni 1535 durch Verrat fiel, metzelten die bischöflichen Söldner 600 Menschen nieder. Das brutale Ende der drei Täuferführer spricht seine eigene Sprache.

Über die Jahrhunderte hinweg wurden die Täufer verteufelt und – weit seltener – verklärt. Münster jedenfalls ist bis heute eine überwiegend katholische Stadt. Auch dafür stehen die Käfige an Sankt Lamberti. Die Anhänger der Täufer suchten ihr Heil in der Ferne. Und das Königreich des Jan van Leiden schimmert fast irreal durch die Zeiten.

Der Jäger des Goldenen Schatzes

Conquistadores – diese Entdecker und Eroberer mit Kreuz und Schwert auf der Suche nach den goldenen Schätzen Südamerikas, die keine Gnade kannten, verbinden wir zunächst mit spanischen Namen. Doch es gab im 16. Jh. auch deutsche Konquistadoren auf der Jagd nach dem Goldland El Dorado. Einer von ihnen war Nikolaus Federmann. Wie verschlug es ihn nach Venezuela, und warum musste auch er scheitern?

»Wie ich mich nun aber mit zu viel Volks in der Stadt Coro ohne Not und müssig befand, entschloss ich mich, eine Reis das Land einwärts, gegen Mittag oder Südmeer gelegen, zu tun, verhoffend, allda Nützliches auszurichten.«

(Nikolaus Federmann: »Indianische Historia«)

Nikolaus Federmann war 1506 in Ulm geboren worden. Als Bürgersohn schlug er die an sich bürgerliche Laufbahn des Kaufmanns ein, die aber Anfang des 16. Jh. durchaus eine Wendung zum Abenteuerlichen nehmen konnte. Der amerikanische Doppelkontinent war entdeckt und zu großen Teilen der spanischen Krone unterstellt worden. Diese war 1516 den Habsburgern zugefallen, und drei Jahre später vereinte Karl V. das weitgespannnte spanische Erbe seiner Mutter mit der Kaiserkrone des Heiligen Römischen Reichs. Ein wohlklingender Titel, aber auch eine teure Angelegenheit, ließen sich die Kurfürsten doch ihre Stimmen bei der Kaiserwahl üppig bezahlen.

Die Goldgier der Konquistadoren führte zu brutaler Ausbeutung der Einheimischen (zeitgenössischer Stich).

Das Goldfieber infiziert deutsche Handelsherren

Die geforderten Summen waren selbst für einen König von Spanien zu viel, in dessen Kassen die Goldschätze Amerikas flossen, doch Karl unterhielt traditionell gute Beziehungen zu den Augsburger Handelshäusern der Fugger und Welser. Deren Geschäfte gingen so gut, dass sie den Kaisertitel für den Habsburger kaufen konnten – nicht ohne entsprechende Gegenleistungen, versteht sich.

Während die Fugger sich mit Privilegien und Handelsmonopolen in Europa zufrieden gaben, hatten sich die Welser mit dem amerikanischen Goldfieber infiziert. Dessen Auslöser waren die zahllosen Geschichten von sagenhaften Goldschätzen in Übersee, deren Wert jedes Vorstellungsvermögen überstieg. Vor allem die »Goldene Stadt«, El Dorado, hatte es der Fantasie der Europäer angetan. Deren Herrscher ließ sich angeblich alljährlich von Kopf bis Fuß mit Goldstaub bedecken, den er dann in einem Heiligen See abwusch und so den Gottheiten als Opfergabe darbrachte. Wenn man nur diesen See fände, von den goldenen Kunstwerken ganz zu schweigen! Jeder Konquistador, der mit Gold beladen in die Heimat zurückkehrte, heizte die Legendenküche weiter an. Niemand sprach derweil von den Tausenden anderen, die kläglich umgekommen waren.

Die gleichzeitig entstehende Plantagenwirtschaft für Zuckerrohr oder Gewürze bot in Amerika eine sehr viel solidere und durchaus einträgliche Geldquelle, und die Welser lösten ihre kaiserlichen Schuldscheine auch zunächst für Gutshöfe auf Hispaniola ein, misstrauisch beäugt von den Spaniern, die fremde Konkurrenz in »ihrem« Amerika gar nicht schätzten. Die unliebsame Nachbarschaft und der nicht abreißende Gerüchtestrom über El Dorado führten schließlich dazu, dass sich die Welser 1528 vom Kaiser das Gebiet des heutigen Venezuela zur Erschließung und Ausbeutung übertragen ließen – mit dem Recht 50 deutsche Bergleute und 4000 Negersklaven für den Zuckeranbau mitzubringen und die ansässigen Indios zu versklaven.

Erwähnung des sagenhaften Goldlandes El Dorado auf einer Seekarte des 16. Jh.

Kämpfen und Sterben in der Grünen Hölle

Als Statthalter hatten die Welser Ambrosius Ehinger (auch: Dalfinger), einen Landsmann Federmanns, entsandt; Federmann selbst stieß als Leiter einer Abteilung von Bergleuten und Siedler zur Welser-Kolonie mit dem Hauptort Coro, alias Neu-Augsburg. Ehinger brach umgehend zu einer Entdeckungs- und Eroberungsexpedition ins Hinterland auf, nur um zu erleben, wie gnadenlos der Dschungel und seine Bewohner waren – die zweibeinigen, die vierbeinigen, und jene, die mit Flügeln und Stechrüssel ausgestattet waren. Ehinger verlor dreihundert Mann und kam nur mit Müh und Not zum Ausgangspunkt zurück.

Federmann, zum Stellvertreter des Statthalters befördert, war entschlossen, es besser zu machen. Ohne Erlaubnis seines Vorgesetzten machte er sich im September 1530 mit 16 Reitern, 110 Fußsoldaten und 100 Indios auf den Weg, um das sagenhafte »Südmeer« zu finden und damit einen Handelsweg nach Asien zu eröffnen. Den gab es nicht zwischen dem Sumpfgebiet des Orinoko und den nördlichen Anden; dafür erlebte auch Federmann alle Schrecken des Urwalds. Auf Widerstand reagierte der Ulmer nicht anders als seine spanischen Zeitgenossen: »Wie der Cacique oder Herr gefangen und nach langer peinlicher Frag erschossen worden, und nachmals vom versammelten Volk 500 erstochen ...«

Ein Deutscher gründet Bogotá

Nach sechs Monaten kehrte auch Federmann ergebnislos und mit stark dezimierter Mannschaft zurück; immerhin aber mit über 5 500 Pesos Gold im Gepäck. Das machte die Insubordination in Ehingers Augen umso schlimmer, und der Statthalter schickte seinen aufmüpfigen Untergebenen zurück nach Europa. Der nützte den Zwangsurlaub, um seine »Indianische Historia« zu verfassen. Diese »schöne, kurtzweilige Historia« seiner amerikanischen Abenteuer zählt zu den wichtigsten deutschsprachigen Quellen der Konquistadoren-Zeit und beeindruckt – und bedrückt – bis heute mit ihrer ungeschminkten Darstellung des Verhaltens der Europäer in der Neuen Welt und von ihrer Einstellung zu den Eigeborenen: »... kohlschwarze, stolze, freche und böse Völker ...«

In Venezuela hatten sich in der Zwischenzeit die Dinge vom Schlechten zum Schlimmeren entwickelt. Statthalter Ehinger war zu einem weiteren Vorstoß ins Landesinnere aufgebrochen, diesmal vom Stützpunkt Neu-Nürnberg aus, dem heutigen Maracaibo. Diese Expedition traf auf noch unwirtlichere Verhältnisse und noch wehrhaftere Indio-Stämme, die sich mit Giftpfeilen zu behaupten wussten. Einem solchen Pfeil fiel auch Ehinger zum Opfer, der nach vier qualvollen Tagen im Urwald starb.

Noch fataler erwies sich freilich eine Begegnung, die das dezimierte Häuflein von Europäern auf dem Rückmarsch machte: Bei einem freundlicher gesonnenen Eingeborenenstamm entdeckten sie einen Weißen, den letzten Überlebenden eines früheren Konquistadorenzuges. Und der hatte nichts Besseres zu tun, als von den Goldschätzen zu fantasieren, die seine Gefährten angehäuft hatten, ehe sie nach und nach elend zugrunde gingen.

Das war genau die Nachricht, auf die Federmann gewartet hatte, als er nach Venezuela zurückkehrte. Zurück in Augsburg hatte er

Die Beute der Eroberer: Spanische Karawane mit den Schätzen des Landes beim Marsch über die Anden.

die Schätze und Möglichkeiten Südamerikas in so glühenden Farben geschildert, dass sich die Welser entschlossen, das unselige Unternehmen fortzusetzen. Sie ernannten Georg Hohermut aus Memmingen zum neuen Statthalter und stellten ihm Nikolaus Federmann als Experten zur Seite.

Der wertete die teuer erkauften Informationen systematisch aus und kam zu dem Schluss, dass das Goldland, wenn überhaupt, in den Anden zu finden sei. 1536 brach er mit einer neuen Expedition Richtung Westen auf, die sich mühsam voran kämpfte, zunächst durch tropischen Urwald, dann über eisige Gebirgspässe. Im Hochland traf er auf spanische Einheiten unter Gonzalo de Quesada, der eben das dortige Chibcha-Reich unterworfen hatten. Gemeinsam mit Quesada und dem spanischen Konquistador Sebastian de Belalcázar gründete Federmann im April 1539 die Stadt Bogotá – die Hauptstadt Kolumbiens hat also einen deutschen Gründervater.

Das Ende im Kerker der Inquisition

Die Chibcha waren Meister der Goldschmiedekunst, und ihre Kultur kam daher wohl der Vorstellung von El Dorado am nächsten. Nikolaus Federmann hatte jedenfalls sein Ziel erreicht, und als er, nach dem nicht weniger mühseligen Rückmarsch, wieder in der Welserkolonie ankam, brachte er Gold im Wert von 170 000 Pesos und fast 2 000 Smaragde mit. Im Juli 1539 kehrte Federmann als reicher Mann nach Europa zurück, in der Erwartung, von seinen Landsleuten und Auftraggebern gefeiert zu werden. Ein bitterer Irrtum: Als er in Antwerpen eintraf, wartete eine lange Liste von Anklagen auf ihn, erhoben vom Handelshaus der Welser und wohl von Neidern und Konkurrenten in Venezuela zusammengetragen: Federmann habe gegen getroffene Abmachungen verstoßen, seine Kameraden im Stich gelassen und große Summen unterschlagen. Die Forderungen der Welser waren weit höher als die Konquistadorenbeute, und Federmann konterte mit Gegenklagen: Die Welser hätten Steuern hinterzogen und überhaupt den Interessen der spanischen Krone entgegen gehandelt.

Die Goldschmiede Amerikas bei der Arbeit in der Fantasie eines zeitgenössischen Illustrators.

Federmann zog die leidige Affäre schließlich persönlich vor die oberste Instanz, den Indienrat in Valladolid. Das war kein besonders kluger Schachzug, denn damit hatte er sich in die Höhle des spanischen Löwen begeben. Zwar kam nach außen hin ein Vergleich zustande – die Welser verzichteten auf ihre Geldforderungen, während Federmann seine Hazienda abtrat. Ein Happy End gab es aber dennoch nicht. Irgendjemand – ein spanischer Konkurrent, vielleicht die Welser selbst? – ließ gegenüber der Inqusition den Verdacht fallen, Federmann sei ein heimlicher Protestant, und so starb der erfolgreichste der deutschen Konquistadoren Anfang 1542 in einem spanischen Kerker zu Valladolid.

Das Scheitern der Welser

Während das Augsburger Handelshaus mit Federmann im Rechtsstreit lag, starb auch der neue Statthalter Hohermut am Tropenfieber. In einem letzten Kraftakt schickte die Firma einen Sohn der Familie, Bartholomäus VI. Welser, nach Südamerika. Als Feldhauptmann stand ihm Philipp von Hutten, ein Höfling Karls V., zur Seite, der schon Erfahrung im Lande gesammelt hatte.

Trotz der höchsten Kontakte intrigierten die Spanier weiter hemmungslos gegen die Konkurrenz aus Deutschland. Als Welser und Hutten zu einer weiteren Suche des Goldlandes aufgebrochen waren, erschlich sich Juan de Caraval das Amt des Gouverneurs und ließ die beiden Deutschen 1546 nach ihrer ergebnislosen Rückkehr hinrichten.

Diese Tragödie besiegelte das Ende des amerikanischen Abenteuers, das die Welser auch finanziell ruiniert hatte.

Karl V. – ein Kaiser tritt zurück

Dass ein Monarch einfach in Rente geht, war im Mittelalter nicht vorstellbar. Kaiser Karl V. tat es 1556 dennoch. Regenten und Regierte waren über die Entscheidung des Herrschers, über dessen Reich die Sonne nicht unterging, fassungslos. Dass ein Kaiser einfach erklärte: »Ich danke ab!«, das gab es in der Reichsgeschichte nur einmal. Aber warum?

Der 1500 in Gent geborene Sohn des Erzherzogs Philipp der Schöne von Österreich und der spanischen Infantin Johanna hatte die Herrschaft in Spanien, Neapel und den burgundischen Niederlanden geerbt; hinzu kamen die in Übersee gewonnenen Gebiete. 1519 konnte er als Kaiser des Heiligen Römischen Reiches auch noch das Erbe seines Großvaters Maximilian I. antreten.

Die Kaiserkrone verursachte Karl in der Folge die ärgsten Kopfschmerzen, musste er sich doch mit der von Luther ausgelösten Reformation auseinandersetzen – ein Flächenbrand, der dem konservativen Kaiser zutiefst zuwider war. Am 25. Juni 1530 legten ihm die protestantischen Stände das »Augsburger (Glaubens-)Bekenntnis« vor, das als Grundlage einer erneuerten Kirche dienen sollte. Karl V. hielt die Übereinkunft aber für unvereinbar mit der katholischen Lehre und war entschlossen, den »Lutherismus« mit Waffengewalt auszurotten. Am 24. April 1547 schlugen Karls Truppen bei Mühlberg an der Elbe das Heer des »Schmalkaldischen Bundes« evangelischer Fürsten und Städte vernichtend.

Im Oktober 1555 übertrug Karl V. seinem Sohn die Herrschaft über die Niederlande (Gemälde von Louis Gallait, 1841).

Ein Rückzug auf Raten

Karl stand damit auf dem Höhepunkt seiner Macht, doch er wirkte angeschlagen ob der vielfältigen Konflikte, mit denen er sich in vielen Teilen seines Weltreiches hatte auseinandersetzen müssen. Erste Anzeichen von Amtsmüdigkeit machten sich bemerkbar. Sein Plan, seinen Sohn Philipp zum Kaiser zu erheben, scheiterte jedoch am Widerstand auch der katholischen Reichsstände.

So begann Karl V. den Rückzug auf Raten. Auf sein Drängen hin hatten die Kurfürsten seinen Bruder Ferdinand schon 1531 zum deutschen König und designierten kaiserlichen Nachfolger gewählt, und ihm hatte Karl fortan die meisten Entscheidungen in Deutschland überlassen. Eine große Leistung Ferdinands war der Abschluss des »Augsburger Religonsfriedens« 1555 – wobei er einen Eilbrief des Kaisers »übersah«, in dem dieser seine Abdankung mitteilte. Ferdinand fürchtete, dass das Abkommen und damit der Reichsfrieden gefährdet gewesen wäre, hätte er das Schreiben verlesen.

Machtbewusst, aber müde: links das Porträt Karls V. im Jahr 1548 von Tizian.

In seinem Alterssitz, dem Kloster von San Yuste, ließ der Ex-Kaiser seine eigene Beerdigung durchspielen (ganz li.).

Kaiser Karl hatte derweil weiter an der sukzessiven Machtübergabe gezimmert. So hatte er schon 1554 seinem Sohn Philipp das Königreich Neapel übertragen. Im Herbst 1555 lud Karl dann die Großen des Reichs nach Brüssel ein.

Der Abschied eines Kaisers

Gestützt auf den jungen Prinzen Wilhelm von Oranien betrat der Monarch am 25. Oktober den großen Saal des Schlosses zu Brüssel. Dort vernahmen Fürsten, Exzellenzen und Eminenzen die Abdankungsrede ihres Herrschers. Am Ende wandte Karl V. sich an seinen Sohn Philipp: »Andere Könige schätzen sich glücklich, wenn sie in ihrer Todesstunde ihre Kronen ihren Kindern aufs Haupt setzen können; ich will dieses Glückes im Leben mich freuen und Dich regieren sehen.« Der Regent hatte seinen freiwilligen Rücktritt erklärt, wenn auch vorerst nur den als Herrscher der Niederlande. Es war ein ergreifender Augenblick, in dem der Kaiser selbst mit der Fassung rang.

Die Kette der Abdankungen setzte sich am 16. Januar 1556 fort, als Karl seinem Sohn Philipp die spanischen Kernlande sowie Sizilien und die Überseebesitzungen übergab. Im August brachte eine Flotte den regierungsmüden Herrscher nach Spanien. Während der Überfahrt legte Karl am 12. September auch die römisch-deutsche Kaiserkrone zugunsten Ferdinands I. nieder.

Karl hatte eingesehen, dass aller Reichtum der Neuen Welt nicht ausreichte, um in der Alten Welt das alles umspannende Kaisertum und die Einheit im Glauben wiederherzustellen. Der Kaiser hatte sich im Amt verzehrt, litt, so würden wir heute sagen, am »Burn-out-Syndrom«.

Am 28. September ging der Ex-Kaiser in Santander an Land und zog sich in das abgeschiedene Kloster San Jeronimo de Yuste zurück. Zwei Jahres später, am 21. September 1558, starb dort der erste »Weltherrscher«.

Ungleiche Erben

Karls Sohn Philipp II. (1556–1598) übernahm den spanischen Teil des Reiches sowie die Überseebesitzungen, unglücklicherweise auch die Niederlande, wo seine rigorose Rekatholisierungspolitik zu einem allgemeinen Aufstand führte. Damit stürzte er Spanien in einen Krieg, der 80 Jahre an dessen Substanz zehrte. Sein Bruder Ferdinand I. hingegen, der als Kaiser bis zu seinem Tod 1564 regierte, verstand es, die Spannungen im Reich abzubauen.

Der deutsche Galilei: Simon Marius

Das Fernrohr gab die Sicht frei: 1608 entwickelte der deutsche Brillenmacher Hans Lipperhey in den Niederlanden das Instrument, mit dem die Astronomen den Himmel erforschen konnten. Kein Wunder, dass nun mehrere Gelehrte zeitgleich dieselben Entdeckungen machten. Prompt gab es Streit, wem nun welche Erkenntnis zuzuschreiben war.

Im 17. Jh. erzielte die Wissenschaft der Astronomie (allegorische Darstellung) entscheidende Durchbrüche.

Galileo Galilei war stolz auf die Entdeckung: Am 7. Januar 1610 hatte er mit dem Fernrohr den Jupiter beobachtet – und vier kleine Objekte, die um ihn zu kreisen schienen: die Jupitermonde. Für Galilei war dies ein Abbild des Sonnensystems, denn er war überzeugt, dass Kopernikus richtig lag: Die Erde sei nicht Mittelpunkt des Universums; vielmehr bewege sie sich mit den anderen Planeten um die Sonne. Noch im selben Jahr veröffentlichte Galilei seine Entdeckung.

»In Deutschland gefunden und beobachtet«

Der Ärger war groß, als vier Jahre später Simon Marius, sein eigener Schüler, in seiner Schrift »Mundus Iovialis« (Die Welt des Jupiters) behauptete, er habe die Jupitermonde ein paar Tage vor Galilei entdeckt, nämlich am 29. Dezember 1609. Einen »Usurpator des Jupitersystems« schimpfte Galilei daraufhin den Konkurrenten. Dabei hatte Marius deutlich gemacht: »Ich führe dies aber nicht deshalb an, weil ich den Ruhm des Galilei schmälern und ihm die Entdeckung dieser Jupitersterne bei seinen Italienern streitig machen will. Keineswegs! Ich will vielmehr, dass man erkennt, dass diese Sterne mir von keinem Menschen irgendwie gezeigt worden sind, sondern dass ich sie ... vielmehr etwas früher, als Galilei sie zum ersten Mal in Italien gesehen hat – in Deutschland gefunden und beobachtet habe.«

Der Streit beruhte dabei auf einem Missverständnis: Galilei, der Katholik, hatte sich auf den neuen Gregorianischen Kalender bezogen, Marius als Protestant hingegen auf den Julianischen Kalender. Nach Gregorianischer Zeitrechnung hatte er seine Entdeckung am 9. Januar 1610 gemacht – also zwei Tage nach Galilei. Die Umlaufzeiten der Jupitermonde bestimmte Marius jedoch exakter als Galilei.

Dem Franken, mit bürgerlichem Namen Simon Mayr, hatte der Markgraf von Ansbach ein Studium in Padua und Venedig ermöglicht. Auch bei Galilei hatte er Vorlesungen gehört. 1605 war er zum Hofastronom

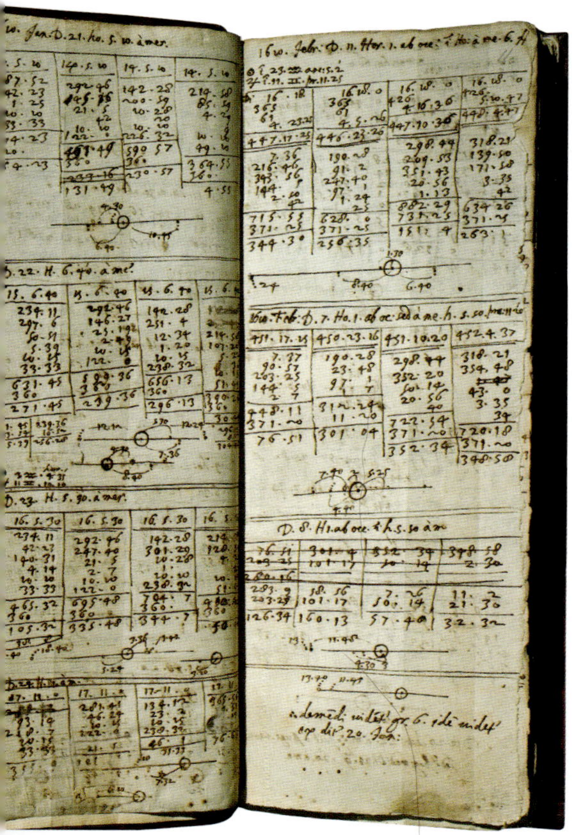

Die Notizen Galileis über seine Beobachtung der Jupitermonde lösten den Streit der Astronomen aus.

und Mathematiker des Markgrafen Joachim Ernst aufgestiegen. Marius entdeckte als Erster – seit dem arabischen Astronom Al-Sufi 964 – unsere Nachbargalaxie, den Andromeda-Nebel, wie er es in seinem »Mundus Iovialis« beschrieb: »Die erste Beobachtung besteht darin, dass ich mithilfe des Fernrohrs seit dem 15. Dezember 1612 einen Stern oder einen Fixstern von erstaunlicher Gestalt entdeckt und beobachtet habe, wie ich ihn am ganzen Himmel sonst nicht finden kann.«

Sein nüchterner Blick zum Himmel ist auch aus dieser Passage erkennbar: »Unsere Vorfahren haben fast alle geglaubt, dass das Funkeln nur die Fixsterne betreffe, kaum aber die Planeten. Dass dies falsch ist, beweisen die Erfahrung und die Beobachtung mit dem belgischen Instrument. Alle Sterne am Himmel funkeln nämlich, manche mehr, manche weniger, sogar die Planeten selbst, nur der Mond ist ausgenommen.«

Aus seiner Beobachtung der Venus schloss Marius, dass ihre Umlaufbahn näher an der Sonne sein müsse als die Erde. Ferner zählt er zu den Mitentdeckern der Sonnenflecken. Um den Ruhm, sie als Erster gesehen zu haben, stritt sich Galilei mit einem anderen Deutschen, Christoph Scheiner. Die erste Abhandlung über die Sonnenflecken allerdings veröffentlichte Johann Fabricius in Wittenberg – die Fernrohr-Entdeckungen lösten eine Menge wissenschaftlicher Kontroversen und Eitelkeiten aus!

STREIT UM DEN MITTELPUNKT DES UNIVERSUMS

Aristoteles meinte, dass sich die kugelförmige Erde im Mittelpunkt des Universums befinde, und dass sich Sonne, Mond und Sterne um sie herum bewegten (Zeichnung). Dieses »geozentrische« Weltbild wurde im alten China und in der islamischen Welt ebenfalls gelehrt. Erst Nikolaus Kopernikus war es Mitte des 16. Jh. zu verdanken, dass das heliozentrische (oder kopernikanische) Weltbild zumindest als »mathematische Hypothese« akzeptiert wurde: Die Theorie, dass die Sonne (griechisch: helios) das Zentrum des Kosmos darstelle, hatte physikalische Fragen aufgeworfen und schien mit dem christlichen Weltbild unvereinbar. Eine Art Kompromiss stellte das Weltbild des Tycho Brahe dar, nach dem zwar die Planeten die Sonne umrunden, die Sonne aber um die Erde kreist. Dieser Ansicht schloss sich auch Simon Marius an.

Mit der Erkenntnis, dass unser Sonnensystem nur einen Bruchteil des Universums darstellt, setzte sich ab dem 18. Jh. das Relativitätsprinzip durch. Die Grundlagen dafür wurden durch Galileo Galilei, Simon Marius und andere – darunter viele deutsche – Astronomen der Renaissance geschaffen, auch wenn diese vom Weltbild Tycho Brahes ausgingen.

Friedrich II., der Kartoffelkönig

Kaum hatte Friedrich II. von Preußen 1740 den Thron bestiegen, da sah er sich mit einer fürchterlichen Hungersnot konfrontiert. Die Situation verschärfte sich noch mit den im selben Jahr beginnenden Schlesischen Kriegen. Der Monarch sann auf Abhilfe – und fand sie in einer exotischen Feldfrucht: der Kartoffel. Doch war das wirklich seine Entdeckung?

Die Mark Brandenburg, auch bekannt als »des Deutschen Reiches Streusandbüchse« ob ihrer kargen Ackerböden, schien für den Anbau von Kartoffeln besonders geeignet, ergab die Knollenfrucht aus Übersee doch den dreifachen Ertrag pro Hektar gegenüber Getreide. Gleichzeitig war der Exportartikel viel genügsamer in seinen Ansprüchen als Weizen oder Gerste. Zwar sind Kartoffeln unkrautanfällig und verlangen deshalb viel Arbeitseinsatz; sie können aber auch auf kleinen Flächen nutzbringend angebaut werden. Ein paar Beete davon genügten für eine Familie. So sollten die Kartoffeln die armen Kleinbauern ernähren, gleichzeitig aber auch eine preiswerte Versorgung für die Bevölkerung in Preußens Städten sicherstellen.

In seinem Gemälde »Der König ist überall« (1886) feierte der Maler Robert Warthmüller Friedrichs Einsatz für den Kartoffelanbau.

Die Bedeutung, welche die Kartoffel als Volksnahrungsmittel gewonnen hatte, hielt Vincent van Gogh 1885 im Bild »Die Kartoffelesser« fest.

Vom Kuriosum auf die Fürstentafel

Es hatte in Mitteleuropa einige Zeit gedauert, bis der Nährwert der unterirdischen Knollen erkannt und genutzt werden konnte. Zunächst tauchte die exotische Pflanze aus der Neuen Welt mit ihren auffallenden Blüten als Kuriosität in Botanischen Gärten auf; unter anderem ist sie im Berliner Lustgarten zur Zeit des Großen Kurfürsten Friedrich Wilhelm (1640–1688) belegt. Es dauerte denn auch einige Zeit, bis klar war, wie die Pflanze gepflegt und die unterirdischen Fruchtknollen genutzt werden konnten, ohne dass die giftigen Bestandteile dieses Nachtschattengewächses unerwünschte Nebenwirkungen zeigten.

Der Durchbruch der Kartoffel kam im Jahr 1745, als Friedrich II. anordnete, dass die Bauern zehn Prozent ihrer Ackerfläche mit Kartoffeln zu bepflanzen hätten. Buchstäblich auf den Geschmack gekommen war er zwei Jahre zuvor bei einem Besuch seiner Lieblingsschwester Friederike Sophie Wilhelmine. Die Hohenzollern-Prinzessin war mit dem Markgrafen von Bayreuth verheiratet, dessen Untertanen ebenfalls auf höchst kargen Böden ihr Auskommen zu suchen hatten. Zum Mittagessen servierte man dem Preußenherrscher im Bayreuther Schloss unter anderem ein vorzügliches Kartoffelgericht. Seine Schwester erzählte ihm, dass die Kartoffel in der Markgrafschaft seit einigen Jahren planmäßig angebaut werde – und das mit bestem Erfolg. Im Dorf Pilgrams-

Von den Anden in Europas Küchen

Die Wildform unserer heutigen Kartoffel *(Solanum tuberosum)* stammt aus dem Andenhochland. Die spanischen Konquistadoren brachten die Pflanze 1565 als *patata* in ihr Heimatland.

Von hier verbreitete sich die Feldfrucht in die übrigen europäischen Länder. Im Heiligen Römischen Reich Deutscher Nation soll bereits 1587 ein Breslauer Arzt mit Namen Laurentius Scholtz in seinem Garten die Kartoffel angebaut haben, und im österreichischen Kloster Seitenstetten verfasste 1621 der Benediktinerabt Caspar Plautz das erste Kochbuch, das Kartoffelrezepte enthielt.

reuth, im rauen Vorland des Fichtelgebirges, war der Anbau von Kartoffeln sogar seit 1647 belegt. Friedrich II. erkannte jedenfalls sofort den ernährungspolitischen Wert der amerikanischen »Drogenknolle« als Feldfrucht auch für sein Land, und ließ seine Minister das Geschichte machende Dekret ausarbeiten.

Ein Geschenk aus des Königs Güte

Joachim Nettelbeck, der preußische Patriot aus Kolberg, beschrieb die Einführung der Kartoffel in seiner Heimatstadt, die er als siebenjähriger Knabe miterlebt hatte: »Im Jahre 1745 erhielt Kolberg durch die Güte

Zur Zeit des Großen Kurfürsten im 17. Jh. diente die Kartoffel noch als exotische Zierpflanze.

des großen Friedrich ein ganz besonderes Geschenk. Es waren Kartoffeln, die damals bei uns noch kein Mensch kannte. Ein großer Fruchtwagen voll kam auf dem Markt an, und durch Trommelschlag wurde in der ganzen Stadt und in den Vorstädten bekannt gemacht, dass jeder Gartenbesitzer sich zu einer bestimmten Stunde vor dem Rathaus einfinden sollte; Seine Majestät der König hätte jedem ein Geschenk zugedacht. Es gab eine große Aufregung in der Stadt, umso mehr, weil die meisten nicht wussten, was das Geschenk zu bedeuten hatte.«

Doch aller Anfang ist schwer. Die Bürger hatten jedenfalls ihre liebe Not mit den mitgelieferten Anleitungen zur Verwendung der Kartoffel. Nettelbeck beschreibt die allgemeine Verwirrung: »Dann wurde eine umständliche Anweisung vorgelesen, wie die Kartoffel bewirtschaftet und wie sie dann gekocht und zubereitet werden sollte ... Die wenigsten passten auf die Vorlesung auf. Dafür aber nahmen die guten Leute die Knollen in die Hand und rochen, schmeckten und leckten daran. Kopfschüttelnd zeigte sie einer dem anderen; man brach sie auseinander und warf sie den Hunden vor ...«

Elf Jahre später, am 24. März 1756 sah sich der Monarch jedenfalls gezwungen, mittels einer weiteren »Circular-Ordre« seine Vorstellungen erneut darzulegen und verpflichtete die preußischen Beamten, allen Untertanen den Kartoffelanbau »begreiflich zu machen«.

Jeder Preußen-Garten ein Kartoffelfeld

In der Proklamation hieß es: »Wo nur ein leerer Platz zu finden ist, soll die Kartoffel angebaut werden, da diese Frucht nicht allein sehr nützlich zu gebrauchen, sondern auch dergestalt ergiebig ist, dass die darauf verwendete Mühe sehr gut belohnt wird.« Und Kontrolle musste sein, man war ja schließlich in Preußen: »Übrigens müsst Ihr es beym bloßen Bekanntwerden der Instruction nicht bewenden, sondern durch die Land-Dragoner und andere Creißbedienstete Anfang May revidieren lassen, ob auch Fleiß bey der Anpflantzung gebraucht worden, wie Ihr denn auch selber bey Euren Bereysungen

DER KÖNIG UND DER MÜLLER

Der Fall des Müllers Arnold wurde lange Zeit als Beispiel für das Engagement Friedrichs II. für den »kleinen Mann« gefeiert.

Arnold, Pächter einer Wassermühle, hatte sein Unternehmen verloren, weil er den Pachtzins nicht bezahlen konnte. Er machte dafür die neu angelegten Karpfenteiche eines Adeligen verantwortlich, den er auf Schadenersatz verklagte. Nachdem mehrere Gerichtsinstanzen seine Klage abgewiesen hatten, wandte sich Arnold direkt an den König (Abb.), der den Richtern eine Revision des Urteils befahl. Als sich diese weigerten, antwortete Friedrich mit Sanktionen, bis hin zur Inhaftierung des Kammergerichts in der Festung Spandau 1797.

Heute wird das Eingreifen des Königs überwiegend als Verstoß gegen seine eigenen Prinzipien angesehen: »Wir selbst ... geben keine Entscheidung, so die Kraft einer richterlichen Sentenz haben.« Es war demnach ein Rückfall in absolutistisches Denken.

untersuchen müsset, ob man sich deren Anpflantzung angelegen seyn lasse.«

Friedrich II. war Menschenkenner genug, um sich nicht auf die Kontrollen seiner Beamten und Soldaten alleine zu verlassen. Auf zahlreichen Inspektionsreisen erkundete und begutachtete der König höchstderoselbst den landwirtschaftlichen Fortschritt. Die Bauern konnten nie sicher sein, dass nicht plötzlich ihr oberster Herr vor ihnen stand. So lautet denn auch ein dieses Thema verklärendes Gemälde von Robert Warthmüller »Der König ist überall« (s. Seite 308).

Ein Siegeszug mit langem Anlauf

In der Forschung umstritten ist allerdings, ob Friedrich II. tatsächlich auch zu psychologischen Tricks griff, um die Neugier seiner Bauern auf die fremde Feldfrucht zu steigern. Demnach soll der König befohlen haben, dass frisch gepflanzte Kartoffelfelder von seinen Grenadieren bewacht würden. So viel Aufwand für ein paar Pflanzen konnte doch nur bedeuten, dass sie höchst wertvoll waren! Gleichzeitig sollen die Grenadiere aber auch den Befehl erhalten haben, geflissentlich wegzuschauen, wenn ein paar mutige Bauernburschen den vermeintlichen »Schatz« aus den Äckern holten. Es blieb nur zu hoffen, dass ihre Familien dann die Anweisungen über die Zubereitung kannten!

Misstrauen und Unwissenheit blieben noch einige Zeit die großen Hindernisse für den Siegeszug der Kartoffel; als ihr großer Verbündeter erwiesen sich die zahlreichen Hungersnöte in der zweiten Hälfte des 18. Jh. In einer Zeit, in der Missernten ohnehin häufig waren, verschärften die vielen Kriege Friedrichs II. die Ernährungslage zusätzlich. Vor allem der Siebenjährige Krieg, in dem Preußen zuletzt gegen ganz Europa stand, hatte verheerende Begleiterscheinungen – nicht nur durch die unmittelbaren Kriegszerstörungen, sondern auch dadurch, dass ein immer größerer Teil vor allem der männlichen Bevölkerung auf dem Lande eingezogen wurde. Kartoffelfelder ließen sich auch mit den schwächeren Kräften von Kindern, Frauen und Alten anlegen und ernten, im Gegensatz zur Schwerarbeit von Säen, Sensenschnitt und Dreschen. Und dennoch, der alte Spruch, dass der Bauer nicht esse, was er nicht kenne, behielt noch lange seine Gültigkeit.

Es bedurfte einer weiteren großen Hungersnot, dass 1775 endgültig der großflächige Kartoffelanbau in Preußen eingeführt wurde. Damit einher ging eine grundsätzliche Nahrungsumstellung vom Getreide zur Kartoffel. Und auch als sich deren Anbau über ganz Deutschland ausgebreitet hatte, blieb Preußen bis zum Zweiten Weltkrieg der Hauptlieferant von Kartoffeln.

»Gerechtigkeit oder Tod«: der wahre Michael Kohlhaas

Der Name ist zum Sinnbild einer Sucht nach Gerechtigkeit geworden, die über Leichen geht. Ein historisches Vorbild namens Hans Kohlhase dafür gab es tatsächlich in der ersten Hälfte des 16. Jh. Doch erst die Bearbeitung durch Heinrich von Kleist machte die Geschichte weithin bekannt. Verzerrte der Dichter neben dem Namen auch die Fakten?

Die Begegnung zwischen Kohlhaas und Luther in einer Illustration zu Kleists Novelle.

»Kohlhaas, der du dich gesandt zu sein vorgibst, das Schwert der Gerechtigkeit zu handhaben, was unterfängst du dich, Vermessener, im Wahnsinn stockblinder Leidenschaft, du, den Ungerechtigkeit selbst, vom Wirbel bis zur Sohle erfüllt? Weil der Landesherr dir, dem du untertan bist, dein Recht verweigert hat, dein Recht in dem Streit um ein nichtiges Gut, erhebst du dich, Heilloser, mit Feuer und Schwert, und brichst, wie der Wolf der Wüste, in die friedliche Gemeinheit, die er beschirmt ...« Das waren schwere Vorwürfe, die Martin Luther bei Kleist gegen Kohlhaas erhob.

Und weiter hieß es: »Das Schwert, wisse, das du führt, ist das Schwert des Raubes und der Mordlust, ein Rebell bist du und kein Krieger des gerechten Gottes, und dein Ziel auf Erden ist Rad und Galgen ...«. Luther behielt recht: Kohlhase wurde am 22. Mai 1540 durch Rädern hingerichtet. Die Person wäre heute kaum noch bekannt, hätte nicht Heinrich von Kleist die Lebensgeschichte aufgegriffen und 1810 in literarischer Form veröffentlicht. Kleist stieß darauf in einer alten Chronik, änderte den Namen leicht ab und verwendete die Geschichte in dichterischer Freiheit.

Ein Pferdehändler wird zum Räuberhauptmann

In der Erzählung wird der Rosshändler Kohlhaas Opfer eines Betrugs, als der adlige Grundbesitzer Wenzel von Tronka (beim wahren Kohlhase: Günther von Zaschwitz) zwei Pferde wegen eines fehlenden Passierscheins konfisziert und sie zum Ackerbau missbraucht. Kohlhaas wendet sich an den sächsischen und an den brandenburgischen Hof. Doch dem einfachen Bürger werden seine Klagen abgewiesen. Kleist beschrieb,

Auf der Richtstätte (Zeichnung von Urs Graf, 1512) endete das Leben des historischen Hans Kohlhase.

wie Kohlhaas' Ehefrau Lisbeth versucht, dem Landesherrn eine Bittschrift zu überbringen. Dabei wird sie von einer Wache verletzt – und stirbt. Kohlhaas beginnt nun mit einem Rachefeldzug gegen den Junker, dessen Schloss er bis auf die Mauern niederbrennt – und damit nicht genug. Er sammelt einen »Haufen« um sich, der das Land unsicher macht. Spätestens an dieser Stelle beginnt das Rätsel: Was trieb den realen Kohlhase an? Die einen sehen in der Figur den Kämpfer für Gerechtigkeit und gegen die »adelige Vetternwirtschaft« (so Kleist). Andere bezeichnen Kohlhaas als einen Geächteten, der auf Selbstjustiz setzte. Andere wiederum werten die Geschichte als Beschreibung des Amoklaufs eines Gewalttäters. War das Anliegen des Kohlhaas wirklich »gerecht«, wie Kleist es beschreibt, oder war dieser letztlich nichts anderes als ein Räuberhauptmann? War Luthers Beschreibung treffend?

Die Horde des Kohlhase wuchs schließlich auf über 100 Mann an. Das war nicht ungewöhnlich in jener turbulenten Zeit. Die Mark Brandenburg hatte zu jenen Zeiten unter dem gehäuften Auftreten von Räubern und Strauchdieben zu leiden. In ihren Banden fanden ganz unterschiedliche Personengruppen zusammen: Geflüchtete Bauern aus den Bauernkriegen, desertierte Soldaten, Mönche aus Klöstern, die sich nach der Verbreitung von Luthers Lehren aufgelöst hatten. Kohlhase zog gegen Wittenberg und wälzte »einen neuen Plan, Leipzig einzuäschern, in seiner zerrissenen Brust herum« (wie Kleist schreibt), als ihn in der Novelle der Brief des Martin Luther erreicht. In Verkleidung dringt Kohlhaas zum Reformator vor. Am Ende der Unterredung zeigt Luther Verständnis und setzt sich bei der Obrigkeit für Kohlhaas ein. Dieser bekommt freies Geleit versprochen, löst seine Truppe auf und liefert alle Beute ab. Beim Prozess in Dresden wird Wenzel von Tronka tatsächlich zu zwei Jahren Gefängnis verurteilt; Kohlhaas bekommt seine Pferde wieder.

Doch er fand kein gutes Ende, weder in der Novelle noch im richtigen Leben. Der Kaiser wird eingeschaltet und macht den Fall »zu einer Angelegenheit des gesamten Heiligen Römischen Reichs«. Wegen Verletzung des öffentlichen Landfriedens wird Kohlhaas trotz vorheriger Amnestie zum Tod verurteilt und hingerichtet.

»... einer der rechtschaffendsten zugleich und entsetzlichsten Menschen seiner Zeit.«

(Heinrich von Kleist: »Michael Kohlhaas«)

Heinrich von Kleist – Drama eines Dichters

Heinrich von Kleist wurde 1777 in Frankfurt (Oder) als Spross einer adeligen Offiziersfamilie geboren. Den Militärdienst brach er ebenso ab wie ein Studium. Seine erste Anstellung fand er im Wirtschaftsministerium in Berlin. Kleist lebte zeitweise auch in Paris und in der Schweiz.

Literaturforscher tun sich schwer, Kleist einzuordnen. Am nächsten kam er der Romantik und der Weimarer Klassik. Zu seinen Werken gehören neben dem »Michael Kohlhaas« das Schauspiel »Das Käthchen von Heilbronn«, das Lustspiel »Der zerbrochene Krug«, das Trauerspiel »Penthesilea« und die Novelle »Die Marquise von O...«

Ein Drama war Kleists Tod: Nachdem die Zeitung, bei der Kleist mitwirkte, von der Zensur eingestellt wurde, nahmen die Geldsorgen zu, und er empfand sich innerlich »wund«. Am 21. November 1811 erschoss er am Stolper Loch, dem heutigen Kleinen Wannsee in Berlin, erst seine krebskranke Begleiterin Henriette Vogel (Porträt o.) und dann sich selbst.

Die zwei Gesichter eines toten Helden

Sein Name geriet zum Fanal, begeisterte eine ganze Generation junger Männer: Ferdinand von Schill. Doch sein König nannte ihn einen Hochverräter. War der Husarenführer nun ein Held oder ein Meuterer? Das doppelte Gesicht findet sich jedenfalls sogar in seiner Totenmaske.

Das Porträt Ferdinands von Schill wurde zur Ikone der Freiheitsbewegung.

Der Chef des Kulturhistorischen Museums Stralsund erlebte im Sommer 2009 seine »Sternstunde als Museumsdirektor«, als ihm ein zweites Original der Totenmaske Ferdinands von Schill überreicht wurde. Über mehrere Generationen hinweg war sie im Besitz der Neustrelitzer Familie Haltermann gewesen. Ein Vorfahre, der damals 14-jährige Stralsunder Apothekerlehrling Johann Arnold Haltermann, hatte 1809 im Auftrag seines Lehrherrn offensichtlich gleich zweimal mittels Glyzerin und Gips einen Gesichtsabdruck des in der nahen Fährstraße gefallenen Freikorpsführers genommen. Während der eine Abdruck ins damalige Hohenzollern-Museum in Berlin, heute das Deutsche Historische Museum, gelangte, wurde die zweite Maske in der Familie Haltermann gehütet. Anlässlich des 200. Todestages von Schill entschloss sich der heutige Besitzer, die Maske an ihren Ursprungsort zurückzugeben.

Eine »unglaubliche Tat« als Hochverrat?

Wer war dieser Ferdinand von Schill? Der am 6. Januar 1776 in Wilmsdorf bei Dresden geborene Adlige trat als 14-Jähriger dem Militär bei. Nach dem Frieden von Tilsit 1807 zwischen Napoleon und Preußen erhielt Schill, inzwischen Major und mit dem Orden »Pour le mérite« ausgezeichnet, die Führung des 2. Brandenburgischen Husarenregiments. Doch er wollte nicht stillhalten im Kampf gegen die Besatzer, wie es der Vertrag vorsah. So brach er eigenmächtig am 28. April 1809 mit 550 Husaren und Jägern Richtung Norden auf. Das Marschziel Stralsund verkündete er seinen Soldaten erst außerhalb der Berliner Stadtmauern.

Als der König von der Aktion erfuhr, sie als eine »unglaubliche Tat« verurteilte und Schill des Hochverrats bezichtigte, entband Schill sein Regiment vom Treue-Eid auf den König und schwor die Männer auf seinen Namen ein. Im Sinne des Kriegsrechts befehlig-

BEFREIUNGSKRIEG – FREIHEITSKRIEG

Mit dem Aufruf »An mein Volk!« des Preußen-Königs Friedrich Wilhelm III. vom 3. März 1813 begann der allgemeine Widerstand gegen die Fremdherrschaft Napoleons. Er löste einen nationalen Begeisterungssturm aus (re.: das Lützowsche Freikorps). Doch schon die Bezeichnungen verdeutlichen eine unterschiedliche Sicht: Mit »Freiheitskrieg« machten liberale Zeitgenossen deutlich, dass es nicht nur um die Befreiung vom napoleonischen Joch ging, sondern auch um bürgerliche Freiheiten. Diese Tendenzen verneinte der nach der Restauration geprägte Begriff »Befreiungskriege«, der den Kampf gegen die Fremdherrschaft betonte und die demokratischen Absichten ausblendete. In der DDR wurde der Freiheitskrieg als »Nationaler Unabhängigkeitskrieg« heroisiert, mit Ferdinand von Schill als »Kämpfer auf dem Kreuzweg von Fortschritt und Reaktion«.

te er nun keine reguläre Truppe mehr, und in einer Ansprache auf dem Marktplatz von Arneburg verkündete er seiner Einheit und allen Anwesenden klipp und klar sein Vorgehen: »Lieber ein Ende mit Schrecken als ein Schrecken ohne Ende!« Drei Tage darauf durchstieß Schills Freikorps die französischen Linien, um nach Mecklenburg zu gelangen. Der inzwischen auf vier Schwadronen, 400 Infanteristen und drei Geschütze angewachsenen Truppe gelang es am 25. Mai, nach blutigem Kampf die französische Besatzung von Stralsund niederzuringen.

Umgehend rückten gegen die etwa 1 500 Freikorps-Kämpfer 5 000 niederländische und dänische Soldaten unter französischem Kommando vor. Am Mittag des 31. Mai 1809 stürmten sie das Knieper Tor; es kam zu erbitterten Straßenkämpfen, in deren Verlauf der schon von einem Säbelhieb verwundete Ferdinand von Schill in der Fährstraße durch eine Gewehrkugel fiel. Hiebverletzung und Einschussloch sind auf den Totenmasken zu erkennen. Der Leichnam wurde in das Haus des Stadtchirurgen am Alten Markt getragen; dort muss die Abnahme der beiden Masken erfolgt sein.

General Gratien, der Befehlshaber der napoleonischen Truppen, ließ dem toten Schill den Kopf abschlagen und sandte ihn als Trophäe an Napoleons Bruder Jérôme Bonaparte, den »König von Westphalen«. Der Körper wurde auf dem St.-Jürgen-Friedhof verscharrt.

Ungeachtet des Fehlschlags war der Schill'sche Zug das Ereignis der deutschen Freiheitskämpfe des Jahres 1809. Auch wenn er noch nicht zur allgemeinen Erhebung führte, stärkte er doch den Widerstandswillen. Und ob der Husar ein Held oder ein Rebell war, darüber urteilte der große preußische Kriegstheoretiker Carl von Clausewitz so: »Schills Tat flößt mir großen Respekt für ihn ein; denn sie zeigt von ungewöhnlicher Geistesstärke ... Das Ende krönt die Tugend, was wir am Anfange für eine Verletzung des Rechts und des Pflichtgefühls halten.«

»Sie schnitten den Kopf von dem Rumpf ihm ab / Und warfen den Leib in ein schlechtes Grab, / Da schläft er nun bis an den Jüngsten Tag, / Wo Gott ihn zu Freuden erwecken mag.«

(Ernst Moritz Arndt, deutscher Freiheitsdichter)

Schills Offiziere wurden nach der Gefangennahme von den Franzosen zum Tod verurteilt.

Wer war der erste deutsche Bundeskanzler?

Wenn man an den ersten deutschen Bundeskanzler denkt, so fällt einem meist spontan der Name Konrad Adenauer ein, der ab 1949 die Bundesrepublik Deutschland regierte. Wer weiß schon, dass sich dahinter tatsächlich Otto von Bismarck verbirgt?

Der Kanzler mit der Pickelhaube: Die Verbindung von Politik und Militärmacht öffnete Bismarck den Weg zur Reichseinigung.

»Nicht durch Reden und Majoritätsbeschlüsse werden die großen Fragen der Zeit entschieden – das ist der große Fehler von 1848 und 1849 –, sondern durch Eisen und Blut.«

(Otto von Bismarck in einer Rede vor dem preußischen Abgeordnetenhaus, 1862)

Seit Jahrhunderten prägte ein politischer »Flickenteppich« das Heilige Römische Reich deutscher Nation, und damit war kein Staat zu machen. Erst 1867 zeichnete sich mit der Verfassung des Norddeutschen Bundes ein Staatswesen ab, das zukunftsfähig erschien. Sein Schöpfer: Otto von Bismarck, der der erste – und einzige – Kanzler dieses Bundes wurde.

Der Norddeutsche Bund nimmt in den Geschichtsbüchern nicht viel Platz ein, bedeutete er doch eher eine Vorstufe zu etwas Größerem, etwas, das die Weltgeschichte – positiv wie auch negativ – höchst nachhaltig beeinflusste: nämlich das Deutsche Reich, das 1871 im Spiegelsaal von Versailles proklamiert wurde. Bis dorthin war es allerdings ein weiter Weg, begleitet und durchdrungen von »Blut und Eisen« im Sinne Otto von Bismarcks.

Der Weg von Königgrätz nach Paris

Blicken wir zurück: »Riecht nach Blut. Nur zu gebrauchen, wenn das Bajonett schrankenlos waltet« – dies notierte einst König Friedrich Wilhelm IV. neben den Namen des aufstrebenden märkischen Junkers Otto von Bismarck. Auch sein Bruder und Nachfolger Wilhelm I. besaß keine gute Meinung von Bismarck, allerdings brauchte er ihn für seine Heeresreform, für ein starkes Preußen. Und Preußens Stärke bedeutete Österreichs Schwäche: Der innerdeutsche Gegensatz bestimmte die Politik zwischen Berlin und Wien. Um nichts weniger als die Vormachtstellung in der Mitte Europas, im Deutschen Bund, ging es den beiden Brüdervölkern, als sie 1866 die Waffen gegeneinander erhoben. Auslöser war die »Holsteinische Frage«, der Streit darüber, wie die zwei Jahre zuvor von den Dänen eroberten Gebiete im Norden verwaltet werden sollten, und das Bündnis, das Preußen mit Italien, dem Erzfeind der Habsburger-Monarchie, geschlossen hatte – aber all dies war nur Anlass, nicht Ursache des Waffenganges.

Die blutige Schlacht von Königgrätz in Böhmen am 3. Juli 1866 sah Preußen als klaren Sieger, der sich aufgrund seiner modernen Errungenschaften wie dem Einsatz

Auf dem Schlachtfeld von Königgrätz (li.: Bismarck und Moltke) entschied sich die Zukunft Deutschlands.

fortschrittlicher Waffensysteme oder der Eisenbahn als Militärmacht der Zukunft empfahl.

Der nachfolgende Frieden von Prag am 23. August 1866 bescherte dem Verlierer einen fairen Umgang und brachte Preußen ein paar kleine Gebietsgewinne. Entscheidender war jedoch, was folgte: Die 15 norddeutschen Kriegsteilnehmer schlossen sich zu einem Bund zusammen. Zunächst nur als militärisches Schutz- und Trutzbündnis angelegt, wurde er 1867 auch politische Realität: Durch die Annahme einer Verfassung vom 16. April – die von Bismarck selbst entworfen worden war– entstand nun ein Bundesstaat, der sich aus insgesamt 22 deutschen Ländern zusammensetzte. Damit existierte der seit 1815 bestehende Deutsche Bund nicht mehr, in dem Österreich die Führungsrolle besessen hatte. Bismarck war damit einer »kleindeutschen Lösung« unter preußischer Führung einen entscheidenden Schritt näher gekommen. Er schloss seine Verfassungsrede mit den Worten: »Setzen wir Deutschland, sozusagen, in den Sattel! Reiten wird es schon können.«

Eine Verfassung, auf Bismarck maßgeschneidert

Und Deutschland ritt, ja galoppierte voran: Im Krieg gegen Frankreich von 1870, bei dem sich auch die süddeutschen Staaten dem Norddeutschen Bund als Partner anschlossen, forderte Preußen die stärkste Militärmacht auf dem Kontinent heraus – und errang einen klaren Sieg. Damit konnte der erste deutsche Nationalstaat gegründet werden, erbaut auf den Strukturen des Norddeutschen Staates; das neue Deutsche Reich war dessen Rechtsnachfolger. Am 18. Januar 1871 wurde Preußens König zu Kaiser Wilhelm I. proklamiert.

All dieses geschah weiterhin auf der Grundlage der von Bismarck geschaffenen Verfassung. Oft verklärten daher die nachfolgenden Generationen ihren alten Kanzler zum »Einer«, zum »Schmied« des Reiches oder erhoben ihn zum» »deutschen Recken«, dem unzählige Denkmäler errichtet wurden. Dennoch gilt ihm heute meist nicht der erste Gedanke bei der Frage: »Wer war der erste deutsche Bundeskanzler?«

Der Aufstieg des Junkers Bismarck

Otto von Bismarck (1815–1898) war vielschichtig, undurchsichtig, wurde verklärt und verurteilt. Er war ein Gutsherr, ein Preuße, ein Diplomat. Über sich selbst sagte er einmal: »Ich werde entweder der größte Lump oder der größte Mann Preußens.« Letzteres hatte er erreicht.

Als Abkömmling eines Altmärkischen Junkergeschlechts hätte sich Otto auf seine Ländereien konzentrieren können. Aber es zog ihn weiter, in die Politik. Als Abgeordneter trat er zunächst als Interessenvertreter des großgrundbesitzenden Adels auf. Später wurde er erst nach Frankfurt, dann nach St. Petersburg und Paris als Gesandter geschickt. Schon da besaß er Ambitionen hinsichtlich »Preußens Glanz und Gloria«.

Als er 1862 nach Berlin mit den Worten »Gefahr im Verzug. Beeilen Sie sich!« zurückgerufen und zum preußischen Ministerpräsidenten und Minister des Auswärtigen ernannt wurde (Abb.), konnte er darauf hinarbeiten, der »größte Mann Preußens« zu werden.

Der Gefreite Hitler: Kriegsheld oder Drückeberger?

»So, wie wohl für jeden Deutschen, begann nun auch für mich die unvergesslichste und größte Zeit meines irdischen Lebens«, erinnerte sich Adolf Hitler in »Mein Kampf« an den Ausbruch des Ersten Weltkrieges 1914. Stets war es dem »Führer« ein Anliegen, sich dem Volk als Held, der sein Leben fürs Vaterland riskierte, zu präsentieren. Doch was tat Hitler wirklich im Krieg? War er Frontkämpfer oder ein »Etappenhengst«?

Den Kriegsausbruch erlebte Hitler in München. Schon wenige Tage nach der deutschen Kriegserklärung am 1. August 1914 meldete er sich – obgleich österreichischer Staatsangehöriger – freiwillig und wurde dem 16. Bayerischen Reserve-Infanterie-Regiment zugeteilt. Nach kurzer Ausbildung ging es bereits am 21. Oktober an die Westfront. Bei der Eroberung des Dorfes Gheluvelt vor Ypern erlebte der 25-Jährige tatsächlich die Härten einer Schlacht mit: Vier Tage lang rückte das Regiment unter schwerem Beschuss und mit hohen Verlusten vor. Später behauptete Hitler, er sei der einzige Überlebende seines Zuges gewesen, was jedoch nicht stimmte. Für Hitler hatte das Grauen aber bereits am 9. November ein Ende, denn ihm wurde eine Aufgabe im Regimentsstab zugewiesen.

Meldegänger hinter den Linien

Der zum Gefreiten beförderte Hitler diente fortan seinem Regiment als Meldegänger, das bedeutete, er hatte hinter der Frontlinie Befehle des Regimentsstabes an die Bataillons-

Der Gefreite Hitler – noch mit üppigem Schnauzbart (1. von li.) – mit Regimentskameraden im Jahr 1916.

stäbe zu überbringen. Dies war gewiss keine ungefährliche Aufgabe, doch bei Weitem nicht mit dem tödlichen Risiko vergleichbar, das die Frontsoldaten im Schützengraben Tag für Tag trugen. Die größte Gefahr bestand darin, von einem hinter der Front einschlagenden Artilleriegeschoss getroffen zu werden. Direktem Maschinengewehrfeuer waren Meldegänger nicht ausgesetzt.

Fast die gesamten vier Kriegsjahre verbrachte Hitler in dieser Position, sodass er von den Frontsoldaten nicht als einer der ihren betrachtet wurde. Gemessen an den Lebensumständen in den schlammgefüllten Schützengräben nahm sich das Leben im Stab mit festen Unterkünften und festen Dienstzeiten regelrecht angenehm aus. »Das Fronterlebnis bestand für den Gefreiten Hitler mehr im Genuss von Kunsthonig und Tee, als in der Beteiligung an einer Kampfhandlung«, ärgerte sich der Regimentsveteran Josef Stettner 1932 in einem Zeitungsartikel. »Während wir vorn im Graben 7 bis 10 Tage ununterbrochen in der Nässe lagen oder bis zum Bauche im Schlamme auf Posten standen, lag Hitler auf einer warmen, läusefreien Drahtklappe in Fromelles und hatte mehrere Meter schützendes Gestein über seinem Heldenhaupte.«

Im Gegenzug dazu verklärte Hitler später seine Rolle: Mit patriotischen Liedern auf den Lippen seien die Sturmtrupps voran gestürmt. Außerdem seien die Herausforderungen an einen Meldegänger viel größer gewesen als die des Soldaten im Schützengraben, da dieser stärker dem Kugelhagel ausgesetzt gewesen sei. Doch dies waren prahlerische Übertreibungen wie auch die Anekdote, Hitler habe einmal allein und nur mit einer Pistole bewaffnet 12 Franzosen gefangen genommen.

Ein Österreicher in der deutschen Armee

Hitler meldete sich in der deutschen Armee, obwohl er als Österreicher im Geburtsland wehrpflichtig war. Doch vom Vielvölkerstaat Österreich hielt der Nationalist herzlich wenig; 1913 war er nach München gezogen, um sich vor dem Militärdienst zu drücken.

Doch die Behörden spürten ihn in München auf und beorderten ihn zur Musterung. Der schwächliche Mann wurde jedoch für untauglich befunden. Nach der Mobilmachung meldete sich Hitler umso bereitwilliger in Bayern (u.: in der jubelnden Menge auf dem Odeonsplatz in München). Nachforschungen 1924 konnten nicht mehr klären, warum der Österreicher ins bayerische Heer aufgenommen worden war; vermutlich, so der Schlussbericht, ein Versehen.

Die Eisernen Kreuze des Gefreiten Hitler

Als »Beweise« für Hitlers Tapferkeit führte man gerne die Verleihung des Eisernen Kreuzes an. Als einem von vier Meldegängern, die den Regimentskommandeur vor feindlichem Beschuss gewarnt hatten, war Hitler im Dezember 1914 das Eiserne Kreuz II. Klasse verliehen worden. Er stand seinen Vorgesetzten offenbar loyal zur Seite, hatte auch keine Probleme mit den jüdischen Kameraden im Regiment.

Die Vergabepraxis der Orden, insbesondere des Eisernen Kreuzes I. Klasse, wurde aber truppenintern als ungerecht empfunden. Denn sie bevorzugte Soldaten, die mit ihren Offizieren auf gutem Fuß standen. Hitler bekam die begehrte Auszeichnung im August 1918 auch nicht wegen besonderer Tapferkeit, sondern weil er die richtigen Personen kannte. Vorgeschlagen hatte ihn Regimentsadjutant Hugo Gutmann, der ranghöchste jüdische Offizier. Dieses pikante Detail wurde später selbstverständlich vertuscht. Als sich Gutmann gegen die Geschichtsklitterung wehrte, wurde er 1937 von der Gestapo »wegen verächtlicher, herabwürdigender und unwahrer Äußerungen über den Führer« verhaftet.

Das Geheimnis der alten Männer

Die Außenpolitik Konrad Adenauers, des ersten Kanzlers der Bundesrepublik Deutschland seit 1949, hatte vier Hauptziele: Beendigung des Besatzungsstatuts, Westintegration des jungen Staates, Wiedergutmachung gegenüber Israel und eine deutsch-französische Aussöhnung. Hier fand »der Alte« einen kongenialen, aber völlig unerwarteten Partner. Was verband Charles de Gaulle mit dem deutschen Kanzler?

Der Händedruck der Freundschafts-Architekten, 1963 in Paris.

Die deutsch-französische Nachbarschaft war eine leidvolle Geschichte, bei der alle Bemühungen um eine dauerhafte Befriedung immer wieder blutig gescheitert waren. Doch nach dem Zweiten Weltkrieg entstand in der Bevölkerung beider Staaten tatsächlich eine umfassende Bewegung mit dem Ziel einer dauerhaften Aussöhnung. Für Konrad Adenauer, der als bereits 73-Jähriger am 15. September 1949 in das Amt des Bundeskanzlers gewählt wurde, wurde es das Herzstück seiner Europapolitik.

Der streitbare Zivilist aus Köln

Konrad Adenauer, am 5. Januar 1876 in Köln als Sohn eines streng katholischen Kanzleirats geboren, schlug die juristische Laufbahn ein und wurde Rechtsanwalt. Als 30-Jähriger trat er in die katholische Zentrumspartei ein und begann damit eine höchst erfolgreiche politische Karriere. So amtierte er 16 Jahre lang, von 1917 bis 1933, als Kölner Oberbürgermeister. Zudem stand Adenauer von 1920 bis 1933 dem Preußischen Staatsrat als Präsident vor. Der Staatsrat war die Zweite Kammer des Preußischen Landtags; sie tagte im Preußischen Herrenhaus, dem heutigen Sitz des Bundesrats.

1933, mit dem Machtantritt der Nationalsozialisten, wurde Adenauer aller Ämter enthoben. Die NS-Zeit verbrachte der zweimal kurzzeitig verhaftete Politiker in der »inneren Emigration«. Nach dem Krieg wurde er 1946 Mitbegründer der »Christlich Demokratischen Union/CDU« und wirkte seit Oktober 1950 als deren Bundesvorsitzender. 1949 errang Adenauer ein Direktmandat für den Deutschen Bundestag, dem er bis 1966 angehörte.

Der Beginn einer wunderbaren Freundschaft

Erster Ansprechpartner Konrad Adenauers bei seinen angestrebten Aussöhnungsbemühungen mit dem einstigen »Erzfeind« war der französische Außenminister Robert Schuman. Die enge Zusammenarbeit beider Politiker führte dazu, dass die Bundesrepublik in die entstehenden europäischen Institutionen fest eingebunden wurde. Aber es sollte gerade zwischen Deutschland und Frankreich eine noch intensivere Zusammenarbeit geben, als mit den anderen westeuropäischen Ländern; eine Völkerfreundschaft sollte als Kernzelle der gesamteuropäischen Integration wirken.

Im Frühjahr 1958 brach in Frankreich die Vierte Republik zusammen; die Regierung übernahm Charles de Gaulle als Präsident mit weitgehenden Vollmachten. Im Herbst trafen sich der 82-jährige Deutsche und der 14 Jahre jüngere Franzose erstmals zu einem intensiven Gedankenaustausch auf dessen lothringischem Landgut in Colombey-les-deux-Eglises. Aus dieser Begegnung entstand eine ungewöhnlich harmonische persönliche wie politische Freundschaft – bei aller Gegensätzlichkeit der Biografien.

DE GAULLE, DER AUSBRECHERKÖNIG

Am 2. März 1916 geriet Hauptmann Charles de Gaulle bei Verdun verwundet in deutsche Kriegsgefangenschaft. Nach seiner Genesung kam er wegen aufgedeckter Fluchtpläne in das als äußerst sicher geltende Fort IX der alten bayerischen Landesfestung Ingolstadt. Hier hatte sich bereits eine »Hochschule des Ausbruchs« besonders fluchtgefährlicher alliierter Offiziere gebildet. De Gaulle gehörte alsbald zu den »Musterschülern«, da ihm drei Fluchtversuche gelangen. Doch immer wieder wurde er erwischt, nicht zuletzt wegen seiner buchstäblich herausragenden Körpergröße von 192 Zentimetern. Auf die oberfränkische Festung Rosenberg verlegt, gelang ihm auch von dort wieder ein letztlich ebenfalls fehlgeschlagener Ausbruch. Der Hauptmann erhielt daraufhin verschärfte Lagerhaft in Ingolstadt, nach deren Verbüßung er auf die Wülzburg in Mittelfranken verbracht wurde. Von dort floh er abermals – im Wäschekorb. Auf dem Bahnhof von Aschaffenburg von Gendarmen entdeckt, musste de Gaulle auf die Wülzburg zurück, wo er das Kriegsende erlebte.

1

Der politische Militär

Hatte Adenauer, ein Zivilist durch und durch, eine Karriere als Berufspolitiker absolviert, so galt der am 22. November 1890 als Sohn eines Gymnasiallehrers in Lille geborene Charles de Gaulle als Militär par excellence. 1911 trat der groß gewachsene junge Mann nach Beendigung der Kriegsschule St. Cyr als Infanterieoffizier in die Armee ein. Im Ersten Weltkrieg nahm de Gaulle an den Kämpfen um das Fort Douamont bei Verdun als Hauptmann teil. Schwer verwundet geriet er in deutsche Kriegsgefangenschaft, die er auf verschiedenen Festungen in Bayern verbrachte, wenn er nicht gerade auf der Flucht war (siehe Kasten). Dabei lernte er gut Deutsch.

Nach dem Friedensschluss 1919 setzte de Gaulle seine steile Offizierskarriere fort. So erhielt er am 19. Mai 1940 – neun Tage nach Beginn des Westfeldzugs der Wehrmacht – als 49-Jähriger die Ernennungsurkunde zum

Die ersten Schritte zur deutsch-französischen Annäherung unternahm Adenauer (2. v. li.) schon 1951 mit der Gründung der Montanunion.

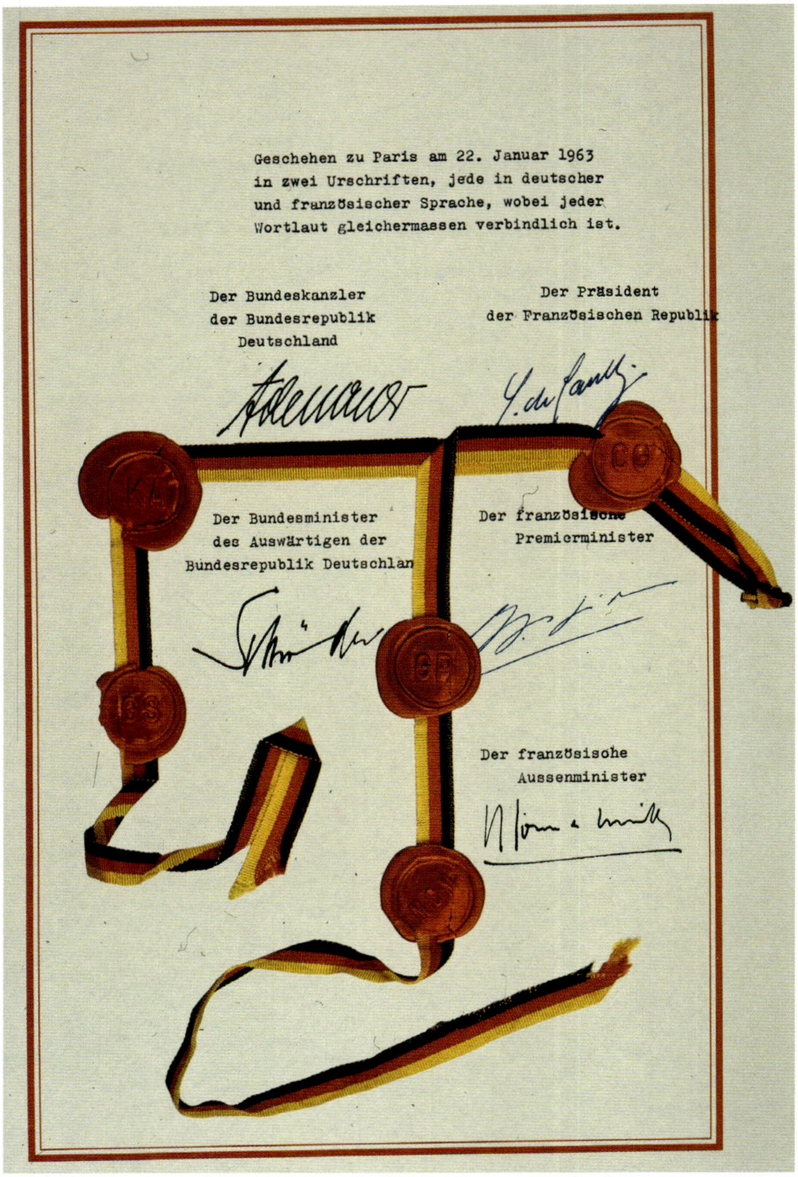

Geschehen zu Paris am 22. Januar 1963
in zwei Urschriften, jede in deutscher
und französischer Sprache, wobei jeder
Wortlaut gleichermassen verbindlich ist.

Der Bundeskanzler
der Bundesrepublik
Deutschland

Der Präsident
der Französischen Republi

Der Bundesminister
des Auswärtigen der
Bundesrepublik Deutschlan

Der französische
Premierminister

Der französische
Aussenminister

Der deutsch-französische Freundschaftsvertrag von 1963 mit den Unterschriften Adenauers und De Gaulles.

General, der bis dahin jüngste in der französischen Armee. Mitte Juni 1940 flog de Gaulle nach London, gründete dort das »Nationalkomitee der freien Franzosen« und rief, vier Tage vor dem Abschluss des Waffenstillstands, per Radioübertragung in einem flammenden Appell zum Widerstand gegen die deutschen Besatzer auf.

Im August 1944 kehrte de Gaulle an der Spitze seiner Widerstandskämpfer triumphal ins befreite Paris zurück und wurde, nach seinem Abschied aus der Armee, kurzzeitig zweimal Ministerpräsident. Am 21. Dezember 1958 wählte die Bevölkerung Charles de Gaulle mit 75 Prozent der Stimmen zum ersten Staatspräsidenten der neuen Fünften Republik.

Für ein gemeinsames Europa der Vaterländer

Nach dem ersten Zusammentreffen mit de Gaulle gewann der deutsche Kanzler jedenfalls den Eindruck, dass sein neuer französischer Partner ein Mann sei, dem man vertrauen könne – einen »homme de certitude« hätte er gewonnen, wie der Korrespondent der Zeitung »Le Monde« aus der Bundeshauptstadt vermeldete.

De Gaulles Europavorstellung traf sich dabei keineswegs in allen Punkten mit jener Adenauers. Ihm ging es um eine von den USA relativ unabhängige und auf lange Sicht auch den Osten des Kontinents umfassende Vereinigung der »Vaterländer«, ohne dass die Nationalstaaten aufgelöst würden. Für Adenauer war diese politische Linie zunächst nicht nachvollziehbar, da sein Konzept stets auf die Einbindung der USA abgezielt hatte. Erst als de Gaulle 1962 »dem großen deutschen Volk« einen Besuch abstattete, bei dem der französische Präsident von der Bevölkerung jubelnd willkommen geheißen wurde, wurden diese Differenzen in den Hintergrund gedrängt.

Die Aussöhnung zwischen Frankreich und Deutschland sowie das Engagement beider Staaten für die Zusammenarbeit in Europa waren und blieben jedenfalls die zentralen Punkt der Außenbeziehungen beider Staaten. Das unterschiedliche Verhältnis zu den Vereinigten Staaten ergab sich aus der verschiedenen Interessenlage, vor allem in der Sicherheitspolitik. Die »Grande Nation« strebte nach Selbstständigkeit; dagegen bestimmten Abhängigkeitsverhältnisse die Beziehung der Bundesrepublik zu den Amerikanern.

Jenseits der großen Gesten förderten die beiden »alten Männer« zahlreiche praktische Maßnahmen, um die Bande über den Rhein wirksam zu verstärken. 1962 begannen entsprechende Verhandlungen, wobei der Besuch Adenauers im selben Jahr in Frankreich – wobei es zu dem symbolstarken Bild beider Staatsmänner während eines Hochamtes in der Kathedrale von Reims kam – den endgültigen Durchbruch zur deutsch-französischen Aussöhnung brachte.

Dessen Schluss- und Höhepunkt erfolgte am 23. Januar 1963 im Pariser Élysée-Palast mit der feierlichen Unterzeichnung des Vertrags über die deutsch-französische Zusammenarbeit. Zu dem Abkommen gehörte auch die Gründung des deutsch-französischen Jugendwerks; schon im folgenden Jahr trafen sich bei 5 500 Begegnungen über 280 000 junge Menschen aus beiden Ländern.

Das Ende einer so genannten »Erbfeindschaft«: Unterzeichnung des Élysée-Vertrags 1963.

Ein bleibendes Legat für die Nachfolger

Kanzler Adenauer und Präsident de Gaulle waren sich »in der Überzeugung einig, dass die Versöhnung zwischen dem deutschen und dem französischen Volk, die eine Jahrhunderte alte Rivalität beendet, ein geschichtliches Ereignis darstellt, das das Verhältnis der beiden Völker zueinander von Grund auf neu gestaltet.« So ist es – bei allen gelegentlichen Spannungen – bis heute geblieben, wie erst jüngst die enge Zusammenarbeit zwischen Berlin und Paris bei den drängenden Fragen der Euro-Schulden-Krise augenfällig zeigte.

Die engen persönlichen Beziehungen, wie sie die »Alten« vorgegeben hatten, versuchten dann auch ihre Nachfolger zu pflegen, auch – oder gerade – über politische Gräben hinweg. So hatte der Sozialdemokrat Helmut Schmidt ein gutes Verhältnis mit dem konservativen Staatspräsidenten Valérie Giscard d'Estaing, während sich CDU-Kanzler Hellmut Kohl hervorragend mit dem Sozialisten François Mitterand verstand. Die deutsch-französische Partnerschaft wog – und wiegt hoffentlich noch lange – stärker als Parteiideologie. Auch dies ist ein Erbe der alten Männer, die an ihrer Wiege standen.

Stationen der deutsch-französischen Aussöhnung

- **13.–15. Januar 1950:** Treffen Adenauers mit dem französischen Außenminister Robert Schuman
- **18. April 1951:** Erster Besuch Adenauers in Paris anlässlich der Unterzeichnung des Vertrags über die »Montanunion«

- **26./27. Mai 1952:** Unterzeichnung des »Deutschlandvertrags« über die Beziehungen zu den drei Westmächten in Bonn und des EVG-Vertrages in Paris (»Europäische Verteidigungsgemeinschaft«)
- **23. Oktober 1954:** Unterzeichnung der Pariser Verträge zur militärischen Westintegration der BRD
- **25. März 1957:** Unterzeichnung der Römischen Verträge zur Errichtung einer »Europäischen Wirtschaftsgemeinschaft (EWG)«und der »Europäischen Atomgemeinschaft (EURATOM)«
- **14./15. September 1958:** Adenauer trifft sich mit dem französischen Staatspräsidenten Charles de Gaulle auf dessen Landsitz Colombey-les-deux-Eglises.
- **2.–8. Juli 1962:** Staatsbesuch Adenauers in Frankreich (Foto li.)
- **4.–9. September 1962:** Gegenbesuch de Gaulles
- **22. Januar 1963:** Mit dem Freundschaftsvertrag krönen Adenauer und de Gaulle die deutsch-französische Aussöhnung

Glossar

Abbasiden: seit 750 regierendes Herrscherhaus der Kalifen

Alchemie: die Erforschung von Stoffen und Elementen nach Überlieferungen, die bis in die alten Hochkulturen zurückreichen; Hauptziel ist die »Transmutation«, die Verwandlung unedler Stoffe in Edelmetalle

Befreiungskriege: Kampf der deutschen Staaten und ihrer Verbündeten gegen die Fremdherrschaft Napoleons I. 1813/14

Berlinblockade: Isolierung West-Berlins vom Juni 1948 bis Mai 1949 durch die Sowjetunion

Berliner Mauer: umgangssprachliche Bezeichnung für die Grenzbefestigungen, mit denen die DDR 1961 bis 1989 ihre Bürger am Grenzübertritt nach Westberlin hinderte

Chiliasmus: vom griechischen Wort für »Tausend« abgeleitete Bezeichnung für den Glauben an ein »Tausendjähriges Gottesreich« am Ende der Zeiten

Deutscher Bund: politischer Zusammenschluss der deutschen Territorien 1815–1866

Deutscher Krieg: Kampf Preußens gegen Österreich-Ungarn und dessen deutsche Verbündete; entschieden durch den preußischen Sieg bei Königgrätz 1866

Deutsches Reich: offizieller Name des Kaiserreichs 1870 bis 1918 und der »Weimarer Republik« bis 1945

Drittes Reich: propagandistischer Beiname des NS-Staates, der als Wiederbelebung der ersten beiden Kaiserreiche gefeiert wurde

Erzherzog: seit 1438 Titel der Regenten des Erzherzogtums Österreich, dann auch der Nebenlinien des Habsburgerhauses und schließlich aller Prinzen der Dynastie

Gestapo: Geheime Staatspolizei im NS-Staat

Goldene Bulle: Grundgesetz des Heiligen Römischen Reichs deutscher Nation, erlassen 1356 von Kaiser Karl IV.

Hanse: Zusammenschluss von Fernkaufleuten; die Vereinigung umfasste Ende des Mittelalters den gesamten Ost- und Nordsee-Raum

Hausmeier: Verwalter des Frankenreichs unter den jeweils herrschenden Königen

Heiliges Römisches Reich: das 800 von Karl dem Großen begründete Kaiserreich des Abendlands; umfasste seit seiner Neubegründung 962 durch Otto I. Deutschland, Italien und Burgund; seit dem 13. Jh. mit dem Zusatz »deutscher Nation« versehen; 1806 aufgelöst

Herero: Bantu-Hirtenvolk in Südwestafrika

Hohenzollern: ursprünglich schwäbisch-fränkische Dynastie; seit 1415 Markgrafen von Brandenburg, 1701 Könige in Preußen. 1870 bis 1918 Deutsche Kaiser

Hugenotten: umgangssprachliche Bezeichnung für die Anhänger der reformierten Lehre in Frankreich

Hundertjähriger Krieg: Konflikt zwischen dem englischen Haus Plantagenet und den französischen Haus Valois um die Herrschaft über Frankreich 1337 bis 1453

Interregnum: die »kaiserlose« Zeit im Heiligen Römischen Reich mit schwachen Königen 1254 bis 1273

Kalif: Nachfolger und Stellvertreter des Gesandten Gottes; nach sunnitischer Tradition der geistliche und weltliche Führer der Muslime

Karolinger: seit 751 regierendes Königsgeschlecht der Franken, vorher Hausmeier im Frankenreich

Kreuzzüge: bewaffnete »Pilgerfahrten« abendländischer Heere zur Befreiung Jerusalems zwischen 1096 und 1290

Kurfürsten: zur Wahl des Kaisers berechtigte Landesherren; in der Goldenen Bulle 1356 festgelegt auf die Erzbischöfe von Mainz, Köln und Trier, den König von Böhmen, den Pfalzgrafen bei Rhein und die Kurfürsten von Sachsen und Brandenburg

Kyffhäuser: Mittelgebirgszug in Thüringen und Sachsen-Anhalt, bis 474 Meter hoch

Machtergreifung: die Übernahme der Macht durch die Nationalsozialisten seit der Ernennung Adolf Hitlers zum Reichskanzler am 30. Januar 1933

Merowinger: frühmittelalterliches Königsgeschlecht der Franken, 751 von den Karolingern abgelöst

Nama: früher als Hottentotten bezeichnete eingeborene Völkerschaft im Süden Afrikas

Oberste Heeresleitung (OHL): höchste Führungsebene der deutschen Armee im Ersten Weltkrieg; theoretisch Kaiser Wilhelm II. unterstehend, faktisch übten seit 1916 die Generäle Hindenburg und Ludendorff eine Militärdiktatur aus

Reichsinsignien: Symbole des Kaisertums des Heiligen Römischen Reichs, umfassen u.a. die Reichskrone, das Reichsszepter, den Reichsapfel und diverse Reliquien

Rosenkreuzer: Geheimgesellschaft des 17. und 18. Jahrhunderts, bei der sich esoterische und aufklärerische Elemente verbanden

Salier: Deutsche Kaiserdynastie, regierte von 1002 bis 1125

Schmalkaldischer Krieg: Krieg der protestantischen Reichsstände gegen Kaiser Karl V., endet mit dem Sieg des Kaisers bei Mühlberg 1547

Stasi: umgangssprachliche Kurzfassung für die Mitarbeiter des Ministeriums für Staatssicherheit (MfS) in der DDR

Staufer: Deutsche Kaiserdynastie, regierte von 1138 bis 1254

Täufer: reformatorische Bewegung, welche die Taufe von Erwachsenen fordert

Vitalienbrüder: Piraten der Nord- und Ostsee im 14. und 15. Jahrhundert

Vogelherd: Teil des Jagdreviers, an dem Vogelfallen aufgestellt wurden

Wehrmacht: Bezeichnung für die Streitkräfte des Deutschen Reiches von 1935 bis 1946, davor »Reichswehr«

Weimarer Republik: umgangssprachliche Bezeichnung für die republikanische Staatsform des Deutschen Reichs 1919 bis 1933; in Weimar tagte die verfassungsgebende Versammlung

Welfen: deutsches Adelsgeschlecht mit Besitzungen in Sachsen, Bayern und Norddeutschland, später Fürsten von Hannover

Wiedertäufer: abwertende Bezeichnung für die Täufer-Bewegung der Reformation

Wittelsbacher: deutsches Adelsgeschlecht, regierte Bayern als Herzöge seit 1180, als Kurfürsten seit 1623 und als Könige 1806 bis 1918

Register

Literaturhinweise zum Weiterlesen

Kapitel: Krieg

Epkenhans, M., Groß, G.P., Köster, B.: Preußen. Aufstieg und Fall einer Großmacht. Stuttgart, 2011

G/Geschichte 10/08: Das Reich der Franken, Augsburg, 2008

G/Geschichte 02/09: Der Bauernkrieg, Augsburg, 2009

G/Geschichte 11/09: Schlachtfeld Deutschland – Der Dreißigjährige Krieg, Augsburg, 2009

G/Geschichte 11/09: Preußens Kampf ums Überleben – Der Siebenjährige Krieg, Augsburg, 2009

GEO Epoche, Nr. 29: Der Dreißigjährige Krieg. Hamburg, 2008

Graichen, G./ Gründer, H./ Dietrich, H.: Deutsche Kolonien, Traum und Trauma, Berlin, 2005

Hägermann, Dieter: Karl der Große. Herrscher des Abendlandes, Berlin, 2003

Hartmann, Peter C.: Der Dreißigjährige Krieg, Regensburg, 2010

Knopp, Guido: Das Bernsteinzimmer. Hamburg, 2003

Oka, Hiroto: Der Bauernkrieg in der Landgrafschaft Stühlingen und seine Vorgeschichte seit der Mitte des 15. Jahrhunderts, Konstanz, 1998

Remy, Maurice: Mythos Bernsteinzimmer. München, 2003

Frh. von Steinacker, H.: Befreiungskriege. Volker Henning Verlagsbuchhandlung, Holzminden, 2000

Thede, Frank: Die Schlacht bei Hemmingstedt, Heide, 2000

von Wacholtz, F. L.: Unter der Fahne des Schwarzen Herzogs anno 1809. Tredition, Hamburg, 2011

Witt, J. M./Vosgerau, H. (Hg.): Geschichte Schleswig-Holsteins. Boyens, Heide, 2010

Kapitel: Liebe

Clark, Christopher: Preußen, München, 2007

Delau, Reinhard: August der Starke und seine Mätressen, Leipzig, 2008

Domerer, Norman: Der Eulenburg-Skandal. Eine politische Kulturgeschichte des Kaiserreichs, Frankfurt/M., 2010

Domröse, Sonja: Frauen der Reformationszeit, Göttingen, 2010

Ebersbach, Volker: Carl August von Sachsen-Weimar-Eisenach, Köln, 1998

Eickhoff, Ekkehard: Theophanu und der König, Otto III. und seine Welt; Stuttgart, 1999

Ende, Ruth B. (Hg.): Selbstinszenierungen im klassischen Weimar. Caroline Jagemann, 2 Bde, Göttingen, 2004

Fest, Joachim, Hitler: Eine Biografie, München, 1998

Fößel, Amalie (Hrsg.): Die Kaiserinnen des Mittelalters; Pustet Verlag, Regensburg, 2011

G/Geschichte 08/10: Die Ottonen, Augsburg, 2010

G/Geschichte 05/04: Martin Luther und die deutsche Reformation, Augsburg, 2004

G/Geschichte 07/09: Die Macht der Mätressen, Augsburg, 2009

G/Geschichte 11/11: Adolf Hitler – Aufstieg zur Macht, Augsburg, 2011

GEO Epoche, Nr. 39: Die Reformation, Hamburg, 2009

Görtemeier, Heike B.: Eva Braun. Leben mit Hitler, München, 2010

Hoffmann, Gabriele: Constanze von Cosel. Die Geschichte einer Mätresse, Bergisch Gladbach 2011

Kiermeier-Debre, Joseph: Goethes Frauen. 44 Porträts aus Leben und Dichtung, München, 2011

Mann, Golo: Ludwig I. von Bayern, Frankfurt/M., 1999

Metzger, Franz, Feuerstein-Praßer, Karin: Die Geschichte des Ordenslebens, Freiburg, 2006

Neugebauer, Wolfgang: Die Hohenzollern, 2 Bde, Berlin-Köln, 1996/2003

Panzer, Marita: Agnes Bernauer. Die ermordete »Herzogin«, Regensburg, 2007

Rapport, Mike: 1848 – Revolution in Europa. Stuttgart, 2011

Röhl, John: Kaiser, Hof und Staat. Wilhelm II. und die deutsche Politik, München, 1988
Schaake, Erich: Hitlers Frauen, München 2001
Schäfer, Werner: Agnes Bernauer. Geschichte – Dichtung – Bild, Straubing, 1995
Zeller, Eva: Die Lutherin. Spurensuche nach Katharina von Bora, München, 2002

Kapitel: Intrige

Beck, Barbara: Intrigenopfer. Vom Aufstieg und Fall großer Männer, Wiesbaden, 2011.
Becker-Huberti, Manfred: Die heiligen drei Könige. Geschichte, Legende und Bräuche, Köln, 2005
Emmerich, Alexander: Bismarcks Triumph. Reihe Wendepunkte der Geschichte. Stuttgart, 2011
Epoc 02/11: Die Hanse. Heidelberg, 2011
Feuerstein-Praßer, Karin: Gefährliche Verwandtschaft. Streit und Intrigen am Hof. Stuttgart, 2012
Ganschow, Jan u.a. (Hg.): Der deutsch-französische Krieg 1870/71. Vorgeschichte, Verlauf, Folgen, Granz, 2009
G/Geschichte 07/04: Bomben gegen Hitler – Widerstand im Dritten Reich, Augsburg, 2010
G/Geschichte 11/06: Kaiser Wilhelms Kolonien, Augsburg, 2006
G/Geschichte 10/10: Bismarck und das Kaiserreich, Augsburg, 2010
Gruchmann, Lothar (Hg.): Autobiographie eines Attentäters. Johann Georg Elser, München, 1992
Haasis, Hellmut G.: Den Hitler jag ich in die Luft. Der Attentäter Georg Elser, Hamburg, 2009
Haasis, Hellmut G.: Joseph Süß Oppenheimer, genannt Jud Süß, Hamburg, 2001.
Kaiser, Jürgen: Der Kampf um die Krone. Königsdynastien im Mittelalter, Stuttgart, 2011
Kluckert, Ehrenfried: Die heiligen drei Könige und ihr Weg nach Köln, Augsburg, 2010
Koch, Jörg: Joseph Oppenheimer genannt »Jud Süß«. Seine Geschichte in Literatur, Film und Theater, Darmstadt, 2011.
Kolb, Eberhard: Bismarck, München 2009
Lotze, Gerd: Karl Wienand. Der Drahtzieher, Köln, 1995
Milger, Peter: Die Kreuzzüge. Krieg im Namen Gottes, München, 6. Auflage 2000
Neumann, Hans-Joachim: Friedrich Wilhelm II. Preußen unter den Rosenkreuzern; Berlin, 1997
Pflanze, Otto: Bismarck Bd. 1 Der Reichsgründer, München, 2008
Ritter, Thomas: Im Namen des Herrn. Der Kreuzzug der ungeliebten Kinder, Greiz, 2006
Röhner, Regina: Der sächsische Prinzenraub, Chemnitz, 1993
Seidl, Alfred: Der Fall Heß 1941–1987. Dokumentation, München, 1988
Weinfurter, Stefan: Das Reich im Mittelalter, München, 2008
Wolf, Markus: Spionagechef im geheimen Krieg. Erinnerungen, Berlin, 1997

Kapitel: Politik

Bahar, Alexander, Kugel, Wilfried: Der Reichstagsbrand. Wie Geschichte gemacht wird, Berlin, 2008
Berg, Dieter: Richard Löwenherz, Darmstadt, 2007
Bruckmüller, E./Urbanitsch, P. (Hg.): 996–1996 Ostarrîchi – Österreich. Menschen, Mythen, Meilensteine, Horn, 1996
Epoc 06/08: Die Weimarer Republik. Heidelberg, 2008
Fuhrer, Armin: Wer erschoss Benno Ohnesorg? Berlin, 2009
G/Geschichte 05/07: Die Fugger, Augsburg, 2007
G/Geschichte 05/11: Die DDR – Leben und Schicksale jenseits der Mauer
G/Geschichte 06/11: Richard Löwenherz, Augsburg, 2006
Geppert, Dominik: Pressekriege. Öffentlichkeit und Diplomatie in den deutsch-britischen Beziehungen (1896–1912), München, 2007
Herre, Franz: Die Fugger in ihrer Zeit, Augsburg, 2009
Hertle, Hans-Hermann: Chronik des Mauerfalls, Berlin, 1996
Höbelt, Lothar: Die Habsburger. Stuttgart, 2009
Jochen, Th./Daak, K. v.: Südwestdeutschland Stunde Null – Die Geschichte der französischen Besatzungszone 1945–1948, Düsseldorf, 1979

Kellerhoff, Sven Felix: Der Reichtagsbrand. Die Karriere eines Kriminalfalls, Berlin, 2008

Kellerhoff, Sven Felix: Die Stasi und der Westen. Der Kurras-Komplex, Hamburg, 2010

Kluger, Martin: Die Bank der Fugger, Augsburg, 2011

Ullrich, Volker: Die nervöse Großmacht 1871–1918. Frankfurt/M., 1997

Ritter, Gerhard, Miller, Susanne: Die deutsche Revolution 1918/19, Frankfurt/M., 1983

Ruggenthaler, Peter (Hg.): Stalins großer Bluff. Die Geschichte der Stalin-Note in Dokumenten der sowjetischen Führung;, München, 2007

Schneider, Hans: Neues vom Reichstagsbrand. Eine Dokumentation, Berlin, 2004

Springer, Matthias: Die Sachsen, Stuttgart, 2004

Tobias, Fritz: Der Reichstagsbrand. Legende und Wirklichkeit, Rastatt, 1962

Winkler, Heinrich August: Weimar 1918–1933. Die Geschichte der ersten deutschen Republik, München, 1998

Kapitel: Todesfälle

Behrenbeck, Sabine: Der Kult um die toten Helden. Nationalsozialistische Mythen, Riten und Symbole 1923–1945, Köln, 2011

Bühler, Arnold: Der Kreuzzug Friedrich Barbarossas, Ostfildern, 2002

Csendes, Peter: Philipp von Schwaben. Ein Staufer im Kampf um die Macht, Darmstadt, 2003

G/Geschichte 09/04: Kaiser Rotbart – Barbarossa und seine Zeit, Augsburg, 2004

G/Geschichte 04/11: Ludwig II. – Traum, Tod, Tragödie, Augsburg, 2011

Großbongart/Pieper (Hg.): Die Staufer und ihre Zeit, München, 2010

Mehle, Franz: Der Kriminalfall Kaspar Hauser, Kehl, 2009

Müller, Michael u. a.: Der Fall Barschel. Ein tödliches Doppelspiel, München, 2007

Niederhäuser, Peter: Die Habsburger zwischen Aare und Bodensee, Zürich, 2010

Reiser, Rudolf: König Ludwig II. Mensch und Mythos zwischen Genialität und Götterdämmerung. Regensburg, 2010

Schiener, Anna: Der Fall Kaspar Hauser, Regensburg, 2010

Siemens, Daniel: Horst Wessel. Tod und Verklärung eines Nationalsozialisten, München 2009

Spangenberg, Marcus: Ludwig II. Der andere König, Regensburg, 2011

Walter, Jürgen: Sophie Dorothea, Kurprinzessin von Hannover. Ein höfischer Skandal, Mühlacker, 2006

Wolfgang, Till: Ludwig II. König von Bayern. Mythos und Wahrheit, Wien, 2010,

Kapitel: Kultur & Technik

Behringer, Wolfgang: Hexen. Glaube, Verfolgung, Vermarktung, München, 2005

Birkner, Siegfried: Das Leben und Sterben der Kindsmörderin Susanna Margaretha Brandt, Frankfurt/M., 1973

Decker, Reiner: Hexen. Magie, Mythen und Wahrheit, Darmstadt, 2004

Dillinger, Johann: Hexen und Magie, Frankfurt/M., 2007

Fricke, Eberhard: Die westfälische Veme, Münster, 2002

G/Geschichte 09/09: Hexen – Der ewige Mythos, Augsburg, 2009

G/Geschichte 11/10: Der Schwarze Tod, Augsburg, 2011

König, Wolfgang: Propyläen Technikgeschichte, 5 Bde., Berlin 1999

Leisner, Barbara: Bertha Benz, Gengenbach, 2011

Löwer, H.-J./Sammet, G./Schlüter, A. (Hg.): Die 100 bedeutendsten Entdecker, Hamburg, 2003

Metzger, Franz (Hg.): Zipp und zu! 50 Erfindungen, die unser Leben wirklich veränderten, Stuttgart, 2008

Oberste, Jörg: Der Schatz der Nibelungen – Mythos und Geschichte, Bergisch Gladbach, 2008

Picker, Günther: Der Fall Kujau. Chronik eines Fälschungsskandals, Berlin, 1992

Rummel, Walter: Hexen und Hexenverfolgungen in der frühen Neuzeit, Darmstadt, 2008

Schütt, Hans-Werner: Auf der Suche nach dem Stein der Weisen. Die Geschichte der Alchemie, München, 2000

Seufert, Michael: Der Skandal um die Hitler-Tagebücher, Frankfurt/M., 2008

Suhr, Dierk: Die Alchemisten. Goldmacher, Heiler, Philosophen, Ostfildern, 2006

Zweig, Stefan: Amerigo – Die Geschichte eines historischen Irrtums. Fischer, Frankfurt/M., 1992

Kapitel: Persönlichkeiten

Auler, Jost (Hg.): Richtstättenarchäologie, Dormagen, 2008
Gall, Lothar: Bismarck. Ein Lebensbild. München, 1991
G/Geschichte 12/05: Der Alte – die Ära Adenauer, Augsburg, 2005
G/Geschichte 04/08: Friedrich II. – Das Staunen der Welt, Augsburg, 2008
GEO Epoche, Nr. 23: Preußen. Hamburg, 2006
GEO Epoche, Nr. 52: Otto von Bismarck. Hamburg, 2011
von Höbelt, Lothar: Die Habsburger, Stuttgart, 2009
Jankrift, Kay Peter: Artus ohne Tafelrunde. Herrscher des Mittelalters Legenden und Wahrheit, Stuttgart, 2008
Kohnle, Arnim (Hg.): Das Vermächtnis Kaiser Karls. V., Darmstadt, 2005
Kolb, Eberhard: Bismarck., München, 2009
Linsel, Knut: Charles de Gaulle und Deutschland 1914–1969, Stuttgart, 1998
Lutterbach, Hubertus: Das Täuferreich von Münster. Wurzeln und Eigenarten eines religiösen Aufbruchs. Münster, 2008.
Mueller-Bohn, Hermann: Die Deutschen Befreiungskriege. Deutschlands Geschichte von 1806–1815, UK, 2010
Paton-Williams, David: Katterfelto – Prince of Puff. Leicester, 2008
Richter, Stephan (Hg.): Kaiser Karl V. und seine Zeit, Bamberg, 2000
Rommé, Barbara (Hg.): Das Königreich der Täufer in Münster. Neue Perspektiven, Münster, 2003.
Schalk, Gustav: Klaus Störtebeker, Wien, 2010
Steinbach, Matthias: Kartoffeln und Flöte: Friedrich der Große – Stimmen, Gegenstimmen, Stuttgart, 2011
Stern, Horst: Mann aus Apulien. Hamburg, 2007
Veltzke, Veit: Für die Freiheit – gegen Napoleon: Ferdinand von Schill, Preußen und die deutsche Nation, Köln, 2009
Weber, Thomas: Hitlers erster Krieg. Der Gefreite Hitler im Weltkrieg – Mythos und Wahrheit, Berlin, 2011

Bibliografische Information der Deutschen Nationalbibliothek
Die Deutsche Nationalbibliothek verzeichnet diese Publikation in der Deutschen Nationalbibliografie; detaillierte bibliografische Daten sind im Internet über http://dnb.d-nb.de abrufbar.

Umschlaggestaltung: Stefan Schmid, Stuttgart, unter Verwendung folgender Abbildungen: Tod Benno Ohnesorgs (© akg-images), König Ludwig II(© akg-images), Bernsteinzimmer (nach einer Aquarellzeichnung, (© akg-images), Friedrich Barbarossas Tod im Saleph (© akg-images), Büste Karl des Großen (© akg-images), Gustav Adolfs Tod im Dreißigjährigen Krieg (© akg-images), Uwe Barschel (akg-images/picture-alliance), Reichstagsbrand 1933, Carl Benz und seine Frau Berta (© akg-images), Klaus Störtebecker (© akg-images), Fall der Mauer (akg-images/picture-alliance), Bundeskanzler Adenauer und Charles de Gaulle (© akg-images)

Autoren der Beiträge: Monika Dreykorn, Karin Feuerstein-Praßer, Klaus Hillingmeier, Evi Kästner, Janina Lingenberg, Anja N. Mayer, Wolfgang Mayer, Franz Metzger, Jennifer Rappe, Christine Richter, Karin Schneider-Ferber, Harry D. Schurdel, Lutz Steinkamp, Roland Weis

Projektleitung: Rüdiger Müller, Konrad Theiss Verlag
Herstellerische Betreuung: Anita Koranyi, Konrad Theiss Verlag
Redaktionelle Bearbeitung : Herr Dr. Franz Metzger, G/Geschichte
Satz und Gestaltung: DOPPELPUNKT, Stuttgart
Druck und Bindung: Leo Paper Products Ltd, Hongkong

ISBN 978-3-8062-2603-4

Besuchen Sie uns im Internet: www.theiss.de

Bildnachweis
Alle Abbildungen stammen von akg-images, außer: S. 54 akg-images / picture alliance / Votava; S. 55 (beide Fotos sind 1 Bild) akg-images / picture alliance; S. 132 akg-images / picture alliance; S. 212 akg-images / picture alliance / Wolfgang Weihs; S.213 (u.) akg-images / picture alliance / Sven Simon; S.214 (li.) akg-images / picture alliance / Sebastian Knauer; S. 214 (re.) akg-images / picture alliance / Keystone / STR; S. 215 akg-images / picture alliance / Werner Baum; S. 216 akg-images / picture alliance / Wulf Pfeiffer; S. 217 akg-images / picture alliance / Carsten Rheder; S. 260 akg-images / picture alliance / Chris Pohlert; S. 261 akg-images / picture alliance / Photoshot; S. 263 akg-images / picture alliance / Vetter; S. 279 akg-images / picture alliance / Malte Christians

Verlag und Herausgeber danken akg-images für die Bereitschaft, Bildmaterial für diese Publikation zur Verfügung zu stellen.